民法典司法解释案例解读丛书

《最高人民法院关于适用〈中华人民共和国民法典〉有关担保制度的解释》案例解读

杨立新 李怡雯 阙梓冰◎编著

中国法制出版社
CHINA LEGAL PUBLISHING HOUSE

《民法典司法解释案例解读丛书》总序

《民法典》于2021年1月1日开始施行，同日，最高人民法院有关适用《民法典》的一批司法解释也开始生效，作为在审判实践中适用《民法典》的指导，保障《民法典》的正确实施。

对最高人民法院适用法律的司法解释尽管存在不同看法，但是，司法解释在我国司法实践中的重要作用却是不可否认的。依照笔者的看法，最高人民法院适用法律的司法解释就是我国的“法官法”，对于制定法的正确适用，以及补充制定法的立法不足，都具有不可替代的重要价值。在《民法典》通过之后、施行之前的时间里，最高人民法院对以往的民法适用的司法解释进行了全面清理，通过颁布新的司法解释，修订原有的司法解释，废除过时的司法解释，为《民法典》的正确实施提供了及时的、必要的指导，具有重要的法律适用价值，也具有重要的理论研究价值。

对判解进行理论研究，是笔者在20世纪90年代开始进行的研究工作，既有理论研究的意义，也有司法实践的价值，对于推动立法发展、司法进步和理论研究的深入，都具有重要的作用。尤其是在《民法典》开始施行，最高人民法院颁布、修订大量的相关司法解释的情况下，研究这些司法解释就具有更重要、更深刻的意义。

我们选择最高人民法院最新颁布的适用《民法典》司法解释进行案例解读，出版《民法典司法解释案例解读丛书》，意图在于揭示司法解释的条文要义，准确理解《民法典》条文的适用规则，保障正确实施《民法典》的规定，更好地保护民事主体的合法权益，同时也助力于民法理论研究的不断深入。

《民法典》刚刚开始实施，最高人民法院适用《民法典》的司法解释刚刚颁布，大家都处于学习、理解和研究的过程中。我们借助参与立法，参加制定司法解释讨论的优势和研究民法理论的基础，对最新颁布的适用《民法典》司法解释进行研究，并且结合真实的案例进行解读，是一个尝试，希望我们的努力能够对法官的法律适用和广大读者对《民法典》以及适用《民法典》司法解释内容的理解和掌握有所助益。由于时间仓促，我们对司法解释的解读中存在不当之处，恳请读者批评指正。

中国人民大学民商事法律科学研究中心研究员
中国人民大学法学院教授、博士生导师
兰州大学民法典研究院名誉院长、首席研究员
杨立新

2021年1月6日

目 录

最高人民法院关于适用《中华人民共和国民法典》有关担保制度的解释

（2020 年 12 月 25 日最高人民法院审判委员会第 1824 次会议通过　2020 年 12 月 31 日最高人民法院公告公布　自 2021 年 1 月 1 日起施行　法释〔2020〕28 号）

为正确适用《中华人民共和国民法典》有关担保制度的规定，结合民事审判实践，制定本解释。

【条文要义】

2021 年 1 月 1 日，《民法典》开始生效实施。同一天，《最高人民法院关于适用〈中华人民共和国民法典〉有关担保制度的解释》（以下简称本司法解释）也正式生效，与《民法典》同时实施。

本司法解释是《民法典》实施最新公布的七部司法解释之一，其内容相当丰富，对于《民法典》有关于担保制度的主要规则需要解释的问题，几乎都作出了解释。因而，在《民法典》最复杂的担保制度的法律适用上，就有了具体司法解释的指导，能够保证在《民法典》施行后，各级法院在审理担保纠纷案件中准确理解和掌握《民法典》，为《民法典》关于担保制度的规范在司法实践中正确适用提供了保障。

由于这部司法解释的内容丰富，规则非常复杂，很多具体规定都比较难理解，在学习和理解中会存在较大的困难。为了准确把握《民法典》担保制度司法解释的内容，笔者根据自己的学习体会，对这一司法解释的条文进行简要说明。

一、本司法解释的解释目的

在对本司法解释每一条的条文要义进行说明之前，先对该部司法解释作一个全面介绍。

《民法典》有关担保的制度，规定得非常复杂，不仅涉及《民法典》物权编有关担保物权的规定，还涉及合同编的有关规定，如保证合同、所有权保留、保理合同、融资租赁合同等；不仅如此，由于《民法典》第388条还规定了“其他具有担保功能的合同”这一概念，突破了物权法定原则的刚性，对担保物权适用物权法定缓和规则，扩大了担保物权的适用范围，对所有权保留、保理、融资租赁、让与担保、保证金等具有担保功能的合同，都认可其能产生担保的作用，成为新型的担保。同时，由于保证合同在《民法典》中作了专门的规定，是典型合同类型之一，虽然不产生担保物权，但是，这种人保的担保形式也是担保制度的重要组成部分，具有特别重要的价值。《民法典》规定了如此多的担保形式，其目的都是保障债权的实现，保护交易秩序，推动社会经济发展。

不可讳言，《民法典》规定的各种民法规则，要数担保规则最为复杂，不仅涉及物权领域，也涉及债权领域，不仅需要适用《民法典》总则编的规定，而且在人格权领域和婚姻家庭领域出现需要提供担保的情形时，也都要适用担保规则。例如，《民法典》第997条规定，民事主体有证据证明行为人正在实施或者即将实施侵害其人格权的违法行为，不及时制止将使其合法权益受到难以弥补的损害的，有权依法向人民法院申请采取责令行为人停止有关行为的措施。这是人格权请求权中的禁令。当权利人申请颁发人格权请求权的禁令时，为避免权利人请求错误给禁令禁止的行为人造成损害，权利人应当提供担保，因而也要适用担保规则。所以，《民法典》担保制度的适用范围特别广阔。

《民法典》规定的这些复杂的担保制度，都是为了适应社会经济发展的要求，特别是在经济发展中不断出现新的担保问题，都需要适用《民法典》规定的担保规则。这些规则大多数适用于金融领域，特别需要进行解释。

最高人民法院制定本司法解释的基础比较扎实，首先有《最高人民法院关于适用〈中华人民共和国担保法〉若干问题的解释》的基础，又有后来在司法实践中不断积累的经验，还有2018年出台的《全国法院破产审判工作会议纪要》、2019年出台的《全国法院民商事审判工作会议纪要》。在这样的基础上，最高人民法院根据《民法典》关于担保规则的规定，针对司法实践中适用担保规则的具体情况，作出全面的司法解释，既有理论基础，又有实践需求，更体现了时代的特点。因此，是一个比较好的司法解释，在司法实践中指导《民法典》规定的担保制度的适用，具有重要价值。

二、本司法解释的结构和内容

本司法解释的内容非常复杂，共有71个条文，分为五个部分：

第一部分，是关于《民法典》担保规则适用的一般规定，相当于本司法解释的总则，把《民法典》担保规则的适用规则作了一般性规定，涉及的内容很多，主要有：该司法解释适用的范围、担保合同效力的从属性、担保范围的从属性、担保物权的受托持有、特别法人提供担保的效力、学校与幼儿园等公益机构提供担保的效力、越权担保的效力、无须机关决议的法人担保的例外情形、上市公司提供担保的效力、一人公司为其股东提供担保的效力、公司的分支机构提供担保的效力、债务加入准用担保的决议程序、共同担保、担保人受让债权、最高额担保的规则、借新还旧的担保效力、担保合同无效情形下的法律后果、对债务人的追偿权、反担保人的责任、保证人权利保护规则的参照适用、争议解决方式与管辖法院的确定、债务人破产时担保债务停止计息、破产程序与担保责任的衔接、因债权人原因致使担保人未能预先行使追偿权的后果，总共规定了24条法律适用规则。

第二部分，是关于保证合同的司法解释。在这一部分中规定的主要内容是：保证类型的识别、一般保证的当事人、赋予强制执行效力公证债权文书所及的效力、一般保证的诉讼时效、共同保证及其保证期间、最高额保证的保证期间、撤诉是否影响保证期间、保证期间约定不明的认定及效力、保证合同无效时的保证期间、保证期间的主动审查、对超过诉讼时效的债务提供保证、第三人差额补足及流动性支持等担保类型的识别。这一部分中的很多内容都不是传统民法中的问题，而是当代金融领域出现的新型担保问题。本司法解释的第二部分对这些情形作出了具体解释。

第三部分，是关于担保物权制度的解释。分成以下三部分进行：

一是，关于担保合同与担保物权效力的解释。这一部分规定的内容是：抵押财产对抵押合同效力的影响、担保财产的不可分性、主债权的不可分性、抵押权及于从物的效力、抵押权及于添附物的效力、抵押权的物上代位效力、抵押财产的转让、主债权诉讼时效届满的法律后果以及担保物权的实现程序。对有关担保合同以及担保物权效力的问题，这一部分都作了具体规定。

二是，关于不动产抵押的解释。这一部分规定的主要内容是：不动产抵押合同的效力、不动产登记簿的登记效力、因登记部门原因不能办理登记的后果、违法建筑物抵押的效力、划拨土地使用权抵押、房地一体抵押和抵押预告登记的效力。

三是，关于动产与权利担保的解释。这一部分规定的主要内容是：担保财产的概括性描述与合理识别、未办理登记的动产抵押合同的效力、正常经营买受人的认定、财产处于第三方监管的质押、动产抵押中间价款的超级优先权、汇票质押、仓单质押、提单质押、应收账款质押以及留置权的具体问题。

第四部分，规定了其他具有担保功能的合同的解释。这是根据《民法典》第 388 条规定的“其他具有担保功能的合同”也产生担保物权的规定确认的新型担保物权。其中包括：未在法定登记机构进行登记的担保、所有权保留的规则、融资租赁的担保物权、保理的担保效力、具有担保功能合同未经登记不得对抗善意第三人的范围及效力、财产权的让与担保、股权的让与担保以及保证金的担保效力的规则。

第五部分，规定的是本司法解释的生效时间。

三、本司法解释在理论上和实践上的重要价值

本司法解释无论是在理论上还是在实践上，都具有特别重要的价值，值得深入研究，使之能在实践中发挥重要的指导价值。笔者认为，本司法解释具有以下五个方面的重要价值。

（一）对《民法典》担保规则的解释具有全面性

从上文分析该司法解释五个部分的内容来看，本司法解释对《民法典》担保制度解释的内容非常丰富，几乎涉及了《民法典》规定的担保制度的所有部分。《民法典》规定的担保制度本来就涉及了担保的方方面面，包括物的担保和人的担保。对人的担保，《民法典》规定保证合同为典型合同，第一次全面规定了保证合同的基本规则。对于担保物权，《民法典》不仅规定了典型的担保物权，如抵押权、质权和留置权，还规定了非典型担保物权。尽管《民法典》对这些担保规定的规则都比较详细、具体，但是，仍存在一些需要进一步解释的问题。这部司法解释从四个方面，对《民法典》规定的担保规则进行了详细的解释，几乎无一遗漏，规定的内容非常全面，能够保证《民法典》规定的所有的担保制度都以本司法解释作为指导，与司法实践联系起来，使立法规范能够在司法实践中落到实处，全面适用。

这部司法解释的全面性还体现在对需要补充解释的问题，基本上都作出了具体解释，将《民法典》没有规定的立法空白予以补充。例如，在当前金融领域中经常出现的第三人提供差额补足、流动性支持等类似承诺文件作为增信措施等新型担保问题，都不是传统民法包含的内容，《民法典》也没有对这些保证规则进行规定，需要司法解释进行补充。特别是让与担

保，在我国社会生活中已经普遍存在，立法对其却一直没有规定，使之成为没有法律依据的非典型担保物权。对于这些立法空白，司法解释都作出了补充性的解释，使这些空白之处得到了填补，能够在司法实践中统一尺度，得到准确应用。

（二）对《民法典》规定的担保规则的解释具有准确性

法律规定的规则适用到司法实践中，必须有法官的准确理解和解释，才能够保证法律规则在司法实践中得到正确适用，否则就会使法律规范在实践中大打折扣，甚至造成错误适用法律，不能保护好当事人的民事权益。准确理解法律规则，要求每一个法官都能够做对条文内容有准确的理解，在实践中能够正确适用，否则，就会造成同案不同判，适用法律错误，使民事法律关系当事人的合法权益不能得到有效的保障。《民法典》有些担保的新规定是比较抽象的，不容易理解，如果不能准确掌握，法官在法律适用中也会出现错误。

对此，本司法解释都作了比较详细的解释。例如，关于保证期间的问题，《民法典》规定的规则比较抽象，法官和学者的理解各有不同。对此，本司法解释作了全面说明，能够统一法官的认识，正确适用《民法典》规定的规则。

（三）对《民法典》规定的担保规则的解释具有实践性

《民法典》的司法解释，是《民法典》立法规定与司法实践应用之间的桥梁。通过这个桥梁，才能使《民法典》的抽象规则与生动活泼的司法实际结合起来，在实践中发挥指导司法的作用。因此，司法解释必须具有实践性，而不能过于理论化，真正能够把《民法典》规定的抽象规则，经过具体的解释转化为操作的指南。没有实践性、仍然进行抽象解释的司法解释，在指导实践中的价值就会大打折扣。例如，最高人民法院在《关于审理人身损害赔偿案件适用法律若干问题解释》中，对于共同侵权行为和分别侵权行为的区别，采用“直接结合”和“间接结合”的解释方法，数人的行为直接结合的就是共同侵权行为，间接结合的就是分别侵权行为。解释比原来的法律规定还要抽象，缺少实践性，在司法实践中无法解释法律适用的具体方法。有的学者对直接结合和间接结合这种抽象的规则进一步进行解释，用更抽象的方法说明，将直接结合解释为“数人的行为具有时空的一致性”，更使这一规则的司法操作变成“云里雾里”的状态。这种缺少实践性的司法解释，无法在司法实践中指导具体操作。

《民法典》规定的担保规则存在很多抽象的规则，对这些规则都需要进行具体解释，使其具有实践性和可操作性。本司法解释做到了这一点。例如，《民法典》在规定权利质权的规则中使用了“概括式描述”的方法，对这样的一种立法描述方法在实践中应当怎样操作，本司法解释作了准确的解释，说明了在法律作出概括性描述时，如何根据这样的描述去合理识别法律行为的真实性，有了具体的方法，具有实践的可操作性，使这一司法解释在实践中能得到准确的应用。

（四）对《民法典》规定的担保规则的解释具有新颖性

《民法典》规定的担保规则很多都具有时代感。这是因为在经济发展中，各种交易活动频繁，内容复杂多样，而且在不断发展、变化，因此，在担保方面不断出现新的形式，需要进行准确概括，以规范不断发展、变化的交易关系。在这一方面，特别重要的是，根据《民法典》第388条增加规定的“其他具有担保功能的合同”这一内容，对物权法定原则的刚性进行了适当缓和，认可其他具有担保功能的合同可以产生新的意定担保物权，具有重要意义。对这些其他具有担保功能的合同产生的意定担保物权，如所有权保留、保理、融资租赁、让与担保、保证金等，本司法解释几乎对其全部进行了说明，规定了法律适用的具体规则，具有特别重要的实践价值和理论意义。

（五）对《民法典》规定的担保规则的解释具有理论研究的引导性

法律规定和法学理论研究总是在相互之间相互促进、相互支撑的。民法立法和司法的进步需要丰富的民法理论研究成果提供支持，民法理论的发展也需要民法立法和司法提供丰富的营养。同样，对于《民法典》的司法解释，一方面，需要丰富的民法理论研究成果提供支撑；另一方面，司法解释也会给民法理论的研究提供广阔的空间和依据。

《民法典》担保制度司法解释的出台，同样需要民法理论的支撑；出台之后，又给民法理论研究的发展提供了新的领域，使民法的研究扩展空间，更能够推动民法理论研究的发展。在整个民法理论中，担保法的理论体系结构复杂，内容繁多，新问题不断出现，特别需要进行深入研究。本司法解释依据民法理论和实践发展的支持，作出了诸多新的规定，都特别具有理论价值，同时也给担保法理论研究的发展提供了广阔的空间，给担保法的理论研究提供了需要进一步深入研究的内容，发挥了引导担保法理论研究发展的重要作用。在今后，《民法典》的理论研究和司法实践相互促进，相得益彰，共同发展，就能使我国的民法理论研究和司法实践都能取得更好的成果。

一、关于一般规定

第一条 因抵押、质押、留置、保证等担保发生的纠纷，适用本解释。所有权保留买卖、融资租赁、保理等涉及担保功能发生的纠纷，适用本解释的有关规定。

【条文要义】

本条司法解释的条旨是规定本司法解释的适用范围。

本司法解释的适用范围，是因抵押、质押、留置、保证等担保发生的纠纷如何适用《民法典》关于担保的规定，确定适用本司法解释。本条司法解释后段提到了担保规则的扩大部分，包括所有权保留、融资租赁、保理等因涉及担保功能发生的纠纷，如何适用《民法典》担保规则，也适用本司法解释的有关部分规定。

归纳起来，本司法解释的适用范围包括三个方面：

1. 典型的担保方式发生的纠纷，适用本司法解释，包括抵押、质押、留置、保证等担保方式。这里的前三种是担保物权，最后一种是人的担保。这些担保在具体适用《民法典》的担保规则上，应当根据本司法解释进行。

2. 对非典型担保的法律适用，也适用本司法解释。非典型担保包括所有权保留、融资租赁、保理等。《民法典》第 388 条第 1 款规定："设立担保物权，应当依照本法和其他法律的规定订立担保合同。担保合同包括抵押合同、质押合同和其他具有担保功能的合同。担保合同是主债权债务合同的从合同。主债权债务合同无效的，担保合同无效，但是法律另有规定的除外。”该条文中规定的“其他具有担保功能的合同”是对担保方式的扩展，说明担保合同不仅是由抵押合同、质押合同产生，还包括其他具有担保功能的合同产生的担保，这就是通常所说的非典型担保。例如，所有权保留、融资租赁、保理、让与担保、优先权、保证金等。本条司法解释没有提到让与担保、优先权和保证金。优先权不是依据合同产生的担保方式，而是法定担保。没有规定让与担保和保证金，是包括在“等”字里的，而且在本司法解释的后文中明确规定了让与担保和保证金，所以，让与担保和保证金也是其他具有担保功能的合同发生的担保，其涉及担保功能发生的纠纷也适用本司法解释。

本条司法解释特别提到“所有权保留、融资租赁、保理等涉及担保功能发生的纠纷”，是很准确的。原则上说，所有权保留等所说的是“其他具有担保功能的合同”，还不是担保本身，涉及担保功能的纠纷，才说到了担保的问题，即担保物权。

对反担保的法律适用，也适用本司法解释的规定，尽管本条司法解释最后删除了这一内容，但是，反担保当然适用担保的规则。反担保是《民法典》第 387 条第 2 款规定的内容：“第三人为债务人向债权人提供担保的，可以要求债务人提供反担保。反担保适用本法和其他法律的规定。”按照这个条文的规定，反担保发生的纠纷同样适用《民法典》关于担保的规定，当然也就适用本司法解释的规定。

需要补充的问题是，《最高人民法院关于审理民间借贷案件适用法律若干问题的规定》第 24 条规定了用商品房买卖合同担保民间借贷的规则，这种担保方式不是典型的让与担保，而是后让与担保。对于后让与担保是否适用本司法解释没有说明。笔者认为，既然后让与担保也是让与担保中的一种，将后让与担保置于让与担保中，就能够包括后让与担保，因而后让与担保发生的纠纷在法律适用上，也适用本司法解释的规定。

理解本条司法解释还有一个问题，即定金问题。定金也是一种担保方式，本条司法解释没有规定因定金发生的纠纷是否适用本司法解释。本条司法解释说到的“抵押、质押、留置、保证等担保”的“等”字，也应该包括定金。定金也是由定金合同发生的担保方式，只是定金在司法实践中出现的纠纷不多，即使有纠纷，其定金规则也比较明确、简单，具体适用方法比较明确，不适用本司法解释也可以，因而本司法解释没有对定金的法律适用作出具体规定。如果定金合同发生纠纷需要解决适用法律问题时，也应当在原则上适用本司法解释。

【案例解读】

临工公司与大富豪公司等案外人执行异议之诉案①

基本案情

原告临工公司与第三人刘某虎于2015年5月4日签订了《产品买卖合同》，原告作为出卖方向第三人刘某虎以分期付款方式销售挖掘机，在未付清全部货款、违约金及赔偿金等项目前，原告保留对合同标的物的所有权，第三人享有使用权。第三人付清全部款项后，原告开具设备发票和设备合格证给第三人，第三人在款项未付清之前无权将合同标的物转让、出售、赠与或抵偿其他债务。被告鸿翔面业法定代表人杨某德以个人名义作为担保人在合同上签了字，并出具了担保书。

合同签订后，刘某虎接收了挖掘机，鸿翔面业以刘某虎、金某才的名义支付了定金及首付款175000元。

2015年5月15日，武威市中级人民法院在执行（2013）武中民初字第27号民事调解书时，因被告鸿翔面业自愿将涉诉的挖掘机抵顶大富豪公司债务128万元，武威市中级人民法院遂作出（2013）武中执字第64－2号民事裁定书，裁定将鸿翔面业持有的挖掘机一台以128万元抵顶给大

① 审理法院：一审法院为甘肃省武威地区中级人民法院，案号：（2016）甘06民初61号；二审法院为甘肃省高级人民法院，案号：（2016）甘民终304号。

富豪公司。原告作为案外人向武威市中级人民法院提起执行异议，该院裁定驳回原告的异议。

2015 年 9 月 28 日，原告以涉案挖掘机属于原告所有、法院执行错误，损害了原告的财产所有权，提起诉讼。

法院判决

一审法院认为，武威市中级人民法院在执行（2013）武中民初字第 27 号民事调解书时，执行人员依法向被执行人被告鸿翔面业的法定代表人杨某德进行了询问，杨某德自认挖掘机系其购买，且停放在被告兴业养殖厂院内，鸿翔面业自愿将涉诉的挖掘机抵顶大富豪公司债务 128 万元，武威市中级人民法院遂作出（2013）武中执字第 64－2 号民事裁定书，裁定将鸿翔面业持有的挖掘机一台以 128 万元抵顶给大富豪公司。因该挖掘机属于未登记的特定动产，且又系被告鸿翔面业自愿将其持有的该挖掘机抵偿给被告大富豪公司，被告鸿翔面业的行为亦属于主动履行义务的行为，根据《最高人民法院关于人民法院办理执行异议和复议案件若干问题的规定》第二十五条规定“对案外人的异议，人民法院应当按照下列标准判断其是否系权利人……（二）已登记的机动车、船舶、航空器等特定动产，按照相关部门的登记判断；未登记的特定动产和其他动产，按照实际占有情况判断……”且购买人刘某虎对该挖掘机由鸿翔面业法定代表人杨某德实际出资并由鸿翔面业占有使用也没有异议。武威市中级人民法院在对该挖掘机执行时，挖掘机的实际占有人为鸿翔面业，故认定挖掘机的权利人为鸿翔面业符合法律规定，武威市中级人民法院作出（2015）武中执异字第 5 号执行裁定书，裁定驳回原告临工公司的异议并无不当。原告提出其与第三人刘某虎及作为保证人的杨某德签订的《产品买卖合同》，在未付清全部货款、违约金及赔偿金等项目前，原告保留对合同标的物的所有权，第三人在款项未付清之前无权将合同标的物转让、出售、赠与或抵偿其他债务。该约定不具有公示效力，原告又不能提供证据证明被告大富豪公司知道该约定，其约定对被告大富豪公司不具有约束力。若原告认为第三人刘某虎及杨某德违反了双方签订的合同约定，应属另一法律关系，可另行主张权利。依照《最高人民法院关于适用〈中华人民共和国民事诉讼法〉的解释》第三百一十二条第一款第二项的规定，判决：驳回原告的诉讼请求。

原告不服一审判决，提起上诉。

二审法院认为，本案争议焦点是谁对涉案挖掘机享有所有权，甘肃临工是否对涉案挖掘机享有足以排除强制执行的民事权益。

1. 经审查，临工公司（甲方）与刘某虎（乙方）及杨某德、金某才（丙方）于2015年5月4日签订了《产品买卖合同》，系三方真实意思表示，不违反法律规定，为合法有效合同。临工公司为卖方，刘某虎为买方，杨某德、金某才为担保方，甘肃临工以分期付款方式向刘某虎销售挖掘机（车型LG6225E，车号×××）一台。合同约定购机总价款为970000元，其中首付款287170元、余款872613.72元分三十六期付清等。《产品买卖合同》第九条所有权特别约定：在乙方未付清全部货款、违约金及赔偿金等项目前，甲方保留对合同标的物的所有权，乙方享有使用权。乙方付清全部款项后，临工公司开具设备发票和设备合格证给乙方，机械的所有权转让给乙方（发票和合格证是乙方取得所有权的唯一凭证）；乙方在款项未付清之前无权将合同标的物转让、出售、赠与或抵偿其他债务，也不得将合同标的物向第三人设定抵押、质押等任何形式的担保等。杨某德、金某才以个人名义作为担保人出具了担保书。合同签订后当日，刘某虎向临工公司支付定金及部分首付款175000元，临工公司向刘某虎交付了涉案挖掘机。

根据《中华人民共和国合同法》第一百三十三条“标的物的所有权自标的物交付时起转移，但法律另有规定或者当事人另有约定的除外”，第一百三十四条“当事人可以在买卖合同中约定买受人未履行支付价款或者其他义务的，标的物的所有权属于出卖人”的规定，本案《产品买卖合同》中三方当事人约定了涉案挖掘机所有权保留条款，刘某虎仅向临工公司支付定金及部分首付款175000元，刘某虎并未取得涉案挖掘机的所有权，本案涉案挖掘机的所有权仍属临工公司所有。

2. 经审查，2015 年 5 月 4 日武威市中级人民法院执行人员询问鸿翔面业法定代表人杨某德的笔录，杨某德就涉案挖掘机的购买及所有权权属，向该执行人员作了不真实的陈述。武威市中级人民法院并未审查杨某德陈述的真实性及涉案挖掘机所有权权属，即于 2015 年 5 月 15 日作出（2013）武中执字第 64 -2 号民事裁定，裁定将涉案挖掘机以 128 万元抵顶给大富豪公司；临工公司提出执行异议，2015 年 9 月 16 日武威市中级人民法院作出（2015）武中执异字第 5 号民事裁定，驳回了临工公司的执行异议。临工公司提起案外人执行异议之诉后，一审法院并未审查认定《产品买卖合同》三方当事人约定的涉案挖掘机所有权保留条款及临工公司是否对涉案挖掘机享有足以排除强制执行的民事权益，在鸿翔面业没有提供其对涉案挖掘机拥有所有权的证据情况下，依据《最高人民法院关于人民法院办理执行异议和复议案件若干问题的规定》第二十五条第一款第二项“已登记的机动车、船舶、航空器等特定动产，按照相关管理部门的登记判断；未登记的特定动产和其他动产，按照实际占有情况判断”的规定，驳回了临工公司的诉讼请求，适用法律不当，判决错误。

依据《最高人民法院关于人民法院办理执行异议和复议案件若干问题的规定》第二十四条“对案外人提出的排除执行异议，人民法院应当审查下列内容：（一）案外人是否系权利人；（二）该权利的合法性与真实性；（三）该权利能否排除执行”的规定及《产品买卖合同》中三方当事人约定的涉案挖掘机所有权保留条款，临工公司对涉案挖掘机拥有所有权，临工公司就涉案挖掘机有足以排除强制执行的民事权益。

大富豪公司不服二审判决，提起再审。

再审法院经审查认为，本案争议的焦点问题为二审判决认定临工公司对涉案挖掘机享有足以排除强制执行的民事权益是否正确。

要判定临工公司对涉案挖掘机是否享有足以排除强制执行的民事权益，须以判定涉案挖掘机的归属为前提。根据本案查明的事实，本院认为，临工公司与刘某虎所签《产品买卖合同》系双方的真实意思表示，不违反法律、行政法规的强制性规定，应认定为有效，其中的所有权保留条款对双方均有约束力。根据《中华人民共和国合同法》第一百三十三条“标的物的所有权自标的物交付时起转移，但法律另有规定或者当事人另有约定的除外。”及第一百三十四条“当事人可以在买卖合同中约定买受人未履行支付价款或者其他义务的，标的物的所有权属于出卖人”的规定，刘某虎因没有向临工公司支付涉案挖掘机的全部价款而并未取得涉案挖掘机的所有权。因此，涉案挖掘机的所有权仍应当属于临工公司。

关于大富豪公司是否善意取得涉案挖掘机的所有权问题。根据《中华人民共和国物权法》第一百零六条的规定，善意取得必须满足三个条件：1. 受让人受让不动产或动产时是善意的；2. 以合理的价格转让；3. 转让的不动产或动产依照法律规定应当登记的已经登记，不需要登记的已经交付给买受人。在判断受让人是否为善意时，根据《最高人民法院关于适用〈中华人民共和国物权法〉若干问题的解释（一）》第十五条的规定，须看受让人是否不知道转让人无处分权且无重大过失。首先，大富豪公司与鸿翔面业之间签订的《车辆抵债协议》，价格不合理。理由是：涉案挖掘机的购买价格仅为97万元，但却抵顶了128万元的债务，该抵顶价格明显高于案涉挖掘机的购买价格，对此，大富豪公司并未作出合理解释。其次，大富豪公司在签订《车辆抵债协议》过程中存在重大过失。理由是：涉案挖掘机的购买合同是刘某虎与临工公司签订的，货款也是刘某虎支付的，大富豪公司在未审查涉案挖掘机的来源及权属的情况下，仅凭鸿翔面业法定代表人杨某德的陈述即认为涉案挖掘机属于鸿翔面业所有，未尽到审慎的注意义务，存在重大过失，不构成善意。因此，本案不符合善意取得的情形，大富豪公司并未取得涉案挖掘机的所有权。

法理解读

本案所涉及的问题是，动产交易中的所有权保留条款能否对抗受让人。如果能够对抗受让人，对抗的范围又当如何界定。

所有权保留的功能在于，担保价金债权。由此，所有权保留合同实质上属于具有担保功能的合同。《民法典》借助“其他具有担保功能的合同”的概念，扩大了担保合同的范围，这其中就包含所有权保留。为了充分发挥《民法典》功能主义视角下的担保的作用，本司法解释第1条也将所有权保留合同纳入了适用范围。据此，所有权保留所产生的涉及担保功能发生的争议，也适用本司法解释。

那么进一步讨论的就是所有权保留效力所及的范围。原《合同法》并未作出规定，因此产生了很多争议。《民法典》第641条第2款改变了这一现状，规定：“出卖人对标的物保留的所有权，未经登记，不得对抗善意第三人。”关于善意第三人的范围，究竟如何界定，尚不明晰。本司法解释第67条规定在《民法典》第641条第2款规定的基础上，作出了更为细致性的规定，即“在所有权保留、融资租赁等合同中，出卖人、出租人的所有权未经登记不得对抗的‘善意第三人’的范围及其效力，参照本解释第五十四条的规定处理。”本司法解释第54条规定的是未办理登记的动产抵押合同的效力。其中，未办理登记的动产抵押，不能对抗的善意第三人包括两类：一类是受让人以及承租人。不过，受让人或者承租人客观上必须取得占有，主观上必须是善意，即不知道且不应当知道已经订立抵押合同。另一类是抵押人的债权人，不过必须限定为进入保全程序、执行程序或者破产程序的债权人。

回到本案中，大富豪公司在受让该挖掘机时，仅凭鸿翔面业的法定代表人杨某德的陈述就认为挖掘机属于鸿翔面业所有，未尽到审查挖掘机权属情况的义务，应当认定其主观上不属于善意第三人。临工公司与刘某虎所签《产品买卖合同》时约定的所有权保留条款，是为了担保价金债权的实现。该所有权保留条款虽然未办理登记，但是仍然可以对抗大富豪公司，排除大富豪公司的强制执行申请。

第二条　当事人在担保合同中约定担保合同的效力独立于主合同，或者约定担保人对主合同无效的法律后果承担担保责任，该有关担保独立性的约定无效。主合同有效的，有关担保独立性的约定无效不影响担保合同的效力；主合同无效的，人民法院应当认定担保合同无效，但是法律另有规定的除外。

因金融机构开立的独立保函发生的纠纷，适用《最高人民法院关于审理独立保函纠纷案件若干问题的规定》。

【条文要义】

本条司法解释的条旨是担保合同效力的从属性。

担保合同不是独立的合同，它从属于被担保的主债权债务合同，因此，它的效力从属于被担保的主债权债务合同。当主债权债务合同有效时，为其担保的担保合同也应该是有效的；当主债权债务合同无效时，为主债权债务合同担保的担保合同的效力也是无效的。当然，该担保合同也必须符合合同有效的规定。即本条司法解释第 1 款规定的内容。

本条司法解释第 2 款是关于独立保函的效力问题。因金融机构开立的独立保函发生纠纷，在法律适用上，不适用担保的一般规则，而适用《最高人民法院关于审理独立保函纠纷案件若干问题的规定》。金融机构之外的其他主体开立的独立保函，性质有所不同，因其效力发生的纠纷，不适用本条司法解释第 2 款的规定。

本条司法解释关于担保合同效力的从属性原则的具体规定，分成普通的担保方式和独立保函担保方式，在法律适用上有不同的要求。

1. 普通担保方式的担保合同效力的从属性

本条司法解释第 1 款本来是说担保合同效力的从属性规则，但却不是采用这样的方法表述，而是说当事人在担保合同中约定担保合同的效力独立于主合同，或者约定担保人对主合同无效的法律后果承担担保责任，该有关担保独立性的约定无效。主合同有效的，该约定不影响担保合同的效力；主合同无效，人民法院应当认定担保合同无效，但是法律另有规定的除外。

主合同的无效，应当是广义的无效，分成四种情况：（1）不成立；（2）无效；（3）被撤销；（4）确定不发生效力。这四种情况都概括在主合同无效这个范畴里。主合同无效，担保合同当然也无效。既然担保合同无效，当事人在担保合同中约定担保合同的效力独立于主合同，当然就是无效的；担保人对主合同无效的后果承担担保责任，当然也不是当事人约定的问题，而是法律的强制性规定。在这两种情况下，担保人以该约定为由主张担保合同有效的，就违反了担保合同的从属性原则，不可能存在主合同无效，担保合同有效的情形。因此，法院当然不予支持。

在担保合同中，当事人约定主合同无效，担保人仍应当承担担保责任的约定是很少见的。但是，约定担保合同的效力独立于主合同却是可能的。对此，本条司法解释通过这一表述，表达担保合同具有从属性的意思，确认主合同无效，担保合同当然无效的一般性规则。

在主合同无效的情况下，担保人对主合同无效的后果承担担保责任的，应当依照法律规定进行。担保人以担保合同的约定为由主张担保合同有效，违反“从随主”原则，也是没有理由的。

但书说到的法律另有规定的除外，主要是指金融机构开立的独立保函。《最高人民法院关于审理独立保函纠纷案件若干问题的规定》第 6 条第 2 款规定：“开立人以基础交易关系或独立保函申请关系对付款义务提出抗辩的，人民法院不予支持，但有本规定第十二条情形的除外。”从中可以看出，独立保函的效力与基础交易的法律效力无涉。

2. 独立保函的效力问题

就金融机构开立的独立保函发生纠纷，在法律适用时，不适用本条司法解释第 1 款规定的一般规则，而适用《最高人民法院关于审理独立保函纠纷案件若干问题的规定》。该规定是一个专门的司法解释，具有特殊性，只能按照独立保函的法律适用方法来适用法律。

金融机构之外的其他主体开立的独立保函，主体是除银行或者非银行金融机构外的其他民事主体，其开立的独立保函被认定无效后，原则上不适用上述关于独立保函司法解释的规定。不过，对此的见解不完全一致，多数意见认为，一般民事主体开具的独立保函，应当与保证相似，应当依照保证的规定处理。如果担保人有承担连带责任的意思表示，债权人请求担保人按照连带责任保证承担责任的，应当是有道理的；如果没有承担连带责任的意思表示，而是具有一般保证的意思表示的，则应当承担一般保证的责任。

【案例解读】

洞庭水殖与光大华顺支行等借款担保纠纷上诉案①

基本案情

原安塑股份经董事会研究决定，于2004年4月16日与光大华顺支行签订一份编号为0478780040的《借款合同》，借款金额2000万元。洞庭水殖为上述借款提供连带责任保证，并与光大华顺支行签订《保证合同》，约定提供连带责任担保。《保证合同》第十四条明确约定：“本合同的效力独立于主合同，不因主合同的无效而无效。”合同签订后，光大华顺支行于签订合同当日，依约向原安塑股份发放贷款2000万元，该笔款项到达原安塑股份账户后，原安塑股份的账上余额为20010970元，同日，原安塑股份从该账户上划走2000万元到鑫振公司账户。

2004年8月31日，光大华顺支行与嘉瑞新材再次签订一份编号为0478780089的《借款合同》，约定：借款金额3000万元；用途为借新还旧；期限为2004年8月31日至2005年2月28日；年利率为5．04%；按季结息，逾期按万分之二点一计收复利；本合同于第八章约定的担保合同

① 审理法院：一审法院为湖南省高级人民法院，案号：(2006) 湘高法民二初字第10号；二审法院为最高人民法院，案号：(2007) 民二终字第117号。

生效时，同时生效。洞庭水殖为上述借款提供连带责任保证，并与光大华顺支行签订《保证合同》，约定：担保的主债权为3000万元借新还旧贷款；保证方式为连带责任保证。此外，《保证合同》第十四条明确约定："本合同的效力独立于主合同，不因主合同的无效而无效。"

为确保上述债务按期归还，债权人光大华顺支行与债务人嘉瑞新材于2004年8月31日签订《质押合同》，约定：为确保上述两份《借款合同》5000万元贷款债务的履行，嘉瑞新材愿意以其所持有的新振升集团75%的股权（价值人民币120880000元）为上述借款提供质押担保。该质押担保经嘉瑞新材董事会和新振升集团股东会同意，并登记于新振升集团《股东花名册》。新振升集团经股东会研究决定，于2004年8月31日与光大华顺支行签订《保证合同》，约定：为确保嘉瑞新材上述两份《借款合同》5000万元贷款债务的履行，新振升集团提供连带责任保证；保证期间为2005年4月16日至2007年4月16日。

嘉瑞新材取得上述贷款后，到期只还了6万元，尚欠大额本金和利息。光大华顺支行向法院起诉，请求嘉瑞新材偿还本金和利息，光大华顺支行等承担担保责任。

法院判决

一审法院经审理认为，本案各方在诉讼过程中形成如下争议焦点：一是嘉瑞新材与光大华顺支行所签订的2000万元《借款合同》和洞庭水殖与光大华顺支行签订的2000万元《保证合同》是否有效的问题；二是嘉瑞新材与光大华顺支行所签订的3000万元《借款合同》和洞庭水殖与光大华顺支行签订的3000万元《保证合同》是否有效的问题；三是《质押合同》的效力问题。

1. 关于嘉瑞新材与光大华顺支行签订的2000万元《借款合同》和洞庭水殖与光大华顺支行签订的2000万元《保证合同》是否有效的问题。担保人洞庭水殖主张该笔借款是光大华顺支行与原安塑股份串通，将所借款项最终回到原安塑股份账上，用以偿还他人的违法拆借款，损害了担保人利益，洞庭水殖不应承担该2000万元的保证责任。经审理，原安塑股份的054263账户于2004年4月16日收到该2000万元借款后，账上余额为20010970元。同日，原安塑股份从该账户上划出2000万元至鑫振公司的071733账户上，至此鑫振公司的账上余额为20653126.47元，鑫振公司亦于同日从该账户划出2000万元。直至2004年4月19日，鑫振公司账户收到从张家界公司划来的3000万元后，于同日划2000万元至原安塑股份账上。此回到原安塑股份账户的2000万元与光大华顺支行发放的2000万元无关。原安塑股份将所贷款项划至鑫振公司账上并未违反双方在《借款合同》上约定的"借款用途为资金周转"。洞庭水殖此点抗辩理由不能成立，该院不予支持。嘉瑞新材与光大华顺支行所签订的2000万元《借款合同》和洞庭水殖与光大华顺支行签订的2000万元《保证合同》均系当事人的真实意思表示，未违反法律、行政法规的强制性规定，为有效合同。

2. 关于嘉瑞新材与光大华顺支行所签订的3000万元《借款合同》和洞庭水殖与光大华顺支行签订的3000万元《保证合同》是否有效的问题。《借款合同》第三十八条约定的"担保合同生效时，同时生效"条款并非《借款合同》附生效条件的条款。因为《借款合同》系嘉瑞新材与光大华顺支行签订，双方当事人对借款事实均无异议，且《借款合同》上明确载明借款用途为借新还旧，即表明该借款早已发放，双方之间的借贷关系早已确立。因此，担保合同是否生效，并不影响本《借款合同》的效力。洞庭水殖抗辩称由于光大华顺支行与债务人嘉瑞新材签订的《质押合同》未生效，导致《借款合同》未生效，最终由于《借款合同》未生效，担保人洞庭水殖与光大华顺支行签订的《保证合同》亦未生效，洞庭水殖因此而免责的理由不能成立。嘉瑞新材与光大华顺支行所签订的3000万元《借款合同》和洞庭水殖与光大华顺支行签订的3000万元《保证合同》均系当事人的真实意思表示，未违反法律、行政法规的强制性规定，为有效合同。

3. 关于《质押合同》的效力问题。2004年8月31日，光大华顺支行与债务人嘉瑞新材签订了以嘉瑞新材所有的新振升集团75%的股权为上述借款提供质押担保的《质押合同》。本案在双方签订《质押合同》前，质押物已经被法院查封。根据《中华人民共和国担保法》第三十七条的规定，依法被查封、扣押、监管的财产不得抵押，该《质押合同》因违反了法律的强制性规定而无效。

综上，嘉瑞新材与光大华顺支行签订的两份《借款合同》是双方当事人真实意思表示，且不违反国家的法律、法规，合同有效。光大华顺支行依约履行了发放贷款的义务，嘉瑞新材未能如期偿还借款本息，依法应承担归还借款本息的民事责任。洞庭水殖与光大华顺支行签订的两份《保证合同》以及光大华顺支行与新振升集团的《保证合同》意思表示真实，内容不违反法律、法规强制性规定，均应认定为有效。洞庭水殖和新振升集团为嘉瑞新材向光大华顺支行5000万元的借款提供了连带责任保证，根据《中华人民共和国担保法》第十八条之规定，应承担连带保证责任。《质押合同》因违反法律强制性规定而无效，无证据表明债权人光大华顺支行明知该质押物被法院查封，故债权人依法不承担责任。

上诉人洞庭水殖不服一审法院上述民事判决，提起上诉。

二审法院认为，本案诉争问题归根结底是洞庭水殖是否应当承担连带保证责任的问题。综观本案现已查明的事实和相关证据，与洞庭水殖是否承担保证责任相关的影响因素主要有三：第一，借款合同是否生效？第二，为2000万元借款提供担保中是否存在骗保？第三，保证合同的独立担保条款是否有效？关于第一个因素即借款合同是否生效的问题，根据借款合同和担保合同的约定，无论是担保合同还是借款合同，依法依约均已生效。洞庭水殖主张光大华顺支行与嘉瑞新材未经其同意而变更2000万元借款用途而应免除保证责任，本院认为，即便2000万元借款合同从根本上改变了借款用途，未征得保证人洞庭水殖的书面同意，但根据本院《关于适用〈中华人民共和国担保法〉若干问题的解释》第三十条第一款关于“债权人与债务人对主合同数量、价款、币种、利率等内容作了变动，未经保证人同意的，如果减轻债务人的债务的，保证人仍应当对变更后的合同承担保证责任；如果加重债务人的债务的，保证人对加重的部分不承担保证责任”的规定，因洞庭水殖的保证责任并未被加重，故洞庭水殖仍应承担保证责任。关于第二个因素即2000万元是否骗保问题，经过两审审理，的确没有充分的证据能够证明光大华顺支行与嘉瑞新材恶意串通诈骗保证人，因此洞庭水殖关于骗保的主张，二审法院不予以支持。关于第三个因素即独立担保条款是否有效的问题，光大华顺支行与洞庭水殖签订的两份《保证合同》的第十四条均明确约定“本合同的效力独立于主合同，不因主合同的无效而无效”，根据《中华人民共和国担保法》第五条之规定，上述条款明显属于独立担保条款。法院的审判实务已明确表明：考虑到独立担保责任的异常严厉性，以及该使用该制度可能产生欺诈和滥用权利的弊端，尤其是为了避免严重影响或动摇我国担保法律制度体系的基础，独立担保只能在国际商事交易中使用，不能在国内市场交易中运用。因此，洞庭水殖关于本案所涉保证合同中独立担保条款无效的主张有理，本院予以支持。但应当看到，本院否定独立担保在国内交易市场中的运用之目的，在于维护《担保法》第五条第一款所规定的我国担保制度的从属性规则，因此，不能在否定担保的独立性的同时，也否定了担保的从属性。尽管洞庭水殖可以因本案所涉保证合同中的独立担保条款无效而免除独立担保责任，但由于本案主合同即借款合同为有效合同，所以保证人仍应承担依约有效的从属性担保责任即连带保证责任。故洞庭水殖关于其不应承担连带保证责任的主张不能成立，法院予以驳回。

综上，二审法院认为，原审认定事实清楚，适用法律正确。故判决驳回上诉，维持原判。

法理解读

本案争议焦点之一在于，光大华顺支行与洞庭水殖签订的两份《保证合同》中所约定的独立担保条款是否具有法律效力，即“本合同的效力独立于主合同，不因主合同的无效而无效”的条款是否有效。这涉及担保从属性及其限度的问题。

担保具有从属性是担保的一般规则。《民法典》第388条第1款规定了担保的从属性，即“担保合同是主债权债务合同的从合同”。《民法典》第682条第1款则规定了保证合同的从属性，即“保证合同是主债权债务的从合同”。

具体而言，担保的从属性包括五个方面，分别是发生上的从属性、范围上的从属性、效力的从属性、处分的从属性以及消灭的从属性。就发生上的从属性而言，主要指的是担保必须以主债权的存在为要件，《民法典》第387条第1款“为保障实现其债权”的表述就体现了这一点。就范围上的从属性而言，主要指的是担保的范围不能超过主债权债务的范围。《民法典》第389条规定：“担保物权的担保范围包括主债权及其利息、违约金、损害赔偿金、保管担保财产和实现担保物权的费用。当事人另有约定的，按照其约定。”第691条规定：“保证的范围包括主债权及其利息、违约金、损害赔偿金和实现债权的费用。当事人另有约定的，按照其约定。”尽管这两个条文都规定了当事人可以自行约定担保的范围，但是结合《民法典》第388条第1款以及第682条第1款规定的从属性的一般规则来看，当事人不得约定大于主债权的担保范围，这就是范围上的从属性。就效力上的从属性而言，主要指的是担保合同的效力受到主合同效力的影响。《民法典》第388条第1款规定了“主债权债务合同无效的，担保合同无效，但是法律另有规定的除外”。第682条第1款则规定了“主债权债务合同无效的，保证合同无效，但是法律另有规定的除外”。可以看出，这两个条文都规定了效力上的从属性，但是同时规定了法律另有规定时的除外规则。事实上，在此之前，司法实践中曾经一度就效力上的从属性出现争议，争议点集中于当事人约定的独立担保条款。这主要源于原《担保法》第5条和原《物权法》第172条第1款的冲突。原《担保法》第5条规定“担保合同是主合同的从合同，主合同无效，担保合同无效。担保合同另有约定的，按照约定”。《物权法》第172条第1款规定“担保合同是主债权债务合同的从合同。主债权债务合同无效，担保合同无效，但法律另有规定的除外”。可以看出，原《担保法》与原《物权法》都规定了担保合同从属性的例外规则。不同的是，《担保法》规定的例外规则限于当事人约定的情形，原《物权法》规定的例外规则限于法律规定的情形。由此，关于当事人约定的独立担保条款是否有效这一问题，司法实践中出现了严重的裁判分歧。一类观点认为，当事人约定的独立担保条款有效。即使主债权债务合同无效，担保权人仍然有权依据独立担保条款来请求担保人承担担保责任。另一类观点认为，当事人约定的独立担保条款因违背了担保的从属性规则而无效。即使主债权债务合同无效，担保权人仍然无权以约定了独立担保条款为由请求担保人承担担保责任。《民法典》未对这一问题作出直接的回应，而是概括性地规定了“法律另有规定的除外”，指向的是《最高人民法院关于审理独立保函纠纷案件若干问题的规定》。本司法解释第2条在这一基础上，明确指出当事人约定独立担保条款，主合同无效时，不得以该约定为由主张担保合同有效。就处分上的从属性而言，主要指的是主债权移转，担保权也随之移转。比如，《民法典》第547条第1款就规定：“债权人转让债权的，受让人取得与债权有关的从权利，但是该从权利专属于债权人自身的除外。”《全国法院民商事审判工作会议纪要》第62条也指出：“抵押权是从属于主合同的从权利，根据‘从随主’规则，债权转让的，除法律另有规定或者当事人另有约定外，担保该债权的抵押权一并转让。受让人向抵押人主张行使抵押权，抵押人以受让人不是抵押合同的当事人、未办理变更登记等为由提出抗辩的，人民法院不予支持。”就消灭上的从属性而言，主要指的是主债权消灭，担保权也随之消灭。如《民法典》第393条第1项就规定了主债权消灭是担保物权消灭的事由之一。

在本案中，主要涉及效力上的从属性问题。光大华顺支行之所以与洞庭水殖签订两份《保证合同》时约定了独立担保条款，主要是为了否定担保的从属性，以保障自己的主债权无效时，可以通过保证人承担责任的方式获得清偿。这对于债权人的利益保护而言十分有利。然而，因容易引发欺诈、滥用权利等弊端，不为法院所认可。本司法解释第2条也坚持了这一意见。据此，本案所约定的独立担保条款无效。

根据本司法解释第2条第1款的规定，如果《借款合同》无效，光大华顺支行不得以与洞庭水殖约定了独立担保条款为由，主张《保证合同》有效。此时，应当根据《民法典》第682条第2款关于“保证合同被确认无效后，债务人、保证人、债权人有过错的，应当根据其过错各自承担相应的民事责任”的规定，由光大华顺支行、洞庭水殖按照各自的过错承担相应的民事责任。如果《借款合同》有效，《保证合同》独立担保条款无效并不影响《保证合同》的效力。光大华顺支行仍然有权依照《保证合同》的约定，请求洞庭水殖作为保证人承担保证责任。

第三条　当事人对担保责任的承担约定专门的违约责任，或者约定的担保责任范围超出债务人应当承担的责任范围，担保人主张仅在债务人应当承担的责任范围内承担责任的，人民法院应予支持。

担保人承担的责任超出债务人应当承担的责任范围，担保人向债务人追偿，债务人主张仅在其应当承担的责任范围内承担责任的，人民法院应予支持；担保人请求债权人返还超出部分的，人民法院依法予以支持。

【条文要义】

本条司法解释的条旨是担保人担保范围具有从属性的属性。

本条司法解释的内容比较多，规定了三个问题：

1. 当事人对担保责任的承担约定专门的违约金责任

当事人对担保责任的承担约定专门的违约金责任，担保人主张在债务人应当承担的责任范围内承担责任的，人民法院应当予以支持。这其实是说，担保合同无所谓违约金责任，担保人主张该违约金的专门条款无效的，人民法院也是应当支持的。本条司法解释如果换一种说法，就是担保人主张仅在债务人应当承担的责任范围内承担责任的，法院应当支持。

这一规定的真实含义是担保无违约金条款，即债权人与担保人在约定担保合同时，不能再约定担保责任的违约金条款，不能约定担保人不承担担保责任时怎样承担违约金。可以说，违约金不适用于担保合同。无论是约定抵押权、质权，还是所有权保留、让与担保等，都不存在违约金的问题。担保合同约定的担保责任，就是在债务人不履行债务时有代位清偿的义务，除保证外，其他的担保责任都是物权担保，既然是物权担保，当然用物来清偿债务即可。只有保证是人保，不论是连带责任保证还是一般保证，当约定了承担保证责任时，其条件成就，就应该承担保证责任，如果保证人不能承担保证责任，那就说明他的担保资产是有问题的，保证人都不能承担保证责任，再让其承担违反保证合同的违约金，其拿什么承担呢？所以也没有违约金的问题。

过去总是说担保无违约金条款，都是法理说明，没有法律和司法解释上的依据。本条司法解释作出明确规定，可以依照这样的司法解释来适用法律。

说得更明确一点就是，当事人针对担保责任的履行约定了违约金条款，担保人主张该约定无效的，人民法院就应当支持。反过来，如果当事人针对担保责任的履行约定了违约金条款，担保人没有主张该约定无效，这个约定也是无效的。担保权利人主张该违约金条款有效的，法院也不能予以支持。

2. 当事人约定的担保责任范围超出债务人应当承担的责任范围

当事人约定的担保责任范围超出债务人应当承担的责任范围，担保人主张仅在债务人应当承担的责任范围内承担保证责任的，人民法院应当支持。这是说，关于担保责任的范围，当事人约定的范围大，债务人应当承担的责任小，在这种情况下，担保人主张担保责任应当和债务人承担的责任范围一致，仅在债务人应当承担的责任范围内承担保证责任的要求，完全是合理的，应当予以支持。担保人为债务人向债权人提供的担保，担保的就是债务人应当承担而未承担的清偿责任，债务人应当承担多少清偿责任，担保人就应该担保这些清偿责任的履行。这就是担保范围从属性的表现。

债务人承担的责任范围大，而担保人与债权人约定的担保范围小于债务人应当承担的责任范围的，应当按照担保人与债权人约定的担保范围承担担保责任，而不是按照债务人应当承担的清偿责任的范围。

3. 担保人承担的责任超出了债务人应当承担的责任范围

担保人承担责任超出了债务人应当承担的清偿责任范围，是担保人承担担保责任大于债务人应当承担的责任范围。出现这样的问题后，担保人向债务人行使追偿权时，债务人主张仅在其应当承担的责任范围内承担责任的，人民法院应予支持。这里强调的是，担保人在承担担保责任时，必须按照债务人应当承担的债务范围承担。如果超出了债务人应当承担的债务范围，是担保人自愿承担的，债务人主张超过其应当承担范围的部分与其无关，人民法院应予支持。所以，担保人向债务人主张进行全部追偿时，债务人就超出自己承担责任范围由担保人主动承担的那一部分清偿责任不能再主张追偿是符合法律规定的，不能由债务人承担，只能由担保人自己负担。解决利益不公平的办法是，担保人可以向债权人主张债权人返还大于债务人应当承担责任的部分，对于这一请求，法院应当依法予以支持。其根据是不当得利。

这一规定不仅对解决纠纷有利，而且具有社会警示性，告诫担保人在承担担保责任时，一定要算清楚债务人究竟应当承担多少清偿责任，不能超过债务人应当清偿的债务范围去承担担保责任，超过的部分，担保人不能向债务人进行追偿，虽然可以向债权人主张返还，但存在风险。

【案例解读】

联储证券公司与金钰公司合同纠纷上诉案①

基本案情

2016年12月26日，金钰公司作为转让方、昆仑信托公司作为受让方签订《昆仑信托·联储东方金钰集合资金信托计划特定股权收益权转让与回购合同》(合同编号：×××，以下简称《回购合同》)，约定金钰公司向昆仑信托公司转让其持有的深圳市东方金钰珠宝实业有限公司100%股权的收益权，转让价款为300000000元，可分期支付。

同日，兴龙公司、赵某、王某琰分别作为保证人与昆仑信托公司签订《昆仑信托·联储东方金钰集合资金信托计划保证合同》(合同编号：×××，以下简称《保证合同一》)、《昆仑信托·联储东方金钰集合资金信托计划保证合同》(合同编号：×××，以下简称《保证合同二》)，约定：保证人所担保的主债权为金钰公司在上述《回购合同》项下对昆仑信托公司负有的支付特定股权收益权回购价款的义务。上述两份保证合同第10.2条均约定，保证人违约，债权人有权采取下列一项或几项措施……(3)要求保证人支付主债权金额10%的违约金……合同亦就送达等事项进行了约定。

合同签订后，昆仑信托公司依约向金钰公司支付特定股权收益权转让款，合计300000000元。金钰公司未按期支付定期行权费。昆仑信托公司要求金钰公司提前回购，兴龙公司、赵某、王某琰承担保证责任。金钰公司、兴龙公司、赵某、王某琰未按昆仑信托公司的要求，履行回购义务及支付回购价款。

---

① 审理法院：一审法院为浙江省高级人民法院，案号：(2018)浙民初38号；二审法院为最高人民法院，案号：(2019)最高法民终1353号。

联储证券公司作为委托人、昆仑信托公司作为受托人签订《昆仑信托·联储东方金钰集合资金信托合同》一份，约定昆仑信托公司将《回购合同》项下的与299000000份信托份额（该部分信托份额对应特定股权收益权转让价款299000000元）对应的债权移交给联储证券公司，并将保证合同项下与标的债权对应的全部权利移交给联储证券公司，联储证券公司自2018年7月24日起受让昆仑信托公司在《回购合同》《保证合同一》《保证合同二》项下与标的债权对应的全部合同权利。同日，昆仑信托公司向金钰公司发送《债权转让通知书》，向兴龙公司、赵某、王某琰发送《权利变更通知书》，告知债权转让及权利变更事宜。

2018年7月30日，联储证券公司为实现债权，向法院提起本案诉讼。诉讼请求之一是，兴龙公司、赵某、王某琰支付主债权金额10%的违约金。

法院判决

一审法院认为，兴龙公司、赵某、王某琰作为保证人，为金钰公司《回购合同》项下付款义务提供连带责任保证，应依约承担保证责任，对金钰公司的上述付款义务承担连带付款责任。保证合同对保证责任范围的约定，虽实行意思自治，但因保证合同是主合同的从合同，基于从属性原则，保证责任的范围不能超过主债务的范围。兴龙公司、赵某、王某琰在本案中系保证人，其承担责任的范围不能超过主债务人金钰公司承担责任的范围。故尽管保证合同约定了保证人违约时，债权人有权要求保证人支付主债权金额10%的违约金的内容，但基于保证人承担责任不超过主债务人承担责任范围之因素，综合考虑兴龙公司、赵某、王某琰已就金钰公司应支付的一次性违约金及迟延违约金等承担连带付款责任等情况，该院对联储证券公司要求兴龙公司、赵某、王某琰分别支付违约金34711215.15元的诉请不予支持。

联储证券公司不服，提起上诉。

二审法院认为，本案二审中涉及的主要法律问题是兴龙公司、赵某、王某琰是否应在案涉主债务之外向联储证券公司支付保证合同约定的违约金，即担保人承担担保责任的范围能否大于主债务。首先，根据《中华人民共和国担保法》第二十一条“保证担保的范围包括主债权及利息、违约金、损害赔偿金和实现债权的费用。保证合同另有约定的，按照约定。当事人对保证担保的范围没有约定或者约定不明确的，保证人应当对全部债务承担责任”的规定，虽然保证人承担保证责任的范围优先适用保证合同的约定，实行意思自治，但因保证合同是主合同的从合同，保证责任是主债务的从债务，基于担保从属性的必然要求，保证责任的范围不能大于主债务的范围。当事人约定的保证责任的范围大于主债务的，应当缩减至主债务的范围。其次，根据《中华人民共和国合同法》第五条“当事人应当遵循公平原则确定各方的权利和义务”的规定，若本案联储证券公司与兴龙公司、赵某、王某琰约定的违约金条款可获支持，联储证券公司将从保证人处额外获得从主债务人处不能得到的巨额利益。而根据《中华人民共和国担保法》第三十一条“保证人承担保证责任后，有权向债务人追偿”的规定，由于债权人与保证人在保证合同中特别约定的违约金只针对保证人，不属于主债务的范围，故保证人承担保证合同约定的责任后将无法向主债务人追偿，这将使当事人之间的利益关系严重失衡。因此，原审判决基于担保从属性原则并综合考虑兴龙公司、赵某、王某琰就金钰公司应支付的一次性违约金及迟延违约金等已经承担连带责任的情况，对联储证券公司关于兴龙公司、赵某、王某琰支付违约金 34711215.15 元的诉请未予支持，适用法律并无不当。故判决驳回上诉，维持原判。

法理解读

本案的争议焦点之一在于，联储证券公司是否有权请求兴龙公司、赵某、王某琰支付保证合同约定的违约金。一旦保证人支付了违约金，其承担责任的范围就远远超过了主债务的范围。因此，这一焦点实际涉及的是担保人承担担保责任的范围能否大于主债务的问题。

关于担保的范围，原《担保法》第 21 条、第 46 条作出了规定。其中，第21条规定了保证范围，即“保证担保的范围包括主债权及利息、违约金、损害赔偿金和实现债权的费用。保证合同另有约定的，按照约定。当事人对保证担保的范围没有约定或者约定不明确的，保证人应当对全部债务承担责任”。第46条规定了抵押担保的范围，即“抵押担保的范围包括主债权及利息、违约金、损害赔偿金和实现抵押权的费用。抵押合同另有约定的，按照约定”。可见，原《担保法》将担保范围区分为约定担保和法定担保，而且规定了约定担保优先适用的规则。

《民法典》关于担保范围的规则，继续沿袭了这一内容。比如，《民法典》第389条规定：“担保物权的担保范围包括主债权及其利息、违约金、损害赔偿金、保管担保财产和实现担保物权的费用。当事人另有约定的，按照其约定。”第691条规定：“保证的范围包括主债权及其利息、违约金、损害赔偿金和实现债权的费用。当事人另有约定的，按照其约定。”这两个《民法典》的条文都规定了当事人可以另行约定担保的范围，而且约定优先。

那么，当事人约定的担保范围是否有限制呢？

首先，需要探讨的是，债权人和担保人是否可以约定小于主债权的担保范围，如仅约定担保主债权，而不担保利息、违约金等。对此，我们认为，当事人完全可以约定担保范围小于主债权债务的范围。这是因为，尽管担保具有从属性，但是其并不是完全与主合同对等，而是具有相对独立的部分，这就主要体现在担保合同中约定的担保范围可以小于主债权的担保范围。

其次，需要探讨的是债权人和担保人是否可以约定大于主债权的担保范围。目前，司法实践中往往存在两种观点。第一种观点认为，担保具有从属性，因此约定的担保范围不得强于主债务。第二种观点认为，这属于当事人意思自治的范畴，应当尊重当事人的约定。由此引申而来的，还包括担保合同针对担保责任的承担约定违约责任条款的效力问题。申言之，如果担保合同中，担保人与债权人约定了针对担保合同的违约责任，那就意味着担保人一旦出现违约的情形，不仅需要承担主债务、利息等担保责任，还需要支付违约金的责任。这实际上远远超出了主债权担保的范围，加重了担保人的责任。对此，司法实践中也存在两种观点。第一种观点认为，该条款无效，理由是担保合同是主合同的从合同，需要遵从担保范围具有从属性的原理。因此，担保人承担的保证债务不得超过主债务的范围。而且，担保人若是承担了超过主债务部分的违约金，如果允许其向债务人或者其他担保人追偿，则对债务人或者其他担保人不利；如果不允许其追偿，则过分加重了担保人的责任。第二种观点认为，该条款有效，理由在于，这属于债权人与担保人意思自治的范畴。该约定未违反法律、行政法规的强制性规定，也未违反公序良俗，应当认定有效。

对于这一争议，《全国法院民商事审判工作会议纪要》第55条作出了规定，坚持了第一种观点，即“担保人承担的担保责任的范围不应当大于主债务，是担保从属性的必然要求。当事人约定的担保责任范围大于主债务的，如针对担保责任约定专门的违约责任、担保责任的数额高于主债务、担保责任约定的利息高于主债务利息、担保责任的履行期先于主债务履行期届满，等等，均应当认定大于主债务部分的约定无效，从而使担保责任缩减至主债务的范围”。

《民法典》未作出明文规定。本司法解释第3条则作出了明确的指示，即担保人仅在债务人应当承担的责任范围内承担责任。可见，本司法解释第3条实际上是坚持了《民法典》第388条第1款以及第682条第1款规定的担保从属性的原理。

回到本案中，联储证券公司虽然与兴龙公司、赵某、王某琰在保证合同中约定了违约责任条款，但是该约定违背了保证合同的从属性原理，兴龙公司、赵某、王某琰有权仅在金钰公司应当承担的责任范围内承担责任。也就是说，联储证券公司无权请求兴龙公司、赵某、王某琰支付违约金。不过，这并不妨碍兴龙公司、赵某、王某琰承担保证责任。至于承担保证责任的范围，则包括主债务、利息以及违约金等。需要注意的是，如果兴龙公司、赵某、王某琰任何一方向联储证券公司支付了违约金，都无权向其他担保人或者债务人追偿。这是因为，保证合同约定的违约责任条款系保证人与债权人签订，与主债务无关。那么债务人以及其他担保人都无需为保证人与债权人单独签订的违约责任条款负责。不过，担保人有权请求债权人返还超出的部分。

第四条 **有下列情形之一，当事人将担保物权登记在他人名下，债务人不履行到期债务或者发生当事人约定的实现担保物权的情形，债权人或者其受托人主张就该财产优先受偿的，人民法院依法予以支持：**

（一）为债券持有人提供的担保物权登记在债券受托管理人名下；

（二）为委托贷款人提供的担保物权登记在受托人名下；

（三）担保人知道债权人与他人之间存在委托关系的其他情形。

【条文要义】

本条司法解释的条旨是担保物权的受托持有。

受托持有是担保法的概念，是在担保合同范围内，担保合同的当事人把有效设立的担保物权登记在他人的名下，由他人持有担保物权的权属。

在受托持有的情况下，担保合同设立的担保物权的效力并不受受托持有的影响。这是因为，虽然担保财产并不是由债权人本身持有，而是由债权人以外的他人持有，但是当一个财产设置了担保物权或者其他担保形式后，就在这个担保物上设置了负担，担保物权就随着这个物的权属变动而发生变动，不管这个担保财产转移到哪里、转移到谁的手里，担保物权仍然还在这个担保物上负担着，不会发生变化。

对于担保物权的受托持有，本条司法解释列举了三种具体情形：

1. 为债券持有人提供的担保物权登记在债券受托管理人名下。这当然是受托持有，受到受托持有的担保物权效力规则的约束。

2. 为委托贷款人提供的担保物权登记在受托人名下。委托贷款合同中的受托人，是受托为他人进行贷款的当事人。将为委托人提供的担保物权登记在受托人的名下，当然也是受托持有，也不影响担保物权的效力，担保物权人当然享有担保物权，尽管担保物权登记在受托人的名下，受托人只是名义上的担保物权人。由于受托人只是受托持有人，所以，担保物权人也就是委托人仍然可以主张担保物权，不受受托持有的影响。

3. 担保人知道债权人与他人之间存在委托关系的其他情形。无论何种原因，担保物权没有登记在债权人名下，但是只要构成受托持有，担保人知道债权人与他人之间存在委托关系，担保物权没有登记在债权人名下的，受托持有也发生效力，债权人当然可以主张担保物权。问题是担保人如果不知道债权人与他人之间存在委托关系，担保物权没有登记在债权人名下，是否构成受托持有，条文没有规定。即担保人提供的担保财产，担保物权应当登记在债权人名下，但是，债权人却把担保物权登记在他人的名下。在这种情况下，担保人既然把自己的财产设置成担保财产，债权人就享有担保物权，虽然没有登记在自己的名下，只要债权人对该财产享有支配权，就应当能够行使担保物权。只要构成受托持有，即使担保人不知道担保物权未登记在债权人名下，债权人还可以以登记担保物权人的名义请求行使担保物权。

在上述三种情形下，究竟由谁来行使优先受偿权呢？本条规定债权人与受托人均可以主张就担保物优先受偿。之所以允许债权人主张优先受偿，是因为其属于实际上的担保物权人。之所以允许受托人主张优先受偿，是因为其属于名义上的担保物权人，受托人可以基于与债权人的委托关系，向法院请求主张优先受偿，最终所得的价款将用来实现债权人的债权。此处存在的问题是，如果受托人未告知债权人，私自就担保财产优先受偿，债权人的权利又当如何救济。对此，笔者认为，一方面，债权人可以基于与受托人的委托法律关系要求返还；另一方面，债权人还可以以不当得利为由请求返还。

【案例解读】

王某海等诉阳光半岛公司民间借贷纠纷上诉案[①]

基本案情

2013年1月18日，阳光半岛公司召开股东会，作出临时股东会决议：同意向王某海借款16950万元，借款7个月，月利率2%；同意以公司名下的土地使用权抵押给出借人，作为偿还上述借款本息的保证。

2013年1月20日，王某海（出借人）与阳光半岛公司（借款人）签订《借款合同》，约定：借款金额为16950万元，由借款人提供其名下不低于500亩土地使用权作为还款的担保并进行抵押登记，另行签订《土地抵押合同》。

2013年1月20日，阳光半岛公司（抵押人）与国瑞公司（抵押权人）签订《土地抵押合同》，约定：为担保本合同第一条所述"主合同"项下债务的履行，抵押人自愿将登记在其名下的土地使用权为"主合同"出借人王某海的债权设立抵押担保。双方经平等协商订立本合同。除本合同另有约定外，本合同中的词语解释依据主合同确定。一、本合同之主合同为：出借人王某海与抵押人于2013年1月20日签署的《借款合同》及其修订或补充。二、主合同项下的债权构成本合同之主债权，包括本金、利息（包括法定利息、约定利息、复利、罚息）、违约金、实现债权的费用（包括但不限于诉讼费用、律师费用、执行费用等）、因抵押人违约而给抵押权人造成的损失和其他所有应付费用。三、抵押物为抵押人名下的不低于500亩的土地，土地使用权证号：×××。抵押人不得再将抵押物或抵押物余值部分抵押给第三方。四、本合同签订后2日内，抵押人与抵

---

① 审理法院：一审法院为安徽省高级人民法院，案号：（2014）皖民二初字第00017号；二审法院为最高人民法院，案号：（2015）民一终字第107号。

押权人应到有关登记部门办理抵押登记手续。抵押登记事项发生变化，依法需进行变更登记的，抵押人与抵押权人应在登记事项变更之日起2日内到有关登记部门办理变更登记。双方还就其他事项进行了约定。该合同签订后，双方向寿县国土资源局申请抵押登记，该局于2013年1月21日颁发寿抵他项（2013）第009号他项权证。

2013年1月30日，阳光半岛公司（抵押人）与国瑞公司（抵押权人）签订《土地抵押合同》，约定：为担保本合同出借人王某海与抵押人于2013年1月20日签署的《借款合同》及其修订或补充，抵押人自愿将登记在其名下的土地使用权设定抵押担保，土地使用权证号：×××。合同约定其他条款与双方于2013年1月20日签订的《土地抵押合同》一致。寿县国土资源局亦于2013年1月30日颁发寿抵他项（2013）第017号他项权证。

借款合同签订后，王某海向阳光半岛公司出借款项14000万元。阳光半岛公司到期未还款。王某海向法院起诉，请求对案涉土地使用权进行优先受偿。

法院判决

一审法院认为，《物权法》第一百七十九条规定："为担保债务的履行，债务人或者第三人不转移财产的占有，将该财产抵押给债权人的，债务人不履行到期债务或者发生当事人约定的实现抵押权的情形，债权人有权就该财产优先受偿。前款规定的债务人或者第三人为抵押人，债权人为抵押权人，提供担保的财产为抵押财产。"依据上述规定，当事人应当依照法律规定设定担保物权，当事人设定抵押权时，抵押权人应为债权人，即二者应为一致。本案中，虽然阳光半岛公司与国瑞公司签订的两份《土地抵押合同》均约定，该份《土地抵押合同》的主合同为王某海与阳光半岛公司签订的《借款合同》，但亦载明抵押权人为国瑞公司，抵押人为阳光半岛公司，抵押物为阳光半岛公司所有的土地使用权；与上述《土地抵押合同》相对应的编号为×××他项权证载明的抵押权人也均为国瑞公司，即债权人为王某海，抵押权人为国瑞公司，抵押人为阳光半岛公司，债权人与抵押权人不一致。依据《物权法》第一百七十二条关于“设立担保物权，应当依照本法和其他法律的规定订立担保合同。担保合同是主债权债务合同的从合同”的规定，抵押合同作为债权债务合同的从合同，依据抵押合同设定抵押权的目的在于担保债权的实现，有债权才有抵押权，因此从属性是抵押权的重要特性，体现在抵押权的成立以债权的成立为前提。《物权法》第一百九十二条关于抵押权不得与债权分离而单独转让或者作为其他债权的担保的规定，亦明确了抵押权处分上的从属性。如上所述，本案中，王某海虽为债权人，但不是抵押合同约定和他项权证载明的抵押权人；国瑞公司虽系抵押合同约定和他项权证载明的抵押权人，对阳光半岛公司却不享有债权，故阳光半岛公司、国瑞公司签订《土地抵押合同》中关于该合同担保的主合同为王某海与阳光半岛公司之间的《借款合同》的约定，以及据此设定抵押权不符合法律规定。故王某海依据案涉《土地抵押合同》及他项权证主张其案涉土地使用权享有优先受偿权法律依据不足，一审法院不予支持。至于王某海辩称，上述土地使用权未能抵押登记在其名下，系因登记机关不准许将土地使用权抵押登记在自然人名下，此不属于本案审理范围，亦不能作为案涉土地使用权抵押登记在国瑞公司名下，其享有抵押权的理由。王某海与首创公司、翟某圣签订的《保证合同》及《股权质押协议》为各方当事人真实意思表示，不违反法律、行政法规的强制性规定，应认定为合法有效。且上述《股权质押协议》签订后，首创公司亦办理了相应的股权质押登记。因上述《保证合同》及《股权质押协议》均约定首创公司的担保范围包括借款本金、利息、违约金及律师代理费，故首创公司应对阳光半岛公司案涉债务向王某海承担连带清偿责任，王某海依法享有就首创公司持有的阳光半岛公司 35.7% 股权优先受偿权。至于阳光半岛公司辩称国瑞公司不应作为本案当事人参加诉讼的问题，因其为案涉《抵押合同》的一方当事人，本案审理的范围亦涉及该份合同，故将其列为本案当事人并无不当。

王某海不服，提起上诉。

二审法院认为，本案当事人争议的焦点问题是王某海对案涉土地使用权是否享有优先受偿权。

首先，根据本案查明的事实，阳光半岛公司与王某海签订《借款合同》后，因为当地抵押登记部门不准许将土地使用权抵押登记在自然人名下，双方为了履行《借款合同》关于“由借款人提供其名下不低于500亩土地使用权作为还款的担保并进行抵押登记，另行签订《土地抵押合同》”的约定，同意由阳光半岛公司与国瑞公司签订《土地抵押合同》，将案涉土地使用权抵押登记在国瑞公司名下，并明确载明为《借款合同》的债权人王某海的债权提供抵押担保。在抵押登记制度不健全，抵押登记部门不准予将土地使用权抵押登记在自然人名下的情形下，阳光半岛公司和王某海同意由国瑞公司与阳光半岛公司签订《土地抵押合同》，以国瑞公司名义办理抵押登记，为阳光半岛公司与王某海之间的《借款合同》提供抵押担保，实质是阳光半岛公司与王某海为了履行双方之间的《借款合同》而作的一种交易安排。这样的交易安排体现了阳光半岛公司与王某海以案涉土地使用权为双方之间的借款提供抵押担保的真实意思表示，且不违反法律、行政法规的强制性规定。故案涉《借款合同》《土地抵押合同》均属合法有效。

其次，阳光半岛公司与国瑞公司之间的《土地抵押合同》明确载明：为担保主合同即阳光半岛公司与王某海之间《借款合同》项下债务的履行，阳光半岛公司自愿将登记在其名下的土地使用权为主合同即《借款合同》出借人王某海的债权设立抵押担保。阳光半岛公司与国瑞公司签订《土地抵押合同》的目的并非将案涉土地使用权抵押给国瑞公司，而是以案涉土地使用权为阳光半岛公司向王某海的借款提供抵押担保。即阳光半岛公司是将案涉土地使用权抵押给《借款合同》的债权人王某海，以履行其与王某海之间的《借款合同》，实现向王某海借款的合同目的。由此可见，阳光半岛公司与国瑞公司之间的《土地抵押合同》并非独立存在的合同，而是附属于阳光半岛公司与王某海之间的《借款合同》存在的从合同，亦即没有阳光半岛公司与王某海之间《借款合同》，就没有阳光半岛公司与国瑞公司之间的《土地抵押合同》。故本案抵押权设立没有突破抵押权的从属性，也不存在脱离债权的独立抵押。案涉土地使用权的抵押符合《物权法》第一百七十二条关于担保物权从属性的规定。

最后，阳光半岛公司与王某海安排国瑞公司签订《土地抵押合同》，并以国瑞公司名义办理抵押登记，符合《物权法》第一百八十七条关于以建设用地使用权等财产进行抵押，应当办理抵押登记，抵押权自登记时设立的规定。案涉土地使用权经抵押登记，表明在案涉土地使用权上存在担保物权的权利负担，对外具有公示公信作用。而阳光半岛公司与国瑞公司之间《土地抵押合同》关于案涉土地使用权为王某海债权提供抵押担保的约定，对于阳光半岛公司、国瑞公司和王某海内部之间具有约束力。在没有信赖登记的善意第三人主张权利的情形下，应依据当事人约定来确定权利归属。根据阳光半岛公司与国瑞公司签订的《土地抵押合同》约定，王某海对案涉土地使用权享有实际抵押权，为案涉土地使用权的实际抵押权人；国瑞公司只是《土地抵押合同》约定的名义上的抵押权人，对案涉土地使用权不享有抵押权，且国瑞公司在诉讼中也未主张任何权利。因登记制度不健全、登记部门不准予将土地使用权抵押登记在自然人名下的原因，导致本案债权人与登记上的抵押权人不一致，只是债权人和抵押权人形式上不一致，实质上债权人和抵押权人仍为同一，并不产生抵押权与债权实质上的分离。王某海既是《借款合同》的债权人，也是《土地抵押合同》约定的案涉土地使用权的实际抵押权人，王某海对阳光半岛公司享有的债权实质上就是抵押担保的主债权。故王某海作为本案债权人享有案涉土地使用权的抵押权，符合《物权法》第一百七十九条关于抵押权的一般规定。

综上，二审法院认为，王某海上诉主张对案涉土地使用权享有优先权具有合同和法律依据，予以支持。一审判决认定本案抵押权与债权分离，王某海对案涉土地使用权不享有优先权，属适用法律错误，予以纠正。

法理解读

本案争议焦点在于，王某海对案涉土地使用权是否享有优先受偿权。王某海与阳光半岛公司约定了就案涉土地使用权设立抵押，但是因登记部门不准予将土地使用权抵押登记在自然人名下，导致本案债权人与登记上的抵押权人不一致。此时引发了王某海就未登记在自己名下的案涉土地使用权是否有权进行优先受偿的问题。这实际上涉及的是担保物权受托持有的法律效力。

关于担保物权受托持有的法律效力，原《担保法》《物权法》都未作出规定，主要是因为默认债权人与担保物权人为同一人。然而，实践中，常常会出现债权人与担保物权人分离的情形。尤其是银团贷款时，抵押物只登记在其中一个贷款行（即担保代理行）名下。此时，关于债权人能否就担保物优先受偿，存在争议。一般而言具有两种观点。第一种观点认为，债权人对担保物不享有优先受偿权。理由是，担保合同是主合同的从合同，其设定的目的在于担保债权的实现。担保物权并未登记在债权人名下，而是登记在第三人名下，属于担保物权与债权分离，违背了担保的从属性原理。本案一审法院就持这样的观点。第二种观点则认为，债权人对未登记在自己名下的担保物权享有优先受偿权。理由是，债权人将担保物权登记在第三人名下，并不违反法律、行政法规的强制性规定，而是属于债权人与担保人意思自治的领域。更为关键的是，担保物权登记在第三人名下并没有突破担保物权的从属性，担保合同仍然是附属于主合同的从合同。因此，当不涉及信赖登记的第三人权利的情形下，应当根据当事人的约定确定权利的归属。本案二审法院就持这样的观点。

2019 年 12 月 14 日，《全国法院民商事审判工作会议纪要》发布时，也未对这一问题作出回应。与此不同的是，有关商事法律规范对此作出了较多的调整。比如，《公司债券受托管理人执业行为准则》第 23 条规定担保财产可以登记在受托管理人名下，即“发行人为公司债券设定担保的，受托协议可以约定担保财产为信托财产，受托管理人应当在债券发行前或公司债券募集说明书约定的时间内取得担保的权利证明或者其他有关文件，并在担保期间妥善保管。”《全国法院审理债券纠纷案件座谈会纪要》第18条则规定了登记在受托管理人名下的担保物权行使规则，即“根据《最高人民法院关于〈国土资源部办公厅关于征求为公司债券持有人办理国有土地使用权抵押登记意见函〉的答复》精神，为债券设定的担保物权可登记在受托管理人名下，受托管理人根据民事诉讼法第一百九十六条、第一百九十七条的规定或者通过普通程序主张担保物权的，人民法院应当予以支持，但应在裁判文书主文中明确由此所得权益归属于全体债券持有人。受托管理人仅代表部分债券持有人提起诉讼的，人民法院还应当根据其所代表的债券持有人份额占当期发行债券的比例明确其相应的份额。”

本司法解释第4条在前述实务经验的基础上，详细地规定了担保物权受托持有有效的三种情形。第一类情形是债券发行下的担保物权委托代持。之所以会出现这类情形，是因为债券持有人人数众多。为了方便债券的转让流通、统一管理等，发行人将为债券持有人提供的担保统一登记在受托管理人名下。第二类情形是委托贷款合同中的担保物权委托代持。之所以出现这类情形，则是因为各地登记机关的登记政策不统一，而且对金融机构和非金融机构采取了不同的标准，导致非金融机构提供贷款时无法取得担保物权的登记。第三类情形是担保人知道债权人与他人之间存在委托关系的其他情形。可以看到，前两类情形都是基于客观原因所导致的担保物权受托持有，第三类则是基于当事人的委托关系而出现的受托持有。

不论是何种情形，都需要注意的是，担保物权受托持有是否有效，最为关键的是要判断债权人与担保人确实有真实的主合同关系和从合同关系，登记在第三人名下只是为了实现担保债权的目的而作出的一种交易安排。在这样的基础上，不涉及善意第三人的信赖保护时，才会承认债权人的优先受偿权。

本案王某海未将案涉土地使用权登记在自己名下，而是登记在国瑞公司名下，属于本司法解释第4条规定的第三种情形，即“担保人知道债权人与他人之间存在委托关系的其他情形”。二审法院之所以认可了王某海的优先受偿权，就是因为《借款合同》《土地抵押合同》都清晰地表明了王某海与阳光半岛公司达成了以案涉土地使用权为双方之间的借款提供抵押担保的合意。由于登记不便，双方才约定将担保物权登记在国瑞公司名下，这实质上是阳光半岛公司与王某海为了履行双方之间的《借款合同》而作的一种交易安排。鉴于本案未涉及善意第三人的信赖保护问题，法院判决王某海有权就案涉土地使用权优先受偿。

第五条　机关法人提供担保的，人民法院应当认定担保合同无效，但是经国务院批准为使用外国政府或者国际经济组织贷款进行转贷的除外。

居民委员会、村民委员会提供担保的，人民法院应当认定担保合同无效，但是依法代行村集体经济组织职能的村民委员会，依照村民委员会组织法规定的讨论决定程序对外提供担保的除外。

【条文要义】

本条司法解释的条旨是机关法人、居民委员会、村民委员会作为担保人的担保资格。

民事主体的担保资格，就是民事主体作为担保人的能力。担保资格或者担保能力是民事行为能力的一种，是在民事行为能力的范围之内的一种资格，民事主体具有完全民事行为能力，但是，他们是否具有担保行为能力，要看这个民事主体的性质。一个民事主体具有担保能力，就可以为债权人提供担保，如果没有担保能力，就不能为债权人提供担保，即使提供了担保，也不发生担保的效力。例如，政府机构就不具有担保能力，如果政府机构出具了担保，由于它不具有担保能力，所以提供的担保不发生法律效力，不能履行担保责任。

本条司法解释规定，下列两种情形，人民法院应当认定担保合同无效以及例外情形：

1. 机关法人提供的担保无效，但是经国务院批准为使用外国政府或者国际经济组织贷款进行转贷的除外。机关法人没有担保能力，也就没有担保资格。因此，机关法人提供的担保是无效的担保，法院应当认定机关法人作为担保人订立的担保合同无效。除外的情形是，经过国务院批准为使用外国政府或者国际经济组织贷款进行转贷这两种情形，由机关法人提供的担保，是有效的担保。

2. 居民委员会、村民委员会提供的担保无效，但是依法代行村集体经济组织职能的村民委员会，依照村民委员会组织法规定的讨论决定程序提供担保的除外。居民委员会和村民委员会是特别法人，没有担保能力，不能对外提供担保，一旦提供担保承担担保责任，不仅没有相应的担保财产，而且会直接影响到居民或者村民的权益。除外的情形是，村民委员会根据《民法典》第 101 条第 2 款的规定，没有设立村集体经济组织，村民委员会依法代行村集体经济组织职能的，其提供的担保是有效的担保。不过，这个担保合同有效不是来源于村委会的职权和属性，而是来源于其所代行的村集体经济组织的职能，因为村集体经济组织虽然依照《民法典》第 99 条规定也是特别法人，却具有担保资格，可以提供担保。

代行村集体经济组织职能的村民委员会在提供担保的时候，应当依照法律规定的讨论决定程序，确定对外提供担保，不得违反讨论决定程序作出担保的决定。代行村集体经济组织职能的村委会如果违反法律规定的讨论决定程序对外提供担保，人民法院应当认定担保合同无效。在这里，是否能够适用《民法典》第 85 条关于营利法人的权力机构、执行机构作出决议的会议召集程序、表决方式违法或者违反章程，或者决议的内容违反法人章程，营利法人依据该决议与善意相对人形成的民事法律关系不受影响的规定，值得研究。对此，本条司法解释没有规定。笔者认为，按照法理，这种情形与本条司法解释第 2 款规定的道理是一样的，应当适用同样的规则，因此，主张应当参照适用这样的规定，如果对方当事人为不知情且无过失，构成善意的，已经形成的法律关系就不应当受到影响。

【案例解读】

尹某山、经开区管委会因与官某华、刘某、华艳公司民间借贷纠纷案[①]

基本案情

官某华与刘某系夫妻关系，均系华艳公司股东。经开区管委会为事业单位，经费来源为财政补助，举办单位为桃江县人民政府。官某华、刘某（借款人）与尹某山（出借人）达成借款协议，时任经开区管委会主任熊铁龙在借条上签署“同意担保”，并加盖经开区管委会公章。借款到期后，官某华、刘某、华艳公司至今未偿还借款本息。尹某山向一审法院起诉请求：请求法院判令官某华、刘某、华艳公司偿还尹某山借款本金、支付利息，并由经开区管委会承担不能执行部分的全部赔偿责任。

法院判决

一审法院认为，经开区管委会是具有行政管理职能的事业单位，根据《中华人民共和国担保法》第八条的规定，经开区管委会不能作为保证人为案涉借款提供担保，故涉案保证合同无效。本案中，尹某山未尽到谨慎注意义务，对该保证合同无效具有过错，经开区管委会应当知道自身不具有担保人资格而为案涉借款提供担保，存在缔约过失，亦有过错。根据《最高人民法院关于适用〈中华人民共和国担保法〉若干问题的解释》第七条的规定，主合同有效而担保合同无效，债权人、担保人有过错的，担保人承担民事责任的部分，不应超过债务人不能清偿部分的二分之一。故

① 审理法院：一审法院为湖南省桃江县人民法院，案号：（2020）湘0922民初2640号；二审法院为湖南省益阳市中级人民法院，案号：（2020）湘09民终2104号。

尹某山主张经开区管委会为本案债务提供担保，担保合同无效，应当承担相应民事责任的主张，予以支持，即本案所涉债务中，债务人官某华、刘某、华艳公司不能清偿的部分，应由经开区管委会承担二分之一的赔偿责任。

尹某山、经开区管委会不服一审判决，提起上诉。

二审法院认为，本案二审争议的焦点为：经开区管委会对涉案借款是否承担赔偿责任。经开区管委会是享受财政补助（全额）且具有行政管理职责的事业单位，根据《中华人民共和国担保法》第八条的规定："国家机关不得为保证人"，经开区管委会在借条上签署"同意担保"并盖章的担保行为因违反法律禁止性规定，而导致担保无效。根据《最高人民法院关于适用〈中华人民共和国担保法〉若干问题的解释》第七条的规定，主合同有效而担保合同无效，债权人、担保人有过错的，担保人承担民事责任的部分，不应超过债务人不能清偿部分的二分之一。本案中，担保人的主体资格是明显欠缺的，而债权人尹某山却未尽到必要的注意义务，经开区管委会明知自己无担保资格，仍然提供担保，双方在导致保证无效的后果上均具有同等的过错，一审法院判决经开区管委会对债务人不能清偿的部分承担二分之一的赔偿责任正确。

法理解读

本案争议焦点为经开区管委会是否能够作为保证人提供保证。这实际涉及保证人的资格问题。

关于保证人的资格，各国的法律都对其作出了限制。这是因为，保证是人保，保证人以其自身的责任财产为债务提供担保。为了避免保证人或者债权人的利益受到损害，需要对保证人的资质作出限制。

在我国，原《担保法》按照原《民法通则》的法人分类模式对保证人的资格作出了限制。其中，第 8 条规定了国家机关不得为保证人，但经国务院批准为使用外国政府或者国际经济组织贷款进行转贷的除外；第 9 条规定了学校、幼儿园、医院等以公益为目的的事业单位、社会团体不得为保证人；第 10 条规定了企业法人的分支机构、职能部门不得为保证人。

《民法典》总则编改变了原《民法通则》规定的法人分类模式，从以往的企业法人、机关法人、社会团体法人、事业单位法人调整为营利法人、非营利法人以及特别法人。基于此分类，《民法典》第 683 条规定："机关法人不得为保证人，但是经国务院批准为使用外国政府或者国际经济组织贷款进行转贷的除外。以公益为目的的非营利法人、非法人组织不得为保证人。"也就是说，对于营利法人而言，对外提供保证不具有限制；对于非营利法人、非法人组织而言，则要区分是否以公益为目的；对于机关法人而言，则要经过国务院批准。本司法解释第 5 条、第 6 条在此基础上，不仅将保证人的资格扩大至担保人资格的认定，还细化了其中的类型。第一，对于特别法人而言，机关法人提供的担保无效，但是经国务院批准为使用外国政府或者国际经济组织贷款进行转贷的除外；居民委员会、村民委员会提供的担保无效，但是依法代行村集体经济组织职能的村民委员会按照决议程序提供担保的除外。第二，对于非营利法人、非法人组织而言，以公益为目的的非营利性法人、非法人组织提供的担保无效，但是存在本司法解释第 6 条第 1 款所列情形的除外。

可见，对于特别法人而言，判断其是否具有担保资格，主要是通过其主体的性质或者职能来确定。对于非营利法人、非法人组织而言，则要通过主体设立的目的来区分。

回到本案中，经开区管委会享受财政补助，具有行政管理职责，属于机关法人。根据本司法解释第 5 条第 1 款的规定，除经国务院批准为使用外国政府或者国际经济组织贷款进行转贷外，机关法人不得对外提供担保。据此，经开区管委会在借条上签署"同意担保"并盖章的担保行为无效。

第六条 以公益为目的的非营利性学校、幼儿园、医疗机构、养老机构等提供担保的，人民法院应当认定担保合同无效，但是有下列情形之一的除外：

（一）在购入或者以融资租赁方式承租教育设施、医疗卫生设施、养老服务设施和其他公益设施时，出卖人、出租人为担保价款或者租金实现而在该公益设施上保留所有权；

（二）以教育设施、医疗卫生设施、养老服务设施和其他公益设施以外的不动产、动产或者财产权利设立担保物权。

登记为营利法人的学校、幼儿园、医疗机构、养老机构等提供担保，当事人以其不具有担保资格为由主张担保合同无效的，人民法院不予支持。

【条文要义】

本条司法解释的条旨是学校、幼儿园、医疗机构、养老机构等公益单位提供担保的效力。

1. 以公益为目的的非营利性机构提供的担保原则上无效

本条司法解释之所以规定学校、幼儿园、医疗机构、养老机构等担保能力问题，是因为以公益为目的设立的非营利性的学校、幼儿园、医疗机构、养老机构等，都是基于公益目的建立起来的非营利性的法人或者非法人组织，由于他们具有公益目的且不营利，因而不具有担保能力，所以，他们提供的担保就是无效的担保。

在我国，以公益为目的的非营利的学校、幼儿园、医疗机构、养老机构等，都不具有担保行为能力，不能给债权人提供担保，提供担保也是无效的。目的是保障这些为公益目的设立的非营利机构实现公益目的，而不受到为履行担保责任而损害其财产权益，进而损害公益目的。因为这些为公益目的设立的非营利机构一旦承担担保责任，不但使它们得不到任何利益，反而损失它们的财产，对实现公益目的有严重影响。有人认为，以公益为目的的非营利机构不让它具有担保能力，它就不能向银行机构贷款，缺少融资，反而对发展公益事业是不利的。不过，这只是一个方面，如果准许以公益为目的设立的这种非营利机构具有担保能力，可以为自己或者为他人提供担保，可能会使公益目的受到影响。因此，最终决定，还是确定以公益为目的的非营利的学校、幼儿园、医疗机构、养老机构等提供的担保是无效的担保。至于这些非营利机构的融资担保，则采取例外的规则处理。

2. 以公益为目的的非营利机构担保有效的例外

本条司法解释规定了三种例外情形。在这三种情况下，以公益为目的设立的非营利机构具有担保能力，可以提供担保，提供的担保是有效的。

（1）在购入或者以融资租赁方式承租教育设施、医疗卫生设施、养老服务设施和其他公益设施时，出卖人、出租人为担保价款或者租金实现而在该公益设施上保留所有权。这种情况说的是，以公益为目的的非营利机构，在购入教育设施、医疗卫生设施、养老服务设施和其他公益设施时，以该公益设施为标的物设定的所有权保留和融资租赁，在该公益设施上保留所有权的担保，是有效的担保。这是因为，用这些公益设施提供所有权保留和融资租赁提供的价金或者租金的担保，都是为了增进这些非营利机构追求的公益目的的实现。在这些方面，以公益为目的的非营利机构，不论是学校、幼儿园，还是医疗机构、养老机构等，都具有担保能力，能够提供有效的担保，因此，这类担保合同是有效的。

（2）以教育设施、医疗卫生设施、养老服务设施和其他公益设施以外的不动产、动产或者财产权利设立担保物权，也是有效的担保。这说的是，为公益目的设立的非营利性学校、幼儿园、教育机构、养老服务机构等，虽然不具有担保资格，但不是以教育设施、医疗卫生设施、养老服务设施和其他公益设施设立担保，而是以这些财产以外的该机构享有的其他财产（包括不动产、动产和财产权利）来设定担保，所担保的目的是为自身债务设定或者是为他人设定，因而以公益为目的的非营利机构具有担保能力，能够设立担保合同，设立的这种担保是有效的担保。正如前文所说，如果以公益为目的设立的非营利机构为他人提供担保，可能会损害这些非营利机构的公益目的，但是，用公益设施以外的不动产、动产或者财产权利设立担保，具有目的的正当性，是在为自己的利益设置担保，这类担保当然是有效的。同时，也就排除了公益机构一律没有担保能力的限制，使公益机构不能为自己的融资提供担保的问题得到了解决。

在上述两个方面，以公益为目的设立的非营利的学校、幼儿园、医疗机构、养老服务机构等，都不受其不具有担保能力规则的限制，可以设定担保合同，提供担保，并且设定的这些担保都是有效的。

3. 营利性的学校、幼儿园、医疗机构、养老机构提供的担保有效

在实践中，有的学校、幼儿园、医疗机构不是以公益为目的，而是以营利为目的设立，登记成为营利法人，其性质属于《民法典》第 102 条规定的不具有法人资格的专业服务机构，属于非法人组织，而不适用《民法典》第 87 条“为公益目的或者其他非营利目的成立，不向出资人、设立人或者会员分配所取得利润的法人，为非营利法人”的规定，可以进行营利活动。因此，不受以公益为目的的非营利性学校、幼儿园、医疗机构、养老服务机构等不得为担保人规定的约束，可以进行自由经营，具有担保能力，可以签订担保合同，为自己的债务或者为他人的债务向债权人提供担保。在这种情况下，如果一方当事人主张这种担保无效，人民法院不予支持。也就是说，不得主张登记为营利法人的民办学校、幼儿园、医疗机构、养老服务机构等提供担保的合同是无效合同。

综上，本条司法解释规定的学校、幼儿园、医疗机构、养老服务机构等提供担保的效力规则包括两款，第 1 款规定的是以公益为目的的非营利机构提供的担保无效，但是有两种情况应当认定担保合同为有效；第 2 款规定的是登记为营利法人的学校、幼儿园、医疗机构、养老机构等提供的担保，是有效的担保，当事人不得主张这种担保无效。

【案例解读】

郭某锋诉实验学校等借款合同纠纷案①

基本案情

被告实验学校是民办学校，2010年7月12日，被告实验学校向韶关市教育局报告拟将其非教学用房作抵押进行融资，自主筹集办学资金。韶关市教育局于同年7月16日同意将其上述非教学用房作抵押进行融资筹集办学资金。

2013年7月30日，被告实验学校（借款人）与原告郭某锋（××）签订合同编号为×××《借款合同》。同日，被告实验学校持其于2010年7月12日、2010年8月26日作出并经韶关市教育局批复的两份《报告》复印件及其于当日作出的《董事会决议》交由原告郭某锋存执，并作为抵押人与原告郭某锋（××）签订合同编号为×××-89（1）号《房地产抵押合同》（其中附《抵押物价值确认书》《抵押物清单》），合同主要约定：鉴于原告与被告实验学校签订了×××《借款合同》，现被告实验学校自愿以其自有房产为借款人履行前述主合同项下全部债务向原告提供抵押担保，被告实验学校将其所有的商铺全部抵押给原告。2013年7月31日，被告实验学校与原告郭某锋到韶关市房地产交易登记中心办理抵押登记，韶关市房地产交易登记中心向原告填发了粤房地他项权证韶字第0100064433号《粤房地他项权证》。

合同签订后，原告依约向被告实验学校支付了650万元，被告实验学校也出具两份《收款确认》和两份《收据》确认收到原告650万元，并确认借款期限自2013年8月1日起至2014年1月31日止。借款后，被告实验学校没有支付借款本息。经催讨，被告实验学校于2014年1月3日出具

① 审理法院：广东省汕头市朝阳区人民法院，案号：（2015）汕阳法民二重字第1号。

《承诺书》，向原告承诺：上述房产不属于教学用房，抵押房产非用于教学用途，且房产抵押不影响学校的正常教学、不损害在校教职工及学生的利益，并符合韶关市教育局于2010年7月12日、2010年8月26日针对借款人所提交报告的相关批示要求，可以办理房产抵押手续。如因抵押房产所造成的一切法律后果，包括但不限于抵押房产无法办理抵押登记、抵押房产无法实现抵押价值、××无法顺利实现优先受偿权等，或因抵押房产处置造成任何社会影响和不利后果的，概由借款人承担，与××无关。

然被告仍拖欠借款本息。原告起诉请求判令被告实验学校向原告偿还借款本金，支付利息，并且判令原告对被告实验学校所抵押给原告的位于韶关市浈江区西堤横街30号实验学校的六套房产（房产证号×××、第××号）享有抵押权，原告享有优先受偿权。

法院判决

法院认为，原告郭某锋与被告实验学校签订的×××号《借款合同》，借贷双方主体适格，意思表示真实，内容未违反法律、行政法规的强制性规定，合同依法成立有效，应受法律保护，双方当事人均应依照合同约定履行各自的义务。原告郭某锋依约履行出借义务，但被告实验学校并没有依约归还借款本息，已经构成违约，应承担相应的违约责任。故原告请求判令被告实验学校偿还借款本金人民币650万元及利息、迟延履行金，合理合法，应予支持。由于被告实验学校没有按期履行还款付息义务已构成违约，致使原告采取诉讼方式为实现债权而聘请了律师，并实际支付了律师费16万元，故原告请求被告支付律师费，符合法律的规定及合同的约定，应予支持。原告郭某锋与被告实验学校签订×××号《房地产抵押合同》，因被告实验学校已依约对抵押合同所涉的房地产办理了抵押登记，依照《中华人民共和国担保法》的规定，本案的抵押合同已生效。被告实验学校提出其属于公益性事业单位，其借款抵押行为违反法律、行政法规的强制性规定，属于无效担保合同的主张，依法无据，应予驳回。因为根据《最高人民法院关于适用〈中华人民共和国担保法〉若干问题的解释》

第五十三条的规定："学校、幼儿园、医院等以公益为目的的事业单位、社会团体，以其教育设施、医疗卫生设施和其他社会公益设施以外的财产为自身债务设定抵押的，人民法院可以认定抵押有效。"被告实验学校提供的财产为非教学用房，且是为自身的债务设定的抵押，其与原告签订的《房地产抵押合同》是双方当事人的真实意思表示，内容未违反我国法律、法规的禁止性规定，依法应认定为有效，原告依法享有本案抵押物的抵押权。

法理解读

本案争议焦点为被告实验学校为郭某锋所提供的担保是否有效。被告实验学校向郭某锋借款，并以学校名下所有的房地产设定了抵押。该抵押是否有效实际涉及了以公益为目的的非营利法人设定抵押的效力问题。

原《担保法》第37条规定了学校、幼儿园、医院等以公益为目的的事业单位、社会团体，以其教育设施、医疗卫生设施和其他社会公益设施不得作为抵押财产。原《最高人民法院关于适用〈中华人民共和国担保法〉若干问题的解释》第53条规定了除外规则，即"学校、幼儿园、医院等以公益为目的的事业单位、社会团体，以其教育设施、医疗卫生设施和其他社会公益设施以外的财产为自身债务设定抵押的，人民法院可以认定抵押有效"。原《物权法》第184条与原《担保法》第37条一致，仅规定了学校、幼儿园、医院等以公益为目的的事业单位、社会团体，以其教育设施、医疗卫生设施和其他社会公益设施不得作为抵押财产。

《民法典》第399条沿袭了原《担保法》第37条以及原《物权法》第184条的规则，规定了原则性的条款，即学校、幼儿园、医疗机构等为公益目的成立的非营利法人的教育设施、医疗卫生设施和其他公益设施，不得作为抵押的财产。之所以作出这类调整，主要是为了保障公益事业的发展。不过，并非任何情形下公益性的非营利法人设定的担保都与其公益性目的相违背。以该目的为限，本司法解释第6条作出了例外性的规定，允许在两种情形下，公益性的非营利法人设定担保：第一，为购入或者以融资租赁方式承租公益设施时，为担保价款或者租金实现而在该公益设施上保留所有权。第二，以公益设施以外的不动产、动产或者财产权利设定的担保物权。

回到本案中，首先要界定的就是，被告实验学校是否属于以公益为目的的非营利性法人。在此基础上，再确认其担保行为的法律效力。关于民办学校是否以公益为目的的认定，一种观点认为，根据《民办教育促进法》第3条关于“民办教育事业属于公益性事业”的规定，应当直接认定民办学校不具有保证人的资格。[①] 另一种观点认为，应当结合民办学校的登记情况与实际运营情况来认定其是否以公益为目的。[②] 笔者认为，第二种观点更具有实质性的意义。如果一概地认定民办学校具有公益为目的，导致担保无效，则债权人的利益可能受损。但若是能够结合登记与实际情况作出区分，则维护了债权人与保证人的利益平衡。本案被告实验学校登记证书中记载了业务主管单位是韶关市教育局，招生范围包括义务教育阶段学生；实际运营过程中，其费用主要用于教育教学活动和改善办学条件。从其登记情况和实际情况均可以看出，被告实验学校是以公益为目的的组织，一般不得提供担保。不过，此次被告实验学校以非教学用房为自身借款提供担保，属于本司法解释第6条第2项规定的例外情形，应当认定其设定的抵押担保有效，原告郭某锋享有本案抵押物的抵押权。

需要注意的是，本司法解释第6条与原《最高人民法院关于适用〈中华人民共和国担保法〉若干问题的解释》第53条相比，删去了“自身债务”的限制。事实上，关于是否要保留“自身债务”，一直存在争议。一种观点认为，不应当以自身债务为限。主要理由是，非营利性法人设立担保是为了自身债务还是他人债务，应当由其自身来决定。即使非营利性法人为他人债务提供担保，也有可能是为了维护公益事业而作出的特殊交易安排，应当受到法律保护。另一种观点认为，不应当删去自身债务的限

---

① 参见山东省高级人民法院（2016）鲁民终2096号民事判决书。

② 高圣平、曹明哲、范佳慧：《中国担保法裁判综述与规范解释》，人民法院出版社2019年版，第26页。

制。如果删去了自身债务的限制，则本司法解释第6条第1款关于“担保合同无效”的原则性规定就失去了意义，而且也打破了《民法典》第399条的限制。最终，本司法解释采纳了第一种观点。由此，如果本案发生在本司法解释施行之后，被告实验学校将非教学用房为第三人的债务提供担保，该担保仍然合法有效，债权人有权就非教学用房优先受偿。

第七条　公司的法定代表人违反公司法关于公司对外担保决议程序的规定，超越权限代表公司与相对人订立担保合同，人民法院应当依照民法典第六十一条和第五百零四条等规定处理：

（一）相对人善意的，担保合同对公司发生效力；相对人请求公司承担担保责任的，人民法院应予支持。

（二）相对人非善意的，担保合同对公司不发生效力；相对人请求公司承担赔偿责任的，参照适用本解释第十七条的有关规定。

法定代表人超越权限提供担保造成公司损失，公司请求法定代表人承担赔偿责任的，人民法院应予支持。

第一款所称善意，是指相对人在订立担保合同时不知道且不应当知道法定代表人超越权限。相对人有证据证明已对公司决议进行了合理审查，人民法院应当认定其构成善意，但是公司有证据证明相对人知道或者应当知道决议系伪造、变造的除外。

【条文要义】

本条司法解释的条旨是法定代表人越权担保的效力。

1. 法定代表人越权担保的效力认定规则

与本条司法解释密切相关的法律条文是：(1)《民法典》第 61 条第 3 款，即“法人章程或者法人权力机构对法定代表人代表权的限制，不得对抗善意相对人”。(2)《民法典》第 504 条规定“法人的法定代表人或者非法人组织的负责人超越权限订立的合同，除相对人知道或者应当知道其超越权限外，该代表行为有效，订立的合同对法人或者非法人组织发生效力”。把这两个条文结合起来，应用到担保合同中，就形成了本条司法解释的第 1 款。

本条司法解释第 1 款规定的是，公司的法定代表人违反公司法关于公司对外担保决议程序的规定，超越权限代表公司与相对人订立担保合同，应当依照《民法典》第 61 条和第 504 条等规定处理。

(1) 相对人善意的后果

公司的法定代表人虽然超出了授权范围，与他人订立了担保合同，只要是善意相对人依照该担保合同的约定，请求公司承担担保责任的，合同的效力就不受影响，发生担保合同的效力，公司不能以法定代表人超越权限为由，主张法定代表人越权代表公司与相对人订立的担保合同无效。这样规定，完全符合《民法典》第 61 条第 3 款的规定，也符合《民法典》第 504 条的规定，不能发生对抗善意相对人的效果，不能主张法定代表人越权与善意相对人订立的担保合同无效。如果公司以法定代表人越权订立担保合同为由主张担保合同无效的，人民法院不予支持；反之，善意相对人请求公司承担担保责任的，人民法院应予支持。

要进一步说明的是，关于法定代表人越权代表公司与他人订立合同不得对抗善意相对人的规定，在制定原《民法总则》时，有人对此提出不同意见，认为应当规定的不是不得对抗善意相对人，而是不得对抗善意第三人。当时，不能对抗善意第三人的规则，我国的法律是有规定的，在第 61 条第 3 款规定的情况下，不得对抗的应该是善意相对人，而不是善意第三人，因为这时法定代表人的越权代表行为还不涉及善意第三人的问题，只是对相对人是不是发生法律效力的问题，因此规定不得对抗善意相对人是正确的。本条司法解释继续规定，公司的法定代表人越权订立担保合同，公司不得以法定代表人越权订立担保合同而对抗善意相对人。这里的善意相对人就是担保合同中的债权人，也是被担保的主债权人，还是担保物权的担保物权人。这里所要保护的，就是善意的担保权利人。

（2）相对人非善意的后果

相对人非善意时，法定代表人超越权限代表公司订立担保合同，担保合同对公司不发生效力。如果相对人请求公司承担赔偿责任的，采用准用的方法，参照本司法解释第 17 条的有关规定处理。

本司法解释第 17 条规定的内容是担保合同无效等情形下的法律后果，其中第 1 款规定，主合同有效而担保合同不成立、无效、被撤销或者确定不发生效力，应当区分不同情况，确定担保人应否以及如何承担赔偿责任；列举的内容是：①债权人与担保人均有过错的，担保人承担的赔偿责任不应超过债务人不能清偿部分的二分之一；②担保人有过错而债权人无过错的，担保人对债务人不能清偿的部分承担赔偿责任；③债权人有过错而担保人无过错的，担保人不承担赔偿责任。第 2 款的规定是，主合同无效导致担保合同无效，担保人无过错的，不承担赔偿责任；担保人有过错的，其承担的赔偿责任不能超过债务人不能清偿部分的三分之一。

按照上述规定，法定代表人超越权限代表公司订立担保合同，相对人为非善意，该担保合同为对公司不发生效力。相对人请求公司承担赔偿责任，由于相对人就是主债权债务关系的债权人，其请求公司承担赔偿责任，应该按照本司法解释第 17 条担保合同无效等情形下的法律后果的规定，确定赔偿责任的规则是：

①只是担保合同无效，被担保的主合同是有效的，确定赔偿责任的具体办法是：首先，债权人与担保人均有过错的，按照过失相抵原则，担保人承担的赔偿责任不应超过债务人不能清偿部分的二分之一，也就是承担一半的赔偿责任，最高不能超过二分之一。之所以担保人有过错，债权人也有过错，担保人承担的赔偿责任不超过债务人不能清偿部分的二分之一，是因为担保合同无效，债权人与担保人都有过错，依照过失

相抵原则，应当按照过错程度的比例确定赔偿责任，在这种情况下，担保人的过错最多是50%，应该承担的赔偿部分最高也不能超过50%。不过，如果担保人的过错超过了债权人的过错程度，应该承担50%以上的责任时，按照过失相抵原则，应当按照比例承担赔偿责任，这个比例应该可以超过50%。例如，担保人的过错是主要过错，就应该承担70%左右的赔偿责任。

其次，担保人有过错而债权人无过错的，也就是主债权债务合同的债权人没有过错，担保人就要对债务人不能清偿的部分承担全部的赔偿责任。在担保合同无效的情况下，债权人无过错而担保人有过错，导致担保合同无效的原因全部是由于担保人的过错所致，担保人就当然应该承担100%的赔偿责任，债权人无过错就没有责任，担保人对债权人的损失应该承担全部赔偿责任。

最后，债权人有过错而担保人无过错的，担保人不承担赔偿责任。债权人有过错而导致担保合同无效的，担保人对于合同无效没有过失，损害的后果就全部应该由债权人承担，担保人不承担任何责任。

②因主合同无效而导致第三人提供的担保合同无效，主合同和从合同都无效，确定赔偿责任的具体办法是：首先，担保人无过错的，担保人不承担赔偿责任。既然担保人对于主合同无效和担保合同无效都没有过错，主要还是对担保合同无过错，对于造成的损失，不应该承担赔偿责任。

其次，担保人有过错的，担保人承担的赔偿责任不应超过债务人不能清偿部分的三分之一。为什么规定承担赔偿责任不应超过债务人不能清偿部分的三分之一，是因为主合同无效导致担保合同无效，有三方当事人，三方当事人都应该对这个合同的无效承担赔偿责任时，每一方只能承担三分之一的赔偿责任。

2. 公司对法定代表人的追偿权

本条司法解释第2款的规定，是关于追偿权的规则。法定代表人超越权限提供担保造成公司损失，在公司承担了赔偿责任后，就取得了对法定代表人承担赔偿责任的追偿权，公司可以向法定代表人追偿。这个追偿权的依据，是《民法典》第62条规定："法定代表人因执行职务造成他人损害的，由法人承担民事责任。法人承担民事责任后，依照法律或者法人章程的规定，可以向有过错的法定代表人追偿。"本条司法解释后段就是依据《民法典》第62条规定确定的。不过，也可以以《民法典》第1191条为依据，因为这一条的第1款规定的是用人单位责任，用人单位的工作人员因执行工作任务造成他人损害的，由用人单位承担侵权责任。用人单位承担侵权责任后，可以向有故意或者重大过失的工作人员追偿。法定代表人也是法人的工作人员，只不过是对法人有代表权而已。不过，《民法典》第62条规定和第1191条第1款关于追偿权规定的构成要件有所区别，第62条规定的是，法人向法定代表人追偿时，法定代表人的主观要件是过错，包括故意、重大过失或者过失；第1191条第1款规定追偿权的主观构成要件是故意或者重大过失，不包括一般过失。对于这两个条文追偿权主观要件的区别，有需要协调的必要。既然《民法典》第62条对法定代表人追偿的主观要件作了明确的规定，就应当按照第62条第2款的规定，法定代表人只要有故意、过失，就可以向其追偿，而不是具有故意或者重大过失时才可以追偿。

对于上述适用过失相抵确定各方责任分担的不足之处，本书后文还要集中说明。

3. 认定相对人善意的方法

本条司法解释第3款解释的是善意相对人的善意。事实上，善意是一个统一的概念，就是不知情且无过失。本条司法解释说，前款所称的善意，是指相对人在订立担保合同时不知道并且不应当知道法定代表人超越权限订立担保合同。这条司法解释虽然是在解释法定代表人越权担保的第三人的善意，但是与"善意且无过失"的解释是一致的。

本条司法解释第3款在确定了什么是善意以后，继续进行解释。相对人在证明自己的善意时，除应当证明自己不知道且不应当知道法定代表人越权担保外，还须证明自己已经对公司决议进行了合理审查。其实，对公司决议进行合理审查，是证明“无过失”的内容。因为是否对公司决议进行审查，是知道或者应当知道越权担保的前提和基础。如果已经审查公司决议，就能够知道或者应当知道法定代表人为越权担保的，不构成善意，只有经过了审查，仍然不知道或者不应当知道法定代表人越权审查的，才构成善意。

相对人主张自己不知道并且不应当知道法定代表人越权担保，且有证据证明其对公司决议进行了合理审查，提供担保的公司仍然有举证责任倒置的机会，可以提出证据证明相对人知道或者应当知道决议系伪造或者变造的，就能够否定相对人的证明，否定其不知道或者不应当知道法定代表人的越权担保。

法定代表人在签订担保合同时出具了公司决议，确认公司可以提供这个担保，可是这个公司决议是伪造的或者是变造的，而相对人知道这个决议系伪造或者变造，这时，相对人就为非善意，因而不符合《民法典》第 61 条第 3 款规定的要求，该担保合同就是无效的，相对人不得主张公司承担担保责任，即使相对人提出请求公司承担担保责任的，法院也不予支持。相对人即使不知道决议系伪造、变造的，按本条规定，也可能推翻善意的证明。

在这个问题上，还是必须坚持《民法典》第 61 条第 3 款的规定，究竟是不是能够对抗善意相对人，仍然要以确定善意和非善意为前提。凡是相对人是善意的，公司的法定代表人越权实施民事法律行为，包括订立担保合同，都不得主张该担保合同或者该民事法律行为无效，即不得对抗善意相对人；反之，凡是相对人知道或者应当知道法定代表人越权代表，实施的民事法律行为包括订立担保合同，相对人即为非善意，因而这样的越权代表行为所实施的民事法律行为包括担保合同，就是无效的。

【案例解读】

招行东港支行与振邦股份公司、振邦集团公司借款合同纠纷案[①]

基本案情

2006年4月30日，招行东港支行与振邦集团公司签订借款合同。2006年6月8日，振邦股份公司出具了编号为《不可撤销担保书》，承诺对上述贷款承担连带保证责任。2006年4月30日，招行东港支行与振邦股份公司分别签订了两份关于不动产的《抵押合同》，并办理了登记。

2006年6月8日，招行东港支行按照合同约定将1496.5万元贷款如数转入振邦集团公司账户内。贷款到期后，振邦集团公司未能偿还借款本息。振邦股份公司也没有履行担保义务。

2008年6月18日，招行东港支行以振邦集团公司和振邦股份公司为被告，向大连市中级人民法院提起诉讼，请求判令振邦集团公司偿还贷款本金1496.5万元及至给付之日的利息（包括逾期利息）；要求振邦股份公司对上述债务承担连带责任；要求两被告承担诉讼费、保全费等。

二审过程中，辽宁省高级人民法院查明，振邦股份公司的《股东会担保决议》存在瑕疵。第一，《股东会担保决议》上盖印的“天津环渤海创业投资管理有限公司”印章印文与样本《2006年度年检报告书》上盖印的“天津环渤海创业投资管理有限公司”印章印文不是同一枚印章所盖。《股东会担保决议》上盖印的“中绿实业有限公司”的印章印文与样本《2006年度年检报告书》上盖印的“中绿实业有限公司”的印章印文不是同一枚印章所盖。第二，沈阳市工商行政管理局提供的企业变更的登记情况查询卡片记载，自2004年2月26日至2006年8月18日，辽宁科技创

① 审理法院：一审法院为辽宁省高级人民法院，案号：（2010）辽民二终字第15号；二审法院为最高人民法院，案号：（2012）民提字第156号。

业投资有限责任公司没有变更企业名称。而《股东会担保决议》中盖有的印章是辽宁科技创业投资责任公司。大连市工商行政管理局高新园区分局出具的内资企业变更内容查询卡记载，原大连科技风险投资有限公司于2003年5月23日已变更为大连科技风险投资基金有限公司。根据大连市工商行政管理局高新园区分局出具的2002年7月22日振邦股份公司章程修正案中，股东原大连科技风险投资有限公司所盖的印章有数码，而《股东会担保决议》所盖大连科技风险投资有限公司的印章没有数码。第三，振邦股份公司的8个股东中，王某刚和泰山公司没有在《股东会担保决议》上签字盖章。根据振邦股份公司章程，振邦集团公司占总股本的61.5%，振邦集团公司系振邦股份公司的股东和实际控制人。

法院判决

大连市中级人民法院一审认为，招行东港支行与振邦集团公司签订的借款合同系双方当事人真实意思表示，合法有效。招行东港支行依约发放了借款，振邦集团公司理应按约定的期限偿还借款本息，其未能按合同约定履行义务系违约行为，应依法承担违约责任。关于招行东港支行与振邦股份公司签订的抵押合同以及振邦股份公司出具的不可撤销担保书的效力一节，因振邦集团公司系振邦股份公司的股东，鉴于振邦股份公司《章程》及股东会对公司为其股东或实际控制人即振邦集团公司提供担保均无特别授权，依照《中华人民共和国公司法》（以下简称公司法）第十六条的规定，振邦股份公司为其股东振邦集团公司提供担保，必须要经振邦股份公司的股东会决议通过，而招行东港支行提供的《股东会担保决议》系无效决议，因此振邦股份公司法定代表人周建良无权订立涉案的抵押合同及不可撤销担保书，即涉案的抵押合同及不可撤销担保书系周建良超越权限订立，对于周建良超越权限订立抵押合同及不可撤销担保书，招行东港支行是知道或者应当知道的，理由如下：1. 招行东港支行虽然获取了《股东会担保决议》，但按照《公司法》第十六条第二款的规定“公司为公司股东或者实际控制人提供担保的，必须经股东会或者股东大会决议。”招行东港支行对《股东会担保决议》中存在的一些明显瑕疵却未尽到合理的形式审查义务，如其中一枚名称为“辽宁科技创业投资责任公司”的印章，按公司法规定不可能存在“责任公司”这种名称，招行东港支行对此瑕疵依法应能审查出来，结果却未审查出来，庭审中，招行东港支行对此也承认存在疏忽。2. 振邦股份公司的股东之一大连科技风险投资基金有限公司，在2003年就已经将名称由“大连科技风险投资有限公司”变更为现名称“大连科技风险投资基金有限公司”，而《股东会担保决议》形成于2006年，故其上所盖的名为“大连科技风险投资有限公司”的印章系作废旧印章，对此招行东港支行应进行审查，但实际其并未尽到审查义务。3. 根据《公司法》第十六条第三款规定：“前款规定的股东或者受前款规定的实际控制人支配的股东，不得参加前款规定事项的表决”，振邦集团公司作为振邦股份公司的股东，本不应参加此担保事项的表决，但《股东会担保决议》上却盖有振邦集团公司的印章，对此因公司法有明确规定招行东港支行亦应进行审查，结果招行东港支行同样未尽审查义务。综上，对于上述明显瑕疵招行东港支行经审查应能很容易审查出，但其却未尽到应有的审查义务，故可以确定招行东港支行知道或应当知道周某良系超越权限订立抵押合同及不可撤销担保书。根据《最高人民法院关于适用〈中华人民共和国担保法〉若干问题的解释》第十一条“法人或者其他组织的法定代表人、负责人超越权限订立的担保合同，除相对人知道或者应当知道其超越权限的以外，该代表行为有效”的规定，该案中涉案抵押合同及不可撤销担保书应认定为无效。由于振邦股份公司作为担保人给招行东港支行提供的《股东大会担保决议》上盖的“天津环渤海创业投资管理有限公司”“中绿实业有限公司”“辽宁科技创业投资责任公司”“大连科技风险投资有限公司”的印章均系虚假印章，其对抵押合同及不可撤销担保书的无效显然存在过错，招行东港支行作为债权人由于未尽到相应的审查义务也存在过错，故根据《最高人民法院关于适用〈中华人民共和国担保法〉若干问题的解释》第七条“主合同有效而担保合同无效，债权人无过错的，担保人与债务人对主合同债权人的经济损失，承担连带赔偿责任；债权人、担保人有过错的，担保人承担民事责任的部分，不应超过债务人不能清偿部分的二分之一”的规定，振邦股份公司应当对振邦集团公司不能清偿部分的债务承担二分之一的赔偿责任。

招行东港支行不服上述一审判决，向辽宁省高级人民法院提起上诉。

辽宁省高级人民法院审理认为，招行东港支行与振邦集团公司所签订的借款合同是真实意思表示，合法有效。振邦集团公司未按合同约定履行义务，应当承担违约责任。振邦股份公司为振邦集团公司的借款提供了连带责任保证和抵押担保，由于该担保行为属于股份公司为其股东提供担保，故对其效力的认定应适用公司法的有关规定。《公司法》第十六条第二款规定“公司为公司股东或者实际控制人提供担保的，必须经股东或者股东大会决议”。第三款规定“前款规定的股东或者受前款规定的实际控制人支配的股东，不得参加前款规定事项的表决。该项表决由出席会议的其他股东所持表决权的半数通过”。据此，作为债权人招行东港支行应对借款人提供的借款抵押合同及《股东会担保决议》等相关资料的真实性从程序上、形式上进行审查。《股东会担保决议》中共盖有 5 枚印章，除振邦集团公司外所盖印章均不是真实的。《股东会担保决议》中盖有的股东天津环渤海创业投资管理有限公司和中绿实业有限公司印章，经司法鉴定均不是真实的。股东名称为“辽宁科技创业投资有限责任公司”，而《股东会担保决议》上盖有股东印章名称为“辽宁科技创业投资责任公司”没有“有限”二字，与股东名称明显不符。股东大连科技风险投资有限公司在 2003 年就已经将名称由“大连科技风险投资有限公司”变更为现名称“大连科技风险投资基金有限公司”，其所盖印章名称虽系更名前的名称，但并不是更名前的作废旧印章。因该公司更名前的旧印章上有数码标志，而《股东会担保决议》所盖旧印章却没有数码标志，招行东港支行应当审查出来。另外，振邦集团公司是振邦股份公司的股东和实际控制人，在《股东会担保决议》上也加盖公司印章，违背公司法的规定，招行东港支行应是明知的。综上，《股东会担保决议》所盖 5 枚印章均无效，一审确认《股东会担保决议》事项并未经过股东会的同意，该《股东会担保决议》因缺乏真实性，导致担保合同无效正确。招行东港支行没有尽到审查义务，存在过错，对担保合同无效，应当承担相应责任。根据《最高人民法院关于适用〈中华人民共和国担保法〉若干问题的解释》第七条“主合同有效而担保合同无效，债权人无过错的，担保人与债务人对主合同债权人的经济损失，承担连带赔偿责任；债权人、担保人有过错的，担保人承担民事责任的部分，不应超过债务人不能清偿部分的二分之一”的规定，该案中，招行东港支行和振邦股份公司对担保合同无效均存在过错，故一审判决振邦股份公司应当对振邦集团公司不能清偿部分的债务承担二分之一的赔偿责任，并无不当。招行东港支行所提一审法院适用法律错误，其不存在过错的上诉理由，不能成立，该院不予采纳。综上，一审认定事实清楚，证据确实充分，审判程序合法，应予维持。该院依据《中华人民共和国民事诉讼法》第一百五十三条第一款第一项之规定，判决驳回上诉，维持原判。

招行东港支行不服辽宁省高级人民法院上述民事判决，向最高人民法院申请再审。

最高人民法院认为，本案各方争议的焦点是担保人振邦股份公司承担责任的界定。鉴于案涉借款合同已为一、二审法院判定有效，申请再审人对此亦无异议，故本院对案涉借款合同的效力直接予以确认。案涉《抵押合同》及《不可撤销担保书》系担保人振邦股份公司为其股东振邦集团公司之负债向债权人招行东港支行作出的担保行为。作为公司组织及公司行为当受公司法调整，同时其以合同形式对外担保行为亦受合同法及担保法的制约。案涉公司担保合同效力的认定，因其并未超出平等商事主体之间的合同行为的范畴，故应首先从合同法相关规定出发展开评判。关于合同效力，《中华人民共和国合同法》（以下简称合同法）第五十二条规定“有下列情形之一的，合同无效……（五）违反法律、行政法规的强制性规定”。关于前述法律中的“强制性”，最高人民法院《关于适用〈中华人民共和国合同法〉若干问题的解释（二）》（以下简称合同法解释二）第十四条则作出如下解释规定“合同法第五十二条第（五）项规定的‘强制性规定'，是指效力性强制性规定"。因此，法律及相关司法解释均已明确了将违反法律或行政法规中效力性强制性规范作为合同效力的认定标准之一。公司作为不同于自然人的法人主体，其合同行为在接受合同法规制的同时，当受作为公司特别规范的公司法的制约。《公司法》第一条开宗明义规定"为了规范公司的组织和行为，保护公司、股东和债权人的合法权益，维护社会经济秩序，促进社会主义市场经济的发展，制定本法"。公司法第十六条第二款规定："公司为公司股东或者实际控制人提供担保的，必须经股东会或者股东大会决议"。上述公司法规定已然明确了其立法本意在于限制公司主体行为，防止公司的实际控制人或者高级管理人员损害公司、小股东或其他债权人的利益，故其实质是内部控制程序，不能以此约束交易相对人。故此，上述规定宜理解为管理性强制性规范。对违反该规范的，原则上不宜认定合同无效。另外，如作为效力性规范认定将会降低交易效率和损害交易安全。譬如股东会何时召开，以什么样的形式召开，何人能够代表股东表达真实的意志，均超出交易相对人的判断和控制能力范围，如以违反股东决议程序而判令合同无效，必将降低交易效率，同时也给公司动辄以违反股东决议主张合同无效的不诚信行为留下了制度缺口，最终危害交易安全，不仅有违商事行为的诚信规则，更有违公平正义。故本案一、二审法院以案涉《股东会担保决议》的决议事项并未经过振邦股份公司股东会的同意，振邦股份公司也未就此事召开过股东大会为由，根据《公司法》第十六条规定，作出案涉不可撤销担保书及抵押合同无效的认定，属于适用法律错误，予以纠正。

在案事实和证据表明，案涉《股东会担保决议》确实存在部分股东印章虚假、使用变更前的公司印章等瑕疵，以及被担保股东振邦集团公司出现在《股东会担保决议》中等违背公司法规定的情形。振邦股份公司法定代表人周建良超越权限订立抵押合同及不可撤销担保书，是否构成表见代理，招行东港支行是否善意，亦是本案担保主体责任认定的关键。《合同法》第五十条规定："法人或者其他组织的法定代表人、负责人超越权限订立的合同，除相对人知道或者应当知道其超越权限的以外，该代表行为有效”。本案再审期间，招行东港支行向本院提交的新证据表明，振邦股份公司提供给招行东港支行的股东会决议上的签字及印章与其为担保行为当时提供给招行东港支行的签字及印章样本一致。而振邦股份公司向招行东港支行提供担保时使用的公司印章真实，亦有其法人代表真实签名。且案涉抵押担保在经过行政机关审查后也已办理了登记。至此，招行东港支行在接受担保人担保行为过程中的审查义务已经完成，其有理由相信作为担保公司法定代表人的周某良本人代表行为的真实性。《股东会担保决议》中存在的相关瑕疵必须经过鉴定机关的鉴定方能识别，必须经过查询公司工商登记才能知晓、必须谙熟公司法相关规范才能避免因担保公司内部管理不善导致的风险，如若将此全部归属于担保债权人的审查义务范围，未免过于严苛，亦有违合同法、担保法等保护交易安全的立法初衷。担保债权人基于对担保人法定代表人身份、公司法人印章真实性的信赖，基于担保人提供的股东会担保决议盖有担保人公司真实印章的事实，完全有理由相信该《股东会担保决议》的真实性，无需也不可能进一步鉴别担保人提供的《股东会担保决议》的真伪。因此，招行东港支行在接受作为非上市公司的振邦股份公司为其股东提供担保过程中，已尽到合理的审查义务，主观上构成善意。本案周某良的行为构成表见代理，振邦股份公司对案涉保证合同应承担担保责任。关于案涉《抵押合同》的担保责任，鉴于该案一、二审期间招行东港支行仅提出相对人承担连带赔偿责任的诉讼主张，并未提出对案涉抵押物享有优先受偿权的诉讼请求，故其再审中请求享有案涉抵押担保物权的主张已超出原审诉请范围，因此再审中不予审理。

法理解读

本案的争议焦点在于，周某良作为振邦股份公司的法定代表人，超越权限为公司的股东提供担保，该担保行为是否有效。

《公司法》第16条第2款规定：“公司为公司股东或者实际控制人提供担保的，必须经股东会或者股东大会决议。”对于该条规定的性质，影响到了法定代表人越权担保的效力。第一种观点认为，《公司法》第16条属于管理性强制性规定，因而是否违反这一规定不影响法定代表人越权担保的效力。第二种观点认为，《公司法》第16条属于效力性强制性规定，故法定代表人越权担保一律无效。这两种观点都存在不足之处。一方面，管理性强制性规定与效力性强制性规定本就难分畛域；另一方面，如果认定是管理性强制性规定，会使该条规定架空，成为具文，如果认定是效力性强制性规则，则会不利于善意相对人的保护。

《全国法院民商事审判工作会议纪要》第17条另辟蹊径，以法定代表人代表权限为分析的起点，认定违反《公司法》第16条构成越权代表。至于该越权代表是否有效，则应当根据《合同法》第50条关于法定代表人越权代表的规定，区分订立合同时债权人是否善意，来分别认定合同效力。至于善意的认定，《全国法院民商事审判工作会议纪要》第18条作出了规定，即“前条所称的善意，是指债权人不知道或者不应当知道法定代表人超越权限订立担保合同。《公司法》第16条对关联担保和非关联担保的决议机关作出了区别规定，相应地，在善意的判断标准上也应当有所区别。一种情形是，为公司股东或者实际控制人提供关联担保，《公司法》第16条明确规定必须由股东（大）会决议，未经股东（大）会决议，构成越权代表。在此情况下，债权人主张担保合同有效，应当提供证据证明其在订立合同时对股东（大）会决议进行了审查，决议的表决程序符合《公司法》第16条的规定，即在排除被担保股东表决权的情况下，该项表决由出席会议的其他股东所持表决权的过半数通过，签字人员也符合公司章程的规定。另一种情形是，公司为公司股东或者实际控制人以外的人提供非关联担保，根据《公司法》第16条的规定，此时由公司章程规定是由董事会决议还是股东（大）会决议。无论章程是否对决议机关作出规定，也无论章程规定决议机关为董事会还是股东（大）会，根据《民法总则》第61条第3款关于‘法人章程或者法人权力机构对法定代表人代表权的限制，不得对抗善意相对人’的规定，只要债权人能够证明其在订立担保合同时对董事会决议或者股东（大）会决议进行了审查，同意决议的人数及签字人员符合公司章程的规定，就应当认定其构成善意，但公司能够证明债权人明知公司章程对决议机关有明确规定的除外。债权人对公司机关决议内容的审查一般限于形式审查，只要求尽到必要的注意义务即可，标准不宜太过严苛。公司以机关决议系法定代表人伪造或者变造、决议程序违法、签章（名）不实、担保金额超过法定限额等事由抗辩债权人非善意的，人民法院一般不予支持。但是，公司有证据证明债权人明知决议系伪造或者变造的除外”。《全国法院民商事审判工作会议纪要》第20条更进一步规定了越权担保的民事责任，即“依据前述3条规定，担保合同有效，债权人请求公司承担担保责任的，人民法院依法予以支持；担保合同无效，债权人请求公司承担担保责任的，人民法院不予支持，但可以按照担保法及有关司法解释关于担保无效的规定处理。公司举证证明债权人明知法定代表人超越权限或者机关决议系伪造或者变造，债权人请求公司承担合同无效后的民事责任的，人民法院不予支持”。第21条规定了公司的权利救济，即“法定代表人的越权担保行为给公司造成损失，公司请求法定代表人承担赔偿责任的，人民法院依法予以支持。公司没有提起诉讼，股东依据《公司法》第151条的规定请求法定代表人承担赔偿责任的，人民法院依法予以支持”。

本司法解释第7条结合《全国法院民商事审判工作会议纪要》第17条、第18条、第20条以及第21条规定的司法经验，规定了公司法定代表人越权担保的法律效力及其法律责任。其中，第1款规定的是越权担保的法律效力，需要区分相对人善意与非善意两种情形。如果是善意，担保合同对公司发生效力，公司承担担保责任；如果是非善意，担保合同对公司不发生效力，公司承担赔偿责任。第2款规定的是越权担保后公司的权利救济，即法定代表人超越权限代表公司提供担保，给公司造成损失，公司有权请求法定代表人承担民事责任。

回到本案中，越权担保行为是否有效，关键在于相对人招行东港支行是否属于善意。一、二审法院认为，《股东会担保决议》中存在诸多瑕疵。一是“辽宁科技创业投资责任公司”的印章系虚假印章；二是振邦股份公司的股东之一大连科技风险投资基金有限公司使用的是变更名称前的印章；三是振邦集团公司作为振邦股份公司的股东，参加了担保事项的表决。招行东港支行作为金融机构，应当尽到谨慎的审查义务，注意到《股东担保决议》的缺陷。现招行东港支行未尽到审查义务，应当认定其知晓振邦股份公司未经过股东会决议就进行了担保，主观上不属于善意相对人。最高院则认为，振邦股份公司提供给招行东港支行的股东会决议上的签字及印章与其为担保行为当时提供给招行东港支行的签字及印章样本一致。招行东港支行在接受担保人担保行为过程中的审查义务已经完成，其有理由相信周某良本人代表行为的真实性。因此，应当认定招行东港支行尽到了合理的审查义务，属于善意第三人。对此，笔者认为，根据本司法解释第7条第3款的规定，振邦股份公司的股东会决议存在部分股东印章虚假、使用变更前的公司印章等瑕疵，以及被担保股东振邦集团公司出现在《股东会担保决议》中等违背公司法规定的情形，并不影响对招行东港支行属于善意相对人的认定。招行东港支行在接受作为非上市公司的振邦股份公司为其股东提供担保过程中，已尽到合理的审查义务，主观上构成善意，有权要求振邦股份公司承担担保责任。振邦股份公司承担担保责任后，对于自己所遭受的损失，有权根据本司法解释第7条第2款的规定，请求法定代表人承担民事责任。

第八条　有下列情形之一，公司以其未依照公司法关于公司对外担保的规定作出决议为由主张不承担担保责任的，人民法院不予支持：

（一）金融机构开立保函或者担保公司提供担保；

（二）公司为其全资子公司开展经营活动提供担保；

（三）担保合同系由单独或者共同持有公司三分之二以上对担保事项有表决权的股东签字同意。

上市公司对外提供担保，不适用前款第二项、第三项的规定。

【条文要义】

本条司法解释的条旨是公司提供担保无须机关决议的例外情形。

公司提供担保无须机关决议的例外，是指法定代表人或者职务代理人在没有公司决议授权的情况下订立的担保合同本应无效，但是在确认公司提供担保无须机关决议所订立的担保合同为有效的例外情形。

本条司法解释规定，存在下列三种情形之一，即使公司以未经决议程序为由主张不承担担保责任的，人民法院也不予支持。说的是，相对人也就是债权人知道或者应当知道没有公司关于订立担保合同的决议，存在非善意；按照一般原则，相对人在没有公司订立担保合同决议的情况下，存在非善意而签订担保合同，原本该担保合同应当是无效的，不发生担保的效力；但是，由于存在本条司法解释规定的这三种属于例外的情形之一的情况，尽管相对人知道或者应当知道没有公司决议而订立担保合同，该担保合同仍然有效。相对人主张公司承担担保责任的，人民法院应当予以支持。

这三种例外情形是：

1. 金融机构开立保函或者担保公司提供担保。这里包括两种公司：(1）开展保函业务的金融机构。无论是银行，还是非银行金融机构，只要有开展保函业务的营业范围，其出具的保函就具有担保的效力，该保函当然具有担保功能。(2）专业的担保公司，是以为他人提供担保作为主营业务的公司。既然专业的担保公司就是为他人提供担保的，那么，无论有无公司决议，担保公司提供的担保就都是有效的担保。相对人无论知道、应当知道或者不知道出具保函业务的金融机构以及担保公司有无公司决议，都不影响保函和担保合同的效力，主张提供保函或者提供担保的金融机构或者担保公司承担担保责任的，人民法院当然应予支持；公司以未经决议程序为由主张不承担担保责任的，当然不予支持。

2. 公司为其全资子公司开展经营活动提供担保。这里提到的为其全资子公司，就是提供全资的关联公司。一个公司为自己的全资子公司开展经营活动提供担保，就是公司给自己的全资子公司开展经营活动提供担保，由于两个公司之间存在这种关联关系，双方就具有利益上的共同点。例如，公司作为子公司的全资投资人，为自己投资的子公司提供担保，即使相对人知道或者应当知道没有公司提供担保的决议，由于关联公司相互之间存在的利益关系，这种担保合同也是有效的，相对人主张公司承担担保责任，人民法院当然应当予以支持。反之，公司以未经决议程序为由主张不承担担保责任的，法院不予支持

3. 担保合同系由单独或者共同持有公司三分之二以上对担保事项有表决权的股东签字同意。这种情形下，即使相对人知道或者应当知道没有公司决议，担保合同也是有效的。这里也包括两种情形：(1) 担保合同是由单独对担保事项有三分之二以上表决权的股东签字同意，既然这个股东可以单独对担保事项有表决权，只要其签字同意，即使没有会议决议，其签字也是有效的，这个担保合同当然就是有效的。(2) 担保合同是由共同持有公司三分之二以上对担保事项有表决权的股东签字同意。既然签字同意的股东共同持有公司三分之二以上的对担保事项有表决权，其签字就代表了绝大多数股东的意思，其签字就同样发生法律效力，代表了多数股东的意见，能够代表公司，即使没有公司决议，签订的担保合同也具有法律效力。在这两种情况下，即使相对人知道或者应当知道担保没有公司决议，其主张公司应当承担担保责任的，人民法院当然也应该予以支持。

说到底，对于这三种例外情形，尽管相对人知道或者应当知道没有公司决议，但是，由于这三种具体情形都会使这样的担保合同发生效力，相对人主张担保合同有效，请求该公司承担担保责任的，理由正当，法院必须支持其诉讼主张。

上市公司由于其特殊地位和具体情况，在对外提供担保后，不适用前款第2项和第3项的规定，即使公司为其全资子公司开展经营活动提供担保，或者担保合同系由单独或者共同持有公司三分之二以上对担保事项有表决权的股东签字同意的，公司以未经决议程序为由主张不承担担保责任的，法院不予支持。

【案例解读】

安徽华信、亿利公司企业借贷纠纷案①

基本案情

华信装备公司系安徽华信间接控制的公司。华信系各公司之间长期存在为彼此的经营活动向债权人提供担保的商业行为。

2018 年 2 月 2 日，亿利公司与华信装备公司签订《借款合同》。2018 年 2 月 2 日，亿利公司与上海华信、安徽华信、李某签订《保证合同》一份，约定：上海华信、安徽华信、李某为《借款合同》提供连带责任保证。

上述合同签订后，亿利公司于 2018 年 2 月 2 日依约向华信装备公司发放借款 3 亿元，同日，华信装备公司向亿利公司支付利息 1350 万元。

亿利公司将借款发放后，华信装备公司未按约还本付息。亿利公司向法院起诉，请求安徽华信公司等承担保证责任。

法院判决

一审法院认为，根据《中华人民共和国民法总则》第六十一条的规定，法定代表人对外签订合同所代表的是公司，其法律后果由公司承受，担保合同也不例外。《中华人民共和国公司法》第十六条的规定属于管理性规范，意在强调公司章程可以对公司的担保能力作出权利安排和限制规定。其对于法定代表人签约代表权等方面的限制和分配，属于公司内部事务，对公司以外的第三人不具有约束力。即使该《保证合同》的签订违反《中华人民共和国公司法》第十六条的有关规定，也是由于安徽华信或李某的不当行为导致的。作为《保证合同》的另一方善意当事人，亿利公司

---

① 审理法院：一审法院为河南省高级人民法院，案号：（2018）豫民初 22 号；二审法院为最高人民法院，案号：（2019）最高法民终 1529 号。

对签订《保证合同》并无过错。如果涉案《保证合同》因一方违反《中华人民共和国公司法》第十六条规定而被认定无效，那无异于让善意方替违法者安徽华信或李某承担不利后果，显然有违法律之公义。另，若违反《中华人民共和国公司法》的上述规定，公司或其他股东可以据此向法定代表人追责，只要不能证明《保证合同》签约双方有恶意串通的行为，即应认定公司签订的《保证合同》有效。故安徽华信应当承担连带责任保证。

安徽华信不服，提起上诉。

二审法院认为，本案二审争议焦点为：第一，安徽华信的担保行为是否系公司真实意思表示并合法有效；第二，亿利公司是否属于担保合同的善意方，对担保合同的成立尽到注意义务。

关于安徽华信的担保行为是否系公司真实意思表示并合法有效的问题。《中华人民共和国民法总则》第六十一条第二款、第三款规定："法定代表人以法人名义从事的民事活动，其法律后果由法人承受。法人章程或者法人权力机构对法定代表人代表权的限制，不得对抗善意相对人。"本案中，李某作为安徽华信合法的法定代表人，在案涉《保证合同》上签字并加盖安徽华信公章，其法律后果应由安徽华信承担。即使确如安徽华信在二审中主张的那样，在安徽华信内部经由李某一人审批即可完成用章用印流程，仍不影响法定代表人李某以安徽华信名义对外签订合同的效力。尽管《中华人民共和国公司法》第十六条第一款规定："公司向其他企业投资或者为他人提供担保，依照公司章程的规定，由董事会或者股东会、股东大会决议……"但从安徽华信公司庭后提交的股权结构图和亿利公司提交的安徽华信公司2017年、2018年公司年度报告中可见，本案担保人之一上海华信出资100%成立本案主债务人华信装备公司，出资60.78%控股本案上诉人安徽华信。根据安徽华信2018年年报显示，安徽华信的实际控制人为苏某忠、李某和郑某斌，三者并未对安徽华信直接持股，而是通过三者为股东的上海中安联合投资基金股份有限公司（其中苏某忠持股50%、李某持股49%、郑某斌持股1%）实际控制上海华信，进而实现对安徽华信的控制，年度报告显示实际控制人通过信托和其他资产管理方式控制公司。本案中，主债务人华信装备公司和保证人安徽华信、上海华信之间系关联公司，几个公司的法定代表人均为另一保证人李某。安徽华信在上诉理由中亦自述：华信装备公司对于安徽华信而言，属于“实际控制人的关联方”。而华信系各关联公司之间，长期存在为彼此的经营活动向债权人提供担保的商业行为。因此，本案中安徽华信为华信装备公司提供担保，属于“公司为其直接或者间接控制的公司开展经营活动向债权人提供担保”的情形。符合这一情形的，公司担保无须经过股东大会决议，即便债权人知道或者应当知道没有经过公司股东大会决议，也应当认定担保合同符合公司的真实意思表示，合法有效。安徽华信的该项上诉理由不能成立。

关于亿利公司是否属于担保合同的善意方，对担保合同的成立尽到注意义务的问题。《中华人民共和国合同法》第五十条规定：“法人或者其他组织的法定代表人、负责人超越权限订立的合同，除相对人知道或者应当知道其超越权限的以外，该代表行为有效。”如前所述，安徽华信为华信装备公司提供担保，属于为其间接控制的公司提供担保的情形，无需经过公司股东大会决议。因此，安徽华信在《保证合同》上加盖公司及法定代表人印章，即已符合该次担保的形式要件，亿利公司有理由相信安徽华信系自愿为华信装备公司的借款承担保证责任。即使亿利公司对该担保是否经过公司股东大会决议未经审查，亦不属于未尽到注意义务。虽然上市公司的对外担保必须对社会公众披露，但案涉《保证合同》签订后安徽华信应履行而未履行该义务，是亿利公司在合同签订时无法预见，也不能预见的事项，不影响其基于善意信赖与安徽华信签订保证合同。至于亿利公司违反部门规章和行业规定超额放贷，并不导致借贷及担保行为必然无效，安徽华信不能因此免除担保责任。安徽华信的该项上诉理由不能成立。

法理解读

亿利公司与华信装备公司签订《借款合同》后，华信装备公司的实际控制人安徽华信就在案涉《保证合同》上签字并加盖安徽华信公司公章，为华信装备公司的债务提供担保。在提供担保时，安徽华信的法定代表人李某未提供股东会决议，而是一人审批盖章、签字。由此引发的问题就是，亿利公司在明知安徽华信未提供股东会决议的情形下，仍旧与安徽华信成立担保法律关系，是否有效。

一般而言，根据《公司法》第16条第1款关于"公司向其他企业投资或者为他人提供担保，依照公司章程的规定，由董事会或者股东会、股东大会决议"的规定，公司为其他企业提供担保应当经过股东会的决议。如果法定代表人超越权限，未经股东会决议就与他人成立担保关系，构成越权代表。相对人如果不知道且不应当知道未经股东会决议，属于善意相对人，有权请求公司承担担保责任；如果知道未经股东会决议，属于恶意相对人，无权请求公司承担担保责任。

依照这样的原理，本案一、二审法院应当认定亿利公司无权请求安徽华信承担担保责任。不过，如果做更为精细的观察，可以发现，这样的认定实际上忽略了安徽华信与华信装备公司的特殊关系，违背《公司法》第16条的立法原意。

《公司法》第16条之所以规定公司担保需要经过股东会决议，主要是避免公司法定代表人违背公司的真实意思，越权代表，侵害公司其他股东和债权人的合法利益。如果案件事实表明，虽然未经公司股东会决议，但该担保是为了公司的利益，就可以认定担保系公司的真实意思表示，担保有效。因此，认定担保是否有效，不能一概以是否作出股东会决议为判断标准。

《全国法院民商事审判工作会议纪要》第19条总结司法经验，规定了四种无需决议的例外情形，即"存在下列情形的，即便债权人知道或者应当知道没有公司机关决议，也应当认定担保合同符合公司的真实意思表示，合同有效：(1) 公司是以为他人提供担保为主营业务的担保公司，或者是开展保函业务的银行或者非银行金融机构；(2) 公司为其直接或者间接控制的公司开展经营活动向债权人提供担保；(3) 公司与主债务人之间存在相互担保等商业合作关系；(4) 担保合同系由单独或者共同持有公司三分之二以上有表决权的股东签字同意"。

本司法解释第8条在前述规定的基础上，规定了三种无需决议的例外情形。第一种是"金融机构开立保函或者担保公司提供担保"。之所以规定此类情形，是因为该类公司本就不是《公司法》第16条调整的对象。第二种是"公司为其全资子公司开展经营活动提供担保"。之所以规定此类情形，是因为公司为自己控制的全资子公司提供担保，属于为维护公司利益所为的行为，应当认定属于公司的真实意思表示。第三种是"担保合同系由单独或者共同持有公司三分之二以上对担保事项有表决权的股东签字同意"。之所以规定此类情形，就是因为表决同意达到了一定程度的要求，可以认为属于公司的真实意思表示。可见，与《全国法院民商事审判工作会议纪要》第19条的规定相比，本司法解释删去了公司与主债务人之间存在相互担保等商业合作关系的情形，并将公司为实际控制公司提供的担保限定在全资子公司范围内。

本案发生在本司法解释施行之前，适用《全国法院民商事审判工作会议纪要》第19条的规定，安徽华信为华信装备公司提供担保，属于"公司为其直接或者间接控制的公司开展经营活动向债权人提供担保"的情形。因此，公司担保无须经过股东大会决议。即便亿利公司知道或者应当知道没有经过公司股东大会决议，也应当认定担保合同符合安徽华信的真实意思表示，合法有效。若是本案发生在本司法解释施行之后，则需要适用本司法解释第8条的规定。由于华信装备公司并不是安徽华信的全资子公司，安徽华信为其提供担保时，仍然需要进行股东大会决议，未经决议，属于越权担保。此时，安徽华信是否需要承担担保责任，则要根据亿利公司是否善意来认定。

第九条 相对人根据上市公司公开披露的关于担保事项已经董事会或者股东大会决议通过的信息，与上市公司订立担保合同，相对人主张担保合同对上市公司发生效力，并由上市公司承担担保责任的，人民法院应予支持。

相对人未根据上市公司公开披露的关于担保事项已经董事会或者股东大会决议通过的信息，与上市公司订立担保合同，上市公司主张担保合同对其不发生效力，且不承担担保责任或者赔偿责任的，人民法院应予支持。

相对人与上市公司已公开披露的控股子公司订立的担保合同，或者相对人与股票在国务院批准的其他全国性证券交易场所交易的公司订立的担保合同，适用前两款规定。

【条文要义】

本条司法解释的条旨是上市公司及其公开披露的控股子公司、股票在国务院批准的其他全国性证券交易场所交易的公司提供担保的效力。

1. 上市公司提供担保的效力

本条司法解释适用的情况是，上市公司的法定代表人超越权限代表公司订立担保合同，相对人根据上市公司公开披露的关于担保事项已经经过董事会决议或者股东大会决议通过的信息，与上市公司订立担保合同，已经善尽注意义务，不具有过失，属于善意相对人，相对人主张担保合同对上市公司发生效力，并由上市公司承担担保责任的，人民法院对其诉讼请求应予支持。除此之外，相对人只要是没有根据前款规定与上市公司订立担保合同，上市公司主张担保合同对其不发生效力，且不承担担保责任或者赔偿责任的，法院应当支持。

之所以作出这种规定，原因是，上市公司的重大事项都要作出公开披露，上市公司的法定代表人超越权限代表公司订立担保合同，在审查上市公司公开披露的事项中，应当能够查清具体情形。当一个民事主体要与上市公司订立担保合同时，该民事主体作为债权人，一定是有经验的商主体，既然如此，在签订担保合同前，一定要审查该上市公司公开披露的有关事项，在这些有关事项中涉及担保事项，会有董事会决议或者股东大会决议等信息，债权人在与上市公司的法定代表人签订担保合同时，以上市公司公开披露的关于担保事项已经董事会或者股东大会决议通过的信息为依据的，相对人就是善意的，因此，担保合同有效，法院应当支持相对人的主张。反之，在上市公司公开披露的有关事项中没有注意到上市公司公开披露的关于担保事项的董事会决议或者股东大会决议等信息，就是没有善尽调查的注意义务，债权人对上市公司法定代表人超越权限代表公司订立担保合同不知情，就完全是自己的原因，因应当注意没有注意而构成过失，不能成为善意相对人。既然相对人不具有善意，法定代表人越权代表上市公司订立担保合同，债权人作为担保合同的相对人，应当知道而没有知道，为非善意相对人，因而不适用《民法典》第 61 条第 3 款规定，上市公司主张该担保合同无效，就符合法律的规定，该担保合同确实无效。相对人未审查上市公司公开披露的有关担保事项的董事会决议或者股东大会决议等信息的，请求上市公司承担民事责任，人民法院当然不会予以支持。

如果相对人没有根据上述规定，以上市公司公开披露的关于担保事项已经董事会或者股东大会决议通过的信息，与上市公司订立担保合同，相对人为有过失，为非善意，上市公司主张担保合同对其不发生效力，并主张不承担担保责任或者赔偿责任的，人民法院应予支持。

2. 上市公司公开披露的控股子公司、股票在国务院批准的其他全国性证券交易场所交易的公司提供担保的效力

《关于规范上市公司对外担保行为的通知》详细规定了上市公司对外担保的规则，即“（一）上市公司对外担保必须经董事会或股东大会审议。（二）上市公司的《公司章程》应当明确股东大会、董事会审批对外担保的权限及违反审批权限、审议程序的责任追究制度。（三）应由股东大会审批的对外担保，必须经董事会审议通过后，方可提交股东大会审批。须

经股东大会审批的对外担保，包括但不限于下列情形：1. 上市公司及其控股子公司的对外担保总额，超过最近一期经审计净资产 50% 以后提供的任何担保；2. 为资产负债率超过 70% 的担保对象提供的担保；3. 单笔担保额超过最近一期经审计净资产 10% 的担保；4. 对股东、实际控制人及其关联方提供的担保。股东大会在审议为股东、实际控制人及其关联方提供的担保议案时，该股东或受该实际控制人支配的股东，不得参与该项表决，该项表决由出席股东大会的其他股东所持表决权的半数以上通过。（四）应由董事会审批的对外担保，必须经出席董事会的三分之二以上董事审议同意并做出决议。（五）上市公司董事会或股东大会审议批准的对外担保，必须在中国证监会指定信息披露报刊上及时披露，披露的内容包括董事会或股东大会决议、截止信息披露日上市公司及其控股子公司对外担保总额、上市公司对控股子公司提供担保的总额。（六）上市公司在办理贷款担保业务时，应向银行业金融机构提交《公司章程》、有关该担保事项董事会决议或股东大会决议原件、刊登该担保事项信息的指定报刊等材料。（七）上市公司控股子公司的对外担保，比照上述规定执行。上市公司控股子公司应在其董事会或股东大会做出决议后及时通知上市公司履行有关信息披露义务”。从中可以看到，上市公司控股子公司对外提供担保时，也必须及时通知上市公司，进行信息披露。

《证券法》第 79 条以及第 80 条规定了股票在国务院批准的其他全国性证券交易场所交易的公司应当定期报告，发生可能对股票交易价格产生重大影响的事件，如公司对外提供担保时，也需要临时报告，进行信息披露。

可见，上市公司已公开披露的控股子公司以及股票在国务院批准的其他全国性证券交易场所交易的公司对外提供担保与上市公司对外提供担保相一致，均需要进行披露。为了加强对证券市场的监管，稳定证券市场的交易秩序，相对人与上市公司已公开披露的控股子公司订立的担保合同，或者相对人与股票在国务院批准的其他全国性证券交易场所交易的公司订立的担保合同也适用前述上市公司对外提供担保的规则。

【案例解读】

万向公司、长城公司金融借款合同纠纷[①]

基本案情

长城公司基于日常营运流动资金需要，向原告申请融资。原告依法设立“万向信托－工商企业信托基金29号（长城集团流动资金贷款集合资金信托计划）”募集资金。2016年12月12日，原告与长城集团公司签订了《信托贷款合同》，合同约定了原告向长城集团公司发放贷款的总金额、贷款期限、贷款利率、利息的支付和本金的偿还、违约责任承担等事项。

同日，长城公司、赵某勇分别与原告签订《保证合同》，约定长城公司、赵某勇为长城公司签订的《信托贷款合同》提供保证担保。需要注意的是，被告长城公司章程规定，对股东、实际控制人及其关联人提供的担保，必须经过股东大会审议通过。被告长城集团是被告长城公司的控股股东。被告长城公司对案涉借款提供的担保未经股东大会审议。

上述合同签订后，原告于2016年12月16日向长城集团发放贷款。长城集团本应于2018年12月16日向原告偿还全部贷款本金及相应利息。但截至目前，长城集团仍未偿还上述本金及对应的利息、罚息、复利等。同时，长城公司、赵某勇也未按照相关合同约定承担保证担保责任。故原告向法院起诉，要求长城集团还款，长城公司、赵某勇承担保证担保责任。

法院判决

一审法院认为，原告与被告长城集团签订的《信托货款合同》以及原告与被告赵某勇签订的《保证合同》均系订约当事人之间真实意思表示，内容不违反法律、行政法规的强制性规定，均应确认有效，各方均应依约

---

① 审理法院：一审法院为浙江省杭州市中级人民法院，案号：（2016）浙01民初5号；二审法院为浙江省高级人民法院，案号：（2020）浙民终386号。

履行约定义务。以上合同签订后，原告按约向被告长城集团发放了贷款150000000元，然而被告长城集团仅支付了前7期利息，未能按约偿付贷款本金及最后一期利息，因此原告要求偿付本息。被告赵某勇对本案付款应承担连带清偿责任。对于原告要求被告长城影视股份公司承担连带清偿责任的诉讼请求，一审法院认为，被告长城集团是被告长城公司的控股股东，根据《中华人民共和国公司法》第十六条之规定，被告长城公司对案涉借款提供的担保必须经股东会或股东大会审议，但原告在与被告长城公司签订《保证合同》时并未审查股东会或股东大会决议，而案涉借款担保实际也未经股东会或股东大会审议，故该《保证合同》应认定无效，对原告的该项诉请不予支持。

万向信托股份公司不服一审判决，提起上诉。

二审法院认为，本案二审的争议焦点为被上诉人长城公司对外担保的效力及其民事责任问题。

长城公司作为上市公司，尽管万向公司原审提交的案涉《保证合同》上加盖有长城公司公章并有法定代表人签字，但根据《中华人民共和国公司法》第十六条之规定，长城公司对股东、实际控制人提供的担保须经股东大会审议通过。现无证据证明长城公司为其控股股东长城集团的债务向万向公司提供担保的事项已经公司股东大会决议通过，故本案长城公司法定代表人未经授权擅自对外提供担保，构成越权代表。同时，长城公司作为上市公司，其公司章程、对外担保决议等内容均属于公开披露事项，万向公司未提供充分证据证明其已对长城公司股东大会决议进行了审查和履行了审慎的注意义务，故万向公司在订立案涉《保证合同》时非善意。根据《中华人民共和国合同法》第五十条及参照《全国法院民商事审判工作会议纪要》第17条之规定，长城公司法定代表人超越权限订立保证合同，万向公司应当知道其超越权限，案涉保证合同无效。

至于保证人长城公司民事责任如何承担的问题，根据《中华人民共和国担保法》第五条第二款及《最高人民法院关于适用〈中华人民共和国担保法〉若干问题的解释》第七条之规定："主合同有效而担保合同无效，债权人无过错的，担保人与债务人对主合同债权人的经济损失，承担连带赔偿责任；债权人、担保人有过错的，担保人承担民事责任的部分，不应超过债务人不能清偿部分的二分之一。”本案中，《保证合同》虽无效，但长城公司法定代表人在案涉《保证合同》上加盖公司公章，并在该合同中同意由长城公司对长城集团案涉借款向万向公司提供连带责任保证担保，对于上述损害公司利益的行为，长城公司均未能及时发现和制止，存在管理不当的过错责任，其应就因保证合同无效导致万向公司信赖利益受损承担赔偿责任。由于万向公司对保证合同无效也负有审查不严的过错责任，双方过错程度相当，故长城公司承担赔偿责任的范围为主债务人不能清偿部分的二分之一。

同时，二审法院注意到，对上市公司对外担保的效力和民事责任问题，最高人民法院于 2019 年 11 月 8 日印发《全国法院民商事审判工作会议纪要》后，经本院检索中国裁判文书网发布的案例，不管最高人民法院二审是改判还是维持一审判决，在主合同有效的情况下，最高人民法院在上述案件的终审判决中认为：上市公司签约代表越权，担保合同无效；担保人存在内部管理不当，应对主债务人不能清偿的部分向债权人承担二分之一的赔偿责任。

综上，上诉人万向公司提出被上诉人长城公司提供担保有过错及应承担相应赔偿责任的上诉理由，依法成立。原判认定事实清楚，但实体处理部分不当。二审法院部分改判系由于参照最高人民法院在原审判决作出后的新的生效判决，原判不属于错案。

法理解读

本案中长城公司属于上市公司，其为自己的控股股东长城集团的债务提供担保的行为，属于上市公司对外关联担保的问题。

对于上市公司对外关联担保是否在《公司法》第 16 条的涵射指引范围内，存在不同的看法。一种观点认为，《公司法》第 16 条在总则的位置上，表明了其应当适用于所有类型的公司对外提供担保的情形，而不受主体的限制。另一种观点认为，上市公司属于公众公司，对外担保会影响到股东的利益，严重时还会影响到证券市场的健康发展，因而有必要作出单独的规定，引导债权人在签订上市公司为其提供担保的合同时，采取正确的审查方式。①

《全国法院民商事审判工作会议纪要》第22条采纳了第二种观点，规定了上市公司为他人提供担保的情形，即“债权人根据上市公司公开披露的关于担保事项已经董事会或者股东大会决议通过的信息订立的担保合同，人民法院应当认定有效”。

本司法解释第9条在这一规定的基础上，细化了上市公司提供担保的情形及其规则。第一，如果相对人是根据上市公司公开披露的关于担保事项已经董事会或者股东大会决议通过的信息，与上市公司订立担保合同，如不存在其他无效情形，相对人有权请求上市公司承担担保责任。第二，如果相对人不是根据上市公司公开披露的关于担保事项已经董事会或者股东大会决议通过的信息，与上市公司订立担保合同，则无权请求上市公司承担担保责任。此外，相对人与公开披露的上市公司的控股子公司、股票在国务院批准的其他全国证券交易场所交易的公司订立的担保合同，也需要适用这一规则。这一规定具有重要意义，不仅能够引导债权人在与上市公司（或者上市公司的控股子公司、股票在国务院批准的其他全国证券交易场所交易的公司）签订合同时，尽到审查义务，查询上市披露信息，也能够使得股东以及潜在的股东可以根据上市公司的担保情况，自行决定是否继续交易。

具体到本案，长城公司作为上市公司，其对外担保决议等内容属于公开披露事项。万向公司未提供证据证明其根据长城公司公开披露的股东大会决议订立《保证合同》，应当认定其未尽到审慎的注意义务，不属于善意相对人。根据本司法解释第9条第2款的规定，不应认定万向公司的全部主张。

---

① 最高人民法院民事审判庭：《全国法院民商事审判工作会议纪要》，人民法院出版社2019年版，第196页。

第十条　一人有限责任公司为其股东提供担保，公司以违反公司法关于公司对外担保决议程序的规定为由主张不承担担保责任的，人民法院不予支持。公司因承担担保责任导致无法清偿其他债务，提供担保时的股东不能证明公司财产独立于自己的财产，其他债权人请求该股东承担连带责任的，人民法院应予支持。

【条文要义】

本条司法解释的条旨是一人有限责任公司为其股东提供担保的效力。

本条司法解释除规定一人公司为其股东提供担保的效力外，还包括一人公司因承担担保责任导致无法清偿其他债务，其他债权人请求担保时，股东承担连带责任。因此，这一条文分成两款规定，规定的是两个不同的规则，都是关于一人公司的责任问题。

1. 一人有限责任公司为其股东提供担保的效力

一人有限责任公司为其股东提供担保，在原则上是不适当的，因为《公司法》规定，公司为自己的股东承担担保责任，对公司的利益有损害。但是，一人有限责任公司由于只有一个股东，一人有限责任公司为自己的股东承担担保责任，其实真正的责任人是一个人。因此，被担保的债权人主张一人有限责任公司为股东的债权人提供担保承担担保责任时，如果一人有限责任公司以违反法律关于公司对外担保决议程序的规定为由主张不承担担保责任的，其理由不成立，法院不予支持。原因是，一方面，一人公司的股东就是一个人，一人公司和公司的股东虽然在人格上是两个人，但是在实际上，公司的决策和公司的股东其实是同一个人；另一方面，一人有限责任公司的股东决定为自己提供担保，是明知故犯，在为自己提供了担保以后，又以违反公司法关于公司对外担保决议程序的规定为由，主张担保合同无效而不承担担保责任，就是明知故犯，不能主张一人有限责任公司为自己的股东承诺的担保不承担担保责任。

2. 一人有限责任公司因承担担保责任导致无法清偿其他债务的规则

本条司法解释第2款所表述的，其实不仅是为其股东提供担保的效力，而是一人有限责任公司因承担担保责任导致其无法清偿其他债务，可能是为自己的股东承担担保责任，也可能是为他人承担担保责任，无论是为谁承担担保责任，一人有限责任公司承担了担保责任导致无法清偿其他债权人的债务，其股东不能证明公司的财产独立于自己的财产，如果其他债权人请求该股东承担连带责任的，人民法院应当支持。其要件是：

（1）公司因承担担保责任导致无法清偿其他债务。一人公司承担担保责任而使其无法承担对其他债权人的债务，须二者之间有因果关系。

（2）其股东不能证明自己的财产独立于公司财产。能够证明自己的财产独立于公司财产的，不在此列，不适用本条司法解释的规定。

（3）其他债权人请求该股东承担连带责任。正因为公司的其他债权人的债务不能清偿，因而其他债权人请求该股东承担连带责任。这里的一个措辞是特别准确的，就是其他债权人请求“该股东”，而不是现在的一人有限责任公司的股东，区别是，一人有限责任公司的股东只是一人，如果一个一人有限责任公司在提供担保时是一个股东，后来提供担保时的股东转让了股权，现在的一人有限责任公司股东和当时提供担保时的股东并非同一个人。

这里规定的该股东承担的连带责任，是不是《民法典》第83条第2款规定的撕破公司面纱的规则，并没有说清楚。笔者的意见是：

（1）为自己的股东提供担保导致无法清偿其他债务

如果一人公司为自己的股东承担担保责任而导致其他债务不能清偿，不能证明公司的财产独立于自己的财产的，应当适用撕破公司面纱的规则。营利法人的出资人不得滥用法人独立地位和出资人有限责任损害法人债权人的利益；滥用法人独立地位和出资人有限责任，逃避债务，严重损害法人债权人的利益的，应当对法人债务承担连带责任。一人有限责任公司因为自己的股东承担担保责任导致无法清偿其他债务，其他债权人请求一人有限责任公司承担责任，该公司无法承担责任的，由于一人有限责任公司的股东滥用权利、滥用法人独立地位和出资人有限责任，损害了法人债权人的利益，因而符合撕破公司面纱的规定，可以主张公司的股东承担连带责任。为什么规定由提供担保时的股东承担连带责任，而不是该公司现在的股东承担连带责任，是由于一人有限责任公司的出资人滥用法人独立地位和出资人有限责任损害法人债权人的利益的，不是现在的一人有限责任公司的股东，而是提供担保时的股东的行为，因此，应当由提供担保时的股东承担撕破公司面纱的连带责任，就是因为撕破公司面纱露出来的脸，是原股东而不是现股东。既然如此，当一人有限责任公司在债权人主张请求提供担保时的股东承担连带责任的，提供担保时的股东如果以一人有限责任公司具有法人独立地位或者股东仅承担有限责任为由提出抗辩的，视为无理由，人民法院不予支持。这里要提到的是，提供担保时的股东的抗辩其实是两个理由，一个理由是说股东以一人有限责任公司具有法人独立地位，另一个理由是说股东仅承担有限责任。这两种理由原本都是成立的，因为公司具有法人的独立地位，法人承担的责任是有限责任，因而原则上不能追究法人股东承担超出有限责任以外的责任；同样，有限责任公司的股东当然承担有限责任，并不承担无限责任，这是有限责任公司和无限公司的主要区别。但是，由于一人公司的股东滥用法人独立地位和出资人有限责任，为自己或者他人提供担保而损害了法人债权人的利益，因而构成撕破公司面纱的要件，作为一人公司的股东，而且须是当时提供担保的股东，为一人有限责任公司的债权人承担无限责任，完全符合《民法典》第 83 条第 2 款规定的要求，应当承担无限责任的。

（2）为其他公司提供担保导致无法清偿其他债务

一人公司如果通过正当程序为其他公司提供担保，导致无法清偿其他债务，证明其公司财产是否独立于自己的财产也有重大作用。如果该股东能够证明公司财产独立于自己的财产，则不能用其自己的财产承担连带责任，只有不能证明其财产独立于公司财产的，才应当对其他债权人的债务承担连带责任。

【案例解读】

柯尼马公司与卜某干担保责任纠纷案[①]

基本案情

卜某干原系柯尼马公司独资股东，同时任该公司法定代表人。2008年4月15日，卜某干与柯尼马公司在协商一致的基础上达成了一份股权转让合同书，由卜某干将拥有的柯尼马公司100%的股权以人民币50万元转让给谢某初。合同签订后，谢某初支付了首期的15万元股权转让金，卜某干于合同签订后配合谢某初到溧阳市工商行政管理局办理了柯尼马公司的工商变更手续。之后，谢某初先后分两次以现金、实物抵款的方式支付了20万元股权转让金给卜某干。2008年9月9日，谢某初向卜某干出具欠条一张，承诺欠卜某干股权转让金15万元，柯尼马公司在“此欠款由柯尼马公司担保”的意见上加盖了公章，此后谢某初和柯尼马公司一直未予支付。出具欠条时，柯尼马公司系自然人独资有限公司，谢某初系股东。2008年12月30日，卜某干提起诉讼，法院判决谢某初于判决生效之日起7日内履行债务15万元并承担诉讼费1650元。后卜某干又向法院申请诉讼保全，支出保全费1020元。因谢某初未履行上述债务，卜某干遂起诉柯尼马公司，要求柯尼马公司对谢某初应清偿的债务152670元承担连带清偿责任，并承担本案诉讼费。

法院判决

江苏省溧阳市人民法院一审认为，柯尼马公司在谢某初出具给卜某干的欠条上明确欠款由其担保的行为属实。关于保证期间，卜某干已对债务人谢某初提起诉讼，并业经判决，故保证期间适用诉讼时效中断的规定，

---

① 审理法院：一审法院为江苏省溧阳市人民法院，案号：（2009）溧民二初字第0420号；二审法院为江苏省常州市中级人民法院，案号：（2009）常民二终字第0451号。

即本案没有超过保证期间。关于保证的效力，虽然柯尼马公司的股东谢某初没有按照公司法的相关规定，作出书面材料置备于公司，但卜某干并无过错，也不属担保法规定的担保无效的情形，故卜某干与柯尼马公司间保证合同关系应属合法、有效。柯尼马公司对保证方式没有明确，应按照连带责任保证承担保证责任。现债务人谢某初在判决书规定的债务履行期届满没有履行债务，卜某干可以要求保证人柯尼马公司在其保证范围内承担保证责任。据此，江苏省溧阳市人民法院依照《担保法》第十八条第二款、第十九条、第二十一条、第二十五条及相关民事法律法规、政策之规定，判决柯尼马公司对卜某干的债务人谢某初对卜某干应承担的债务152670元承担连带清偿责任。

柯尼马公司不服原审判决，提起上诉称：原审适用法律不当，应依法改判。理由是，柯尼马公司系有限公司，依据《公司法》第十六条之规定，公司为股东或实际控制人提供担保的，必须经股东会或者股东大会决议，因上诉人为股东谢某初担保未经该程序，应属无效。同时，如果一人公司可以为唯一股东出具担保，那么就违反了公司法的资本维持原则，有抽逃注册资本之嫌，另外会导致公司和股东个人资产的混同，不符合公司立法原则。卜某干答辩称：法律并没有禁止一人公司为股东提供担保，既然股东唯一，其对外的行为就是公司的行为。本案所涉欠条上不仅有柯尼马公司当时的法定代表人谢某初签字，且柯尼马公司亦在欠条上盖章确认，故应当确认一人公司为股东担保的效力。

江苏省常州市中级人民法院二审认为，本案的争议焦点是柯尼马公司为谢某初提供担保是否有效。因柯尼马公司在提供担保时，是由谢某初单独出资设立的一人公司，因此认定本案所涉的担保是否有效在法律上就体现为一人公司为股东担保的效力认定问题。对此，该院认为，《公司法》第十六条规定的特殊担保下股东会的决策权和股东回避表决的程序，其立法本意旨在防止大股东（利害关系股东）滥用股东权利，保护公司和小股东（无利害关系股东）免遭公司作保的风险，确保公司更加客观、公正地决定是否为其股东进行担保，而并非禁止或限制该类特殊担保。实践中，一人公司不存在大股东与小股东之别，也不存在利害关系股东与无利害关系股东之分，唯一的股东同意提供担保不仅体现了股东意志，也体现了公司意志，在没有其他利害关系股东存在的情形下，也就谈不上损害其他股东的利益，因此一人公司的股东可以自行作出由一人公司为自己债务提供担保的决定。况且一人公司因仅有一个股东，自然无法成立股东会并形成股东会决议，只要公司章程不禁止，股东个人同意后公司对外担保的能力就具备了。而股东个人同意，法律上倡导的是采取书面形式备置于公司，但实践中一人公司的操作并不如此规范和明确，股东个人同意的意思表示往往是在担保合同中加以体现，也就是说担保合同上加盖了公司的公章就意味着股东作出了同意担保的意思表示，更何况是特殊担保即为该股东的债务进行担保。因此，本案中柯尼马公司为其股东谢某初提供担保，在章程未作特别约定的前提下，基于卜某干没有过错，对担保的合理期待应当受到保护，故应认定该担保有效。至于上诉人柯尼马公司认为一人公司为股东担保，有损资本维持原则，甚至存在抽逃出资的嫌疑，则完全可以援引公司法关于股东抽逃出资或者股东滥用公司法人地位等法律规定，来另行追究股东的法律责任。

综上，柯尼马公司为谢某初提供的担保有效，柯尼马公司应当承担连带保证责任，向卜某干偿付谢某初承担的债务 152670 元。原审判决认定事实清楚，实体处理结果并无不当，应予维持。判决驳回上诉，维持原判。

法理解读

本案争议焦点在于，柯尼马公司为谢某初提供的担保是否有效。柯尼马公司是由谢某初单独出资设立的一人公司。因而，这一争议焦点实际涉及了一人公司为其股东提供担保的效力问题。

关于一人公司为股东担保的效力，存在不同的看法。一种观点认为，根据《公司法》第 16 条的规定，公司为股东提供担保，必须经股东会决议，该股东不得参加表决。一人公司只存在一个股东，无法适用《公司法》第 16 条的规定，这实质上就否认了一人公司对股东提供担保的权利。

因此，应当认定一人公司为其股东提供担保无效。另一种观点认为，《公司法》第16条之所以作出这样的限制，是为了确保公司能够客观、公正地作出股东会决议，决定其是否为股东提供担保，避免表决事项所涉及的股东损害公司或者其他股东的利益。一人公司中，只存在一个股东，不可能损害其他股东的利益。因此，应当认定一人公司为其股东提供的担保无效。其中，第二种观点是大多数学者与法官的意见。

本司法解释第10条第1句也采纳了第二种观点，规定："一人有限责任公司为其股东提供担保，公司以违反公司法关于公司对外担保决议程序的规定为由主张不承担担保责任的，人民法院不予支持。"具体到本案，柯尼马公司为其股东谢某初提供担保，应当认定担保有效。柯尼马公司无权以违反公司担保决议程序为由主张自己不承担担保责任。

需要注意的是，本司法解释第10条第2句还规定："公司因承担担保责任导致无法清偿其他债务，提供担保时的股东不能证明公司财产独立于自己的财产，其他债权人请求该股东承担连带责任的，人民法院应予支持。"据此，如果柯尼马因承担对谢某初债务的担保责任导致无法清偿自己的债务时，其他债权人可以请求刺破公司面纱，要求谢某初承担连带责任。

第十一条　公司的分支机构未经公司股东（大）会或者董事会决议以自己的名义对外提供担保，相对人请求公司或者其分支机构承担担保责任的，人民法院不予支持，但是相对人不知道且不应当知道分支机构对外提供担保未经公司决议程序的除外。

金融机构的分支机构在其营业执照记载的经营范围内开立保函，或者经有权从事担保业务的上级机构授权开立保函，金融机构或者其分支机构以违反公司法关于公司对外担保决议程序的规定为由主张不承担担保责任的，人民法院不予支持。金

融机构的分支机构未经金融机构授权提供保函之外的担保，金融机构或者其分支机构主张不承担担保责任的，人民法院应予支持，但是相对人不知道且不应当知道分支机构对外提供担保未经金融机构授权的除外。

担保公司的分支机构未经担保公司授权对外提供担保，担保公司或者其分支机构主张不承担担保责任的，人民法院应予支持，但是相对人不知道且不应当知道分支机构对外提供担保未经担保公司授权的除外。

公司的分支机构对外提供担保，相对人非善意，请求公司承担赔偿责任的，参照本解释第十七条的有关规定处理。

【条文要义】

本条司法解释的条旨是公司分支机构提供担保的效力。

公司的分支机构提供担保的效力分成三种情况：第一种情况是普通公司的分支机构提供担保时的效力；第二种情况是金融机构的分支机构在其营业执照记载的经营范围内或者经有权从事担保业务的上级机构授权开立保函时的效力，第三种情况是担保公司的分支机构对外提供担保时的效力。

1. 普通公司的分支机构提供担保的效力

理解对普通公司的分支机构提供担保效力的规定，有以下几个要点：

（1）本条司法解释第1款规定的是公司的分支机构提供担保的效力，这里一般的公司、普通的公司，实际上是指金融机构、担保公司以外的公司，不包括金融公司与担保公司。

（2）这些公司的分支机构没有经过公司股东（大）会或者董事会决议就以自己的名义对外提供担保，这样的担保是没有法律效力的。

（3）既然公司的分支机构没有经过公司股东（大）会或者董事会决

议就以自己的名义对外提供担保，签订担保合同，当相对人即被担保债权的债权人请求公司或者其分支机构承担担保责任的，人民法院不予支持。原因是，公司的分支机构没有经过公司股东（大）会或者董事会决议，就以自己的名义对外提供担保，超出了公司的意思范围，也没有经过分支机构的决议，因此，主张该公司或者其分支机构承担担保责任的，人民法院不予支持。

（4）如果相对人也就是公司分支机构的债权人，对于公司的分支机构未经公司股东（大）会或者董事会决议以自己的名义对外提供担保不知情，并且无过失的，构成善意，因而适用相对人善意除外的但书规定，既然相对人善意除外，公司的分支机构未经公司股东（大）会或者董事会决议以自己的名义对外提供担保，就是有效的，善意相对人请求公司或者其分支机构承担担保责任的，人民法院应当支持。

上述规则的法律来源是：

（1）《民法典》第61条第3款规定，法人章程或者法人权力机构对法定代表人代表权的限制，不得对抗善意相对人。尽管公司的分支机构对外签订担保合同，为他人提供担保，不能肯定就是法定代表人的越权行为，就分支机构而言，公司的分支机构肯定是超越了它的权限范围，所以公司的分支机构未经公司决议程序以自己的名义对外提供担保，就是无效的担保，相对人请求公司或者其分支机构承担担保责任，人民法院当然不予支持。但是，从另外一个方面说，分支机构越权为他人对外提供担保，如果相对人是善意的，应当依照《民法典》第61条第3款规定，不得对抗善意相对人，因而本条司法解释规定，但是相对人善意的除外，适用的规则就是这一条规定。

（2）《民法典》第74条规定，法人可以依法设立分支机构。法律、行政法规规定分支机构应当登记的，依照其规定。分支机构以自己的名义从事民事活动，产生的民事责任由法人承担；也可以先以该分支机构管理的财产承担，不足以承担的，由法人承担。法人当然可以设定分支机构，分支机构也可以以自己的名义独立实施民事法律行为。公司的分支机构经过决议程序对外提供担保，是符合法律规定的，按照《民法典》第 74 条规定，产生的民事责任可以由法人承受，也可以先由该分支机构管理的财产承担，不足的部分由法人承担。分支机构承担责任的两种情形包括：①由法人包括公司直接承担，因为分支机构就是法人的分支机构，分支机构的责任就是法人的责任，分支机构应当承担的责任由法人来承担，是理所当然的。②分支机构有财产，其财产如果能够完全承担民事责任，分支机构直接承担民事责任是没有问题的，如果分支机构不能承担全部责任，不足的部分应当由法人来承担补充责任。这个补充责任是全额补充，分支机构不能承担的，全部由法人来承担。所以，本条司法解释规定说，相对人请求公司或者其分支机构承担担保责任的，就是《民法典》第 74 条第 2 款规定的对分支机构应当承担的民事责任的两种承担方法，如果相对人是善意的，公司的分支机构未经公司决议程序以自己的名义对外提供担保，公司或者其分支机构应当依照《民法典》第 74 条的规定，承担两种不同的民事责任。至于选择哪种方法承担民事责任，不是公司或者分支机构的权利，而是由善意相对人选择，善意相对人选择公司承担责任的，应当由公司承担担保责任；善意相对人主张由分支机构承担担保责任，分支机构能够承担全部责任的，就由其直接全部承担，分支机构承担不足的，由公司承担全额补充责任。

2. 金融机构的分支机构在其营业执照记载的经营范围内或者经有权从事担保业务的上级机构授权开立保函的效力

由于金融机构在其经营范围内包括可以开立保函，当金融机构或者它的分支机构在其营业执照记载的经营范围内开立保函，或者经有权从事担保业务的上级机构授权开立保函的，就与普通的公司提供担保责任效力的规则完全不同。

这里说的仍然是分支机构，即金融机构的分支机构在开立保函时，有两种情况：（1）在经营执照记载的经营范围内就有开立保函的内容，因而对他人提供保函；（2）金融机构的分支机构经有权从事担保业务的上级机构授权开立保函。这两种情况，金融机构的分支机构出具保函都具有法律效力，也都在其经营范围之内。所以，本条司法解释第 2 款规定，在上述两种情况下，金融机构或者其分支机构以违反法律对外决议程序为由主张不承担担保责任的，人民法院不予支持。其中，金融机构或者其分支机构以未经书面授权为由，是指金融机构本身或者金融机构的分支机构在其开具保函时，没有经过书面授权；金融机构或者其分支机构未依法进行决议为由，指的是金融机构或者金融机构的分支机构在开立保函时，没有经过决议。这些理由都不能对抗金融机构的分支机构在其营业执照记载的经营范围内开立保函是符合法律规定的，以及金融机构的分支机构经有权从事担保业务的上级机构授权开立保函也是有权开具保函的。

应当特别强调的是，金融机构的分支机构提供保函业务之外的担保，是不受上述规则约束的，而应当适用本条司法解释第 1 款的规定，就是金融机构的分支机构未经公司决议程序以自己的名义对外提供担保，原则上是无效的，金融机构以及金融机构的分支机构不承担担保责任，即使相对人请求金融机构或者金融机构的分支机构承担担保责任的，人民法院也不予支持；只有金融机构的分支机构对外提供担保的相对人是善意的，即不知道且不应当知道金融机构的分支机构未经公司决议程序以自己的名义对外提供担保的，该担保合同有效，金融机构或者金融机构的分支机构应当承担担保责任。

3. 以提供担保为主营业务的分支机构担保的效力

以提供担保为主营业务的担保公司的分支机构同样如此，如果未经担保公司授权对外提供担保，担保公司或者其分支机构可以主张不承担担保责任。提出这种主张的，人民法院应予支持，确定其不承担担保责任。但是，如果担保合同的相对人是善意的，则不受上述规则的限制，应当承担担保责任。

上述公司的分支机构对外提供担保，相对人非善意，请求公司承担赔偿责任的，参照本解释第 17 条的有关规定处理。

【案例解读】

工行南郊支行等诉张某伟借款合同纠纷案[①]

基本案情

2013年9月3日，被告戴某东与原告张某伟签订了《保证担保借款合同》一份，约定戴某东向原告借款。在该保证担保借款合同上，被告工行南郊支行（在工行南郊支行的工商档案中，工行章程载明其经营范围包括担保）作为第一保证人，由时任该行行长宋某波签字，并盖有工行南郊支行个人信贷业务合同专用章，九亨煤炭公司作为第二保证人在借款合同上盖章。

借款到期后，戴某东未归还借款本金与利息。张某伟向法院起诉戴某东归还本息，工行南郊支行承担担保责任。诉讼中，关于工行南郊支行是否承担担保责任产生争议。

法院判决

一审法院认为，该印章虽然是“个人信贷业务合同专用章”，但是该章也代表工行南郊支行的意思表示，且在借款合同及借款借据上在保证人处均有时任工行南郊支行行长宋某波的签字，原告有理由相信工行南郊支行作为保证人是其真实意思表示。工行南郊支行虽然是分支机构，但工行南郊支行营业执照及金融许可证均载明其范围为“经营中国银行业监督管理委员会依照有关法律、行政法规和其他规定批准的业务，经营范围以批准文件所列的为准”；工行南郊支行向工商机关提交并存档的《中国工商银行股份有限公司章程》显示，工行的经营范围包括从事担保等业务。上述公开、公示的证照、章程并未将担保业务排除在工行南郊支行的经营范

---

① 审理法院：一审法院为山西省高级人民法院，案号：（2016）晋民终693号；二审法院为最高人民法院，案号：（2017）最高法民申2058号。

围之外，因此，工行南郊支行具备从事担保业务的经营范围和经营资格有事实依据，中国工商银行股份有限公司对工行南郊支行的经营范围授权系概括授权，不适用《中华人民共和国担保法》第十条有关“企业法人的分支机构、职能部门不得为保证人。企业法人的分支机构有法人书面授权的，可以在授权范围内提供保证”的规定。因此，对工商南郊支行辩称其是分支机构，没有授权担保为无效的辩解，不予支持。工商南郊支行应当承担担保责任。

工商南郊支行不服一审判决，提起上诉。理由是，其未经中国工商银行总行授权，其提供的所谓对外保证为无效保证，不应承担保证责任。

二审法院认为，工行南郊支行营业执照及金融许可证均载明其范围为“经营中国银行业监督管理委员会依照有关法律、行政法规和其他规定批准的业务，经营范围以批准文件所列的为准”；工行南郊支行向工商机关提交并存档的《中国工商银行股份有限公司章程》显示，中国工商银行的经营范围包括从事担保等业务。上述公开、公示的证照、章程并未将担保业务排除在工行南郊支行的经营范围之外。工行南郊支行具备从事担保业务的经营范围和经营资格有事实依据，中国工商银行股份有限公司对工行南郊支行的经营范围授权系概括授权。故对工行南郊支行称其未经中国工商银行总行授权，其提供的所谓对外保证为无效保证，不应承担保证责任的上诉理由，不予采纳。

工行南郊支行不服终审判决，提起再审。

再审法院经审查认为，工行南郊支行的时任行长宋某波在《保证担保借款合同》上保证人一栏签字，并加盖了工行南郊支行个人信贷业务合同专用章，即使如工行南郊支行所称宋某波的行为超越职权，但工行南郊支行对负责人的授权范围以及对单位印章的使用管理均是其内部制度，外部人员无法知晓，不能对抗善意第三人。而宋某波的行长身份以及加盖工行南郊支行个人信贷业务合同专用章的行为足以让张某伟相信宋某波系代表工行南郊支行的职务行为，且没有证据证明张某伟存在恶意骗取担保的行为，即使宋某波超越职权其行为也构成表见代理，工行南郊支行应对宋某波的行为承担相应的责任。宋某波是否存在滥用职权构成犯罪并不影响工行南郊支行对外承担民事责任。工行南郊支行称宋某波在《保证担保借款合同》上签字盖章系个人行为不能成立。工行南郊支行作为中国工商银行股份有限公司批准设立的分支机构，其营业执照及金融许可证均载明其范围为“经营中国银行业监督管理委员会依照有关法律、行政法规和其他规定批准的业务，经营范围以批准文件所列的为准”；工行南郊支行向工商机关提交并存档的《中国工商银行股份有限公司》章程显示，中国工商银行股份有限公司的经营范围包括从事担保等业务。且中国工商银行股份有限公司及支行对外公示信息中均未明确分支机构办理担保业务需经总行另行批准授权方有效，故工行南郊支行在此情形下从事担保业务的行为对外具有法律效力。《中华人民共和国担保法》第二十九条规定，企业法人的分支机构未经法人书面授权或者超出授权范围与债权人订立保证合同的，该合同无效或者超出授权范围的部分无效。中国工商银行股份有限公司对工行南郊支行公示经营范围的概括授权，可视为上述法律规定“书面授权”的一种方式，一、二审判决认定《保证担保借款合同》有效，判决工行南郊支行承担担保责任不属于适用法律错误。综上，工行南郊支行的再审申请不符合《中华人民共和国民事诉讼法》第二百条第二项、第六项规定的情形。再审法院裁定驳回再审申请。

法理解读

本案的争议焦点在于，工行南郊支行作为工商银行总行的分支机构，对外提供的担保是否有效，这实际涉及的是金融机构的分支机构的担保问题。

关于金融机构的分支机构的担保，1994 年颁布的《最高人民法院关于审理经济合同纠纷案件有关保证的若干问题的规定》第 17 条明确规定：“金融部门的分支机构提供保证的，如无其他导致保证合同无效的因素，保证人应当承担保证责任。”1995 年颁布的《担保法》第 10 条则规定：“企业法人的分支机构、职能部门不得为保证人。企业法人的分支机构有法人书面授权的，可以在授权范围内提供保证。”原《最高人民法院关于适用〈中华人民共和国担保法〉若干问题的解释》第17条规定了更为细致的规则，即“企业法人的分支机构未经法人书面授权提供保证的，保证合同无效。因此给债权人造成损失的，应当根据担保法第五条第二款的规定处理。企业法人的分支机构经法人书面授权提供保证的，如果法人的书面授权范围不明，法人的分支机构应当对保证合同约定的全部债务承担保证责任。企业法人的分支机构经营管理的财产不足以承担保证责任的，由企业法人承担民事责任。企业法人的分支机构提供的保证无效后应当承担赔偿责任的，由分支机构经营管理的财产承担。企业法人有过错的，按照担保法第二十九条的规定处理。”

可见，金融机构的分支机构提供的担保是否有效，首先要界定其是否适用企业法人分支机构提供担保的规定。第一种观点认为，基于新法优于旧法的规定，金融机构的分支机构对外担保应当适用原《最高人民法院关于适用〈中华人民共和国担保法〉若干问题的解释》第17条的规定，取得金融机构的书面授权时，对外担保才有效；第二种观点认为，金融机构的分支机构提供担保不同于一般企业法人的分支机构提供担保，应当适用《最高人民法院关于审理经济合同纠纷案件有关保证的若干问题的规定》，认定其提供担保不存在其他无效事由时，应当认定有效。如果采纳第一种观点，对于授权应当是概括授权还是单独授权，也产生了价值判断层面的分歧。一种观点认为，为了维护交易安全，应当就每一次的担保提供单独授权。另一种观点则认为，为了提高交易效率，应当允许概括授权。

本司法解释第11条第2款采纳了第一种观点，规定了金融机构的分支机构适用法人分支机构的规定，需要取得概括授权，即“金融机构的分支机构在其营业执照记载的经营范围内开立保函，或者经有权从事担保业务的上级机构授权开立保函，金融机构或者其分支机构以违反公司法关于公司对外担保决议程序的规定为由主张不承担担保责任的，人民法院不予支持。金融机构的分支机构未经金融机构授权提供保函之外的担保，金融机构或者其分支机构主张不承担担保责任的，人民法院应予支持，但是相对人不知道且不应当知道分支机构对外提供担保未经金融机构授权的除外”。

回到本案中，工行南郊支行营业执照及金融许可证载明了其范围为“经营中国银行业监督管理委员会依照有关法律、行政法规和其他规定批准的业务，经营范围以批准文件所列的为准”；工行南郊支行向工商机关提交并存档的《中国工商银行股份有限公司章程》也显示，中国工商银行的经营范围包括从事担保等业务。可见，工行南郊支行的经营范围包含了担保业务，取得了总行的概括授权。根据本司法解释第 11 条第 2 款的规定，应当认定工行南郊支行作出的担保有效，债权人张某伟有权要求其承担担保责任。

第十二条　法定代表人依照民法典第五百五十二条的规定以公司名义加入债务的，人民法院在认定该行为的效力时，可以参照本解释关于公司为他人提供担保的有关规则处理。

【条文要义】

本条司法解释的条旨是法定代表人以公司名义加入债务准用提供担保决议程序的规则。

本条司法解释适用的情形是，法定代表人依照《民法典》第 552 条的规定，以公司名义加入债务，其效力如何，应当参照本司法解释关于公司为他人提供担保的有关规则处理。

《民法典》第 552 条的规定是：“第三人与债务人约定加入债务并通知债权人，或者第三人向债权人表示愿意加入债务，债权人未在合理期限内明确拒绝的，债权人可以请求第三人在其愿意承担的债务范围内和债务人承担连带债务。”法定代表人以公司名义加入债务，就是法定代表人代表公司依照《民法典》第 552 条的规定，与债务人约定加入债务并通知债权人，或者是法定代表人直接向债权人表示自己的公司愿意加入债务，成为债务人，只要债权人未在合理期限内明确拒绝，第三人即法定代表人代表的公司就成为共同债务人，债权人就可以要求这个公司在其愿意承担的债务范围内与债务人承担连带责任。

该条司法解释对于法定代表人以公司名义加入债务的具体效力，为什么要按照本司法解释关于公司为他人提供担保的有关规则处理，原因在于法定代表人在代表公司，以公司的名义加入债务时，公司就要与债务人承担连带责任，这种承担连带责任的债务加入跟承担连带保证责任几乎是相同的，承担的保证责任不过也是连带责任而已。既然如此，法定代表人以公司名义加入债务，法院确认该行为的效力，就要看法定代表人是不是越权代表公司实施这种民事法律行为。如果法定代表人以公司名义加入债务是在其授权范围内，其代表公司加入债务就是有效的，就是有权代表行为。如果法定代表人以公司名义加入债务是超越职权范围的，这种代表行为的效力就需要依照法律的规定来确定。这里要适用的基本规则，仍然是《民法典》第 61 条第 3 款的规定，看相对人是否为善意，相对人是善意的，尽管法定代表人是越权实施这种法律行为，公司也不可以因此而主张行为无效，不得对抗善意相对人。对此，本司法解释第 6 条规定了相对人善意时越权担保有效，第 7 条规定了法定代表人提供担保无需机关决议的例外情形，第 8 条规定了相对人非善意时法定代表人越权担保的民事责任。这三条规定，其基础都是《民法典》第 61 条的规定，是根据不同的情形作出的三种不同责任的处理。当法定代表人依照《民法典》第 552 条的规定以公司名义加入债务时，由于其后果的严重性，公司的法定代表人如果是越权实施这种民事法律行为，以《民法典》第 61 条第 3 款规定作为基础，按照上述三个条文规定的情形处理，就可以把法定代表人以公司名义加入债务的效力作出科学合理的判断。

【案例解读】

博尔公司与伍某军、孙某等合同纠纷案[①]

基本案情

百祥机械公司于2015年2月12日向金石小贷公司借款，2015年5月2日借款到期后百祥机械公司未能还款，二原告伍某军、孙某于2015年6月26日代为偿还本金及利息。2015年4月3日，由二原告提供连带责任保证，百祥建设公司向民泰银行借款，2015年7月1日借款到期后，百祥建设公司未能还款，二原告于2015年7月20日代为偿还本金与利息。

就上述债务偿还问题，2015年7月18日，二原告作为甲方与百祥建设公司、博尔金湖分公司、王某作为乙方签订协议书一份，约定：就上述甲方代为偿还的借款本息，乙方予以确认，并承诺共同加入以上债务，作为共同债务方对以上债务向甲方承担连带还款责任，并从该协议签订之日起至全部欠款偿还完结按月利率1.1%支付利息，乙方承诺在一年内将以上欠款本息清偿完毕，并保证利息按月偿还，否则甲方有权立即向该三方主张全部债权。后百祥建设公司、王某及博尔金湖分公司均未按约定还款。原告于2016年1月26日以百祥建设公司、王某及博尔建设公司（依据《公司法》第十四条的规定，分公司的民事责任应由总公司承担，且博尔金湖分公司现已被注销）为被告诉至一审法院。

法院判决

一审法院认为，本案的争议焦点为本案的债务加入协议是否有效，博尔公司应否承担还款责任。

---

① 审理法院：一审法院为金湖县人民法院，案号：（2016）苏0831民初275号；二审法院为江苏省淮安市中级人民法院，案号：（2018）苏08民终2929号。

法人或其他组织对外承担债务，是其对自身权利的处分。法律法规并没有规定法人的分支机构以债务加入的方式对外承担债务无效，债务加入与保证属于不同的法律概念，故本案不能类推适用担保法关于分支机构提供保证的相关规定。除违反国家限制经营、特许经营以及法律、行政法规相关禁止经营规定的外，当事人超越经营范围订立合同，人民法院不因此认定合同无效，因此是否超越经营范围不是判断本案债务加入协议效力的依据。我国《合同法》第五十条规定，法人或者其他组织的法定代表人、负责人超越权限订立的合同，除相对人知道或者应当知道其超越权限的以外，该代表行为有效。退一步讲即使王某签订本案债务加入协议的行为因超越分公司的经营范围且与分公司经营无关，而认为其超越了分公司负责人的权限，也应当推定原告为善意，更何况在收购汇冉机械资产过程中，在签订本案债务加入协议前有王某及其关联企业与原告及其关联企业签订相关协议的行为，在签订本案债务加入协议之后，又有以博尔金湖分公司名义直接租赁苏农公司享有租赁权的汇冉机械公司厂房土地并接受苏农公司机械设备、成品、半成品的合意。因此，博尔公司应对原告属于恶意（明知）承担举证责任，但博尔公司提供的证据不能证明其主张，故应承担举证不能的不利后果。所以应当认定本案债务加入协议有效。被告王某、百祥建设公司、博尔金湖分公司与原告签订债务加入协议，承诺共同承担涉案债务，应当承担共同的还款义务。博尔金湖分公司系被告博尔公司依法设立的分公司，现该分公司已被博尔公司注销，相应的民事责任应由博尔公司承担。

二审中，博尔公司不服，提起上诉。

二审法院认为，本案焦点：当事人签订的《债务加入协议》性质如何认定，博尔公司应否承担还款责任。

关于当事人签订的债务加入协议性质如何认定。最高人民法院《全国法院民商事审判工作会议纪要》［法（2019）254号）］第23条规定，法定代表人以公司名义与债务人约定加入债务并通知债权人或者向债权人表示愿意加入债务，该约定的效力问题，参照本纪要关于公司为他人提供担保的有关规则处理。本案中，王某以博尔金湖分公司名义向债权人伍某军表示加入涉案债务，并签订债务加入协议书，应参照公司为他人提供担保的有关规则处理。《中华人民共和国担保法》第二十九条规定，企业法人的分支机构未经法人书面授权或者超出授权范围与债权人订立保证合同的，该合同无效或者超出授权范围的部分无效。《最高人民法院关于适用〈中华人民共和国担保法〉若干问题的解释》第十七条规定，企业法人的分支机构未经法人书面授权提供保证的，保证合同无效，因此给债权人造成损失的，应当根据担保法第五条第二款的规定处理。本案当事人在签订债务加入协议时，王某并未得到博尔公司授权，被上诉人也无证据证明博尔金湖分公司为王某的债务提供担保，是得到上诉人同意的，故当事人签订的担保合同（债务加入协议）应属无效。

关于博尔公司应否承担相应民事责任。《最高人民法院关于适用〈中华人民共和国担保法〉若干问题的解释》第七条规定，主合同有效而担保合同无效，债权人无过错的，担保人与债务人对主合同债权人的经济损失，承担连带赔偿责任；债权人、担保人有过错的，担保人承担民事责任的部分，不应超过债务人不能清偿部分的二分之一。经查，相关当事人经结算，对所欠被上诉人的债务进行了确认，且当事人均无异议，故主合同有效，因担保合同违反法律规定，属无效合同，应根据当事人是否存在过错、过错程度确定其应承担的民事责任。经查，涉案债务加入协议系王某在收购汇冉机械公司资产过程中形成，与博尔公司、博尔金湖分公司经营业务无关，且王某以博尔金湖分公司名义为其债务提供担保，属个人行为，事先并未得到博尔公司的授权或同意。故被上诉人在签订担保合同（债务加入协议）时，未审查博尔公司的书面授权过错明显。上诉人博尔公司对其设立的博尔金湖分公司，在任命分公司负责人时，除需要具备一定的业务能力外，还需对分公司负责人的工作态度、责任心等综合素质进行考量，且对分公司的全面工作还应适时进行监督与管理，以防范经营风险，而博尔公司只是收取分公司上交的管理费，未能对其设立的分公司进行实际有效的管理，其疏于管理的行为与造成被上诉人损失之间具有一定的因果关系，故博尔公司对担保合同无效亦有过错，但其过错程度明显小于债权人过错，现博尔金湖分公司已注销，应由博尔公司承担责任。故本院认定上诉人承担民事责任的部分，不应超过债务人不能清偿部分的五分之一。综上，一审法院对本案认定事实正确，但适用法律不当，二审法院予以纠正。

法理解读

本案的争议焦点是，博尔金湖分公司签订的债务加入协议是否有效。

关于债务加入，《民法典》第552条作出了规定，即“第三人与债务人约定加入债务并通知债权人，或者第三人向债权人表示愿意加入债务，债权人未在合理期限内明确拒绝的，债权人可以请求第三人在其愿意承担的债务范围内和债务人承担连带债务”。该规定对债务加入的方式作出了规范，但并未详细地规定债务加入协议的效力。

一般而言，解决问题尚无可以直接适用的规范时，可以在现行法的框架下，寻求类似的制度，以明晰相应的规则。正如学者所言，就特定类型事件，法律欠缺依其目的本应包含之适用规则时，可通过类推适用或者诉诸法律原则的方法予以填补。[①] 类推适用是一种成熟的法律解释方法，不仅能保证法的安定性，也可以解决制度解释上的难题。

就现行规则而言，债务加入与担保具有相似性。第一，功能上的相似性。担保的功能在于，担保债权人债权的实现。债务加入，属于新增了一个债务人，同样能够起到担保债权人债权实现的目的。第二，形式上的相似性。第三人提供担保时，不仅可以采取与债权人签订协议的方式，也可以通过单方出具承诺函的方式。债务加入也是如此，不仅可以由新增的债务人与债权人通过签订协议的方式确立二者的权利义务，也可以由新增的债务人单方作出加入的意思表示。

基于此，《全国法院民商事审判工作会议纪要》第23条规定：“法定

① ［德］卡尔·劳伦茨：《法学方法论》，陈爱娥译，商务印书馆2003年版，第246~285页。

代表人以公司名义与债务人约定加入债务并通知债权人或者向债权人表示愿意加入债务，该约定的效力问题，参照本纪要关于公司为他人提供担保的有关规则处理。”本司法解释第12条借鉴这一司法经验，同样规定了债务加入的准用规则，即“法定代表人依照民法典第五百五十二条的规定以公司名义加入债务的，人民法院在认定该行为的效力时，可以参照本解释关于公司为他人提供担保的有关规则处理”。

回到本案中，认定博尔公司签订的债务加入协议是否有效，就可以参照适用本司法解释中关于公司为他人提供担保的有关规则。本司法解释第11条规定了，公司分支机构对外提供担保时，必须取得公司的授权。如果公司的分支机构未经公司决议程序以自己的名义对外提供担保，相对人请求公司或者其分支机构承担担保责任的，人民法院不予支持，但是相对人善意的除外。现在无证据证明博尔金湖分公司签订债务加入协议时，得到了博尔公司授权，故债务加入协议应属无效。

关于无效后的民事责任承担，本司法解释第17条作出了规定，即“主合同有效而第三人提供的担保合同无效，人民法院应当区分不同情形确定担保人的赔偿责任：(一)债权人与担保人均有过错的，担保人承担的赔偿责任不应超过债务人不能清偿部分的二分之一；(二)担保人有过错而债权人无过错的，担保人对债务人不能清偿的部分承担赔偿责任；(三)债权人有过错而担保人无过错的，担保人不承担赔偿责任。主合同无效导致第三人提供的担保合同无效，担保人无过错的，不承担赔偿责任；担保人有过错的，其承担的赔偿责任不应超过债务人不能清偿部分的三分之一”。本案中，对于债务加入无效的问题，双方都具有过错。一方面，债权人伍某军、孙某与博尔分公司签订协议时，未审查授权文件，具有过错；另一方面，博尔公司只是收取分公司的管理费，未尽到监督义务，也存在过错。参照本司法解释第17条的规定，应当认定博尔公司承担过错责任，承担的责任范围不超过债务人不能清偿部分的二分之一。

第十三条 同一债务有两个以上第三人提供担保，担保人之间约定相互追偿及分担份额，承担了担保责任的担保人请求其他担保人按照约定分担份额的，人民法院应予支持；担保人之间约定承担连带共同担保，或者约定相互追偿但是未约定分担份额的，各担保人按照比例分担向债务人不能追偿的部分。

同一债务有两个以上第三人提供担保，担保人之间未对相互追偿作出约定且未约定承担连带共同担保，但是各担保人在同一份合同书上签字、盖章或者按指印，承担了担保责任的担保人请求其他担保人按照比例分担向债务人不能追偿部分的，人民法院应予支持。

除前两款规定的情形外，承担了担保责任的担保人请求其他担保人分担向债务人不能追偿部分的，人民法院不予支持。

【条文要义】

本条司法解释的条旨是共同担保的类型以及共同担保的责任分担规则。

对于共同担保的类型和共同担保的责任分担，本条司法解释分为三种不同情况，规定了不同的规则。

1. 有责任分担约定的共同连带担保责任

有责任分担约定的共同连带责任担保，是本条司法解释第1款规定的情形。同一债务有两个以上的第三人提供的担保进行担保，担保人之间约定可以相互追偿及分担份额，即对承担担保责任后的责任分担作出了约定，就是有责任分担约定的共同连带责任担保。

这种共同连带责任担保，是连带担保的共同担保的主要表现形式，在共同担保人之间，约定了承担担保责任以后，每一个共同担保人的责任分担方法，即相互追偿。这种约定，就是共同连带责任担保，因为既然担保人约定了承担担保责任以后的责任分担且可以相互追偿，实际上就是约定了连带责任，任何一个担保人承担了保证责任以后，每一个担保人应当承担自己相应的责任份额，承担超过自己份额的部分，可以对其他担保人进行追偿。

共同担保人之间既然约定了承担连带担保责任，当然就应该按照连带责任来处理共同担保的责任分担。

连带责任分担的方法，笔者主张适用三个规则：（1）中间责任规则，是连带责任的债权人可以向任何一个连带债务人请求承担全部责任，任何一个连带债务人都有责任对全部债务承担责任；（2）最终责任规则，连带债务的债务人最终承担责任是有份额的，要把整个债务分成不同的份额，按照约定由每一个连带债务人承担相应的份额；（3）中间责任承担以后，通过行使追偿权的方法，将应当承担的连带债务最终分配给每一个应当承担连带责任的连带债务人，完成连带债务的分担。

在共同担保中，有约定的共同连带责任担保，在保证债权实现时，同样适用这种连带责任规则。该款司法解释规定，承担了责任的担保人请求其他担保人按照约定分担向债务人不能追偿部分的损失的，人民法院应当支持。

2. 没有约定责任分担的共同连带责任担保的责任分担

本条司法解释第 2 款规定的是没有约定责任分担的共同连带责任担保的承担规则。

没有约定责任分担的共同连带责任担保规则中的主要问题，是要明确没有约定责任分担的共同连带责任担保究竟指的是什么情形。这一点，要看本条司法解释第 2 款的后一句话，即“各担保人在同一份合同书上签字、盖章或者按指印”。这是指：（1）对一个债权有数个第三人提供担保；（2）数个担保人未约定相互追偿，也未约定承担连带共同担保；（3）数个担保人在同一份合同书上签字、盖章或者按指印。具备这三个要件，就在形式上形成了数人没有约定责任分担的共同连带责任担保。对此，也应当按照共同连带责任担保的规则，确定担保责任的分担规则。

本条司法解释规定，承担了担保责任的担保人依照《民法典》第519条之规定，请求其他担保人分担向债务人不能追偿部分的损失的，人民法院应当予以支持。《民法典》第519条规定的是连带债务的承担规则。这个规则分成三款：第1款规定的是，连带债务人之间的份额难以确定的，视为份额相同。第2款规定的是，实际承担债务超过自己份额的连带债务人，有权就超出部分在其他连带债务人未履行的份额范围内向其追偿，并相应地享有债权人的权利，但是不得损害债权人的利益。其他连带债务人对债权人的抗辩，可以向该债务人主张。第3款规定的是，被追偿的连带债务人不能履行其应分担份额的，其他连带债务人应当在相应范围内按比例分担。

按照这一规定，具体规则是：

（1）未约定责任份额的共同连带责任担保，其实就是连带债务人之间的份额难以确定，或者没有确定，对此，应当按照《民法典》第519条第1款规定，应当视为份额相同，每一个共同连带担保责任的债务人应当按照同等份额，确定应当承担的担保责任份额。

（2）在未约定责任份额的共同连带责任担保中，有的共同担保人承担了中间责任，超出了自己的责任份额的，有权向其他共同担保人进行追偿，这是本条司法解释第2款的中间部分说的，请求其他担保人分担向债务人不能追偿部分的损失的，人民法院应当支持。通过追偿权的行使，把连带担保责任分配给每一个共同担保人。

（3）还应当特别注意的是，《民法典》第519条第3款规定的连带债务的二次分配规则，即被追偿的连带债务人有二人以上的，其中有的连带债务人不能履行其应当分担的份额，这时，不能让承担了中间责任的连带债务人自己承受这一应当由他人承受的部分，因此要进行连带债务的二次分配，即被追偿的连带债务人不能履行其应分担份额的，其他连带债务人应当在相应范围内按比例分担。例如，共同担保人有三人，其中一人承担了全部的连带责任担保，其向另外两个共同担保人追偿，每个人可以追偿33.3%的责任。但是，如果其中一个共同担保人不能承担自己的份额，这时，就应当由两个人分担全部担保责任，已经承担了全部担保责任的共同担保人，有权向没有承担担保责任且有清偿能力的那一个共同担保人，双方进行分担，可以追偿50%的担保责任。

3. 按份责任的共同担保责任

本条司法解释第3款规定的是按份责任的共同担保责任。担保人之间未对承担担保责任后的责任分担问题作出约定，且不构成连带共同担保，就是按份的共同担保责任。按份的共同担保责任是按份债务，其规则应当适用《民法典》第517条的规定，即债权人为二人以上，标的可分，按照份额各自享有债权的，为按份债权；债务人为二人以上，标的可分，按照份额各自负担债务的，为按份债务。按照这一规定，按份的共同担保责任，是担保人之间未对承担担保责任后的责任分担作出约定，并且不构成连带共同担保。按份之债的规则，是每一个按份债务人有自己的债务份额，并且仅就自己的债务份额负责，不对其他按份债务人的债务份额承担任何责任。所以，承担了担保责任的担保人请求其他担保人分担债务人不能追偿部分损失的，人民法院不予支持。因为这种请求违反了按份债务承担规则，不符合《民法典》第517条后段的规定，因而不能支持该种诉讼请求。

【案例解读】

城建公司与绿园公司、佳洁公司追偿权纠纷案①

基本案情

2015年12月18日，借款人绿园丰公司与贷款人兴业银行永安支行签订《流动资金借款合同》，约定借款金额6500万元。同日，城建公司与兴业银行永安支行签订《最高额保证合同》，约定城建公司为绿园丰公司的上述借款承担连带责任保证。

---

① 审理法院：福建省三明市中级人民法院，案号：（2020）闽04民初172号。

2016年12月9日、2016年12月12日、2016年12月13日、2016年12月14日，借款人绿园丰公司与贷款人兴业银行永安支行相继签订《流动资金借款合同》。上述四份《流动资金借款合同》的担保情况：（1）《最高额保证合同》，担保方式为连带责任保证，担保人为城建公司；（2）《最高额保证合同》，担保方式为连带责任保证，担保人为陈某山、黄某玲；（3）《最高额保证合同》，担保方式为连带责任保证，担保人为夏某林、谢某华。

2018年1月10日，贷款人兴业银行永安支行与借款人绿园丰公司签订《流动资金借款合同》，约定兴业银行永安支行同意给予绿园丰公司借款6492万元，借款用于借新还旧。兴业银行永安支行分别与保证人城建公司、潘某中、陈某山、夏某林分别签订《最高额保证合同》，合同均约定保证人为债务人绿园丰公司的上述借款合同承担连带保证责任。

2018年11月13日，贷款人兴业银行永安支行与借款人绿园丰公司签订《流动资金借款合同》，约定兴业银行永安支行同意给予绿园丰公司借款6492万元，借款用于借新还旧。担保情况为：（1）《最高额保证合同》，担保方式为连带责任保证，担保人为城建公司；（2）《最高额保证合同》，担保方式为连带责任保证，担保人为潘某中；（3）《最高额保证合同》，担保方式为连带责任保证，担保人为陈某山；（4）《最高额保证合同》，担保方式为连带责任保证，担保人为夏某林。

2018年11月13日，兴业银行永安支行向绿园丰公司发放贷款6492万元。到期后，绿园丰公司未及时还款。2020年1月，兴业银行永安支行向本院起诉绿园丰公司、城建公司、潘某中、陈某山、夏某林金融借款合同纠纷一案，法院判决绿园丰公司向兴业银行永安支行归还借款本金6492万元，并支付自2019年5月14日起至借款实际还清之日止的利息。城建公司、潘某中、陈某山、夏某林对绿园丰公司的债务付款义务承担连带清偿责任，保证人在承担保证责任后，有权向债务人绿园丰公司追偿。

2020年6月24日，城建公司与兴业银行永安支行签订《协议书》，约定由城建公司于2020年6月30日前向兴业银行永安支行指定账户支付

6492 万元，用于偿还绿园丰公司尚欠兴业银行永安支行的借款本息及费用。同日，城建公司依约向兴业银行永安支行指定账户转入 6492 万元。

城建公司向法院提出诉讼请求：1. 判令被告绿园丰公司偿还原告代偿的借款、利息损失；2. 判令被告潘某中对原告未受偿款项及至还清之日利息承担四分之一的清偿责任；3. 判令被告陈某山对原告未受偿款项及至还清之日利息承担四分之一的清偿责任；4. 判令被告夏某林对原告未受偿款项及至还清之日利息承担四分之一的清偿责任。

法院判决

法院认为，涉案合同的签订均系相关当事人真实意思表示，内容未违反法律、行政法规的强制性规定，属合法有效。各方均应依约履行各自的合同义务。贷款银行按照约定发放了贷款，绿园丰公司存在未依约还款情形，城建公司作为保证人为债务人绿园丰公司的贷款债务向债权人贷款银行承担了保证责任，代偿了绿园丰公司应偿还的款项 6492 万元。根据《中华人民共和国担保法》第三十一条“保证人承担保证责任后，有权向债务人追偿”的规定，城建公司代偿后，有权就代偿部分向绿园丰公司追偿。城建公司要求绿园丰公司偿还代偿款，有事实和法律依据，本院予以支持。

关于城建公司承担保证责任后能否向其他保证人追偿的问题。虽然《最高人民法院关于适用〈中华人民共和国担保法〉若干问题的解释》第三十八条第一款规定：“……承担了担保责任的担保人，可以向债务人追偿，也可以要求其他担保人清偿其应当分担的份额。”但《中华人民共和国物权法》第一百七十六条规定：“……提供担保的第三人承担担保责任后，有权向债务人追偿”。该条并未规定承担了担保责任的担保人有权要求其他保证人清偿其应当分担的份额。而《中华人民共和国物权法》第一百七十八条规定“担保法与本法的规定不一致的，适用本法”，故《中华人民共和国物权法》并未赋予承担担保责任的担保人向其他担保人追偿的权利。本案中担保人城建公司承担了担保责任，意味着债权人的债权已实现，主合同已履行完毕，债权债务关系已消灭，从合同上的担保关系也随之消灭，故担保人之间不存在内部追偿关系，承担了担保责任的担保人向其他担保人追偿的，应不予支持，但担保人在担保合同中约定可以相互追偿的除外。本案担保人在担保合同中未约定可以相互追偿，城建公司已经承担保证责任后主张其他保证人对绿园丰公司不能偿还的部分按比例承担清偿责任，无事实及法律依据，本院不予支持。

法理解读

本案的争议焦点是，城建公司承担保证责任后能否向其他保证人追偿。这实际涉及的是共同担保人内部追偿问题。

关于共同担保人是否可以进行内部追偿，原《担保法》与原《物权法》存在隐形的立法冲突。原《担保法》第12条规定："同一债务有两个以上保证人的，保证人应当按照保证合同约定的保证份额，承担保证责任。没有约定保证份额的，保证人承担连带责任，债权人可以要求任何一个保证人承担全部保证责任，保证人都负有担保全部债权实现的义务。已经承担保证责任的保证人，有权向债务人追偿，或者要求承担连带责任的其他保证人清偿其应当承担的份额。"原《最高人民法院关于适用〈中华人民共和国担保法〉若干问题的解释》第38条第1款规定："……承担了担保责任的担保人，可以向债务人追偿，也可以要求其他担保人清偿其应当分担的份额。"可见，根据原《担保法》及其司法解释的规定，共同担保人享有内部追偿权。2007年《物权法》制定时，第176条规定："……提供担保的第三人承担担保责任后，有权向债务人追偿。"该条并未规定承担了担保责任的担保人有权要求其他担保人清偿其应当分担的份额。由此引发争议。一种观点认为，该规定并未否定原《担保法》及其司法解释的立场，仍然应当承认共同担保人的内部追偿权。另一种观点认为，原《物权法》第178条规定了"担保法与本法的规定不一致的，适用本法"。通过体系解释可以认为，该规定否认了共同担保人内部追偿权。

《全国法院民商事审判工作会议纪要》总结司法经验，率先进行规范指导，规定了混合担保中担保人之间的追偿问题，即“被担保的债权既有保证又有第三人提供的物的担保的，担保法司法解释第38条明确规定，承担了担保责任的担保人可以要求其他担保人清偿其应当分担的份额。但《物权法》第176条并未作出类似规定，根据《物权法》第178条关于担保法与本法的规定不一致的，适用本法的规定，承担了担保责任的担保人向其他担保人追偿的，人民法院不予支持，但担保人在担保合同中约定可以相互追偿的除外。”

《民法典》未对这一问题作出回应。本司法解释第13条则在《全国法院民商事审判工作会议纪要》的基础上，规定了可以内部追偿的情形。第一，如果担保人之间约定相互追偿及分担份额，承担了担保责任的担保人有权请求其他担保人按照约定分担份额。如果担保人之间约定承担连带共同担保，或者约定相互追偿但是未约定分担份额的，各担保人按照比例分担向债务人不能追偿的部分。第二，如果担保人之间未对相互追偿作出约定且未约定连带共同担保，但是各担保人在同一份合同书上签字、盖章或者按指印，承担了担保责任的担保人请求其他担保人按照比例分担向债务人不能追偿部分的，人民法院应予支持。不属于上述任何一种情形，承担了担保责任的担保人无法请求其他担保人分担向债务人不能追偿的部分。

回到本案中，城建公司、潘某中、陈某山、夏某林均为绿园丰公司的债务提供保证担保，但未约定可以相互追偿，也未约定连带共同担保，也不是在同一份合同书上签字、盖章或者按指印，不属于本司法解释第13条规定的可以内部追偿的情形。因此，城建公司无权要求潘某中、陈某山、夏某林各自承担四分之一的清偿责任。

不过，尽管城建公司不能向其他担保人追偿，但根据《民法典》第700条关于“保证人承担保证责任后，除当事人另有约定外，有权在其承担保证责任的范围内向债务人追偿，享有债权人对债务人的权利，但是不得损害债权人的利益”的规定，仍旧可以向债务人绿园丰公司追偿。

第十四条　同一债务有两个以上第三人提供担保，担保人受让债权的，人民法院应当认定该行为系承担担保责任。受让债权的担保人作为债权人请求其他担保人承担担保责任的，人民法院不予支持；该担保人请求其他担保人分担相应份额的，依照本解释第十三条的规定处理。

【条文要义】

本条司法解释的条旨是担保人受让债权的效力。

当一个债权有两个以上的第三人对债权提供担保时，构成共同担保。在共同担保关系存续期间，共同担保人之一受让了被担保的债权，自己就成了被担保的债权的债权人。在这种情况下，共同担保关系发生了变化，共同担保人之一受让债权，就由单一的担保人的身份变成了兼具担保人和债权人的身份。在这种情况下，法院应当认定该行为系承担担保责任。

1. 受让债权的担保人作为债权人请求其他担保人承担担保责任的，人民法院不予支持。

2. 该担保人请求其他担保人分担相应份额的，依照本司法解释第13条规定处理。即：

（1）同一债务有两个以上第三人提供的担保，担保人之间约定可以互相追偿及分担份额，受让债权的担保人请求其他担保人按照约定分担份额的，人民法院应予支持；担保人之间约定承担连带共同担保或者约定相互追偿但未约定分担份额的，各担保人按照比例分担向债务人不能追偿的部分。

（2）同一债务有两个以上第三人提供的担保，担保人之间未对相互追偿作出约定且未约定承担连带共同担保，但是各担保人在同一份合同书上签字、盖章或者按指印，受让债权的担保人请求其他担保人按照比例分担向债务人不能追偿部分的，人民法院应予支持。

（3）除上述情形外，受让债权的担保人请求其他担保人分担向债务人不能追偿部分的损失的，人民法院不予支持。

【案例解读】

桃花源公司等诉省中小担保公司债权转让合同纠纷案[①]

基本案情

桃花源公司与招商银行花园路支行签订《借款合同》后，桃花源公司与省中小担保公司签订《委托担保合同》。该《委托担保合同》约定：桃花源公司委托省中小担保公司为上述借款提供担保。2013年10月12日，省中小担保公司向招商银行花园路支行出具《不可撤销担保书》，载明：由于招商银行花园路支行向桃花源公司提供借款800万元整，省中小担保公司自愿为桃花源公司在借款主合同项下的全部债务承担连带保证责任，并约定了保证期间、保证范围等其他内容。2013年10月10日，申某晓、李某英分别向招商银行花园路支行出具《最高额不可撤销担保书》，向招商银行花园路支行就桃花源公司的借款提供连带责任担保。申某晓以其所有的房产为涉案桃花源公司向招商银行花园路支行借款800万元向招商银行花园路支行提供抵押担保；申某晓、吴某红等3个共有人以其所有的商铺为涉案桃花源公司向招商银行花园路支行借款800万元向招商银行花园路支行提供抵押担保。上述抵押担保办理了登记。

桃花源公司未能按《借款合同》约定期限向招商银行花园路支行偿还借款本息。2014年10月24日，省中小担保公司和招商银行花园路支行签订《债权转让协议》，约定：招商银行花园路支行将其对桃花源公司的债权及附属权利（包括但不限于抵押权）转让给省中小担保公司。上述债权

---

① 审理法院：一审法院为河南省高级人民法院，案号：（2015）豫法民二终字第444号；二审法院为最高人民法院，案号：（2016）最高法民申1471号。

转让事宜招商银行花园路支行于2014年10月23日通知到了桃花源公司。

桃花源公司依旧未归还本息。省中小担保公司提起诉讼，请求判令：桃花源公司向省中小担保公司支付借款本金及利息；申某晓、李某英对上述借款本金、利息、违约金及保全担保费承担连带保证责任；省中小担保公司对申某晓名下房产、吴某红、申某晓等3个共有人名下房产享有优先受偿权。

法院判决

一审法院认为，第一，省中小担保公司和招商银行花园路支行签订的《债权转让协议》，桃花源公司与招商银行花园路支行签订的《借款合同》，申某晓、李某英分别向招商银行花园路支行出具的《最高额不可撤销担保书》均系各方当事人的真实意思表示，内容不违反现行法律规定，依法应予保护。招商银行花园路支行已于2014年10月23日将债权转让事宜通知了桃花源公司，省中小担保公司也依据《债权转让协议》之约定向招商银行花园路支行支付了债权转让价款796万元，该债权转让已对桃花源公司发生了法律效力。省中小担保公司受让债权后即取得债权人地位，有权要求桃花源公司支付借款本金、利息。因此，省中小担保公司要求桃花源公司向其支付借款本金的请求成立，该院予以支持。

第二，债权人转让权利的，受让人取得与债权有关的从权利。招商银行花园路支行将债权转让给省中小担保公司后，作为该债权从权利的抵押权及其他担保权利也一并转让。申某晓、李某英向招商银行花园路支行出具《最高额不可撤销担保书》向招商银行花园路支行就桃花源公司的借款提供连带责任担保；保证范围为借款本金、利息、罚息、复息、违约金、保理费用和实现债权的相关费用。省中小担保公司要求申某晓、李某英向桃花源公司欠付本金及利息承担连带保证责任的诉请，具有事实和法律依据，予以支持。此外，省中小担保公司受让债权的同时取得对申某晓所有的房产以及被告申某晓、吴某红等3个共有人所有的房产的抵押权。省中小担保公司主张对上述房产享有抵押权的诉请于法有据，该院予以支持。

桃花源公司不服一审判决，提起上诉。

二审法院认为，关于桃花源公司上诉称省中小担保公司违反《担保合同》的约定未对本案借款进行代偿，对本案的发生存在重大过错问题。因招商银行花园路支行将本案债权转让给省中小担保公司，未要求省中小担保公司承担保证责任，省中小担保公司受让债权的行为不构成违约。且省中小担保公司从招商银行花园路支行受让债权的行为与本案的发生无关，桃花源公司的该项主张缺乏事实和法律依据不能成立。

桃花源公司不服二审判决，提起再审。

再审法院经审查认为，桃花源公司不能提供证据证明其与省中小企业担保公司达成书面或口头约定，由省中小担保公司对桃花源公司的续贷提供担保。而当事人是否提供担保，系其自主经营决策行为，并不存在违反我国金融政策的情形。因此，桃花源公司以省中小担保公司未为续贷提供担保构成违约，缺乏事实依据。我国法律未规定担保人不得受让担保债权，担保人省中小担保公司和债权人招商银行花园路支行签订债权转让协议，系双方真实意思表示，不违反我国法律法规的强制性规定，其合法有效。桃花源公司亦未举证证明省中小担保公司受让债权存在违反合同约定的情形，故原判决认定省中小担保公司受让债权的行为不构成违约，并无不当。综上，桃花源公司关于原判决适用法律错误的申请再审理由不能成立。故法院裁定驳回再审申请。

法理解读

本案争议焦点是省中小担保公司作为担保人，是否能够受让招商银行花园路支行对桃花源公司的债权，以及受让债权后具有何种法律效力。这实际涉及的是担保人受让债权的效力问题。

关于担保人能否受让债权，不论是原《担保法》《合同法》还是原《物权法》，都未作出禁止性的规定。出于意思自治的考虑，应当认定担保人有权受让债权。那么省中小担保公司作为担保人，能够受让招商银行花园路支行对桃花源公司的债权，自不待言。

至于担保人受让债权后的法律效力，则需要进行更为精细的观察。一般而言，担保人受让债权后，会有两种法律地位。一种法律地位是原债务的担保人；另一种则是新的债权人。这两种法律地位对债务人而言，并无不同，但是对其他担保人而言则意义非凡。如果认定担保人是原债务的担保人，则担保人请求其他担保人承担责任，涉及的是共同担保的内部追偿问题。如果认定担保人是新的债权人，根据《民法典》第 547 条第 1 款关于“债权人转让债权的，受让人取得与债权有关的从权利，但是该从权利专属于债权人自身的除外。受让人取得从权利不因该从权利未办理转移登记手续或者未转移占有而受到影响”的规定，担保人取得了原债权的从权利。那么担保人就有权据此请求其他担保人承担担保责任。本案一审、二审法院的判决，就是遵循了这一规则。

本司法法解释第 14 条则作出了不同的选择。当担保人对其他担保人提出，将担保人认定为是原债务的担保人，而非债权人。这样一来，担保人无权请求其他担保人承担担保责任，但有权在双方具有约定或者在同一合同书上签字认定担保的情形下，进行内部追偿，请求其他担保人承担份额。之所以作出这样的选择，是因为，如果认定担保人受让债权后，取得了债权人的法律地位，则担保人就无需对原债务承担担保责任，损害到了其他担保人的利益。

因此，如果本案发生在本司法解释施行之后，省中小担保公司作为担保人，并不能请求申某晓、李某英对借款本金、利息、违约金及保全担保费承担连带保证责任；也不能请求就申某晓名下房产、吴某红、申某晓等 3 个共有人名下房产进行优先受偿。而是应当根据本司法法解释第 13 条的规定，确定其是否能够向这些担保人进行追偿。就目前案件事实来看，担保人之间既未约定内部追偿，也未约定连带共同担保，更未在同一合同书上签字、盖章、按指印，应当认定互相之间不存在内部追偿权。因此，省中小担保公司无权请求申某晓、李某英等人承担担保份额，只能请求桃花源公司偿还债务。

第十五条　最高额担保中的最高债权额，是指包括主债权及其利息、违约金、损害赔偿金、保管担保财产的费用、实现债权或者实现担保物权的费用等在内的全部债权，但是当事人另有约定的除外。

登记的最高债权额与当事人约定的最高债权额不一致的，人民法院应当依据登记的最高债权额确定债权人优先受偿的范围。

【条文要义】

本条司法解释的条旨是最高额担保的最高债权额的具体内容。

本条司法解释的前段是对最高额担保中最高债权额的解释，解释的内容是，最高额担保中的最高债权额，是指包括主债权及其利息、违约金、损害赔偿金、保管担保财产的费用、实现债权或者实现担保物权的费用在内的全部债权，但是当事人另有约定的除外。这是最高额担保的最高债权额，包括两种情形，一种是法定的最高债权额，另一种是约定的最高债权额。

法定的最高债权额，包括的是主债权及其利息、违约金、损害赔偿金、保管担保财产和实现债权或者担保物权的费用，这是全部债权额。在当事人没有约定的情况下，确定最高额担保的最高担保债权额，就包括这六项内容。这个解释中还有一个“等”，这个“等”里还包括什么内容，条文没有说明。当被担保的债权还有其他内容时，这个内容是必要的，也包括在最高额担保的最高债权额中。

约定的最高债权额依照双方当事人的约定，当事人约定哪些是最高担保中的最高债权额，就按照当事人的约定来确定，不局限于法定最高债权额中规定的六种。这里体现了《民法典》规定的意思自治原则，当事人约定优先，只要当事人的约定没有违反法律的强制性规定，没有违反公序良俗原则，是当事人的真实意思表示就是有效的约定。

不论是法定的最高债权额还是约定的最高债权额，在设定最高额担保时，都应当进行登记。

在最高额担保登记中，如果出现了登记的最高债权额与当事人约定的最高债权额不一致的情况，这是可能的。一旦出现登记的最高债权额与当事人约定的最高债权额不一致的情形，人民法院应当依据登记的最高债权额确定优先受偿范围，是有法律根据的，无论是抵押权、质权还是保证，确定了最高额抵押、最高额质权或者最高额保证，进行登记后就具有公示效力，应当以具有公示效力的登记的最高额担保确定最高额的范围。担保人和担保人的其他债权人主张依据登记的最高债权额确定优先受偿范围的，法院当然应当予以支持。

【案例解读】

银通公司诉信元公司等第三人撤销之诉案①

基本案情

王某颖与信元公司签订最高额抵押合同，约定王某颖将其房产作为借款抵押物抵押给信元公司；担保的债权为自2016年7月20日起至2019年7月20日止债权人与债务人之间所产生的全部债权债务，最高本金金额不超过600万元；抵押担保的范围包括因主合同产生的本金、利息、违约金、实现债权的费用、因债务人违约给债权人造成的损失和其他所有应付费用。次日，上述房产办理抵押登记，记载抵押权种类为最高额抵押、被担保数额为6000000元。

2016年7月20日至2017年1月16日，王某颖与信元公司签订两次借款合同。其中，2016年7月20日，王某颖向信元公司借款500万元。2016年8月17日，王某颖向信元公司借款100万元。

① 审理法院：威海市环翠区人民法院，案号：（2018）鲁1002民撤3号。

2016年9月5日，皓菲集团同威商行张村支行签订借款额度为800万元的《流动资金借款合同》，原告同商行张村支行就皓菲集团上述借款一事签订《保证合同》，2016年9月13日，原告同皓菲集团、王某颖等人签订《委托担保合同》，约定原告对皓菲集团借款中的500万元向商行张村支行承担连带保证责任，王某颖以其房屋向原告提供二次抵押反担保，并办理房屋抵押登记，担保金额为500万元。2016年9月14日，商行张村支行向皓菲集团发放800万元款项。2017年7月3日，皓菲集团被山东省威海市中级人民法院裁定重整，商行张村支行催收其偿还借款本息无果后，原告按上述《保证合同》代其清偿了借款本息即5162522.27元。皓菲集团至今尚未归还原告为其垫付的款项。

因王某颖未偿还借款本金及利息，信元公司于2017年7月17日将王某颖等诉至威海市环翠区人民法院，威海市环翠区人民法院以民事判决判令王某颖偿还借款本金及利息等，信元公司对王某颖名下位于北京市丰台区政馨园一区一号楼1层至2层××室的房产就拍卖、变卖所得价款在上述债权范围内享有优先受偿权等。

原告后知悉相应情况，认为民事判决对其权益产生影响，故提起本案之诉，请求撤销相应判项。

法院判决

法院认为，本案的争议焦点是涉案抵押物对被告信元公司所享有债权的担保范围。

信元公司与王某颖就涉案抵押物签订最高额抵押合同虽约定最高限额为本金限额，但与抵押登记中显示被担保数额不一致，根据物权公示原则及相关规定，本案登记记载被告王某颖以涉案房屋为被告信元公司债权抵押担保的种类为最高额抵押担保，被担保数额为600万元，具有公示效力。且从最高额抵押的立法本意及法律特征来看，最高额抵押与一般抵押的区别在于为将来一定期间内发生的债权提供担保，系限额抵押，故应对其担保的债权范围予以明确公示，本案原、被告合同约定为最高本金限额，对于该种约定虽并无法律明确限制或禁止，但办理抵押登记时未对此予以明确公示记载，不能对于未登记记载的担保范围而产生对抗善意第三人的优先效力，不利于其他合法债权人的保护，亦与物权法、担保法关于最高额抵押相关规定的立法本意相悖。因此，法院判决撤销相应判项，信元公司对王某颖名下位于北京市丰台区政馨园一区一号楼1－2层××室的房产就拍卖、变卖所得价款在600万元限额内享有优先受偿权。

法理解读

本案中，信元公司与王某颖约定最高额担保债权的范围包括因主合同产生的本金、利息、违约金、实现债权的费用、因债务人违约给债权人造成的损失和其他所有应付费用。然而，抵押登记中显示的最高额为本金600万元。可见，最高额抵押合同约定的担保债权范围与登记中记载的担保债权范围不一致。此时就涉及应当以哪一个为准的问题。

实践中，一种观点认为，以最高额抵押合同中双方约定的为准。比如，就“中国银行股份有限公司武汉汉阳支行与武桥重工集团股份有限公司金融借款合同纠纷案”① 一案，一审、二审法院都认定应当根据双方当事人的约定来认定最高债权数额。不过，本案较为特殊的是，约定的最高债权额为3686.12万元，小于登记的最高债权额3930万元。另一种观点认为，应当按照登记记载的金额为准。本案法院就采纳了这一种观点。

本司法解释第15条第2款与本案法院的看法相一致，规定了登记的最高债权额与当事人约定的最高债权额不一致，法院应当依据登记的最高债权额确定债权人优先受偿的范围。之所以作出这样的规定，是出于维护公示公信原则的需要。比如，最高额抵押在先时，其他债权人会信赖登记簿记载的金额，确定其与债务人之间是否进行交易以及如何开展交易。如果按照当事人约定的最高债权额，则有可能会侵害到其他债权人的利益。

① 参见湖北省高级人民法院（2017）鄂民终54号民事判决书。

据此，如果本案发生在要本司法解释施行之后，法院仍然应当作出相应的判决，维护善意第三人的利益，按照登记记载的最高债权额为准。

第十六条　主合同当事人协议以新贷偿还旧贷，债权人请求旧贷的担保人承担担保责任的，人民法院不予支持；债权人请求新贷的担保人承担担保责任的，按照下列情形处理：

（一）新贷与旧贷的担保人相同的，人民法院应予支持；

（二）新贷与旧贷的担保人不同，或者旧贷无担保新贷有担保的，人民法院不予支持，但是债权人有证据证明新贷的担保人提供担保时对以新贷偿还旧贷的事实知道或者应当知道的除外。

主合同当事人协议以新贷偿还旧贷，旧贷的物的担保人在登记尚未注销的情形下同意继续为新贷提供担保，在订立新的贷款合同前又以该担保财产为其他债权人设立担保物权，其他债权人主张其担保物权顺位优先于新贷债权人的，人民法院不予支持。

【条文要义】

本条司法解释的条旨是借新还旧中的担保规则。

本条司法解释的内容比较复杂，分成以下几个部分来理解其条文要义。

1. 借新还旧概念界定

（1）借新还旧的概念

借新还旧也叫以新抵旧，还叫债权之更新、债务更改、债务更替，是指合同当事人之间因成立新合同而使旧合同为之消灭的合同法制度。合同之债更新的实质，是以消灭旧债为目的而设立新债，就是旧贷款到期无法清偿，债务人又向债权人借贷新债，以清偿旧债。

（2）借新还旧的法律特征

①借新还旧是当事人约定的一个新合同。借新还旧虽然涉及两个合同，发生旧合同消灭、新合同发生的效果，但是就其本身而言，合同之债更新的本身仍然是一个合同关系。因此，合同之债的更新适用合同成立和有效的一般规定，即使附条件的合同之债更新也同样如此。

②借新还旧合同是有因合同。在借新还旧中，新合同发生的目的是消灭旧合同，旧合同消灭是由于新合同的发生，二者之间具有因果关系。正因如此，合同之债更新是有因合同，是使新合同发生而使旧合同消灭的合同。

③借新还旧是以新合同成立的意思为要素的合同。借新还旧必须具有使新合同成立为意思表示的要素，否则不能构成借新还旧。因为只有存在新合同成立，才能使新合同代替旧合同，实现借新还旧的目的。因此，借新还旧与因免除而消灭合同不同，不能依一方当事人的意思表示而消灭债务，而是以新合同的成立为必要。如果新合同无效，旧合同就不能消灭。

④借新还旧是以旧合同的消灭为目的。借新还旧的目的是消灭旧合同，如果不是以旧合同消灭为目的，就失去了借新还旧存在的意义。

（3）借新还旧的构成要件

构成借新还旧，应当具备四个要件：

①当事人双方须有更新合同的确定意图。构成借新还旧，当事人双方必须具有明确的旨在消灭旧合同的意思。更新合同的意思必须确定，并且不能只是一方当事人的确定，须是双方当事人均已确定，达成合意。如果当事人的约定并没有消灭旧合同的意思，就只能构成合同变更，而不能构成借新还旧。

②当事人间须有应当消灭的旧合同存在。当事人旨在更新的旧合同必须为有效成立。如果是无效的合同或者未成立的合同，均不得进行更新。对于自然债务，虽然没有法律的强制力，但是，当事人如果达成更新的合意，也不妨碍确认其更新的效力。即使可撤销的效力待定的合同，在没有

撤销之前，也可以约定进行更新。

③当事人之间必须有新合同的发生。借新还旧的前提须是存在新合同的发生，如果没有新合同的发生，就不会发生旧合同消灭的法律后果。新合同的发生应当具备合同成立的一般要件，符合合同成立的一般要求。因此，新合同的发生与旧合同的消灭具有因果关系。如果新合同欠缺法定方式，因不法原因或者因原始给付不能而无效，或者因行为人的行为能力有欠缺而不生效力，或者因错误、欺诈、胁迫等原因而被撤销，由于新合同不能有效成立，就不会发生旧合同消灭的后果。

④新旧合同在内容上应当有所区别。构成借新还旧，须存在两个不同的合同，而不能是一个合同。这两个合同在内容上应当有所区别，而不是仅仅变更履行期限、履行场所或者给付的数量等。如果仅仅是这些合同内容的变更，则构成合同变更，而不能构成借新还旧。

具备上述四个要件，构成借新还旧。

（4）借新还旧的法律效果

借新还旧构成后，产生以下法律效果。

①新合同产生。合同的借新还旧的基本效力是新合同发生，债权人产生新债权。新合同的发生须符合合同成立并有效的条件，且应当实际履行。如果新合同虽然成立但是并未生效，或者虽然生效但没有履行，或者虽然有效成立但由于其他原因而被解除或者被撤销，都不能成为新合同的有效成立。新合同有效成立后，附着于原合同的抗辩权随之消灭，并不转移到新合同。所以，新合同的债权人不得以原债权的抗辩权对抗新合同的债权人，不得据此而拒绝履行。

②借新还旧而使旧合同消灭。因借新还旧有效成立，而使原合同消灭，是合同之债更新的基本效力。其消灭的效力，首先及于原合同，使原合同消灭。如果是连带债务合同、不可分债务合同，债务人一人与债权人约定合同借新还旧，或者不可分债权的债权人一人与债务人约定借新还旧，这时发生的是相对效力，不及于其他部分。

③被消灭的旧合同如果有从合同的，根据“从随主”原则的规定，从

合同也随之消灭。

④原合同的附属权利随之消灭。原合同的撤销权、解除权等权利，随着原合同债权的消灭而消灭，不复存在。原合同附有利息之债的，无论是约定利息之债还是法定利息之债，因合同借新还旧而消灭。不过，这种消灭仅仅向将来发生的利息之债消灭，已经发生的利息之债仍然存在，应当承担清偿责任。至于迟延利息之债是否消灭，应当依当事人的约定，如果没有约定的，则应当解释为不消灭，直至新合同的效力发生之时终止。如果旧合同约定有违约金债权的，就合同借新还旧而消灭，违约金债权应当消灭。不过，如果合同借新还旧之前已经履行迟延的，是否履行违约金债务，应当由当事人约定。不能约定的，应当解释为就已经违约的实际情况，承担部分违约责任。

2. 借新还旧的担保效力

以上都是借新还旧的基本规则，还没有涉及本条司法解释提到的借新还旧的担保效力问题。下面介绍的这些才是借新还旧的担保效力规则。

本条司法解释就借新还旧的担保效力，区分了旧贷的担保人与新贷的担保人。

（1）对于旧贷担保人

对于旧贷担保人而言，旧贷已经消灭，因此债权人请求旧贷的担保人承担担保责任，人民法院不予支持。

（2）对于新贷担保人

对于新贷担保人而言，借新还旧的担保效力则需要区分不同的情形进行处理：

①主合同当事人协商以新贷偿还旧贷，新贷与旧贷系同一个担保人提供担保的，新贷和旧贷的同一个担保人应当知道借新还旧的情形，因此，对于旧贷提供担保，对新贷也提供担保，都是出于自己的真实意思表示，确认借新还旧的效力，愿意为新贷提供担保，当然是有效的。当债权人请求新贷的担保人承担担保责任时，人民法院当然应当依法予以支持。

②主合同当事人协议以新贷偿还旧贷，新贷与旧贷系不同的担保人提

供的担保，或者旧贷无担保而新贷有担保，债权人如果请求新贷的担保人承担担保责任的，人民法院原则上不予支持。因为，借新还旧的新贷存在的风险较大，新贷的担保人如果不知情，就可能存在骗保的情形。如果主债权的债务人采取欺诈手段，骗取担保人为新贷担保，担保权人知道或者应当知道该欺诈行为的，就构成第三人欺诈，构成可撤销行为，法院因此依法不予支持。但是，如果债权人有证据证明担保人知道或者应当知道债权人与债务人协议以新贷偿还旧贷，仍然为之担保的则除外。这是因为，既然担保人知道债权人与债务人协议以新贷偿还旧贷，就不存在第三人欺诈的嫌疑，而是担保人自愿为风险较大的新贷承担担保责任，当然没有问题，应当承担担保责任。

在上述的后一种情形下，适用的是《民法典》第 149 条关于第三人欺诈行为的规定。这一条文的内容是："第三人实施欺诈行为，使一方在违背真实意思的情况下实施的民事法律行为，对方知道或者应当知道该欺诈行为的，受欺诈方有权请求人民法院或者仲裁机构予以撤销。"《民法典》这一规定，就包含了借新还旧中的第三人欺诈。在担保合同中，当事人是主债权人和担保人，在他们之间建立担保合同关系。主合同的债务人不是担保合同法律关系的当事人，而是主债权债务关系的当事人。在主债权债务关系是借贷合同时，出借人和借款人订立借贷合同，债务履行到期，债务人不能清偿债务时，订立新贷消灭旧贷，主债权人要求为新贷提供担保，债务人对原担保人隐瞒真实情况，或者编造虚假情况，骗取旧贷的担保人为新贷提供担保，而主债权债务合同的债权人知道或者应当知道第三人欺诈行为的，就构成了第三人欺诈，依照《民法典》第 149 条规定，受欺诈方有权请求人民法院或者仲裁机构予撤销。所以，本条司法解释第 1 款规定，在这种情况下，人民法院对主张担保权的债权人的请求不予支持；但是，债权人有证据证明担保人知道或者应当知道债权人与债务人协议以新贷偿还旧贷的除外，适用的就是这个规则。

(3) 旧贷的物的担保人同意继续担保的效力

本条司法解释第 2 款规定，主合同当事人协议以新贷还旧贷，旧贷的物的担保人在登记尚未注销的情形下同意继续为新贷提供担保，当然应当承担担保责任。但是，如果在订立新的贷款合同前，已经以该担保财产为其他债权人设立担保物权，则涉及其他债权人主张其担保物权顺位优先于新贷债权人的，人民法院是否应当支持的问题。

对此，法院的看法并不一致。一种观点认为，如果在担保人在为新贷提供担保之前，就给其他债权人设立担保物权，应该按照设定担保物权的先后确定优先受偿的效力，既然给其他债权人设立的担保物权在时间上先于给新贷设立的担保物权，其他债权人取得的担保物权应当具有优先效力，其他债权人主张其担保物权顺位优先于新贷债权人的，人民法院应当予以支持。

另一种观点认为，不论担保人为他人提供担保物权还是为新贷提供担保物的时间存在先后，都不影响担保人为新贷提供担保的顺位效力，理由是，担保人为新贷和旧贷提供担保，都是为保障同一个债权，只是先后有所变化而已，如果按照为旧贷提供的担保物权的时间计算，应当远远早于为其他债权人设定的担保物权，因为新贷和旧贷这两个合同是前后相续的，并没有发生质的变化，所以，担保物权为新贷和旧贷设立的同一个担保物权时间在先，顺位效力在先，当其他债权人主张其担保物权顺位优先于新贷债权人的，人民法院不应予以支持。

对于这两种意见，多数人支持后一种看法。本条司法解释也采取后一种意见，其他债权人主张其担保物权顺位优先于新贷债权人的，人民法院不予支持。这是因为，旧贷的担保在时间上先于对其他债权人提供的担保，在该担保物权尚未注销的情况下，担保人继续愿意为新贷提供担保，因而，其担保物权的效力一直持续，并未消灭，当担保人又为其他债权人提供担保时，新贷的担保物权还在担保物权的担保效力之中，所以其他债权人的担保物权不具有优先性，新贷的担保物权具有优先性，人民法院对其他债权人主张其担保物权顺位优先的主张不予支持。

【案例解读】

黑石公司、金钟公司金融不良债权追偿纠纷案[①]

基本案情

建行文峰支行、建行相州支行分别多次签订96G044号、97G087号、G98011号、JD98001号、JG98001号《借款合同》。签订上述《借款合同》之时，安阳电池厂与建行文峰支行、建行相州支行也分别签订了多份《保证合同》，为安阳印铁厂的该笔借款提供连带责任担保。

建行文峰支行、建行相州支行向安阳印铁厂的银行账户发放97G087号、G98011号、JD98001号、JG98001号四笔贷款的当日，安阳印铁厂均使用相同银行账户向建行文峰支行、建行相州支行归还了与四笔贷款相同数额的款项。

到期后，安阳印铁厂未按时归还借款本金、支付利息。建行将债权进行转让。经过多次债权转让，黑石公司最终受让了该债权，并多次催收。由于安阳印铁厂仍未还款，黑石公司向一审法院起诉请求：1. 安阳电池厂偿还黑石公司借款本金及利息；2. 金钟公司作为安阳电池厂的改制企业，对安阳电池厂上述借款本息承担连带清偿责任。

法院判决

一审法院认为，本案的争议主要在于安阳电池厂作为四笔借款的保证人应否免除保证责任。《中华人民共和国担保法》第三十条规定："有下列情形之一的，保证人不承担民事责任：（一）主合同当事人双方串通，骗取保证人提供保证的；（二）主合同债权人采取欺诈、胁迫等手段，使保证人在违背真实意思的情况下提供保证的。"《最高人民法院关于适用〈中

---

① 审理法院：一审法院为河南省新乡市中级人民法院，案号：（2016）豫07民初66号；二审法院为河南省高级人民法院，案号：（2019）豫民终298号。

华人民共和国担保法〉若干问题的解释》第三十九条进一步明确“主合同当事人双方协议以新贷偿还旧贷，除保证人知道或者应当知道的外，保证人不承担民事责任。新贷与旧贷系同一保证人的，不适用前款的规定。”安阳电池厂主张免除97G087号、G98011号、JD98001号、JG98001号借款保证责任的事实依据是“新贷偿还旧贷”（简称借新还旧）。根据现有相关证据可以确认建行对安阳印铁厂借款实际用于偿还旧贷的事实知晓并认可，安阳电池厂主张借贷双方借新还旧的事实成立，对于该四笔借款安阳电池厂应免除其保证责任。

黑石公司不服一审判决，提起上诉。

二审法院认为，关于安阳电池厂对97G087号、G98011号、JD98001号、JG98001号四笔贷款是否承担保证责任问题。《最高人民法院关于适用〈中华人民共和国担保法〉若干问题的解释》第三十九条规定，主合同当事人双方协议以新贷偿还旧贷，除保证人知道或者应当知道的外，保证人不承担民事责任。新贷与旧贷系同一保证人的，不适用前款的规定。因此，关于安阳电池厂是否免除保证责任，需要判断97G087号、G98011号、JD98001号、JG98001号四笔贷款是否属于以新贷偿还旧贷、安阳电池厂是否知道或者应当知道、新贷与旧贷是否为同一保证人。本案中，根据建行文峰支行、建行相州支行出具的《中国人民建设银行贷款还款凭证》及其加盖的银行转讫章显示，建行文峰支行、建行相州支行向安阳印铁厂的银行账户发放97G087号、G98011号、JD98001号、JG98001号四笔贷款的当日，安阳印铁厂均使用相同银行账户向建行文峰支行、建行相州支行归还了与四笔贷款相同数额的款项。黑石公司作为债权人，不仅对97G087号、G98011号、JD98001号、JG98001号四笔新贷款的发放负有举证责任，也应当对安阳印铁厂在放贷同日归还同等数额旧贷款的事实和原因、相应旧贷款的合同和余额、担保人安阳电池厂是否对此知道或者应当知道、新贷与旧贷是否为同一保证人等事实负有举证责任。因黑石公司未就上述事实进行举证，故应当承担举证不能的相应法律后果。建行文峰支行、建行相州支行与安阳印铁厂之间存在多笔贷款，安阳印铁厂于97G087

号、G98011 号、JD98001 号、JG98001 号四笔贷款银行放贷同日向银行归还同等数额的款项，属于以新贷偿还旧贷，在没有证据证明保证人安阳电池厂知道或者应当知道的情况下，安阳电池厂不承担民事责任。

法理解读

本案中，安阳印铁厂与建行相州支行多次签订以新还旧的借款合同。对此，安阳电池厂是否需要继续承担保证责任，是本案的争议焦点。这实际涉及借新还旧时担保人的责任认定问题。

关于借新还旧时担保人是否需要承担担保责任，原《担保法》《物权法》等均未作出规定。原《最高人民法院关于适用〈中华人民共和国担保法〉若干问题的解释》第 39 条总结司法经验，对借新还旧时保证人的责任承担问题作出了规定，即“主合同当事人双方协议以新贷偿还旧贷，除保证人知道或者应当知道的外，保证人不承担民事责任。新贷与旧贷系同一保证人的，不适用前款的规定”。《全国法院民商事审判工作会议纪要》第 57 条则对借新还旧时物的担保人的责任承担问题作出了规定，即“贷款到期后，借款人与贷款人订立新的借款合同，将新贷用于归还旧贷，旧贷因清偿而消灭，为旧贷设立的担保物权也随之消灭。贷款人以旧贷上的担保物权尚未进行涂销登记为由，主张对新贷行使担保物权的，人民法院不予支持，但当事人约定继续为新贷提供担保的除外”。

本司法解释第 16 条在这两个条文的基础上，统合了借新还旧时的担保规则。对于旧贷担保人而言，由于借新还旧时，旧贷已经消灭，旧贷担保人无需承担担保责任。对于新贷担保人而言，以新贷与旧贷的担保人是否同一作出区分。如果新贷与旧贷的担保人是相同的，新贷担保人应当承担担保责任；如果新贷担保人与旧贷担保人不同或者旧贷无担保新贷有担保，担保人不需要承担担保责任，但是债权人有证据证明新贷担保人知道或者应当知道借新还旧的事实除外。

回到本案中，建行文峰支行、建行相州支行主张安阳电池厂承担借新还旧的保证责任，应当举证证明安阳电池厂知道或者应当知道借新还旧这一事实。目前其未提供证据证明，应当承担举证不利的后果，认定安阳电池厂不知道借新还旧的事实，无需对新贷承担担保责任。

第十七条　主合同有效而第三人提供的担保合同无效，人民法院应当区分不同情形确定担保人的赔偿责任：

（一）债权人与担保人均有过错的，担保人承担的赔偿责任不应超过债务人不能清偿部分的二分之一；

（二）担保人有过错而债权人无过错的，担保人对债务人不能清偿的部分承担赔偿责任；

（三）债权人有过错而担保人无过错的，担保人不承担赔偿责任。

主合同无效导致第三人提供的担保合同无效，担保人无过错的，不承担赔偿责任；担保人有过错的，其承担的赔偿责任不应超过债务人不能清偿部分的三分之一。

【条文要义】

本条司法解释的条旨是第三人提供的担保合同无效的法律后果。

本条司法解释规定的内容非常复杂，包括以下两个规则。

1. 主合同有效而担保合同无效担保人如何承担赔偿责任

本条司法解释第1款规定的是主合同有效而第三人提供的担保合同无效，应当区分以下三种不同情形，确定担保人应否以及如何承担赔偿责任。确定这三种情形担保人是否承担以及如何承担赔偿责任的基础，是过错责任原则。

（1）主合同有效而第三人提供的担保合同无效，债权人与担保人均有过错的，担保人承担的赔偿责任不应超过债务人不能清偿部分的二分之一。之所以规定不应超过债务人不能清偿部分的二分之一，是因为主合同有效而担保合同无效，担保合同的当事人只有主债权人和担保人，如果双方都有过错，进行过失相抵，担保人承担的责任也就是二分之一。

（2）主合同有效而第三人提供的担保合同无效，担保人有过错而债权人无过错的，由担保人对债务人不能清偿的部分承担赔偿责任。这是因为，主合同有效而担保合同无效，担保合同无效的原因是担保人的过错所致，债权人是没有过错的，这种损害的后果当然都要由担保人来承担。

（3）主合同有效而担保合同无效，债权人有过错而担保人无过错的，担保人不承担赔偿责任。其根据仍然是过错责任原则，既然担保合同无效等是因债权人的过错所致，对造成的担保合同无效等后果，担保人当然不承担责任。

上述三种情形中的第一种情形，是主合同有效而第三人提供的担保合同无效，债权人与担保人都有过错，应当适用过失相抵适用规则。既然是过失相抵，双方当事人承担的过错责任，就应当按照各自的过错程度以及行为的原因力来确定双方应当承担的责任，实行过失相抵，过错程度高、行为的原因力强的，应该多承担责任，反之，则应当少承担责任。《民法典》规定的过失相抵原则是第592条，即“当事人都违反合同的，应当各自承担相应的责任。当事人一方违约造成对方损失，对方对损失的发生有过错的，可以减少相应的损失赔偿额”。这就是违约责任中的过失相抵原则，虽然是针对违约责任作出的，但是就合同无效、合同不发生法律效力、合同被撤销或者合同自始就没有发生效力的，如果双方都有过错，应当参照这一规定来确定过失相抵，按照各自的过错程度承担民事责任。本条司法解释第1款第1项直接规定在这种情况下债权人与担保人均有过错的，担保人承担的赔偿责任不应超过债务人不能清偿部分的二分之一，显然是不合适的，应当按照过错程度和行为原因力的大小，确定各自的赔偿责任，应当以二分之一作为基础，根据实际情况上下浮动。这样解释才是正确的，简单地规定不能超过二分之一，没有遵守过失相抵规则的要求。

2. 主合同无效导致第三人提供的担保合同无效担保人的赔偿责任

本条司法解释第2款规定的是，主合同无效导致第三人提供的担保合同同无效的，担保人在其中应该承担的赔偿责任，分为两种情形：

（1）主合同无效导致担保合同无效，担保人无过错的，不承担赔偿责任。这里仍然是贯彻过错责任和过失相抵规则，既然担保人无过错，就不承担赔偿责任。

（2）主合同无效导致担保合同无效，担保人有过错的，担保人应该承担赔偿责任。具体确定担保人承担赔偿责任，应当依照过失相抵原则确定各自的赔偿责任。就担保人的责任而言，由于在主合同和担保合同中有三方当事人，所以，担保合同中的担保人即使有过错应当承担赔偿责任，因为有三方当事人分担责任，担保人承担的赔偿责任不应超过债务人不能清偿部分的三分之一。这里存在的问题也是应当依照过失相抵原则，按照过错程度和行为的原因力来确定承担责任的比例，规定债务人不能清偿部分的三分之一由有过错的担保人来承担，过于简单化的。可以这样理解，即在这种情况下担保人有过错，承担赔偿责任的基准点是三分之一，如果担保人的过错程度更高，应当在三分之一以上确定赔偿责任，如果过错程度较轻，应当在三分之一以下确定赔偿责任。

本条司法解释规定的担保合同无效，包括担保合同不成立、无效、被撤销或者不发生效力，是一个广义上的无效，不是仅仅包括狭义的合同无效。

【案例解读】

中小企业资金互助会诉富泉管材公司等向非会员企业放贷被认定无效案①

基本案情

原告中小企业资金互助会系在民政部门登记的社会团体法人，是洪泽县人民政府去苏南考察后引进的融资新模式，主要职能是为会员企业提供

① 审理法院：江苏省洪泽县人民法院，案号：（2014）泽商初字第0734号。

过桥资金，过桥资金来自县财政出资和入会企业出资，业务范围为帮助企业防范和化解资金周转的风险与困难，保障中小企业持续健康发展。另外，该中小企业资金互助会章程规定，资金服务的对象原则上为会员企业，经营状况良好的非会员企业需要资金应急的，只要提供有效的担保手续可以借资。本案中，被告富泉管材公司并非原告中小企业资金互助会的会员。

2014年9月22日，原告中小企业资金互助会与被告富泉管材公司签订一份资金短期周转拆借协议，双方在协议中约定，由被告富泉管材公司向原告借款330万元用于偿还银行贷款，借款期限为5天，借款期内利息为每日万分之十五，被告富泉管材公司需在协议签订后一次性先支付利息费用，如提前或逾期还款，利息多退少补，如逾期按日万分之十计算利息。同日，原告将330万元交付被告富泉管材公司，被告富泉管材公司出具330万元借条，被告砚台投资公司向原告出具担保函，承诺如被告富泉管材公司未能按期偿还借款，由其担保偿还全部借款本金。借款期限届满后，被告富泉管材公司未能及时还款，仅分别于2014年9月30日及2014年10月31日两次支付利息合计85000元。故原告向法院起诉，请求判令两被告还款。

法院判决

法院认为，本案争议焦点为原告中小企业资金互助会向非会员企业发放贷款的行为是否有效。

根据《中华人民共和国合同法》第五十二条的规定，判断原告向非会员企业发放贷款的行为是否有效，应对原告与非会员企业之间的借款合同是否违反法律、行政法律的强制性规定作出认定。国务院《非法金融机构和非法金融业务活动取缔办法》第五条规定，未经中国人民银行依法批准，任何单位和个人不得擅自设立金融机构或者擅自从事金融业务活动。本案中，原告中小企业资金互助会虽然具备社团法人资格，但并非中国人民银行核准成立的金融机构，而是由企业自主发起设立的资金互助组织，会员企业通过缴纳入会费用获得使用其他会员入会资金进行短期周转的资格，故原告向会员发放贷款从行为性质上并非从事金融放贷业务，而是一种会员互助行为，应当认定该互助行为有效。但原告向非会员企业即不特定的社会公众发放贷款，并约定高额利息作为放贷的收益，该行为实质上属于金融机构所从事的放贷业务，违反了法律的强制性规定，故原告向非会员企业发放贷款的行为应为无效。

据此，法院认定本案中原告中小企业资金互助会与被告富泉管材公司签订的资金短期周转拆借协议无效，根据《中华人民共和国合同法》第五十八条的规定，被告富泉管材公司应返还从原告中小企业资金互助会取得的借款本金 330 万元，且因原、被告双方对于原告不具备金融业务资质和被告富泉管材公司无会员资格等事实均系明知，法院认定借贷双方对此均有过错，被告富泉管材公司不应当获得额外收益，根据公平原则，被告富泉管材公司在返还借款本金的同时，应当参照中国人民银行同期贷款基准利率，向原告返还资金占用期间的利息，原告已经收取的利息应当予以抵充。另外，根据《最高人民法院关于适用〈中华人民共和国担保法〉若干问题的解释》第八条的规定，主合同无效导致担保合同无效，担保人有过错的，担保人应承担不超过债务人不能清偿部分的三分之一的民事责任。本案中的借款合同无效，相应地，被告砚台投资公司对该借款提供的担保亦无效，法院结合本案证据所能确定的事实，认定砚台投资公司在明知原告不具备金融业务资质和被告富泉管材公司无会员资格的情况下仍为其提供担保，被告砚台投资公司对此存在过错，故其应在被告富泉管材公司不能清偿部分的三分之一范围内承担责任。

综上，洪泽县人民法院依照《中华人民共和国合同法》第五十二条、第五十八条，《最高人民法院关于适用〈中华人民共和国担保法〉若干问题的解释》第八条，《中华人民共和国民事诉讼法》第一百五十二条之规定，于 2015 年 3 月 18 日作出（2014）泽商初字第 0734 号民事判决，判令被告富泉管材公司于本判决生效后三日内向原告中小企业资金互助会偿还本金 330 万元及资金占用费（自 2014 年 9 月 28 日起至实际还款之日止按银行同期同档贷款利率计算，已收取的 85000 元利息可以充抵），被告砚台投资公司在被告富泉管材公司上述款项不能偿还部分的三分之一范围内承担清偿责任，驳回原告的其他诉讼请求。

法理解读

本案中，原告中小企业资金互助会向非会员企业发放贷款的行为，违反了《非法金融机构和非法金融业务活动取缔办法》第5条的规定，属于非法放贷，违反了法律的强制性规定。因此，《资金短期周转拆借协议》无效。基于担保的从属性原理，《资金短期周转拆借协议》无效，砚台投资公司与中小企业资金互助会成立的担保法律关系也无效。此时就涉及担保合同无效后的责任承担问题。

原《最高人民法院关于适用〈中华人民共和国担保法〉若干问题的解释》第7条规定了主合同有效时担保合同无效的责任承担，即“主合同有效而担保合同无效，债权人无过错的，担保人与债务人对主合同债权人的经济损失，承担连带赔偿责任；债权人、担保人有过错的，担保人承担民事责任的部分，不应超过债务人不能清偿部分的二分之一”。第8条规定了主合同无效导致担保合同无效时的责任承担，即“主合同无效而导致担保合同无效，担保人无过错的，担保人不承担民事责任；担保人有过错的，担保人承担民事责任的部分，不应超过债务人不能清偿部分的三分之一”。本司法解释第17条沿袭了这两条规定的内容，区分担保合同无效的情形，以确定责任承担问题。第一种情形是，主合同有效时，担保合同无效，则根据债权人与担保人的过错来确定责任。如果债权人与担保人均有过错，担保人承担的赔偿责任不超过债务人不能清偿部分的二分之一。如果担保人有过错而债权人无过错，担保人对债务人不能清偿的部分承担赔偿责任。如果债权人有过错而担保人无过错，担保人不承担赔偿责任。第二种情形是，主合同无效导致担保合同无效，则根据担保人是否有过错确定责任。如果担保人无过错，不承担赔偿责任；担保人有过错，其承担的赔偿责任不超过债务人不能清偿部分的三分之一。可见，关于担保合同无效时的责任承担问题，最为关键的是对过错的判断。

回到本案中，砚台投资公司与富泉管材公司的担保法律关系无效，是由于主合同借款法律关系无效。于此之中，砚台投资公司明知中小企业资金互助会不具备金融业务资质、富泉管材公司无会员资格，仍然为其债权提供担保，应当认定砚台投资公司对此存在过错。根据本司法解释第17条第2款的规定，砚台投资公司应在富泉管材公司不能清偿部分的三分之一范围内承担责任。

第十八条　承担了担保责任或者赔偿责任的担保人，在其承担责任的范围内向债务人追偿的，人民法院应予支持。

同一债权既有债务人自己提供的物的担保，又有第三人提供的担保，承担了担保责任或者赔偿责任的第三人，主张行使债权人对债务人享有的担保物权的，人民法院应予支持。

【条文要义】

本条司法解释的条旨是担保人对债务人的追偿权。

1. 担保人在承担了担保责任或者赔偿责任后对债务人的追偿权

任何担保人在承担了担保责任或者赔偿责任之后，对主合同的债务人产生追偿权，通过行使追偿权，使自己对债权人承担的担保责任或者赔偿责任，归之于应当承担这种责任的债务人。通行的理论是，担保人在承担了担保责任或者赔偿责任之后，存在一个请求权让与的基础，即担保人承担了担保责任或者赔偿责任，满足了债权人债权的权利要求，在此范围内消灭了债权，债权人对于债务人的相应的请求权就转移给了担保人，担保人就对债务人取得了债权人的地位，对债务人可以行使追偿权。

2. 第三人作为担保人承担了责任后对自己提供的物的担保债务人享有追偿权

债务人自己提供了物的担保，但是又有其他担保人承担担保责任，其他担保人承担了担保责任或者赔偿责任的，在其承担责任的范围内主张行使债权人对债务人享有的担保物权的，由于担保人对债权人承担了担保责任或者赔偿责任，消灭了债权人的债权，相应地取得了债权人对债务人的债权，以及相应的附属权利，对此，都可以向债务人主张。债务人给债权人提供自己的物的担保，担保人在承担了担保责任和赔偿责任之后，债权人对债务人享有的这种担保物权，当然也转移给了承担担保责任或者赔偿责任的担保人，该担保人就成了债务人的担保物权人，当然可以行使这种担保物权，所以人民法院应当予以支持。

【案例解读】

盛世公司诉冯某明等追偿权纠纷案[①]

基本案情

2014年8月11日，被告冯某明以核桃收购加工销售为由向景东县农村信用社借款10万元，同日，被告冯某明与原告签订了委托担保合同，约定由原告为其向信用社的贷款提供连带责任保证担保。合同还约定了若被告冯某明未按照主合同约定偿还债务之日起，按照主合同约定的逾期贷款利率计算被告冯某明的违约金。同时，被告冯某毅、邱某菊、罗某忠为被告冯某明提供连带责任保证的反担保，被告冯某毅、邱某菊、罗某忠各为独立保证人。2015年8月11日，借款期限届满后，被告冯某明未能按期履行还款义务，信用社要求原告承担保证责任，原告多次督促四被告向信用社还款，但是四被告一直未归还，原告于2015年8月31日代被告冯某明偿还了借款104818.85元。此后原告要求四被告还款和承担保证责任，但四被告一直未偿还。

原告盛世公司向本院提出诉讼请求：1. 依法判令被告冯某明归还原告

① 审理法院：云南省景东彝族自治县人民法院，案号：（2015）景民初字第1047号。

履行担保责任的代偿款104818.85元，并按合同约定支付违约金（自2015年8月31日起至实际还款之日止的罚息，按12.375‰月利率计算）；2. 判令被告冯某毅、邱某菊、罗某忠承担反担保连带保证责任。

法院判决

法院认为，原告盛世公司作为本担保的担保人，承担了保证责任后，有权利向债务人冯某明追偿，也可以要求反担保人承担反担保责任。担保人对债务人追偿的范围包括保证人为清除主债务所支出的款项以及保证人承担保证责任造成的损失，本案原告盛世公司为冯某明偿还了债务及逾期利息共计104818.85元，双方在担保合同中还约定了违约金即承担保证责任造成的利息的损失，故对原告要求被告冯某明归还原告履行担保责任的代偿款104818.85元，并按合同约定支付违约金的诉讼请求，予以支持；被告冯某毅、邱某菊、罗某忠与原告签订了反担保合同，承诺对本担保承担连带反担保责任，现保证人承担了保证责任后，被告冯某毅、邱某菊、罗某忠也应当对保证人盛世公司承担连带反担保责任，故对原告要求被告冯某毅、邱某菊、罗某忠承担连带反担保责任的诉讼请求予以支持。被告罗某忠对反担保合同的签名予以确认，仅对签名时间有异议，但又未提供证据证实其辩解的事实，故本院对被告罗某忠的辩称不予以采纳。被告冯某毅、邱某菊经本院传票传唤未到庭，视为放弃自己的诉讼权利。被告冯某毅、邱某菊与被告罗某忠对主债务分别提供了担保，系连带共同保证。

综上所述，根据《中华人民共和国担保法》第四条、第三十一条、《最高人民法院关于适用〈中华人民共和国担保法〉若干问题的解释》第三十九条、《中华人民共和国民事诉讼法》第六十四条第一款、第一百四十四条之规定，法院判决被告冯某明于本判决生效之日起三十日内偿还原告盛世公司为其偿还的债务及利息104818.85元，并按12.375‰月利率计算支付自2015年8月31日起至实际还款之日止的利息。被告冯某毅、邱某菊、罗某忠对以上债务承担连带共同保证责任。

法理解读

冯某明向景东县农村信用社借款，由盛世公司为其提供连带责任保证担保。盛世公司为其偿还借款后，是否有权向冯某明追偿，涉及担保人对债务人的追偿权问题。

关于担保人对债务人的追偿权，原《民法通则》第89条第1项规定："保证人履行债务后，有权向债务人追偿。"原《担保法》第31条规定："保证人承担保证责任后，有权向债务人追偿。"原《物权法》第176条也规定："提供担保的第三人承担担保责任后，有权向债务人追偿。"可见，担保人承担担保责任后，有权在其承担责任的范围内向债务人追偿。

《民法典》第392条延续了原《物权法》第176条的内容，规定提供担保的第三人承担担保责任后，有权向债务人追偿。第700条延续了原《民法通则》第89条和原《担保法》第31条的内容，规定了保证人承担保证责任后，除当事人另有约定外，有权向债务人追偿，享有债权人对债务人的权利，但是不得损害债权人的利益。本司法解释第18条整合了《民法典》第392条和第700条的规则，细化规定了担保人对债务人的追偿权。第一，承担了担保责任或者赔偿责任的担保人，在其承担责任的范围内，有权向债务人追偿。第二，同一债权既有债务人自己提供的物保，又有第三人提供的担保，第三人承担担保责任或者赔偿责任后，有权主张行使债权人对债务人享有的担保物权。

回到本案中，冯某明没有就自己的财产提供物保，只提供了第三人的担保，属于本司法解释第18条第1款规定的情形。盛世公司代冯某明偿还借款后，自然有权向冯某明追偿，要求其偿付欠款债务及利息。如果冯某明还以自己的房产作抵押，担保景东县农村信用社的实现，则属于本司法解释第18条第2款的情形，涉及盛世公司是否有权就该房产优先受偿的问题。在此之前，原《物权法》第176条规定："被担保的债权既有物的担保又有人的担保的，债务人不履行到期债务或者发生当事人约定的实现担保物权的情形，债权人应当按照约定实现债权；没有约定或者约定不明确，债务人自己提供物的担保的，债权人应当先就该物的担保实现债权；第三人提供物的担保的，债权人可以就物的担保实现债权，也可以要求保证人承担保证责任。”《民法典》第392条延续了这一规则，继续规定：“被担保的债权既有物的担保又有人的担保的，债务人不履行到期债务或者发生当事人约定的实现担保物权的情形，债权人应当按照约定实现债权；没有约定或者约定不明确，债务人自己提供物的担保的，债权人应当先就该物的担保实现债权；第三人提供物的担保的，债权人可以就物的担保实现债权，也可以要求保证人承担保证责任……”据此，冯某明以自己的房产作抵押，景东县农村信用社应当先就该房产优先受偿。若是冯某明先偿还了贷款，则根据本司法解释第18条第2款的规定，有权在其承担责任的范围内主张就该房产优先受偿。

第十九条　担保合同无效，承担了赔偿责任的担保人按照反担保合同的约定，在其承担赔偿责任的范围内请求反担保人承担担保责任的，人民法院应予支持。

反担保合同无效的，依照本解释第十七条的有关规定处理。当事人仅以担保合同无效为由主张反担保合同无效的，人民法院不予支持。

【条文要义】

本条司法解释的条旨是反担保人承担责任的规则。

1. 反担保的一般规则

反担保就是对担保的担保。《民法典》对反担保的规定是第387条第2款，内容是：“第三人为债务人向债权人提供担保的，可以要求债务人提供反担保。反担保适用本法和其他法律的规定。”

第三人为债务人向债权人提供担保的，如果第三人对于自己承担担保责任后的追偿权的安全有顾虑，可以要求债务人提供反担保。反担保也叫求偿担保，是第三人为债务人向债权人提供担保，是担保人为承担将来承担担保责任后向债务人的追偿权而设定的担保。

反担保是债务人对担保人提供的担保，建立的基础是本担保。在反担保关系中，原担保人为本担保人，提供反担保的人为反担保人，反担保人可以是债务人本人，也可以是第三人。

反担保的意义在于：在本担保中，为债务人向债权人提供担保的第三人，在债务人届期不履行债务时，或者发生当事人约定的实现担保物权的情形时，须依合同约定或者法律规定承担担保责任，以自己的财产代为清偿债务；在承担担保债务后，该担保人就成为债务人的债权人，有权请求其代债务人向债权人清偿的债务向债务人追偿。正像债权人因担忧债务人的清偿能力而要求债务人或第三人为债务的履行提供担保一样，担保人为了自身的利益安全，为了避免其对债务人期待的追偿权成为既得权后不能实现的风险，可以要求债务人或者债务人以外的第三人向其提供反担保，以保障其承担担保责任后向债务人追偿损失的权利能够实现。

与本担保相比较，反担保具有以下几个显著特点：(1) 反担保的担保对象不是原来的债权，而是本担保人的追偿权；(2) 反担保合同的当事人不是担保人和债权人，而是本担保人和债务人或者债务人提供的第三人，即反担保人；(3) 反担保从属于担保人与债权人间的担保合同，是担保合同的从合同，而不是主合同的从合同；(4) 担保人在取得对债务人的追偿权后，债务人不对担保人的损失履行清偿义务时，反担保人对本担保人承担代为清偿的责任。

反担保分为以下几种形式：(1) 保证反担保，又叫信用反担保、求偿保证，是实践中比较常用的一种反担保方式。保证反担保包括一般保证与连带保证，由于债务人清偿能力不足，本担保人通常要求提供连带责任保证，而不是一般保证。(2) 抵押反担保。抵押反担保是反担保人以抵押的方式提供反担保。债务人对本担保人不履行被追偿的债务时，或者发生当事人约定的实现抵押权的情形时，本担保人有权依法以该抵押财产折价或者以拍卖、变卖该财产的价款优先受偿。(3) 质押反担保，是反担保人以质押方式提供的反担保。债务人对本担保人不履行被追偿的债务时，或者发生当事人约定的实现质权的情形时，本担保人有权依法以该动产或者权利折价或者以拍卖、变卖的价款，优先受偿。

如果反担保人是由债务人之外的第三人充任的，则该反担保人承担反担保责任后，取得对债务人的再追偿权，可能发生反担保人要求债务人提供再反担保的情况。再反担保也是反担保，仍然应当按照反担保的规则进行。

在上述三种反担保中，抵押反担保和质押反担保适用《民法典》物权编的规定，保证反担保适用《民法典》合同编有关保证的规定。

2. 担保人对反担保人的追偿权

在上述反担保的基本理论和规则的基础上，本条司法解释规定，担保合同无效，承担赔偿责任的担保人按照反担保合同的约定，在其承担赔偿责任的范围内请求反担保人承担责任的，人民法院应当依法予以支持。其原因是，反担保不仅担保担保人享有的追偿权的实现，在担保合同无效的情况下，也担保担保人因担保合同无效而承担的赔偿责任，当担保人因合同无效而向债权人承担了赔偿责任之后，对于自己承担的赔偿责任这一部分，也在向反担保人应当承担的反担保责任范围之内，因此，可以向反担保人请求追偿。对此，人民法院应当予以支持。

3. 反担保合同无效的法律后果

本条司法解释的第2款，规定的是反担保合同无效的法律后果。如果在一个主债权债务合同约定了担保合同，担保人又与反担保人订立了反担保合同，反担保合同无效，反担保合同的当事人也应当承担相应的赔偿责任。确定这种赔偿责任，适用本司法解释第17条规定。

其主要规则是：在担保合同无效的情况下，只存在主合同和担保合同两个合同；在反担保合同无效的情况下，就存在三个合同，即主合同、担保合同和反担保合同。尽管出现了三个合同，反担保合同无效的法律后果仍然实行的是过错责任原则和过失相抵原则，在法律适用上是一样的，都要根据本司法解释第17条规定的规则，根据反担保合同无效的具体情况，确定相应的赔偿责任。

其中可能发生变化的规则是：

（1）如果主合同有效、担保合同有效、反担保合同无效的，反担保人如果无过错，当然就没有责任；如果反担保人有过错，债权人和担保人也有过错，反担保人承担赔偿责任的基准点应当是三分之一；担保人和反担保人有过错的，为三分之一；如果只有反担保人的过错造成的反担保合同无效，反担保人应该承担不能清偿债务的全部债务的责任。

（2）如果主合同有效，担保合同无效，反担保合同也无效的，反担保人无过错的，不承担赔偿责任；担保人和反担保人有过错，反担保人承担赔偿责任的基准点是二分之一，主债权人、担保人和反担保人都有过失的，各自承担责任的基准点是三分之一。

（3）如果是主合同无效导致担保合同无效，进而也导致反担保合同无效，担保人无过错的，不承担赔偿责任；担保人有过错的，其承担的赔偿责任基准点是四分之一。

反担保合同无效的，承担上述责任是正当的，符合过错责任原则的要求。如果当事人仅以担保合同无效为由主张反担保合同无效的，其意图在于不承担反担保赔偿责任，对此，人民法院不予支持。

【案例解读】

泓翔公司、加区政府追偿权纠纷[①]

基本案情

2014年7月14日，绿源公司与兴财公司签订《委托担保合同》约定：兴财公司为绿源公司的银行贷款提供连带责任保证。同时，加区政府与兴

① 审理法院：一审法院为黑龙江省大兴安岭地区中级人民法院，案号：（2019）黑27民初14号；二审法院为黑龙江省高级人民法院，案号：（2020）黑民终538号。

财公司签订《保证反担保合同》，约定加区政府同意《委托担保合同》的全部条款，加区政府为兴财公司提供保证反担保。

2014年7月28日，绿源公司与农商银行签订《固定资产借款合同》，约定绿源公司向农商银行借款1500万元。同日，兴财公司与农商银行签订《保证担保合同》，约定：兴财公司为绿源公司的1500万元借款提供连带责任保证。同日，农商银行将1500万元借款发放到绿源公司账户，绿源公司又将该笔款项转到泓翔公司账户。泓翔公司与加区政府签订借款协议（该协议上并没有注明签订时间）约定，绿源公司从兴财公司申请的1500万元贷款由泓翔公司使用，加区政府作反担保，泓翔公司以和福名都小区内B2、B3号楼（建筑面积共计7800平方米）作为抵押，如泓翔公司逾期未能偿还绿源公司申请的1500万元贷款、利息，则和福名都小区内B2、B3号楼归加区政府所有。

2015年8月13日，兴财公司、农商银行向加区政府发出担保人履行责任通知书，要求加区政府对上述债务履行担保责任。2015年9月18日，兴财公司作出大投保字（2015）1号文件，要求加区政府承担借款本息。2015年9月28日，加区政府将案涉借款的本息偿还兴财公司。2015年11月10日，泓翔公司为加区政府出具欠据，其中载明：欠款单位为泓翔公司，欠款数额为15437781元，欠款事由为担保款项。2016年9月21日，泓翔公司为加区政府出具说明一份，载明：绿源公司从兴财公司贷款1500万元，由泓翔公司使用，加区政府进行反担保，按照约定已由加区政府偿还兴财公司，所欠贷款本金及利息由泓翔公司归还加区政府。

加区政府向一审法院提出诉讼请求判令泓翔公司偿还代偿款。

法院判决

一审法院认为，本案的主要争议焦点是加区政府是否享有追偿权的问题。《最高人民法院关于适用〈中华人民共和国担保法〉若干问题的解释》第三条规定："国家机关和以公益为目的的事业单位、社会团体违反法律规定提供担保的，担保合同无效。因此给债权人造成损失的，应当根据担保法第五条第二款的规定处理。”第九条规定：“担保人因无效担保合同向债权人承担赔偿责任后，可以向债务人追偿，或者在承担赔偿责任的范围内，要求有过错的反担保人承担赔偿责任。担保人可以根据承担赔偿责任的事实对债务人或者反担保人另行提起诉讼。”根据上述法律规定，结合本案事实可以认定加区政府与兴财公司签订的《保证反担保合同》无效。虽然加区政府提供反担保的行为无效，但是加区政府已实际履行担保义务，向兴财公司支付了15437781元。本案中，绿源公司贷款的实际使用人是泓翔公司，泓翔公司对此也不持异议。从案涉借款协议、借据、说明等证据上载明的内容可知，泓翔公司认可加区政府偿还兴财公司的15437781元由泓翔公司给付加区政府。综上，加区政府有作为原告的诉讼主体资格，享有追偿权，泓翔公司应将加区政府代其向兴财公司偿还的15437781元给付加区政府。

泓翔公司不服一审判决，提起上诉。

二审法院认为，关于加区政府是否享有追偿权及追偿权数额的问题。《最高人民法院关于适用〈中华人民共和国担保法〉若干问题的解释》第三条规定：“国家机关和以公益为目的的事业单位、社会团体违反法律规定提供担保的，担保合同无效。因此给债权人造成损失的，应当根据担保法第五条第二款的规定处理。”第九条规定：“担保人因无效担保合同向债权人承担赔偿责任后，可以向债务人追偿，或者在承担赔偿责任的范围内，要求有过错的反担保人承担赔偿责任。担保人可以根据承担赔偿责任的事实对债务人或者反担保人另行提起诉讼。”本案中，加区政府与兴财公司签订的《保证反担保合同》无效，但加区政府已实际履行担保义务，向兴财公司支付了15437781元。绿源公司贷款的实际使用人是泓翔公司，泓翔公司对此不持异议。从案涉借款协议、欠据、说明等证据内容可知，泓翔公司认可加区政府偿还兴财公司的15437781元应由其偿还加区政府。综上，加区政府享有追偿权，泓翔公司应将加区政府代其向兴财公司偿还的15437781元给付加区政府。

法理解读

本案中，加区政府与兴财公司签订了《保证反担保合同》。该反担保合同是否有效。如果无效，又产生何种责任，是本案所要讨论的重点问题。

关于反担保合同的无效认定及其法律效果，原《担保法》并未作出明文规定，只是在第4条第2款规定了“反担保适用本法担保的规定”。这是因为，担保是第三人为债务人向债权人提供担保，反担保是债务人对第三人提供的担保，本质上也是担保。《民法典》第387条第2款继续延续了该规则，规定“第三人为债务人向债权人提供担保的，可以要求债务人提供反担保。反担保适用本法和其他法律的规定”。据此，反担保合同的效力认定及其法律效果，应当适用《民法典》及本司法解释关于担保的规定。申言之，对于反担保合同的效力认定而言，《民法典》及本司法解释规定了担保合同无效的事由，如因主合同无效而无效、因主体不适格而无效、因越权担保而无效等。同样地，反担保合同也会因主合同无效而归于无效，因主体不适格而无效。需要注意的是，反担保合同是否会因担保合同无效而归于无效。本司法解释第19条第2款作出了回应，即“当事人仅以担保合同无效为由主张反担保合同无效的，人民法院不予支持”。据此，担保合同无效时，反担保合同的效力并不因此而受到影响。这带来的法律效果就是本司法法解释第19条第1款所规定的“担保合同无效，承担了赔偿责任的担保人按照反担保合同的约定，在其承担赔偿责任的范围内请求反担保人承担担保责任的，人民法院应予支持”。在此之前，原《最高人民法院关于适用〈中华人民共和国担保法〉若干问题的解释》第9条也规定了类似的内容，即“担保人因无效担保合同向债权人承担赔偿责任后，可以向债务人追偿，或者在承担赔偿责任的范围内，要求有过错的反担保人承担赔偿责任。担保人可以根据承担赔偿责任的事实对债务人或者反担保人另行提起诉讼”。不过，有所不同的是，本司法解释强调了必须按照反担保合同的约定。这是因为，在担保合同无效的情形下，担保人承担的是赔偿责任。原则上，反担保的范围并不包含赔偿责任。而且担保合同无效，也无法归责于反担保人。因此，只有在反担保合同有约定的情形下，担保人才能请求反担保人就自己承担赔偿责任的范围内承担担保责任。对于反担保合同无效后的法律效果而言，本司法解释第 17 条规定了担保无效后的赔偿责任承担，同样适用于反担保合同。

回到本案中，加区政府不具有保证人资格，其与兴财公司签订保证协议的行为违反了法律关于机关法人担任保证人资格要求的限制，故《保证反担保合同》无效，其无需承担担保责任。若是其承担担保责任，代为偿还债务，则有权请求实际使用借款债务的泓翔公司偿还，自不待言。若是其未承担担保责任，则涉及反担保合同无效时的赔偿责任问题。加区政府作为国家机关，其明知不能对外提供担保的情况下仍对外担保，对于反担保合同无效具有过错。债权人兴财公司作为商主体，也应当知晓国家机关不能作为保证人，仍然与其签订《保证反担保合同》，对于反担保合同无效具有过错。根据本司法解释第 17 条第 1 款第 1 项的规定，加区政府承担的赔偿责任范围不超过债务人不能清偿部分的二分之一。

第二十条　人民法院在审理第三人提供的物的担保纠纷案件时，可以适用民法典第六百九十五条第一款、第六百九十六条第一款、第六百九十七条第二款、第六百九十九条、第七百条、第七百零一条、第七百零二条等关于保证合同的规定。

【条文要义】

本条司法解释的主旨是第三人作为物权担保人准用保证人权利保护规则。

在担保合同中，为他人的债权提供物上担保的第三人，其法律地位与保证人相当。在这种情况下，第三人作为担保物权的担保人，在承担了担保责任以后，也对债务人取得追偿权，有权向债务人主张清偿责任，如果担保合同无效，担保人承担了赔偿责任后，也对债务人取得追偿权。对于这些情况，提供物权担保的第三人有权依照《民法典》第 695 条第 1 款、第 696 条第 1 款、第 697 条第 2 款、第 699 条、第 700 条、第 701 条、第 702 条的规定，主张对自己的追偿权依法予以保护。

《民法典》的上述 7 个条文，都是在“保证合同”一章中规定的，内容是保证人承担了保证责任后，如何保护自己权利的规则。

1.《民法典》第 695 条第 1 款的规定是：“债权人和债务人未经保证人书面同意，协商变更主债权债务合同内容，减轻债务的，保证人仍对变更后的债务承担保证责任；加重债务的，保证人对加重的部分不承担保证责任。”债权人和债务人变更主债权债务合同的履行期限，未经保证人书面同意的，保证期间不受影响。同样，为债务人提供物权担保的担保人，出现上述情形时，适用这种规则。

2. 第 696 条第 1 款的规定是：“债权人转让全部或者部分债权，未通知保证人的，该转让对保证人不发生效力。”同样，债权人转让全部或者部分债权，未通知担保物权人的，该转让对担保物权人不发生效力。

3. 第 697 条第 2 款的规定是：“第三人加入债务的，保证人的保证责任不受影响。”同样，第三人加入债务的，担保物权人的担保责任不受影响。

4. 第 699 条的规定是：“同一债务有两个以上保证人的，保证人应当按照保证合同约定的保证份额，承担保证责任；没有约定保证份额的，债权人可以请求任何一个保证人在其保证范围内承担保证责任。”同样，同一个债务上有两个以上担保物权人，应当按照约定的份额，承担担保责任；没有约定份额，债权人可以请求任何一个担保物权人在其担保范围内承担担保责任。

5.《民法典》第 700 条的规定是：“保证人承担保证责任后，除当事人另有约定外，有权在其承担保证责任的范围内向债务人追偿，享有债权人对债务人的权利，但是不得损害债权人的利益。”同样，为债权人提供物权担保的担保人，在承担了担保责任以后，除当事人另有约定的外，有权在其承担担保责任的范围内向债务人追偿，享有债权人对债务人的权利，但不得损害债权人的利益。

6.《民法典》第701条规定：“保证人可以主张债务人对债权人的抗辩。债务人放弃抗辩的，保证人仍然有权向债权人主张抗辩。”同样，为债务人提供物权担保的担保人，当然可以主张债务人对债权人的抗辩。例如，债务人享有诉讼时效期间完成的抗辩权，对此，物权担保人当然可以主张。即使债务人放弃了这种抗辩或者抗辩权，担保物权人也仍然有权向债权人主张抗辩，不因为债务人放弃抗辩而使担保人丧失了这种抗辩和抗辩权。

7.《民法典》第702条规定：“债务人对债权人享有抵销权或者撤销权的，保证人可以在相应范围内拒绝承担保证责任。”同样，为债务人提供担保物权的担保人，对于债务人对债权人享有的抵销权和撤销权，担保人当然也可以在相应范围内拒绝承担担保责任。

【案例解读】

祁阳村镇银行与唐某平、伍某花、湘城公司金融借款合同纠纷案[①]

基本案情

2012年2月26日，原告祁阳村镇银行与被告唐某平签订《人民币借款合同》，明确借款相关权利义务：第一条，借款金额为500万元，本合同约定的借款金额与借据所记载金额不一致时，以借据记载的为准；借款用途仅限于资金周转；借款期限自2012年2月28日起至2015年2月28

① 审理法院：一审法院为山西省高级人民法院，案号：（2005）晋民初字第21号；二审法院为永州市中级人民法院，案号：（2014）永中法民三初字第44号。

日止，本合同约定的借款期限起始日与借据所记载日期不一致时，以借据记载的为准。

同日，被告湘城公司与原告签订《抵押合同》，约定，第一条担保方式1.1厂房抵押（抵押物清单见第十八条）；第二条担保范围2.2主合同项下借款本金为人民币500万元……第十八条抵押财产清单土地面积3052.4平方米，评估价值226.1万元，祁国用（2008）1410；厂房面积4514.78平方米，评估价值641.1万元，祁房黎字第20110544、20110545号。

合同签订后，原告祁阳村镇银行于2013年3月14日、18日、20日三次向被告唐某平放款，分别是185万元、185万元、130万元，约定月息为8.0‰，借期12个月，还款期限分别至2014年3月14日、18日、20日。

借款到期后，被告唐某平未归还借款，原告遂于2014年8月27日诉至本院。

法院判决

法院认为，本案的焦点是：第一，借款本息是否应当偿还；第二，被告湘城公司是否需承担抵押担保责任。

第一，《中华人民共和国民法通则》第一百零八条规定，债务应当清偿，借款人应当按照约定的期限返还借款，并支付利息。原告祁阳村镇银行与被告唐某平、伍某花签订了借款合同，并以借据形式发放了500万元借款，故双方之间的债权、债务关系明确、合法、有效，被告唐某平应当偿还借款本息。借款发生在被告唐某平、伍某花夫妻关系存续期间，且伍某花亦在借款合同上签字，涉案借款可以认定为被告唐某平、伍某花的夫妻共同债务，应由其二人共同履行还款义务，故对原告要求被告唐某平、伍某花共同偿还借款本息的诉讼请求，本院予以支持。债务人在合同约定范围内如何使用借款是其个人自由，债权人无法干预，故被告唐某平提出所借款项系湘城公司使用的答辩意见，与本案处理无关联性，本院不予采纳。双方借据约定的还款期限为2014年3月，被告唐某平、伍某花至今未归还借款存在违约行为，理应承担违约责任，而双方借款合同第9.3条对逾期归还贷款约定了上浮50%计收罚息的条款，且《中国人民银行关于人民币贷款利率有关问题的通知》第三条规定，逾期贷款罚息利率为在借款合同载明的贷款利率水平上加收30%－50%，故原告提出“后期利息按月息8.0‰上浮50%计收罚息”的诉讼请求，本院亦予支持。

第二，《最高人民法院关于适用〈中华人民共和国担保法〉若干问题的解释》第二十八条、第二十九条、第三十条规定，保证期间，债权人与债务人变更主合同，如果减轻债务人的债务的，保证人仍应当对变更后的合同承担保证责任；如果加重债务人的债务的，保证人对加重的部分不承担保证责任；我国《物权法》以及《担保法》对抵押担保期间，主合同变更抵押合同的效力没有作出明确规定。本案被告唐某平与原告签订借款合同约定借期为三年，借据约定借期为12个月，同时借款合同还约定：“本合同约定的借款期限起始日与借据所记载日期不一致时，以借据记载的为准”；即便债权人与债务人变更了主合同的约定，但并没有加重担保人的义务，参照担保法关于保证的相关规定，抵押担保人仍应以担保财产对债务承担抵押担保责任；故被告的代理人提出“湘城公司担保权已经消灭”的答辩理由，于法无据，本院不予支持。我国《物权法》规定，以不动产设立抵押权，应当办理抵押登记，未办理抵押登记的，不得对抗第三人。原告超过举证期限提供抵押登记的证据，被告不同意质证，但双方签订的抵押合同已经成立且生效，是否办理抵押登记手续只产生能否对抗第三人的效力，并不影响抵押合同的效力，亦不影响抵押财产承担抵押责任的效力。

法理解读

本案中，祁阳村镇银行与唐某平签订了借款协议。协议中约定借款期限自2012年2月28日至2015年2月28日，本合同约定的借款期限起始日与借据所记载日期不一致时，以借据记载的为准。事实上，当祁阳村镇银行提供借款时，借据记载的借款期限发生了变更，即还款期限分别是2014年3月14日、18日、20日。

这属于主合同当事人协议对主合同进行变更。当本案还存在抵押担保时，就涉及主合同变更对抵押担保的效力影响。

关于主合同变更对抵押担保效力的影响，原《担保法》《物权法》均未作出直接的规定。不过，对于主合同变更对保证担保效力的影响，却有规则可循。原《担保法》第24条原则性地规定了债的变更对保证责任的影响，即“债权人与债务人协议变更主合同的，应当取得保证人书面同意，未经保证人书面同意的，保证人不再承担保证责任。保证合同另有约定的，按照约定”。原《最高人民法院关于适用〈中华人民共和国担保法〉若干问题的解释》第30条对债的变更进行了细化，规定了不同情形下债的变更对保证责任的影响，即“保证期间，债权人与债务人对主合同数量、价款、币种、利率等内容作了变动，未经保证人同意的，如果减轻债务人的债务的，保证人仍应当对变更后的合同承担保证责任；如果加重债务人的债务的，保证人对加重的部分不承担保证责任。债权人与债务人对主合同履行期限作了变动，未经保证人书面同意的，保证期间为原合同约定的或者法律规定的期间。债权人与债务人协议变动主合同内容，但并未实际履行的，保证人仍应当承担保证责任”。《民法典》第695条在这两个条文的基础上规定了主合同变更对保证责任的影响。其中，第1款规定，如果协议变更主债权债务合同内容，减轻债务，保证人仍对变更后的债务承担责任；加重债务，保证人对加重的部分不承担保证责任。第2款规定，如果协议变更履行期间，保证期间不受影响。可以看出，关于主合同变更对保证责任影响的规定，十分全面细致。在主合同变更对抵押担保影响的规范尚付阙如时，就涉及是否可以适用以及如何适用保证责任规定的问题。

对此，本司法解释第20条作出了回应。一方面，本司法解释第20条允许法院在审理第三人提供的物的担保纠纷案件时，可以适用《民法典》关于保证人权利保护的规则。另一方面，本司法解释第20条规定可以适用的规则有《民法典》第695条第1款、第696条第1款、第697条第2款、第699条、第700条、第701条、第702条等。之所以允许适用，是因为物的担保与人的担保本质上是一致的，都属于担保。之所以允许部分适用，是因为物保与人保仍然具有较大的区别。因此，只有在二者具有实质性相似的层面，物的担保可以适用人的担保规则。

回到本案中，祁阳村镇银行与唐某平协议变更借款期限，将借款期间提前，属于减轻债务的情形。参照《民法典》第695条第1款的规定，主债务减轻，抵押担保人湘城公司仍然需要对债务提供担保。如果祁阳村镇银行与唐某平协议延长借款期间或者加大借款金额，属于加重债务的情形，此时抵押担保人可以以未经自己同意为由提出抗辩，要求只承担原债务范围内的担保责任。

第二十一条　主合同或者担保合同约定了仲裁条款的，人民法院对约定仲裁条款的合同当事人之间的纠纷无管辖权。

债权人一并起诉债务人和担保人的，应当根据主合同确定管辖法院。

债权人依法可以单独起诉担保人且仅起诉担保人的，应当根据担保合同确定管辖法院。

【条文要义】

本条司法解释的条旨是争议解决方式的主管与管辖法院的确定方法。

主要分为两个部分，一是仲裁条款的优先效力，二是担保争议的管辖法院的确定方法。

1. 担保争议的仲裁条款优先效力规则

不论何种担保纠纷，如物的担保包括抵押担保、质押担保、所有权保留、让与担保以及留置权、优先权等，当发生争议时，如果当事人约定了仲裁条款，就应当依照仲裁条款优先效力规则，该纠纷案件由仲裁机构管辖。法院对约定了仲裁条款的合同当事人之间的纠纷无管辖权，即使当事人起诉的，也不得受理裁判。

2. 担保纠纷管辖法院的确定方法

主合同或者担保合同均未约定仲裁条款时，就涉及诉讼管辖的问题，此时应当根据起诉的对象来确定。

（1）一并起诉债务人和担保人

担保关系发生争议后，债权人一并起诉债务人和担保人作为共同被告起诉的，如果主债权债务合同和担保合同均约定了争议解决方式或者管辖法院，约定不一致的，由于担保合同是从合同，主债权债务合同是主合同，两个合同具有主从关系，因而应当依照“从随主”的原则，根据主合同的约定确定管辖，而不能根据从合同即担保合同确定管辖。

担保关系发生争议后，债权人一并起诉债务人和担保人，如果是主合同和担保合同都未约定争议解决方式或者管辖法院，或者仅担保合同作出约定的，同样应当根据“从随主”原则，由于主合同没有关于争议解决方式与管辖法院的约定，不能依照主合同的约定确定，担保合同的约定又不能左右主合同的内容而根据担保合同的约定确定争议解决方式与管辖法院，只能根据主债权债务关系，按照《民事诉讼法》的规定，确定管辖法院。

（2）仅起诉担保人

仅起诉担保人时，关于管辖法院的确定，需要根据是否可以单独起诉担保人来确定。

如果可以单独起诉担保人，且仅起诉担保人的，应当根据担保合同确定管辖法院。比如，在连带责任保证中，由于连带责任保证的保证人不享有先诉抗辩权，债权人可以主张债务人承担清偿责任，也可以主张保证人承担保证责任，或者一并起诉保证人和债务人。如果债权人仅起诉保证人，没有起诉债务人的，保证合同约定了管辖法院的，当然就要依照该约定的法院管辖；如果未约定管辖法院的，由保证人的住所地的法院管辖。如果债权人只起诉债务人，或者既起诉债务人又起诉保证人的，根据“从随主”原则，依照主合同的约定或者法定，确定争议解决方式与管辖法院。

如果不可以单独起诉担保人，则仍然要求债权人一并起诉债务人和担保人，适用"从随主"的原则。比如，在一般保证中，由于一般保证人享有先诉抗辩权，须债务人穷尽其责任财产仍不能清偿债务的，才可以由保证人承担保证责任。如果是债权人起诉保证人，保证人是否成立先诉抗辩权，不论是债权人申请，还是保证人申请追加债务人为共同被告，都是可以的。例如，债权人请求追加债务人，要求与债务人一起承担清偿责任，或者保证人提出请求追加债务人参加诉讼，主张其承担清偿责任，自己行使先诉抗辩权，都是可以的，都应当追加债务人作为被告参加诉讼。由于债务人参加了诉讼，主债权债务合同就成了案件审理的主要法律关系，如果债务人提出管辖权异议的，也应当根据"从随主"原则，根据主债权债务关系的约定或者法律规定，确定管辖法院，不能依照一般保证合同的约定确定管辖法院。此时，应当依照本条司法解释第 2 款的规定确定管辖。

【案例解读】

吴某勇等诉兆群公司借款合同纠纷管辖权异议案①

基本案情

兆群公司与恩纬西公司、第三人富滇银行重庆分行签订了《富滇银行人民币资金委托贷款合同》。在兆群公司与恩纬西公司签订的《富滇银行人民币资金委托贷款合同》补充协议书中约定：有关《委托贷款合同》及补充协议的一切争议，协商不成，向乙方（即兆群公司）住所地人民法院提起诉讼。此外，兆群公司与华龙盈科公司、华龙盈科光电公司、吴某

① 审理法院：一审法院为重庆市高级人民法院，案号：（2015）渝高法民管异初字第 15 号；二审法院为最高人民法院，案号：（2015）民二终字第 326 号。

勇、吴某江签订了《保证合同》。

原告兆群公司因与被告恩纬西公司、华龙盈科公司、华龙盈科光电公司、吴某江、吴某勇、第三人富滇银行重庆分行借款合同纠纷一案，以恩纬西公司未能按照分期还款计划如期归还贷款本息为由，请求法院判令：一、恩纬西公司立即归还本金8700万元及利息；二、担保人华龙盈科公司、华龙盈科光电公司、吴某江、吴某勇对上述债务承担连带担保责任。

重庆市高级人民法院受理兆群公司的起诉后，被告吴某勇在提交答辩状期间对管辖权提出异议，认为本案被告吴某江的住所地是在广东省惠州市惠城区惠沙堤7号××房，故本案应由广东省惠州市中级人民法院管辖，请求将本案移送至有管辖权的广东省惠州市中级人民法院审理。

法院判决

重庆市高级人民法院一审裁定认为，本案系借款合同纠纷。一审原告兆群公司起诉借款人恩纬西公司的同时起诉了保证人。根据《最高人民法院关于适用〈中华人民共和国担保法〉若干问题的解释》第一百二十九条规定，主合同和担保合同发生纠纷提起诉讼的，应当根据主合同确定案件管辖。因此，本案应根据《富滇银行人民币资金委托贷款合同》及补充协议书确定地域管辖。原告的起诉发生在2015年5月1日《最高人民法院关于调整高级人民法院和中级人民法院管辖第一审民商事案件标准的通知》实施前，故本案应依照《重庆市高级人民法院关于调整全市各级人民法院管辖第一审民商事案件标准的规定》确定级别管辖。本案所涉《富滇银行人民币资金委托贷款合同补充协议书》中约定，有关《委托贷款合同》及本补充协议的一切争议，协商不成，双方选择向乙方住所地人民法院提起诉讼。该约定符合《中华人民共和国民事诉讼法》第三十四条之规定，合法有效。本案原告住所地在重庆市沙坪坝区，属于该院司法辖区，被告吴某江不在该院司法辖区，诉讼标的额已超过5000万元。根据《重庆市高级人民法院关于调整全市各级人民法院管辖第一审民商事案件标准的规定》第一条之规定，该院依法对本案具有管辖权。吴某勇提出管辖权异议的理由不成立，裁定驳回吴某勇对本案管辖权提出的异议。

上诉人吴某勇不服一审裁定，提起上诉。

二审法院认为，本案系借款担保合同纠纷，兆群公司与恩纬西公司、第三人富滇银行重庆分行签订的《富滇银行人民币资金委托贷款合同》是主借款合同。兆群公司与华龙盈科公司、华龙盈科光电公司、吴某勇、吴某江签订的《保证合同》是从属担保合同。在兆群公司与恩纬西公司签订的《富滇银行人民币资金委托贷款合同》补充协议书中约定：有关《委托贷款合同》及补充协议的一切争议，协商不成，向乙方（即兆群公司）住所地人民法院提起诉讼。根据《最高人民法院关于适用〈中华人民共和国担保法〉若干问题的解释》第一百二十九条规定："主合同和担保合同发生纠纷提起诉讼的，应当根据主合同确定案件管辖……"本案中因主合同中约定了发生争议时由乙方兆群公司所在地法院管辖，因此本案应由兆群公司所在地即重庆市的人民法院管辖。

根据本案一审立案受理时施行的《最高人民法院关于调整高级人民法院和中级人民法院管辖第一审民商事案件标准的通知》（法发〔2008〕10号），重庆市高级人民法院管辖诉讼标的额在1亿元以上的第一审民商事案件，以及诉讼标的额在5000万元以上且当事人一方住所地不在本辖区的第一审民商事案件。本案诉讼标的额超过5000万元，且当事人之一吴某江住所地不在重庆市高级人民法院辖区，因此重庆市高级人民法院对本案有管辖权。

综上，上诉人的上诉理由不能成立，原裁定适用法律正确。法院根据《中华人民共和国民事诉讼法》第一百七十条第一款第一项和第一百七十一条之规定，裁定驳回上诉，维持原裁定。

法理解读

本案中，兆群公司与恩纬西公司、第三人富滇银行重庆分行签订了《富滇银行人民币资金委托贷款合同》及补充协议。协议中约定有关《委托贷款合同》及补充协议的一切争议，协商不成，向乙方（即兆群公司）

住所地人民法院提起诉讼。与此同时，兆群公司与华龙盈科公司、华龙盈科光电公司、吴某勇、吴某江签订了《保证合同》。现兆群公司同时向法院起诉了债务人恩纬西公司，担保人华龙盈科公司、华龙盈科光电公司、吴某江、吴某勇，就涉及是否应当按照主合同的约定确定管辖的问题。

关于主从合同的管辖问题，原《最高人民法院关于适用〈中华人民共和国担保法〉若干问题的解释》第129条规定："主合同和担保合同发生纠纷提起诉讼的，应当根据主合同确定案件管辖。担保人承担连带责任的担保合同发生纠纷，债权人向担保人主张权利的，应当由担保人住所地的法院管辖。主合同和担保合同选择管辖的法院不一致的，应当根据主合同确定案件管辖。"本司法解释第21条第2款延续了这一规则，规定："债权人一并起诉债务人和担保人的，应当根据主合同确定管辖法院。"之所以作出这样的规定，是遵循了担保合同具有从属性的原理。当债权人以债务人和担保人为共同被告时，法院需要就主债权债务法律关系和担保法律关系一同审理。基于从属性的要求，应当根据主合同确定管辖的法院。

回到本案中，兆群公司同时向法院起诉了债务人恩纬西公司，担保人华龙盈科公司、华龙盈科光电公司、吴某江、吴某勇，应当按照《富滇银行人民币资金委托贷款合同》及补充协议书确定地域管辖，而不是按照担保人吴某江的住所地确定地域管辖。

需要注意的是，如果本案中主合同或者担保合同约定了仲裁条款，则管辖问题将不遵循担保从属性的原理。如果继续按照担保从属性的规则，则有可能出现当事人利用程序损害他人权益的情形。比如，主合同中约定了仲裁条款，担保合同中约定了管辖法院。按照"从随主"的原则，主债权债务法律关系与担保法律关系都将由仲裁机关进行审理。关于仲裁机关的裁决，实行一裁终局制，撤销仲裁裁决的法定事由也基本是违反程序规定的内容。这样一来，很有可能出现主合同的当事人利用仲裁条款侵害担保人权益的情形。而且，仲裁本就是当事人合意的结果，出于意思自治原则的考虑，也应当予以尊重。因此，本司法解释第21条第1款规定承认了主合同与担保合同在管辖上的部分独立性，规定了主合同或者担保合同约定仲裁条款的，法院对约定仲裁条款的合同当事人之间的约定无管辖权。具体到本案，如果兆群公司与华龙盈科公司、华龙盈科光电公司、吴某勇、吴某江签订的《保证合同》中约定了仲裁条款，则重庆市人民法院对兆群公司与华龙盈科公司、华龙盈科光电公司、吴某勇、吴某江的纠纷无管辖权，只能审理兆群公司与债务人恩纬西公司之间的纠纷。

第二十二条　人民法院受理债务人破产案件后，债权人请求担保人承担担保责任，担保人主张担保债务自人民法院受理破产申请之日起停止计息的，人民法院对担保人的主张应予支持。

【条文要义】

本条司法解释的条旨是债务人破产时担保债务停止计息。

在人民法院受理债务人破产案件后，债权人请求担保人承担担保责任，担保人如果主张担保责任从人民法院受理破产申请之日起停止计息，是完全有道理的，所以规定人民法院应予支持。这样规定的理由是，金钱债务无论是约定利息之债还是没有约定利息之债，当债务人不履行债务时，都应当计息，甚至应当计算罚息。但是有一点，债务人不履行债务如果另有原因，且这个原因是不可归责于债务人的原因，债务人就不应当再继续支付利息。当债权人、债务人和担保人发生争议，进入法院的诉讼程序时，债务人即使要履行债务，也必须等到诉讼终结之后才可以进行。在这种情况下，金钱债务的债务人不履行债务就具有法定事由，不应当承担继续支付利息的义务。人民法院受理债务人的破产案件，债务人就不能再依照自己的意愿继续履行债务，受到了破产程序的限制。在这种情况下，债权人要求担保人承担担保责任，当然没有问题，担保人主张担保债务自人民法院受理破产申请之日起停止支付利息债务，是合情合理的要求，符合法律规定，人民法院应当予以支持。

【案例解读】

王某华诉邱某卫等保证合同纠纷①

基本案情

邱某卫与周某系夫妻关系，邱某雪娇系二人之女。

2018年1月12日，王某华（甲方）与天木公司（乙方）、邱某卫、邱某雪娇、周某（丙方）签订了一份《借款合同》，合同约定天木公司因经营活动需要，向王某华借款700万元，由邱某卫、邱某雪娇、周某承担连带担保责任，合同约定月息3%。王某华在合同甲方处予以签字确认，天木公司在乙方处予以签字盖章确认，且合同丙方（担保人）处有邱某卫、邱某雪娇、周某的签字和手印。当天，借款人天木公司向王某华出具收条，确认已收到700万元借款，天木公司在收条上签字盖章，邱某卫、邱某雪娇、周某在担保人处签字并按手印确认。经庭审查明，借款人天木公司已偿还本息共计674万元，尚欠本金274000元及剩余利息。

安徽省淮南市中级人民法院于2019年6月28日以（2019）皖04强清1号民事裁定书裁定受理边某对天木公司的强制清算申请，在清算程序中，王某华未去申报债权。

王某华向一审法院起诉请求：1. 请求判令邱某卫、邱某雪娇、周某承担连带共同保证责任，立即偿还王某华借款本金274000元，支付利息109600元（按月利率2%计算自2018年3月1日起至2019年11月1日止的利息），合计383600元；2. 判令邱某卫、邱某雪娇、周某支付自2019年11月1日起、按月利率2%计算的利息至本息清偿为止；3. 判令邱某卫、邱某雪娇、周某对上述债务承担连带清偿责任。

---

① 审理法院：一审法院为安徽省淮南市田家庵区人民法院，案号：（2020）皖0403民初2037号；二审法院为安徽省淮南市中级人民法院，案号：（2020）皖04民终1355号。

法院判决

一审法院认为，本案的争议焦点为：1. 邱某雪娇的签字是否是本人签字，是否应该承担保证责任；2. 王某华是否遗漏诉讼主体；3. 王某华主张利息的数额是否符合法律规定；4. 邱某卫、邱某雪娇、周某是否应当免除部分保证责任。

关于争议焦点1：邱某雪娇在庭审后向法院自认保证合同中邱某雪娇的签字是其本人所签，故应当承担保证责任。此外，在本案中，借款合同的出借人、借款人和担保人均是具有缔约能力的民事主体，以书面形式订立，合同约定了借款数额、利率、币种、担保责任等内容，内容具体明确，并有三方的签字或盖章及担保人手印予以确认，依照《中华人民共和国合同法》第四十四条第一款的规定，依法成立的合同，自成立时生效，因此，该借款合同有效。依照《中华人民共和国担保法》第九十三条的规定，保证合同也可以是主合同中的担保条款，《最高人民法院关于适用〈中华人民共和国担保法〉若干问题的解释》第一条规定，当事人对由民事关系产生的债权，在不违反法律、法规强制性规定的情况下，以担保法规定的方式设定担保的，可以认定为有效，合同中订立了担保责任条款，约定保证人承担连带保证责任，并有出借人、借款人、担保人三方签字、盖章及担保人的手印予以确认，因此，双方当事人之间的保证合同合法有效，应当承担连带保证责任。

关于争议焦点2：依据《最高人民法院关于适用〈中华人民共和国民事诉讼法〉若干问题的解释》第六十六条规定，因保证合同纠纷提起的诉讼，债权人向保证人和被保证人一并主张权利的，人民法院应当将保证人和被保证人列为共同被告。保证合同约定为一般保证，债权人仅起诉保证人的，人民法院应当通知被保证人作为共同被告参加诉讼；债权人仅起诉被保证人的，可以只列被保证人为邱某卫、邱某雪娇、周某，《最高人民法院关于适用〈中华人民共和国担保法〉若干问题的解释》第四十四条第一款规定，保证期间，人民法院受理债务人破产案件的，债权人既可以向人民法院申报债权，也可以向保证人主张权利。邱某卫、邱某雪娇、周某抗辩王某华遗漏诉讼主体，应将借款人天木公司列为共同被告，不符合法律规定，该抗辩不予支持。本案中，合同约定邱某卫、邱某雪娇、周某承担连带保证责任，因此债权人即本案王某华可以仅起诉保证人，向保证人主张权利。

关于争议焦点3：对王某华主张的利息，邱某卫、邱某雪娇、周某抗辩称，依照《中华人民共和国企业破产法》第四十六条的规定，附利息的债权自破产申请受理时起停止计息，利息的计算期限为2018年3月1日至2019年6月28日，利息数额为87379元（274000元×24%÷365×485天）。本案中的债权并非破产债权，不适用该法律规定，该抗辩理由不成立，不予支持。依据《中华人民共和国合同法》第一百九十六条的规定，邱某卫、邱某雪娇、周某应向王某华返还借款及支付利息，即向王某华支付本金274000元，支付自2018年3月1日起至2019年11月1日止的利息109600元，总计383600元。

关于争议焦点4：邱某卫、邱某雪娇、周某抗辩称，王某华在借款人天木公司强制清算过程中未去申报债权，丧失了在强制清算程序中可能获得的部分清偿，从而无形中增加了邱某卫、邱某雪娇、周某的保证数额，因此应当免除邱某卫、邱某雪娇、周某部分保证责任。依照《最高人民法院关于适用〈中华人民共和国担保法〉若干问题的解释》第四十五条、第四十六条的规定，债权人知道或者应当知道债务人破产，既未申报债权也未通知保证人，致使保证人不能预先行使追偿权的，保证人在该债权在破产程序中可能受偿的范围内免除保证责任。人民法院受理债务人破产案件后，债权人未申报债权的，各连带共同保证的保证人应当作为一个主体申报债权，预先行使追偿权。借款人天木公司处于破产程序之中，保证人邱某卫、邱某雪娇、周某可以去申报债权，预先行使追偿权，被告三人免除部分保证责任的法定事由不成立，该抗辩不予支持。

邱某卫、邱某雪娇、周某不服一审判决，提起上诉。

二审法院认为，本案争议焦点为：邱某卫、邱某雪娇、周某应否承担涉案债务于2019年6月28日以后的利息。

《中华人民共和国企业破产法》第四十六条规定，未到期的债权，在破产申请受理时视为到期。附利息的债权自破产申请受理时起停止计息。该条法律规定的目的系在债务人的破产申请被受理后，债权人申报债权的数额应当明确具体，故对于附期限和附利息的债权进行了规定。且该条规定的停止计息并未涉及保证人。保证人签订保证合同的目的在于承担债务人不能清偿债务时替代债务人向债权人履行清偿的义务，本质在于保障债权人的债权能够全部得到有效清偿。在债务人破产申请受理后，附利息的债权停止计息是基于法律的特别规定，并非债权人自愿免除该部分利息，且该债务亦未实质消灭。故在涉案债务人天木公司破产申请受理后，王某华要求保证人邱某卫、邱某雪娇、周某承担偿还借款本金和利息的责任，并不违反法律规定。邱某卫、邱某雪娇、周某上诉主张在天木公司破产受理后的利息，保证人不应承担，无法律依据，对其该项主张，不应支持。故法院判决驳回上诉，维持原判。

法理解读

本案的争议焦点在于，周某应否承担涉案债务于2019年6月28日以后的利息。这实际涉及破产时担保债务是否停止计算利息的问题。

《企业破产法》第46条第2款规定："附利息的债权自破产申请受理时起停止计息"。对为债务人提供保证担保的保证人，债权是否也应停止计息，实践中存在不同的观点。第一种观点认为，主债务停止计息，从债务也应当停止计息，否则就会出现从债务大于主债务的情况，违背了担保的从属性原理。而且，如果对保证债务不停止计息，将影响保证人的追偿权，对保证人较为不公。[①] 本司法解释（征求意见稿）第24条就是持这种观点。第二种观点认为，主债务停止计息，从债务并不随之停止计息。这是因为，"第一，在破产程序中不适用主债务减免从债务随之减免的原则，

---

① 参见最高人民法院（2019）最高法民申6453号判决；最高人民法院（2018）最高法民再19号判决；最高人民法院（2010）民二终字第132号判决。

保证债权的计息问题也应在此基础上处理。第二，《企业破产法》第46条仅规定，债权人对进入破产程序债务人的债权停止计息，未规定债务人的保证人在破产程序外的担保债权也停止计息。第三，在主债务人未破产的情况下，保证人的责任是要承担担保债务在清偿前的利息的。在主债务人破产时，对其不停止计息，保证人自己的法律义务与责任并未加重，未损害其任何原有权益。至于债务人的责任是否在破产程序中依法减轻，则与保证人的利益无关。第四，对保证人超过债务人承担的利息责任问题仍然存在救济渠道，比如保证人可在债务人进入破产程序时，主动向债权人履行保证责任，从而不承担破产程序启动后的利息。第五，如果规定从人民法院受理债务人的破产申请之日起，担保人承担的担保责任也停止计息，无论担保人再如何恶意拖延履行担保责任的时间，包括恶意的利用各种程序拖延诉讼、阻碍执行等，均不会再增加责任。这是对担保责任基本制度的重大冲击，是在鼓励、放纵担保人施展各种手段恶意拖延和赖账，会产生严重的社会不利影响。"① 本案二审法院所持的就是此种观点。

本司法解释第22条采纳了第一种观点，规定了担保人有权主张被担保的债务从法院受理破产申请之日起停止计息。也就是说，被担保的主债务停止计息的效力及于担保人。

回到本案中，王某华要求保证人邱某卫、邱某雪娇、周某承担偿还借款本金和利息的责任时，邱某卫、邱某雪娇、周某主张不应承担在天木公司破产受理后的利息。此时本司法解释尚未施行，法院按照对《企业破产法》第46条第2款的立法目的的理解，不予支持邱某卫、邱某雪娇、周某的主张。如果本案发生在本司法解释施行之后，法院则必须按照本司法解释第22条的规定，支持保证人邱某卫、邱某雪娇、周某不承担天木公司破产受理后的利息的主张。

① 王欣新：《论债务人进入破产程序后其保证债权应否停止计息》，载《人民法院报》2018年12月12日。

第二十三条 人民法院受理债务人破产案件，债权人在破产程序中申报债权后又向人民法院提起诉讼，请求担保人承担担保责任的，人民法院依法予以支持。

担保人清偿债权人的全部债权后，可以代替债权人在破产程序中受偿；在债权人的债权未获全部清偿前，担保人不得代替债权人在破产程序中受偿，但是有权就债权人通过破产分配和实现担保债权等方式获得清偿总额中超出债权的部分，在其承担担保责任的范围内请求债权人返还。

债权人在债务人破产程序中未获全部清偿，请求担保人继续承担担保责任的，人民法院应予支持；担保人承担担保责任后，向和解协议或者重整计划执行完毕后的债务人追偿的，人民法院不予支持。

【条文要义】

本条司法解释的条旨是破产程序与担保责任的衔接方法。

对于人民法院已经受理的债务人破产案件，债权人在破产程序中申报债权后又向人民法院提起诉讼，请求担保人承担担保责任的，有以下两种情形，适用两种不同的方法处理。

1. 人民法院在受理了债务人的破产案件后，债权人请求担保人承担担保责任的，该诉讼不受破产程序的影响，人民法院可以判决担保人承担担保责任，解决债权人与担保人之间的担保纠纷。

担保人承担了责任，清偿了债权人的全部债权后，有权代替债权人在破产程序中受偿，这是因为担保人承担了担保责任后，就取得了债权人对债务人的请求权，实际上成为债务人的新债权人，债权人在破产程序中已经申报的债权就发生了转移，担保人替代了债权人，承继了债务人的债权人地位，当然可以主张代替债权人在破产程序中受偿。如果担保人仅承担部分担保责任的，在债权人的债权未获全部受偿之前，其不得代替债权人在破产程序中受偿。这是因为，一方面是担保人未全部承担担保责任的，就有可能继续向债务人主张债权；另一方面也是对担保人的一个激励，全部承担担保责任，才可以在破产程序中受偿，未承担全部担保责任，就不能在破产程序中受偿，以鼓励其承担全部担保责任。不过，此时担保人有权就债权人通过破产分配和实现担保债权等方式获得清偿总额中超出债权的部分，在其承担担保责任的范围内请求债权人返还。

2. 债权人在债务人破产程序中未获得全部清偿，有权请求担保人继续承担担保责任。在担保人承担担保责任后，是否可以向和解协议或者重整计划执行完毕后的债务人进行追偿呢？《全国法院破产审判工作会议纪要》第 31 条关于保证人的清偿责任和求偿权的限制规则中明确提到："破产程序终结前，已向债权人承担了保证责任的保证人，可以要求债务人向其转付已申报债权的债权人在破产程序中应得清偿部分。破产程序终结后，债权人就破产程序中未受清偿部分要求保证人承担保证责任的，应在破产程序终结后六个月内提出。保证人承担保证责任后，不得再向和解或重整后的债务人行使求偿权。"本条第 3 款第 2 句延续了该规则，继续规定担保人承担担保责任后，向和解协议或者重整计划执行完毕后的债务人追偿的，人民法院不予支持。这是因为执行了和解协议或者重整计划的债务人，其之前的债权债务关系已经处理完毕。

【案例解读】

刘某、晶华集团抵押合同纠纷案[①]

基本案情

大坝建材前身为晶华大坝公司，晶华集团系晶华大坝公司发起人之

① 审理法院：山东省德州市中级人民法院；案号：（2020）鲁 14 民再 62 号。

一。涉案德国用（2007）第075号土地使用权登记在晶华集团名下，晶华集团以该土地使用权作价出资入股，该土地使用权未变更至晶华大坝公司名下。2010年8月5日，晶华集团将持有股权全部转让后，晶华集团以货币出资置换土地使用权。该土地使用权之上建筑物中的10套房产自2003年6月26日起登记在晶华大坝公司名下。2010年9月29日，晶华大坝公司名称变更为大坝建材。

2013年8月30日，工行德州分行与晶华集团签订《最高额抵押合同》，约定晶华集团为工行德州分行自2013年8月30日起至2016年8月29日止，在1750万元的最高余额内对大坝建材享有的债权提供抵押担保。

2014年9月21日，工行德州分行与大坝建材签订《流动资金借款合同》，约定合同项下借款人民币5900万元，合同的担保方式为抵押担保，对应的担保合同为前述《最高额抵押合同》。

2015年5月25日，大坝建材向法院提出破产清算申请。2015年6月3日，法院作出（2015）德中破字第2－1号民事裁定，受理大坝建材申请破产清算一案。晶华集团向大坝建材管理人申报债权，确认债权额为14196254.26元。2015年7月7日，工行德州分行向大坝建材管理人申报债权本金5900万元，包括本案中由晶华集团以土地使用权提供抵押的1750万元。2015年9月7日，法院裁定确认该笔债权。2015年8月10日，工行德州分行被指定为债权人会议主席，于2015年8月13日参加第一次债权人会议并进行表决。第一次债权人会议通过了财产管理方案及资产变价方案。破产案件审理期间，工行德州分行对大坝建材享有的债权及担保权利进行了转让。2017年7月10日，刘某受让了上述权利。工行德州分行将债权转让、担保转让事宜通知大坝建材管理人及晶华集团等两担保人。2018年5月25日，刘某向大坝建材管理人提交变更债权人工行德州分行为刘某的申请。因刘某就抵押权的行使对晶华集团提起诉讼，该案已于2017年9月27日由法院立案受理，法院破产案件中暂未对刘某的破产债权人身份作出确认。2020年9月23日，大坝建材管理人向本院提交《关于提请变更债权人的报告》，请求变更刘某为债权人。2020年9月25

日，本院作出（2015）德中破字第2号之六确认通知书并送达至刘某，刘某、晶华集团对该通知书均无异议。

另外，2017年8月28日，法院根据刘某的诉前保全申请对本案所涉土地使用权进行了查封。刘某起诉晶华集团要求实现抵押权，法院于2017年9月27日立案受理，2018年1月29日，作出民事调解书，内容如下：一、刘某对与晶华集团签订的编号为×××的国有土地使用权在17××万元内享有优先受偿权；二、案件受理费192100元，减半收取96050元，由刘某负担；三、其他双方无争议。2019年1月14日，刘某向法院申请执行。2019年5月30日，法院作出执行裁定书，驳回刘某的执行申请。刘某不服该裁定，向山东省高级人民法院申请复议。山东省高级人民法院裁定执行。2020年4月29日，法院作出民事裁定，撤销民事调解书，驳回刘某的起诉。刘某不服，上诉至山东省高级人民法院，山东省高级人民法院于2020年6月18日作出民事裁定，撤销民事裁定，指令法院审理。

2014年4月15日，湖北省武汉市中级人民法院民事判决书认定晶华集团作为大坝建材的发起人出资不到位。2020年4月15日，根据该生效判决的认定，法院作出（2015）德中破字第2号之三民事裁定书，裁定晶华集团向大坝建材管理人缴纳出资款14470717.62元，并于2020年8月13日查封涉案土地使用权及地上附着物。该土地使用权在刘某诉晶华集团抵押合同纠纷案件中已被裁定查封，大坝建材管理人系轮候查封。2020年8月14日，法院向刘某释明，刘某对涉案土地使用权因其抵押权人和破产债权人的身份享有双重权利，该土地的变现处置直接关系到其权利的实现，就涉案土地使用权征求其是否同意在追缴晶华集团出资款的执行中一并拍卖处置。刘某未明确答复。

法院判决

法院认为，本案争议的焦点问题为：一、本案应否中止审理；二、晶华集团承担抵押担保责任的方式及范围，刘某能否就涉案抵押物直接行使优先受偿权。

本案中，当事人双方对《最高额抵押合同》《流动资金借款合同》，两份《资产转让协议》、一份《债权转让协议》的真实性均无异议，上述合同内容不违反法律法规的强制性规定，均应认定为有效合同。根据《中华人民共和国物权法》第一百八十七条以建筑物、建设用地使用权提供抵押的，应当办理抵押登记，抵押权自登记时设立的规定，《最高额抵押合同》涉及的抵押物已经登记，抵押权已经设立。刘某通过债权转让取得了工行德州分行对大坝建材享有的全部债权及担保权利，系大坝建材的破产债权人和晶华集团的抵押权人。

关于本案应否中止审理的问题。参照《最高人民法院关于适用〈中华人民共和国担保法〉若干问题的解释》第四十四条第一款“保证期间，人民法院受理债务人破产案件的，债权人既可以向人民法院申报债权，也可以向保证人主张权利”的规定及《最高人民法院对〈关于担保期间债权人向保证人主张权利的方式及程序问题的请示〉的答复》“人民法院如径行判决保证人承担保证责任，应当在判决中明确应扣除债权人在债务人破产程序中可以分得的部分”的意见，大坝建材破产案件受理时，晶华集团的保证期间尚未届满，刘某受让债权的同时向晶华集团主张权利具有法律依据，晶华集团关于本案应中止审理的抗辩理由本院不予支持。

关于刘某能否就涉案抵押物直接行使优先受偿权的问题。刘某既是大坝建材的破产债权人，又是晶华集团的抵押权人。大坝建材为刘某破产债权的主债务人，晶华集团作为该破产债权的担保人为此破产债权的次债务人。晶华集团既是大坝建材的破产债权人，又是大坝建材破产案件的被执行人。晶华集团因出资不到位被大坝建材管理人申请本院追缴出资，故对晶华集团的出资追缴情况影响到刘某作为大坝建材债权人利益的实现程度。由于大坝建材追缴晶华集团出资数额尚不确定，刘某作为债权人在破产程序中的受偿数额也不确定。且案涉土地使用权登记在晶华集团名下，地上有证房屋登记在大坝建材名下，土地使用权及地上物分属于不同的权利主体，根据《中华人民共和国物权法》有关“房地一体”处置的原则，该土地使用权宜与地上物一并处置。如果刘某先行就案涉土地使用权处置优先受偿，有可能导致刘某双重受偿，损害大坝建材等其他破产债权人的合法权益。根据《中华人民共和国企业破产法》第一百二十四条“破产人的保证人和其他连带债务人，在破产程序终结后，对债权人依照破产清算程序未受清偿的债权，依法继续承担清偿责任”的规定及《最高人民法院对〈关于担保期间债权人向保证人主张权利的方式及程序问题的请示〉的答复》“人民法院如径行判决保证人承担保证责任，应当在判决中明确应扣除债权人在债务人破产程序中可以分得的部分”的意见，刘某就案涉土地享有的优先受偿权应在破产程序确定受偿数额后实现。

法理解读

本案中，工行德州分行与大坝建材签订借款协议，由晶华集团提供了土地使用权抵押担保。工行德州分行对大坝建材的债权已经转让给了刘某，刘某基于新的债权人的身份享有了对土地使用权的抵押担保。在法院审理大坝建材破产案件期间，刘某还进行了债权申报。可见，刘某既可以基于破产债权人的身份请求对涉案土地使用权进行拍卖、变卖；也可以基于抵押权人的身份请求对涉案土地使用权优先受偿。此时就涉及一个问题，刘某向法院起诉晶华集团承担担保责任的诉讼是否应当中止审理以及如何判决的问题。也就是说，破产程序与担保责任究竟应当如何衔接。

关于破产程序与担保责任的衔接，原《最高人民法院关于适用〈中华人民共和国担保法〉若干问题的解释》第44条第1款规定：“保证期间，人民法院受理债务人破产案件的，债权人既可以向人民法院申报债权，也可以向保证人主张权利。”《最高人民法院对〈关于担保期间债权人向保证人主张权利的方式及程序问题的请示〉的答复》第2条规定，根据《最高人民法院关于适用〈中华人民共和国担保法〉若干问题的解释》第四十四条第一款的规定，在上述情况下，债权人可以向人民法院申报债权，也可以向保证人主张权利。因此，对于债权人申报了债权，同时又起诉保证人的保证纠纷案件，人民法院应当受理。在具体审理并认定保证人应承担保证责任的金额时，如需等待破产程序结束的，可依照《中华人民共和国民事诉讼法》第一百三十六条第一款第五项的规定，裁定中止诉讼。人民法院如径行判决保证人承担保证责任，应当在判决中明确应扣除债权人在债务人破产程序中可以分得的部分。从这两条的规定可以看出，法院受理债务人破产案件，并不影响债权人向保证人主张权利，法院关于保证责任的诉讼无须中止审理。不过，法院关于保证责任的诉讼判决中，应当明确扣除债权人在债务人破产程序中可以分得的部分。这样一来，债权人的双重法律地位不变，还能避免债权人重复受偿，一方面，其仍然可以基于破产债权人的身份，在破产程序中求偿；另一方面，其仍然可以基于被担保人的身份，在担保诉讼中求偿。

本司法解释第22条延续了原《最高人民法院关于适用〈中华人民共和国担保法〉若干问题的解释》第44条第1款的规则，但是对《最高人民法院对〈关于担保期间债权人向保证人主张权利的方式及程序问题的请示〉的答复》所规定的判决应当明确的内容作出了调整。一方面，法院同时受理破产案件和担保纠纷，并不需要中止审理；另一方面，法院可以判决担保人承担担保责任，但是不得在判决中扣除债权人在债务人破产程序中可以分得的部分。正确的做法是，如果担保人清偿了全部债权，由担保人代替债权人在破产程序中受偿；如果未清偿全部债权，不得代替债权人在破产程序中受偿，但是有权就债权人通过破产分配和实现担保债权等方式获得清偿总额中超出债权的部分，在其承担担保责任的范围内请求债权人返还。

回到本案中，刘某因其抵押权人和破产债权人的身份，对涉案的土地使用权享有双重权利。现刘某既向法院申请了破产债权，也向法院起诉就土地使用权优先受偿，法院应当判决晶华集团承担担保责任。如果刘某就土地使用权优先受偿后，全部债权都获得了清偿，担保人晶华集团取得刘某的法律地位，代替刘某在破产程序中受偿。需要注意的是，如果刘某仅就部分债权获得了清偿，在刘某就剩余债权全部受偿前，担保人晶华集团不得代替刘某在破产程序中受偿。

第二十四条　债权人知道或者应当知道债务人破产，既未申报债权也未通知担保人，致使担保人不能预先行使追偿权的，担保人就该债权在破产程序中可能受偿的范围内免除担保责任，但是担保人因自身过错未行使追偿权的除外。

【条文要义】

本条司法解释的条旨是因债权人原因致使担保人未能预先行使追偿权的后果。

按照本条司法解释的规定，债权人知道或者应当知道债务人破产，但是在破产程序中，既未申报债权，也未通知担保人，致使担保人不能预先行使追偿权的，担保人就该债权在破产程序中可能受偿的范围内免除担保责任，但是担保人因自身过错未行使追偿权的除外。确定这个规则的原因是，当债务人进入破产程序后，债务人的债权人应当申报债权，以便在破产程序中实现自己的债权；如果债权人自己不申报债权，也应当将债务人破产的信息通知担保人，使担保人能够在破产程序中由自己来申报债权，就是预先行使追偿权。债权人知道或者应当知道债务人已经进入破产程序，自己不去在破产程序中申报自己的债权，也不通知担保人，就是自己的过失，对于这部分债权不能得到实现的范围，就不能向担保人主张行使担保权利，不过担保人自己因自身过错未能行使追偿权的除外。

这里提到债权人知道或者应当知道债务人进入破产程序，举证责任由担保人承担，因为担保人是权利的积极主张者，他主张债权人知道或者应当知道债务人进入破产程序，要在破产程序中受偿的范围内免除其担保责任，当然应该由担保人自己举证。能够证明属实的，就可以适用本条司法解释规定的规则；不能证明的，担保人不能主张免除自己的部分担保责任。

在适用这一规则时，还应当探讨“确定担保人在该债权在破产程序中可能受偿的范围内免除担保责任”中的“可能受偿的范围”应如何理解。这个可能受偿的范围，是债权人在破产程序中主张了自己的债权，由于债务人资不抵债，不能全额清偿债权人的债权，只能按照债权的比例接受部分清偿，这个按照债权比例接受的部分清偿，就是可能受偿的范围。债权人知道或者应当知道债务人破产，既未申报债权也未通知担保人，致使担保人不能预先行使追偿权的，担保人就在这个“可能受偿的范围”内免除他的担保责任。

【案例解读】

润洪公司与罗某兵、杨某翠等追偿权纠纷案[①]

基本案情

嘉德公司向洪泽农村商业银行申请贷款。润洪公司（原洪泽润洪担保有限公司）提供担保。潘某泉、杨甲、天瑞公司、杨乙、邵某红、嘉德公司、罗某兵、杨某翠、立新公司均向润洪公司提供反担保。

因嘉德公司未能还款，洪泽农村商业银行于2015年1月26日向法院提起诉讼，要求嘉德公司和润洪公司承担还款义务及连带责任。2015年12月10日形成了（2015）泽商初字第00083号民事判决书，由嘉德公司偿还借款及利息，由润洪公司承担连带责任。到期后，嘉德公司未能按约定偿还借款。洪泽农村商业银行向法院申请执行。法院于2017年2月7日扣划了润洪公司账上存款656900元。2017年9月8日法院扣划了润洪公司账上存款12498.11元。2019年3月29日，洪泽农村商业银行从润洪公司账上划拨了10万元，用以偿还嘉德公司所欠借款。

需要注意的是，嘉德公司于2016年进入破产清算，2018年7月3日

① 审理法院：江苏省洪泽县人民法院；案号：（2019）苏0813民初1842号。

被法院裁定破产终结。在破产清算阶段，洪泽农村商业银行申报了债权。润洪公司未申报债权。

润洪公司为代偿款项，向法院起诉，请求罗某兵、杨某翠等人承担责任。

法院判决

法院认为，法律规定，保证人承担保证责任后，有权向债务人追偿。保证人对债务人行使追偿权的诉讼时效，自保证人向债权人承担责任之日起开始计算。连带责任保证的债务人在主合同规定的债务履行期届满没有履行债务的，债权人可以要求债务人履行债务，也可以要求任何一个保证人承担全部保证责任。连带责任保证的保证人与债权人未约定保证期间的，债权人有权自主债务履行期届满之日起六个月内要求保证人承担保证责任。在合同约定的保证期间或欠款规定的保证期间，债权人未要求保证人承担保证责任，保证人免除保证责任。本案原告履行了保证责任后，可向债务人追偿，也可要求保证人承担保证责任。现原告要求被告承担偿还责任。但本案主债务人嘉德公司已于2018年8月31日破产终结。在嘉德公司破产清算期间，原告未申报债权。原告代为偿还债务的时间是2017年2月7日和2017年9月8日。根据法律规定，债权人申报债权后在破产程序中未受清偿的部分，保证人仍应承担保证责任。债权人要求保证人承担保证责任的，应当在破产程序终结后六个月内提出。原告2017年2月7日和2017年9月8日代偿的款项，原告没有在嘉德公司破产终结后六个月之内提出，故原告对此两笔款项的追偿权已超过法律的规定，应不予支持。同时，因原告和被告就保证未约定保证期间，原告代偿后未在六个月内要求被告承担保证责任，故原告的此项诉讼请求业已超过时效的规定。另外，法律规定，债权人知道或应当知道债务人破产，既未申报债权也未通知保证人，致使保证人不能预先行使追偿权的，保证人在该债权在破产程序中可能受偿的范围内免除保证责任。本案原告未申报担保债权，原告也无证据证明通知了被告，故原告要求被告承担责任应不予支持。

对于原告要求被告偿还2019年3月29日代偿款10万元的诉讼请求，符合法律规定，予以支持。

法理解读

本案中，嘉德公司与洪泽农村商业银行成立借款法律关系，由润洪公司承担连带保证责任。罗某兵、杨某翠等对润洪公司提供了反担保。

借款到期后，嘉德公司未还款，润洪公司代为偿还后，有权向嘉德公司请求偿还，也有权要求罗某兵、杨某翠等承担担保责任。

然而在嘉德公司破产清算期间，润洪公司作为债权人，既未申报债权，也未通知罗某兵、杨某翠等担保人，致使罗某兵、杨某翠等担保人无法预先行使追偿权。此时就涉及对罗某兵、杨某翠等担保人的权利救济问题。

对此，原《最高人民法院关于适用〈中华人民共和国担保法〉若干问题的解释》第45条规定："债权人知道或者应当知道债务人破产，既未申报债权也未通知保证人，致使保证人不能预先行使追偿权的，保证人在该债权在破产程序中可能受偿的范围内免除保证责任。"本司法解释第24条沿袭了这一规则的内容，规定担保人在该债权在破产程序中可能受偿的范围内免除保证责任，但是担保人因自身过错未行使追偿权的除外。

回到本案中，润洪公司作为债权人，既未申报债权，也未通知罗某兵、杨某翠等担保人，致使罗某兵、杨某翠无法预先行使追偿权，罗某兵、杨某翠等担保人在破产程序中可能受偿的范围内免除保证责任。

二、关于保证合同

第二十五条 当事人在保证合同中约定了保证人在债务人不能履行债务或者无力偿还债务时才承担保证责任等类似内容，具有债务人应当先承担责任的意思表示的，人民法院应当将其认定为一般保证。

当事人在保证合同中约定了保证人在债务人不履行债务或者未偿还债务时即承担保证责任、无条件承担保证责任等类似内容，不具有债务人应当先承担责任的意思表示的，人民法院应当将其认定为连带责任保证。

【条文要义】

本条司法解释的条旨是对保证方式约定不明确的具体识别方法。

保证人和债权人在保证合同中对保证方式约定不明确的，究竟是一般保证还是连带责任保证，应当有一个识别方法。本条司法解释规定的识别方法是：

1. 当事人在保证合同中约定了保证人在债务人不能履行债务或者无力偿还债务时才承担保证责任等类似内容的，人民法院应当将其认定为一般保证。这是因为，约定了保证人在债务人不能履行债务或者无力偿还债务时才承担保证责任的，就具有了债务人应当先承担责任的意思表示，既然约定了债务人应当先承担责任，那就是保证人享有先诉（检索）抗辩权，因而就是一般保证。

2. 当事人在保证合同中约定了保证人在债务人不履行债务或者未偿还债务时即承担保证责任、无条件承担保证责任等类似内容的，这两种情况都能够推定出在双方的约定中，不具有债务人应当先承担责任的意思表示，就不是一般保证，担保人就不享有先诉抗辩权，因而，人民法院应当将其认定为连带责任保证，依照连带责任保证，确定保证人的保证责任。

这里存在一种情况，就是当事人在保证合同中约定了保证人在债务人不履行债务或者无力偿还债务时才承担保证责任，与当事人在保证合同中约定了保证人不履行债务或者未偿还债务时即承担保证责任，辨识的标志不是十分清楚，特别是不履行债务时才承担保证责任和不履行债务即承担保证责任，还是比较难辨识的。对此，主要掌握的还是确定保证人是否具有让债务人先承担债务的意思表示，能够确定的，就是一般保证，不能确定的，就是连带责任保证。

【案例解读】

周某政与金农公司民间借贷纠纷案①

基本案情

2010年7月7日，诚信公司与陈某远签订《借款合同》一份，约定：陈某远向诚信公司借款240万元。诚信公司通过银行电汇和现金支付已履行了《借款合同》约定的借款义务，陈某远到期未能还本付息。

2011年7月4日，诚信公司、金农公司与陈某远三方共同签订了《债权转让协议书》，协议约定，截至该协议签订之日，根据诚信公司与陈某远之间的《借款合同》，陈某远应向诚信公司偿还借款本息及违约金合计300万元，诚信公司将其对陈某远的债权300万元全部转让于金农公司，协议自签字盖章之日起生效。

---

① 审理法院：最高人民法院；案号：（2017）最高法民申2406号。

2011年7月5日，金农公司、陈某远与周某政三方签订了《保证借款合同》，合同约定：陈某远（乙方）向金农公司（甲方）借款300万元，周某政（丙方）同意提供担保。《保证借款合同》第五条约定："本借款由乙方、丙方以其在北京城区所有的房产作抵押，并办理抵押登记手续。乙方不能按期向甲方履行偿还义务的，由丙方代乙方履行偿还本息的义务。若丙方仍未履行偿还义务，乙方、丙方均同意将抵押的房产予以拍卖履行偿还义务。"第六条约定："本合同自乙方收到甲方借款（借据另开）之日起生效，乙方还清贷款本息和结清费用之日终止。"第七条约定："诚信公司与乙方于2010年7月7日所签订的《借款合同》同时废止。"

2012年4月26日，金农公司履行了借款义务。

2013年8月20日，陈某远向金农公司偿还本金150万元，其余本金和利息未按约定偿还，周某政也未按约定承担保证责任。

原告金农公司诉至法院要求：1. 判令陈某远偿还金农公司借款本息；2. 判令周某政对上述诉请承担连带清偿责任。诉讼中，就周某政是否承担连带保证责任产生争议。

法院判决

一、二审法院均认为，《保证借款合同》中约定的保证为连带责任保证。《最高人民法院关于涉及担保纠纷案件的司法解释的适用和保证责任方式认定问题的批复》中规定，"保证合同中明确约定保证人在被保证人不履行债务时承担保证责任，且根据当事人订立合同的本意推定不出为一般保证责任的，视为连带责任保证"。连带责任保证侧重于审查债务人的履行期限，即在主合同规定的债务履行期届满前，债务人是否履行了义务，其实质则体现为债务人履行期届满没有履行。本案《保证借款合同》第五条"乙方不能按期向甲方履行偿还义务的，由丙方代乙方履行偿还本息的义务"表明到期不能偿还即产生保证责任，应认定为连带保证责任。

金农公司不服法院判决，提起上诉。

周某政不服二审判决，提起再审。

再审法院认为，本案再审审查的焦点问题为周某政应否基于案涉《保证借款合同》承担连带保证责任。《中华人民共和国担保法》第十七条第一款规定："当事人在保证合同中约定，债务人不能履行债务时，由保证人承担保证责任的，为一般保证。"指的应是当事人明确约定在债务人客观上无力偿还借款时保证人方承担保证责任的情况下，保证人承担的是一般保证责任。故区分一般保证与连带保证的关键在于当事人是否明确约定了保证人享有先诉抗辩权。本案中，《保证借款合同》第五条约定：陈某远不能按期向金农公司履行偿还义务的，由周某政代陈某远履行偿还本息的义务。表明双方当事人就案涉保证责任达成的合意是只要陈某远未按期偿还借款，周某政即应向金农公司承担保证责任，没有陈某远无力偿还时才由周某政承担保证责任的意思表示，周某政并不享有先诉抗辩权。因此，二审法院认定周某政对《保证借款合同》项下债务承担连带保证责任，法律适用正确。

法理解读

本案的争议焦点在于，周某政是承担连带保证责任还是一般保证责任。这涉及保证类型的识别问题。

关于保证方式的识别，原《担保法》规定首先要看当事人是否有约定。如果有约定，原《担保法》第17条第1款规定："当事人在保证合同中约定，债务人不能履行债务时，由保证人承担保证责任的，为一般保证。"原《担保法》第18条第1款规定："当事人在保证合同中约定保证人与债务人对债务承担连带责任的，为连带责任保证。"如果没有约定或者约定不明，原《担保法》第19条规定："当事人对保证方式没有约定或者约定不明确的，按照连带责任保证承担保证责任。"2002年，原《最高人民法院关于涉及担保纠纷案件的司法解释的适用和保证责任方式认定问题的批复》中第2条规定："担保法生效之前订立的保证合同中对保证责任方式没有约定或者约定不明的，应当认定为一般保证。保证合同中明确约定保证人在债务人不能履行债务时始承担保证责任的，视为一般保证。保证合同中明确约定保证人在被保证人不履行债务时承担保证责任，且根据当事人订立合同的本意推定不出为一般保证责任的，视为连带责任保证。”《民法典》第687条第1款沿袭了《担保法》第17条的规则，规定：“当事人在保证合同中约定，债务人不能履行债务时，由保证人承担保证责任的，为一般保证。”《民法典》第688条第1款沿袭了原《担保法》第18条的规则，规定：“当事人在保证合同中约定保证人和债务人对债务承担连带责任的，为连带责任保证。”《民法典》第686条修改了原《担保法》第19条的规定，将约定不明或者未约定时按照连带保证承担保证责任修改为按照一般保证承担保证责任。

从《民法典》有关保证方式的规定可以看出，未约定或者约定不明，按照一般保证来处理。如果双方当事人有约定，需要区别约定的内容。如果双方当事人约定“不能履行债务”时承担保证责任，属于一般保证；如果双方当事人约定“不履行债务”时承担保证责任，属于连带保证。二者的区别在于，是否约定了保证人享有先诉抗辩权。申言之，当双方约定“不能履行债务”时承担保证责任，说明双方达成的合意是只有主债务人无力偿还时，才由担保人承担保证责任，担保人享有先诉抗辩权，该情形属于一般保证。当双方约定“不履行债务”时承担保证责任，说明双方达成的合意是主债务人无法按期偿还时，担保人就需要承担保证责任，担保人不享有先诉抗辩权，该情形属于连带保证。

本司法解释第25条规定在《民法典》第687条以及第688条规定的基础上，对保证类型的识别作出了更为细致的划分。如果是一般保证，当事人往往约定不能履行债务或者无力偿还债务时才承担保证责任等内容；如果是连带保证，当事人往往约定债务人不履行债务、未偿还债务时即承担保证责任或者无条件承担保证责任等内容。

回到本案中，《保证借款合同》第五条约定：“陈某远不能按期向金农公司履行偿还义务的，由周某政代陈某远履行偿还本息的义务。”这表明双方当事人就案涉保证责任达成的合意是只要陈某远未按期偿还借款，周某政就需要向金农公司承担保证责任，不具有债务人应当先偿还债务的意思表示，周某政不享有先诉抗辩权，该情形属于连带保证。

第二十六条　一般保证中，债权人以债务人为被告提起诉讼的，人民法院应予受理。债权人未就主合同纠纷提起诉讼或者申请仲裁，仅起诉一般保证人的，人民法院应当驳回起诉。

一般保证中，债权人一并起诉债务人和保证人的，人民法院可以受理，但是在作出判决时，除有民法典第六百八十七条第二款但书规定的情形外，应当在判决书主文中明确，保证人仅对债务人财产依法强制执行后仍不能履行的部分承担保证责任。

债权人未对债务人的财产申请保全，或者保全的债务人的财产足以清偿债务，债权人申请对一般保证人的财产进行保全的，人民法院不予准许。

【条文要义】

本条司法解释的条旨是一般保证的当事人的确定方法。

本条司法解释规定了在程序上确定一般保证当事人的具体方法，分为债权人仅起诉债务人、仅起诉一般保证人、一并起诉债务人和保证人三种情形。

1. 仅起诉债务人

如果债权人仅起诉债务人，法院应当受理，按照真实的法律关系确定债务人是否应当偿还债务以及偿还债务的范围。当债务人的财产无法全部清偿债务时，债权人可以另行起诉，请求一般保证人承担责任。

2. 仅起诉一般保证人

在一般保证中，如果债权人仅起诉保证人，由于保证人享有先诉抗辩权，只有在债务人不能履行债务时，才能由保证人承担保证责任，因此，债权人不能单独起诉保证人承担保证责任，人民法院可以向其释明，告知其可以追加债务人为共同被告。如果债权人拒绝追加的，就构成起诉的被告不适格，可以在程序上驳回债权人的起诉，但法律和司法解释另有规定的除外。其中法律的规定，例如，《民法典》第 687 条第 2 款规定的四种情形。这 4 种情形是：（1）债务人下落不明，且无财产可供执行；（2）人民法院已经受理债务人破产案件；（3）债权人有证据证明债务人的财产不足以履行全部债务或者丧失履行债务能力；（4）保证人书面表示放弃本款规定的权利。在这 4 种情形下，一般保证的保证人都不享有先诉抗辩权，债权人仅起诉保证人的，都符合法律的规定，保证人的被告资格适格，可以单独作为被告，确定承担责任。如果司法解释也有另外的规定，也同样可以由一般保证的保证人作为被告。

3. 债权人以债务人和保证人为共同被告提起诉讼

在一般保证中，如果债权人以债务人和保证人为共同被告提起诉讼，人民法院可以受理，不能因为一般担保的保证人享有先诉抗辩权而不将其列为共同被告。但是，一般保证的保证人毕竟享有先诉抗辩权，其承担保证责任，应当在债务人不能履行债务之后。这就是《民法典》第 687 条第 1 款关于“当事人在保证合同中约定，债务人不能履行债务时，由保证人承担保证责任的，为一般保证”的规定。因此，在作出判决时，除有《民法典》第 687 条第 2 款但书规定的情形外，应当在判决书中明确，保证人仅在对债务人财产被依法强制执行后仍不能履行的部分承担保证责任。债务人超出这个范围的债务，一般保证人不承担保证责任。

除诉讼外，涉及财产保全时，也应当按照上述规则来处理。如果债权人申请对债务人的财产进行保全，法院应当予以支持，自不待言。如果债权人申请对一般保证人的财产进行保全，应当分为两种情形：（1）一般规则：债权人未对债务人的财产申请保全，或者保全的债务人的财产足以清偿债务时，债权人申请保全一般保证人的财产，人民法院不予支持。（2）特别规则：即债权人举证证明存在《民法典》第 687 条第 2 款规定情形的，人民法院可以准许进行保全。第 2 款规定包括两个内容：①先诉抗辩权，是一般保证的保证人在主合同纠纷未经审判或者仲裁，并在债务人财产被依法强制执行仍不能履行前，有权拒绝向债权人承担保证责任。②规定的 4 种情形都是不适用先诉抗辩权的情形。既然这一条文第 2 款规定的这 4 种情形都不适用检索抗辩权，一般保证的债权人以债务人和保证人为共同被告提起诉讼，债权人申请对一般保证人的财产进行保全的，只要具备这 4 种情形之一的，法院就应当进行保全。

【案例解读】

丝利得公司与张某宝、郑某芹等民间借贷纠纷案①

基本案情

张某宝向丝利得公司借款。2011 年 8 月 2 日，李某江在借据上签注："我愿意为上述张某宝债务承担一般担保责任，若张某宝无法承担债务由我承担。李某江。"

张某宝于 2011 年 11 月 15 日归还了部分借款。其余借款丝利得公司索要未果，于 2013 年 9 月 12 日向江苏省盐城市中级人民法院提起诉讼。在诉讼过程中，丝利得公司、张某宝、李某江等于 2014 年 3 月 14 日达成庭外和解协议。当日，丝利得公司及苏某林、张某宝、李某江分别在协议上签字或盖章。协议签订后丝利得公司向盐城市中级人民法院申请撤诉。

张某宝在约定的一年内未向丝利得公司支付款项，丝利得公司诉至一审法院，诉请张某宝、郑某芹偿还原告借款及利息，李某江对张某宝、郑某芹的还款义务承担保证责任。

---

① 审理法院：一审法院为江苏省射阳县人民法院，案号：（2015）射民初字第 00877 号；二审法院为江苏省盐城市中级人民法院，案号：（2016）苏 09 民终 2362 号。

法院判决

一审法院认为，丝利得公司与张某宝之间的借款合同不违背法律、行政法规的强制性规定，为有效合同。与李某江之间的担保合同同样不违背法律、行政法规的强制性规定，亦为有效合同。张某宝未及时还款属违约行为，应承担偿还借款本息的责任。李某江在借据上签字担保，约定了保证方式为一般保证，应当按一般保证方式承担责任。保证合同对担保范围未约定的应当对全部债务承担责任。本案案涉的借款合同未约定还款期限，主合同对主债务履行期限没有约定或者约定不明的，保证期间自债权人要求债务人履行义务的宽限期届满之日起计算。本案丝利得公司向江苏省盐城市中级人民法院提起诉讼，要求张某宝履行债务，在诉讼过程中于2014年3月14日双方和解，约定自和解协议签订之日起一年内张某宝偿清债务，故原告要求主债务人张某宝偿还债务的宽限期为一年，保证期间应自2015年3月15日起计算，至2015年9月14日届满。《中华人民共和国担保法》第二十五条规定："一般保证的保证人与债权人未约定保证期间的，保证期间为主债务履行期届满之日起六个月。在合同约定的保证期间和前款规定的保证期间，债权人未对债务人提起诉讼或者申请仲裁的，保证人免除保证责任；债权人已提起诉讼或者申请仲裁的，保证期间适用诉讼时效中断的规定。"根据该条规定，本案丝利得公司在2015年5月13日提起诉讼，在保证期间之内，李某江应当承担一般保证责任。

一审法院遂判决：一、张某宝于判决发生法律效力后十日内，向盐城市丝利得公司归还借款本金，承担利息。二、李某江对张某宝的上述还款义务，在张某宝的财产被依法强制执行后仍不能履行的部分承担保证责任；三、李某江在承担保证责任后，有权向主债务人张某宝追偿。

张某宝不服一审判决，提起上诉。

二审法院认为，张某宝与丝利得公司之间的借贷关系合法有效，张某宝应当按照双方的约定归还借款。丝利得公司实际出借给张某宝的借款金额为390.66333万元，其中张某宝于2011年11月15日归还了50万元，故张某宝应对剩余借款本息承担清偿责任。因丝利得公司与张某宝及李某江于2014年3月14日达成协议，明确张某宝应向丝利得公司支付520万元，经审核，该金额未超出按照月利率2%计算的本息总额，低于法律规定的借款利率上限，故张某宝应当依据协议约定向丝利得公司支付520万元，并按本金390.66333万元承担协议约定的给付之日以后的债务利息。涉案借款利息约定不明，依据2014年3月14日协议确定的520万元金额推算，双方约定的月利率高于1.5%。一审法院推定双方约定的借款利率为2.5%，与事实不符，本院予以纠正。但一审法院支持被上诉人按月利率1.5%主张利息并无不当。张某宝关于涉案借款人是宝龙公司，被上诉人出借的款项全部用于宝龙公司，系从事非法金融业务的上诉理由，缺乏事实依据，且与现有证据相悖，本院均不予采信；张某宝关于原审合议庭成员违反法定程序的上诉理由，缺乏法律依据，本院亦不予采信。

综上，一审判决认定事实存在瑕疵，但裁判结果正确，故对张某宝的上诉请求不予支持。依照《中华人民共和国民事诉讼法》第一百七十条第一款第一项、《最高人民法院关于适用〈中华人民共和国民事诉讼法〉的解释》第三百三十四条规定，判决驳回上诉，维持原判。

法理解读

本案中，李某江在借据上签注了“我愿意为上述张某宝债务承担一般担保责任，若张某宝无法承担债务由我承担。李某江”的内容。可见，李某江与丝利得公司约定的保证方式是一般保证，李某江享有先诉抗辩权，即“一般保证的保证人在主合同纠纷未经审判或者仲裁，并就债务人财产依法强制执行仍不能履行债务前，对债权人可以拒绝承担保证责任”。此时就涉及民法与民事诉讼法的衔接，即在诉讼中如何认定当事人的问题。

关于一般保证纠纷中诉讼当事人的认定，原《最高人民法院关于适用〈中华人民共和国担保法〉若干问题的解释》第125条规定：“一般保证的债权人向债务人和保证人一并提起诉讼的，人民法院可以将债务人和保证人列为共同被告参加诉讼。但是，应当在判决书中明确在对债务人财产依法强制执行后仍不能履行债务时，由保证人承担保证责任。”《最高人民法院关于适用〈中华人民共和国民事诉讼法〉的解释》第66条规定：“因保证合同纠纷提起的诉讼，债权人向保证人和被保证人一并主张权利的，人民法院应当将保证人和被保证人列为共同被告。保证合同约定为一般保证，债权人仅起诉保证人的，人民法院应当通知被保证人作为共同被告参加诉讼；债权人仅起诉被保证人的，可以只列被保证人为被告。”这两个条文中，主要规定的是一般保证中债务人和保证人作为共同被告的情形。

本司法解释第26条在这两个条文的基础上，统一了一般保证中当事人的认定规则。第一，如果法院只起诉债务人，法院应予以受理。第二，如果法院只起诉一般保证人，法院应当裁定驳回起诉。第三，如果债权人一并起诉债务人和保证人，法院予以受理，除有《民法典》第687条第2款但书规定的情形外，在判决主文中要明确保证人仅在对债务人财产依法强制执行后仍不能履行的部分承担保证责任。

回到本案中，丝利得公司向法院同时起诉债务人张某宝和保证人李某江，属于本司法解释第26条规定的第三种情形，法院应当在判决主文中明确保证人李某江仅在对债务人张某宝财产依法强制执行后仍不能履行的部分承担保证责任。结合本案判决可以看出，一审法院贯彻了这样的思路，判决“李某江对张某宝的上述还款义务，在张某宝的财产被依法强制执行后仍不能履行的部分承担保证责任”。这样的判决具有重要意义，不仅为将来的类案提供了参照，也能够在保证一般保证人先诉抗辩权的同时，减少讼累。

第二十七条　一般保证的债权人取得对债务人赋予强制执行效力的公证债权文书后，在保证期间内向人民法院申请强制执行，保证人以债权人未在保证期间内对债务人提起诉讼或者申请仲裁为由主张不承担保证责任的，人民法院不予支持。

【条文要义】

本条司法解释的条旨具有强制执行效力的公证债权文书所及的效力。

《公证法》第37条规定："对经公证的以给付为内容并载明债务人愿意接受强制执行承诺的债权文书，债务人不履行或者履行不适当的，债权人可以依法向有管辖权的人民法院申请执行。前款规定的债权文书确有错误的，人民法院裁定不予执行，并将裁定书送达双方当事人和公证机构。"《民事诉讼法》第238条第1款规定："对公证机关依法赋予强制执行效力的债权文书，一方当事人不履行的，对方当事人可以向有管辖权的人民法院申请执行，受申请的人民法院应当执行。"

结合《公证法》第37条与《民事诉讼法》第238条的规定可以看出，赋予强制执行效力的债权文书的法律效力与诉讼、仲裁的生效判决、裁决的法律效果相一致，都有权向法院申请强制执行。也就是说，当债权人取得对债务人赋予强制执行效力的公证债权文书时，其法律效力视同于法院或仲裁机关作出了生效的判决或裁决。因此，此时债权人在保证期间内向法院申请强制执行，一般保证人不得以债权人未在保证期间内对债务人提起诉讼或者申请仲裁为由，拒绝承担保证责任。

于此之中，最为关键的是要具备两个条件：

1. 债权人取得对债务人赋予强制执行效力的公证债权文书

2020年10月20日司法部修正的《公证程序规则》第39条规定了对债务人赋予强制执行效力的公证债权文书，具体为："具有强制执行效力的债权文书的公证，应当符合下列条件：（一）债权文书以给付为内容；（二）债权债务关系明确，债权人和债务人对债权文书有关给付内容无疑义；（三）债务履行方式、内容、时限明确；（四）债权文书中载明当债务人不履行或者不适当履行义务时，债务人愿意接受强制执行的承诺……"据此，债权人取得对债务人赋予强制执行效力的公证债权文书，也应当满足上述要件。尤其是，确保债权债务关系明确，债权文书中有债务人自愿接受强制执行的承诺。

2. 债权人在保证期间内向人民法院申请强制执行

保证期间，是保证人承担保证责任的期间。换言之，保证人只在保证期间内对其担保的主债务负保证责任，于保证期间届满后，保证人不再负保证责任。保证期间只能是在保证人的保证责任发生后的一定期间，而不能是保证责任发生前的一定期间。保证期间是不变期间，不发生中止、中断、延长的情形。

保证期间的确定，分为约定的保证期间和法定的保证期间。

（1）约定的保证期间。按照合同自由原则，双方当事人对于保证期间有约定的，按照约定的期间确定。约定的保证期间早于主债务履行期限或者与主债务履行期限同时届满的，视为没有约定。

（2）法定的保证期间。一般保证的保证人与债权人未约定保证期间或者约定不明确的，保证期间为主债务履行期限届满之日起 6 个月。连带责任保证的保证人与债权人未约定保证期间或者约定不明确的，债权人有权自主债务履行期限届满之日起 6 个月内要求保证人承担保证责任。债权人与债务人对主债务履行期限没有约定或者约定不明确的，保证期间自债权人要求债务人履行义务的宽限期限届满之日起计算。

一般保证，在合同约定的保证期间和法定的保证期间，债权人未对债务人提起诉讼或者申请仲裁的，保证人免除保证责任。连带责任保证，在合同约定的保证期间和法定的保证期间，债权人未要求保证人承担保证责任的，保证人免除保证责任。

一般保证的债权人在保证期间内没有对债务人提起诉讼，也没有申请仲裁，即便债权人提供的证据能够证明已经向保证人主张了权利，由于保证期间是除斥期间，不适用中止、中断、延长的规定，并不能使该除斥期间发生变化，保证期间继续进行。在保证期间届满后，债权人提起诉讼或者请求仲裁，请求保证人承担保证责任，保证人主张自己不承担保证责任的，由于除斥期间届满，债权人已经丧失了对保证人代位清偿的请求权。

所以，债权人在取得对债务人赋予强制执行效力的公证债权文书后，就应当在保证期间内向法院主张强制执行。

【案例解读】

林某五与林某、黄某梅、曹某玉、李某华执行复议案[①]

基本案情

2013年1月8日，借款人林某、黄某梅与保证人林某五、李某华，出借人曹某玉签订《借款合同》，约定林某、黄某梅向曹某玉借款50万元，借款期限自2013年1月8日起至2014年1月7日上，林某、黄某梅自愿用房屋作为抵押担保。《借款合同》第八条第二款第五项约定：本合同债务履行期满，林某、黄某梅未还清借款本金、利息时，曹某玉有权依法申请人民法院强制执行借款人的抵押财产。第九条第二款约定：本合同项下债务人如到期不能偿还所借款的本金和利息，所产生的诉讼费、律师费、违约金等相关费用由林某五、李某华全额偿还，并承担相应的法律责任。第十三条约定：如果放款人要求，应对本合同进行强制执行公证。借款人、抵押人、保证人同意本合同经公证后具有强制执行效力，借款人、抵押人、保证人不履行、不适当履行本合同项下的义务，放款人有权向四川省威远县公证处申请办理执行证书公证，放款人持公证处的执行证书公证，可以依法向有管辖权的人民法院申请强制执行。合同三方在合同上签字并捺印。同日，四川省威远县公证处出具（2013）威证字第450号《具有强制执行效力的债权文书公证书》。

借款到期后，2014年1月7日，三方当事人签订《借款展期协议》，约定将借款期限展期12个月，借款期限修订为2014年1月8日至2015年

① 审理法院：一审法院为四川省资中县人民法院，案号：（2018）川1025执异6号；二审法院为四川省内江市中级人民法院，案号：（2018）川10执复5号。

1月7日。借款期限届满后，因林某、黄某梅未履行还款义务，2016年11月8日，曹某玉申请四川省威远县公证处出具执行证书。11月11日，四川省威远县公证处出具《执行证书》，证书明确申请执行人曹某玉可持本证书向有管辖权的人民法院申请强制执行，要求被申请人偿还借款本息及履行抵押、保证责任，并载明被执行人为林某、黄某梅、林某五、李某华，执行标的为：本金人民币50万元，利息231000元、违约金10万元以及申请执行人为实现抵押权所支付的费用。

后四被执行人未主动履行，四川省资中县人民法院于2018年1月11日、12日冻结了被执行人林某五、李某华的银行存款，后被执行人林某五、李某华于2018年1月18日向四川省资中县人民法院提出书面执行异议，请求不予执行。

法院判决

四川省资中县人民法院认为，异议人认为其已经免除了保证责任，系要求对实体部分进行审查认定，而异议人是按照《中华人民共和国民事诉讼法》第二百二十五条的规定申请的执行异议，只对执行行为进行审查，不应对实体部分进行审查，建议其通过书面申请对其不予执行或提出执行异议之诉进行法律救济。异议人的此点理由不成立。根据资中县人民法院作出的民事判决书查明事实可知，2015年1月18日，被执行人林某、黄某梅在《借款合同》中提供的担保物已经抵押权人同意解除，且异议人明知并未拒绝，应认为《借款合同》中的抵押物已经经合同各方协商一致解除了抵押，合同中不再存在抵押物，为此，异议人认为法院应根据《中华人民共和国物权法》的规定执行借款人自己所提供的抵押财产后，不足部分再由异议人承担担保责任的理由不能成立。根据《最高人民法院关于人民法院执行工作若干问题的规定（试行）》，申请执行人曹某玉凭借合法有效的公证债权文书和执行证书申请执行，符合人民法院受理执行案件的法定条件，人民法院受理并无不当。即使异议人所述申请执行人曹某玉并非该执行标的的实际权利人，异议人可以通过执行回转的方式得到法律救济，且我国法律无任何规定，本类型执行案件须在其他案件审结的情况下才能立案，为此，异议人的理由不成立。2018 年 2 月 6 日，四川省资中县人民法院作出执行裁定，驳回异议人林某五、李某华的执行异议请求。

林某五、李某华不服，提起复议。

复议法院认为，本案争议的焦点是，公证债权文书对林某五、李某华是否具有强制执行效力。

根据本案双方当事人在《借款合同》第八条第二款第五项对保证人林某五、李某华承担保证责任的方式作了约定，依照《中华人民共和国担保法》第十七条的规定，保证人林某五、李某华承担的是一般保证，即债务人林某、黄某梅不能履行债务时，由保证人林某五、李某华承担保证责任。根据《中华人民共和国担保法》第二十五条"一般保证的保证人与债权人未约定保证期间的，保证期间为主债务履行期届满之日起六个月。在合同约定的保证期间和前款规定的保证期间，债权人未对债务人提起诉讼或者申请仲裁的，保证人免除保证责任；债权人已提起诉讼或者申请仲裁的，保证期间适用诉讼时效中断的规定"之规定，本案中，三方当事人签订的《借款合同》和《借款展期协议》均未对林某五、李某华承担保证责任的期限作明确约定，因此，保证人林某五、李某华承担保证责任的期限按照《中华人民共和国担保法》第二十五条规定，应自主债务期限届满之日即 2014 年 1 月 7 日起六个月内，即至 2014 年 6 月 6 日止，主债务到期后，双方签订《借款展期协议》，将借款期限延至 2015 年 1 月 7 日，因此，保证人林某五、李某华承担保证责任的期限延至 2015 年 6 月 6 日，若债权人未在此期限内提出主张，包括请求履行保证义务、提起诉讼、申请仲裁，则保证人林某五、李某华的保证责任免除。特别是债权人曹某玉在保证期限届满一年零五个月后才申请四川省威远县公证处出具执行证书，而四川省威远县公证处作出的执行证书，认定的内容显然与事实不符。

综上，因复议申请人林某五、李某华承担保证责任的期限早已届满，不应承担保证责任，经公证债权文书即《借款合同》及《借款展期协议》丧失对保证人林某五、李某华强制执行效力，2016 年 11 月 11 日，四川省威远县公证处作出的执行证书认定内容与事实不符，应裁定不予执行林某五、李某华承担保证责任，由于保证责任和债务人承担的还款义务可分割，因此，应予强制执行债务人林某、黄某梅承担偿还责任。

法理解读

本案的争议焦点是，公证债权文书对林某五、李某华是否具有强制执行效力。这涉及公证债权文书中的保证人是否能作为被执行人进入执行程序的问题。

2002 年《最高人民法院、司法部关于公证机关赋予强制执行效力的债权文书执行有关问题的联合通知》（以下简称《联合通知》）均未对可以强制执行保证人的财产作出规定，由此产生了争议。第一种观点认为，保证人可以作为被执行人。《最高人民法院关于适用〈中华人民共和国民事诉讼法〉的解释》第 471 条规定，被执行人在人民法院决定暂缓执行的期限届满后仍不履行义务的，人民法院可以直接执行担保财产，或者裁定执行担保人的财产，但执行担保人的财产以担保人应当履行义务部分的财产为限。据此，借款协议中的保证人的财产可供执行。第二种观点认为，保证人不能够作为被执行人。理由是，赋予强制执行力的对象是特定的债务人，如果将强制执行的范围扩大到保证人，将剥夺保证人的诉讼权利。

为了解决裁判分歧，2014 年 9 月，最高人民法院针对山东省高级人民法院的《关于公证机关赋予强制执行效力的包含担保协议的公证债权文书能否强制执行的请示》而作的〔2014〕执他字第 36 号批复指出："现行法律、司法解释并未对公证债权文书所附担保协议的强制执行作出限制性规定，公证机构可以对附有担保协议债权文书的真实性与合法性予以证明，并赋予强制执行效力。"2015 年 5 月《最高人民法院关于人民法院办理执行异议和复议案件若干问题的规定》（于 2020 年修正）第 22 条进一步指出："公证债权文书对主债务和担保债务同时赋予强制执行效力的，人民法院应予执行；仅对主债务赋予强制执行效力未涉及担保债务的，对担保债务的执行申请不予受理；仅对担保债务赋予强制执行效力未涉及主债务的，对主债务的执行申请不予受理。人民法院受理担保债务的执行申请后，被执行人仅以担保合同不属于赋予强制执行效力的公证债权文书范围为由申请不予执行的，不予支持。”2018年，《最高人民法院关于公证债权文书执行若干问题的规定》第6条规定：“公证债权文书赋予强制执行效力的范围同时包含主债务和担保债务的，人民法院应当依法予以执行；仅包含主债务的，对担保债务部分的执行申请不予受理；仅包含担保债务的，对主债务部分的执行申请不予受理。”

按照上述条文的规定，公证债权文书中的保证人能够作为被执行人进入执行程序，关键在于公证债权文书赋予强制执行效力的范围是否包含了担保债务。

本司法解释第27条在前述条文的基础上，作出了进一步的修正，特别规定了公证债权文书中的一般保证人能够作为被执行人的情形，即一般保证人在保证期间内向法院申请强制执行，保证人不得以债权人未在保证期间内对债务人提起诉讼或者申请仲裁为由主张不承担保证责任。

回到本案中，林某五、李某华承担的是一般保证责任，保证期间至2015年6月6日。债权人曹某玉在保证期限届满一年零五个月后才申请四川省威远县公证处出具执行证书，已经过了保证期间，因此林某五、李某华有权主张不承担保证责任。如果债权人曹某玉在保证期间内就申请四川省威远县公证处出具执行证书，则林某五、李某华不得以债权人曹某玉未在保证期间内对债务人提起诉讼或者申请仲裁为由主张不承担保证责任。

第二十八条　一般保证中，债权人依据生效法律文书对债务人的财产依法申请强制执行，保证债务诉讼时效的起算时间按照下列规则确定：

（一）人民法院作出终结本次执行程序裁定，或者依照民事诉讼法第二百五十七条第三项、第五项的规定作出终结执行裁定的，自裁定送达债权人之日起开始计算；

（二）人民法院自收到申请执行书之日起一年内未作出前项裁定的，自人民法院收到申请执行书满一年之日起开始计算，但是保证人有证据证明债务人仍有财产可供执行的除外。

一般保证的债权人在保证期间届满前对债务人提起诉讼或者申请仲裁，债权人举证证明存在民法典第六百八十七条第二款但书规定情形的，保证债务的诉讼时效自债权人知道或者应当知道该情形之日起开始计算。

【条文要义】

本条司法解释的条旨是一般保证的诉讼时效起算时间。

《民法典》对保证期间的规定内容是第692条："保证期间是确定保证人承担保证责任的期间，不发生中止、中断和延长。债权人与保证人可以约定保证期间，但是约定的保证期间早于主债务履行期限或者与主债务履行期限同时届满的，视为没有约定；没有约定或者约定不明确的，保证期间为主债务履行期限届满之日起六个月。债权人与债务人对主债务履行期限没有约定或者约定不明确的，保证期间自债权人请求债务人履行债务的宽限期届满之日起计算。"同时，第693条第1款关于一般保证的保证期间规定的内容是："一般保证的债权人未在保证期间对债务人提起诉讼或者申请仲裁的，保证人不再承担保证责任。"

《民法典》第687条规定："当事人在保证合同中约定，债务人不能履行债务时，由保证人承担保证责任的，为一般保证。一般保证的保证人在主合同纠纷未经审判或者仲裁，并就债务人财产依法强制执行仍不能履行债务前，有权拒绝向债权人承担保证责任，但是有下列情形之一的除外：（一）债务人下落不明，且无财产可供执行；（二）人民法院已经受理债务人破产案件；（三）债权人有证据证明债务人的财产不足以履行全部债务或者丧失履行债务能力；（四）保证人书面表示放弃本款规定的权利。"

以上述规定为基础，一般保证的诉讼时效的计算方法是：一般保证的债权人在保证期间届满前对债务人提起诉讼或者申请仲裁，根据不同的情形开始计算保证债务的诉讼时效：

1. 一般保证的，债权人依据生效法律文书对债务人的财产依法申请强制执行

一般保证的债权人向人民法院申请强制执行债务人的财产，人民法院作出终结本次执行裁定并送达债权人，或者自收到申请执行书之日起一年内未作出裁定。由于一般保证的保证人对债权人享有先诉抗辩权，因此，债权人对于保证人的诉讼时效计算，不是从债权人对保证人是否提起诉讼和仲裁请求，而在于债权人在保证期间内对债务人是否提起诉讼或者申请仲裁，因为债权人对债务人提起诉讼或者申请仲裁，才是决定对保证人请求承担保证责任，排除先诉抗辩权的事由。所以，对一般保证的诉讼时效，是在债权人在保证期间内对债务人提起诉讼或者申请仲裁。当一般保证的债权人向法院申请强制执行债务人的财产，法院作出终结本次执行裁定并送达债权人时，对一般保证的保证人就开始计算诉讼时效。另外，一般保证对债权人向法院申请强制执行债务人的财产，法院自收到申请执行书之日起一年内未作出裁定，由于执行的时效已经届满，因此，也开始计算对一般保证的保证人的诉讼时效。

（1）人民法院作出终结执行裁定或者终结本次执行裁定的，保证债务的诉讼时效自裁定生效之日起计算。这就是说，在人民法院收到债权人的申请执行书后，人民法院应当作出终结执行裁定，或者终结本次执行裁定。在这两种情况下，都可以确认债务人已经没有财产可供执行，因此，在这两种裁定生效之日起，开始计算保证债务的诉讼时效，作为保证债务诉讼时效的起点。

（2）人民法院自收到申请执行书之日起一年内未作出裁定的，保证债务的诉讼时效自人民法院收到申请执行书之日起一年期限届满之日起开始计算。之所以作出这样的规定，是因为人民法院收到了申请执行书，本来就应该在6个月内作出裁定，终结执行或者终结本次执行程序；但是法院

没有按照这个期限作出裁定。既然如此，在人民法院收到申请执行书之日起再增加6个月，保证债务的诉讼时效就应当从人民法院收到申请执行书之日起一年期限届满之日开始计算。

2. 存在《民法典》第687条第2款但书规定的情形

（1）债务人下落不明，且无财产可供执行。一般保证的债权人对保证人提起诉讼的诉讼时效期间起算的第二个事由，是债务人下落不明，且已经无财产可供执行。既然债务人下落不明，且已经无财产可供执行，是一般保证的保证人享有的先诉抗辩权消灭的原因，一般保证的保证人享有的先诉抗辩权就立刻消灭，债权人就可以请求一般保证的保证人承担保证责任。因此，债务人下落不明且无财产可供执行，是债权人对一般保证的保证人起算诉讼时效期间的标志。

（2）人民法院已经受理债务人破产案件。债务人已经进入破产程序，当然就是资不抵债，自此，一般保证的保证人的先诉抗辩权也已经消灭，因此应当开始计算诉讼时效。

（3）债权人有证据证明债务人的财产不足以履行全部债务或者丧失履行债务能力。债权人能够举证证明债务人的财产不足以履行全部债务，或者债务人已经丧失履行债务的能力的，一般保证的保证人应当承担保证责任。

（4）保证人书面表示放弃先诉抗辩权。《民法典》这一条款规定的保证人的权利，就是先诉抗辩权，即“一般保证的保证人在主合同纠纷未经审判或者仲裁，并就债务人财产依法强制执行仍不能履行债务前，有权拒绝向债权人承担保证责任”的权利。不论在什么情况下，一般保证的保证人书面放弃先诉抗辩权的，当然债权人就可以向其主张承担保证责任。

出现上述事由时，自债权人知道或者应当知道该情形起开始计算保证债务的诉讼时效。

【案例解读】

李某诉正宇公司保证合同纠纷案[①]

基本案情

2012年1月19日，李某与国奥电梯公司签订借款合同约定，国奥电梯公司向李某借款。正宇公司给李某出具承诺书，承诺提供一般保证。

国奥电梯公司借款后未按合同约定偿还李某借款，李某于2013年8月12日向重庆市第三中级人民法院起诉，要求国奥电梯公司偿还借款。该院受理后，于2014年1月17日作出判决，判决国奥电梯公司偿付李某借款，并支付违约金。国奥电梯公司对该判决不服，向重庆市高级人民法院提起上诉。因国奥电梯公司未预缴上诉费，该院于2014年4月17日作出民事裁定，裁定本案按自动撤回上诉处理，双方均按原审判决执行。

2014年6月13日，李某向重庆市第三中级人民法院申请强制执行，该院立案受理后于2014年6月19日向国奥电梯公司发出执行通知书及报告财产令，并作出裁定冻结、划拨国奥电梯公司的银行存款320万元。同年7月14日，国奥电梯公司向该院提交财产申报表。同月15日，重庆市第三中级人民法院到交通银行江北支行营业部查询国奥电梯公司存款，经查询该公司银行账户，余额为1848.01元，账户贷款余额为600万元（暂无其他司法机关查、冻、扣）。同日，交通银行江北支行营业部协助冻结账户余额为1848.01元。以该账户为国奥电梯公司在该行的贷款户为由，未予冻结。同年8月20日，李某与国奥电梯公司达成执行和解协议，协议载明坤邦公司所有的位于四川省洪县坤邦上层境界三期13幢15套房屋用于抵押担保。同月25日，重庆市第三中级人民法院根据李某的申请，分别作出（2014）渝三中法民执字第00026－1号、2号执行裁定书。同月

---

① 审理法院：重庆市涪陵区人民法院，案号：（2016）渝0102民初字第3115号。

28日，国奥电梯公司支付李某100万元，并交付执行费3.3万元。同年10月20日，因国奥电梯公司未按执行和解协议支付余款250万元，李某向重庆市第三中级人民法院申请恢复强制执行。2014年11月3日，重庆市第三中级人民法院作出（2014）渝三中法民执字第00026－3号执行裁定书，裁定执行坤邦公司所有的位于四川省洪县坤邦上层境界三期13幢15套房屋，并委托四川省遂宁市中级人民法院执行，后重庆市第三中级人民法院对该案作出销案处理。之后，国奥电梯公司仍未履行偿还原告借款的义务，重庆市第三中级人民法院对李某与国奥电梯公司民间借贷一案执行立案，作出（2015）渝三中法民执字第00034号执行裁定书，裁定查封国奥电梯公司所有的位于重庆市涪陵区李渡街道办事处聚龙大道的办公用房和厂区公路的所有权及相应的土地使用权，查封的期限为3年，并交由涪陵区国土房屋管理局协助执行。2015年5月5日，李某与国奥电梯公司达成执行和解协议。当天，重庆市第三中级人民法院作出（2015）渝三中法民执字第00034－1号执行裁定书，裁定终结本次执行程序。2016年2月26日，李某向重庆市第三中级人民法院申请恢复执行，该院以国奥电梯公司无可供财产执行为由，于2016年3月14日作出（2016）渝03执恢5号执行裁定书，裁定终结（2016）渝03执恢5号执行案的本次执行程序。李某遂诉至本院，请求正宇公司承担保证责任。

法院判决

法院认为，被告国奥电梯公司对原告的借款合同之债提供保证担保，原、被告双方因之形成保证合同关系，该保证合同系双方真实意思表示，且不违背法律、法规的强制性规定，应为有效。双方在保证合同中已明确被告提供的保证担保为一般保证，原告对此亦无异议，对该事实予以确认。被告提出原告起诉本案时已超过诉讼时效，关于一般保证的诉讼时效，《最高人民法院关于适用〈中华人民共和国担保法〉若干问题的解释》第三十四条第一款规定："一般保证的债权人在保证期间届满前对债务人提起诉讼或者申请仲裁的，从判决或者仲裁裁决生效之日起，开始计算保证合同的诉讼时效。”本案原告李某于2013年8月12日向重庆市第三中级人民法院起诉债务人国奥电梯公司时，尚在被告承诺的两年保证期间内，因此，本案诉讼时效应从原告起诉国奥电梯公司一案的判决生效之日起算，而原告起诉国奥电梯公司一案，重庆市第三中级人民法院于2014年1月17日作出一审判决，国奥电梯公司向重庆市高级人民法院提起上诉，因国奥电梯公司未预交上诉费，重庆市高级人民法院于2014年4月17日作出民事裁定，裁定“本案按自动撤回上诉处理，双方均按原审判决执行”，又根据《最高人民法院关于第二审法院裁定按自动撤回上诉处理的案件第一审法院能否再审问题的批复》中所作“在民事诉讼中，上诉人不依法预交上诉案件受理费，或者经传唤无正当理由拒不到庭，由第二审人民法院裁定按自动撤回上诉处理后，第一审判决自第二审裁定确定之日起生效”之规定，重庆市第三中级人民法院所作出的判决为一审判决，该判决的生效时间应为重庆市高级人民法院民事裁定确定之日即2014年4月17日，此时间即为原告起诉本案的诉讼时效起算时间，原告于2016年4月7日起诉本案，并未超过法定的二年诉讼时效，因此，本院对被告提出的原告起诉本案已超过诉讼时效的抗辩理由不予采纳。关于本案中被告应否承担保证责任的问题，本案原、被告在签订担保合同时虽约定，担保方式为一般保证即经过诉讼程序，且执行立案之日起60日内国奥电梯公司仍未向李某偿还本金和支付违约金，被告无条件立即支付应由国奥电梯公司承担的全部支付责任，但该约定不包括债权人主动放弃债权实现的情形，本案原告在该案执行过程中，在重庆市第三中级人民法院已裁定查封国奥电梯公司所有的位于重庆市涪陵区李渡街道办事处聚龙大道的办公用房和厂区公路的所有权及相应的土地使用权的情况下，原告申请解除了对国奥电梯公司以上财产的查封、冻结，导致法院终结本次执行程序。原告在执行中放弃了对被执行人国奥电梯公司财产的执行，并非等同于国奥电梯公司无可供执行财产无法履行对原告的债务，国奥电梯公司尚有财产可执行是现实存在的，现原告仍可再次向法院申请执行国奥电梯公司，原告通过执行程序从债务人国奥电梯公司处受偿债务的可能性是客观存在的，故，原告要求被告承担保证责任的条件尚未成就，对原告要求被告现在承担保证责任履行国奥电梯公司借款债务的诉讼请求本院不予支持，遂判决驳回原告李某的诉讼请求。

法理解读

本案中，李某向法院起诉国奥电梯公司归还借款本金，支付利息，法院已经作出生效判决，执行程序也已经终结。李某诉至法院，请求一般保证人正宇公司承担保证责任。此时涉及保证债务诉讼时效是否经过的问题。要解决这一问题，必须先确定一般保证债务诉讼时效的起算点。

关于一般保证诉讼时效的起算，原《最高人民法院关于适用〈中华人民共和国担保法〉若干问题的解释》第34条第1款规定："一般保证的债权人在保证期间届满前对债务人提起诉讼或者申请仲裁的，从判决或者仲裁裁决生效之日起，开始计算保证合同的诉讼时效。"对此，有学者认为，将保证债务诉讼时效的起算点确定在对债务人的判决或仲裁裁决生效之日，与保证人先诉抗辩权不合，也与原《民法总则》第188条关于诉讼时效期间的起算的规定相悖。申言之，一般保证人享有先诉抗辩权，是为了赋予一般保证人在主债务诉讼或者仲裁以及执行过程中暂时不受债权人追究，不应当将其视为债权人的权利受侵害之日。原《民法总则》第188条的规定，保证人未履行保证债务的行为，不构成保证债务的履行迟延，也未对债权人权利造成损害，诉讼时效尚未开始起算，也就不存在一般保证合同的诉讼时效的起算问题。[①]《民法典》第694条第1款改变了这一规定，规定一般保证的债权人在保证期间届满前对债务人提起诉讼或者申请仲裁的，从保证人拒绝承担保证责任的权利消灭之日起，开始计算保证债务的诉讼时效。

本司法解释第28条规定对一般保证债务诉讼时效的起算作出了进一步的细化。第一，债权人依据生效法律文书对债务人的财产依法申请强制

---

① 高圣平、曹明哲、范佳慧：《中国担保法裁判综述与规范解释》（上册），人民法院出版社2019年版，第109页。

执行时，人民法院作出终结本次执行程序裁定，或者依照《民事诉讼法》第257条第3项、第5项的规定作出终结执行裁定的，自裁定送达债权人之日起开始计算保证债务诉讼时效。若是人民法院自收到申请执行书之日起一年内未作出前项裁定的，自人民法院收到申请执行书满一年之日起开始计算，但是保证人有证据证明债务人仍有财产可供执行的除外。第二，一般保证的债权人在保证期间届满前对债务人提起诉讼或者申请仲裁，债权人举证证明存在《民法典》第687条第2款但书规定情形的，保证债务的诉讼时效自债权人知道或者应当知道该情形之日起开始计算。

因此，如果本案发生在本司法解释施行之后，关于保证债务诉讼时效是否经过，将会有不同的回答。具体而言，李某依据生效法律文书对国奥电梯公司的财产依法强制执行时，法院于2016年3月14日作出（2016）渝03执恢5号执行裁定书，裁定终结执行，那么应当自该裁定送达李某之日起计算保证债务时效，而不是按照2014年4月17日一审判决生效之日起计算。原告李某于2016年4月7日起诉保证人，并未超过法定的二年诉讼时效。

第二十九条　**同一债务有两个以上保证人，债权人以其已经在保证期间内依法向部分保证人行使权利为由，主张已经在保证期间内向其他保证人行使权利的，人民法院不予支持。**

同一债务有两个以上保证人，保证人之间相互有追偿权，债权人未在保证期间内依法向部分保证人行使权利，导致其他保证人在承担保证责任后丧失追偿权，其他保证人主张在其不能追偿的范围内免除保证责任的，人民法院应予支持。

【条文要义】

本条司法解释的条旨是共同保证的保证期间规则。

对此，本条司法解释规定的情形有以下两种：

1. 连带共同保证的债权人在保证期间向部分保证人行使权利的效力不及于其他保证人

同一债务有两个以上保证人，保证人之间构成连带共同保证的，债权人在保证期间内依法向保证人主张权利时，保证人能够举证证明债权人未在保证期间内依法向其他保证人主张权利，导致其不能行使追偿权，并据此主张在其不能行使追偿权的范围内免除保证责任，是有道理的。

同一债务有两个以上保证人，保证人之间构成了连带共同保证，在每一个保证人之间就成立了连带责任。在这种情况下，由于每一个保证人之间的关系是连带责任关系，就是一个整体的责任，当债权人在保证期间内依法向其中一个保证人主张权利时，实际上等于向全体保证人都行使了权利，因而能够导致其他连带共同保证人视为行使了保证权利。当其中一个保证人承担了保证责任后，可以向其他连带共同保证的保证人进行追偿，将连带共同保证的保证责任最终落实到每一个保证人身上。

不过，连带共同保证的保证人尽管承担连带责任保证，但是，由于保证期间的性质是除斥期间，是不变期间，因而对于连带共同保证的保证人也必须在保证期间内提出诉讼请求，如果不在保证期间内提出请求，没有被请求的连带共同保证的保证人的保证期间还在继续计算，超过 6 个月，不再承担保证责任。因此，债权人对于连带共同保证的每一个保证人，都必须在保证期间内提出诉讼请求，只对共同连带保证的保证人之一提出诉讼请求，而没有对其他保证人提出请求的，其他保证人的保证期间完成，消灭保证责任，因而承担了连带责任保证的保证人，对其他保证人的追偿权也会因为保证期间的完成而使其他保证人不承担保证责任，就没有机会向其他保证人追偿，使自己承担的保证责任超出了自己保证责任范围以外的责任，因无法追偿而须自己承担。这样的后果是不公平的。因此，债务人以其已经在保证期间内依法向部分保证人行使权利为由，主张已经在保证期间内向其他保证人行使权利的，人民法院不予支持。

2. 非连带共同保证及其保证期间

同一债务有两个以上保证人，保证人之间有相互追偿权，构成共同连带责任保证，债权人未在保证期间内依法向部分保证人行使权利，导致其他保证人在承担保证责任后丧失追偿权，其过错在于债权人，债权人应当承担后果责任。因而，其他保证人主张在其不能追偿的范围内免除保证责任的，就有法律依据，因而，人民法院应予支持。

【案例解读】

陈某兵与王某等民间借贷纠纷再审案①

基本案情

2014 年 5 月 30 日，被告诚智公司、福圣宝钱公司与原告王某签订《借款保证合同》，约定诚智公司向王某借款，福圣宝钱公司提供连带责任保证担保。同日，原告王某通过案外人吴某、付某明向被告诚智公司前述账户转账共计 1000 万元，被告诚智公司认可收到该款项。

同年 6 月 8 日，被告诚智公司、福圣宝钱公司、久泰公司、陈某兵、郑某昆、张某与原告王某就前述借款签订《还款协议书》，该协议书确认了上述借款事实，并约定，因未按约履行还款义务，诚智公司自愿承担违约金人民币 200 万元，原告王某同意给予诚智公司一个月还款展期。若逾期，原告王某有权直接要求诚智公司及福圣宝钱公司、久泰公司、陈某兵、郑某昆、张某承担还款义务并赔偿其因行使追偿权而造成的经济损失（含诉讼费或仲裁费、执行费、律师代理费等），自逾期还款之日起至还清之日止的利息按日 2‰计算。还约定，被告福圣宝钱公司、久泰公司、陈家斌、郑某昆、张某自愿以其全部资产对上述约定的欠款本息及相应违约

---

① 审理法院：一审法院为贵州省高级人民法院，案号：（2018）黔民终 799 号；二审法院为最高人民法院，案号：（2019）最高法民申 2170 号。

赔偿金承担连带保证责任。

同年9月23日，原告王某就上述借款向被告诚智公司及张某送达《借款逾期催收通知书》，二被告均实际签收。2016年5月16日，原告王某再次向被告张某送达《借款逾期催收通知书》，张某予以签收；同年5月27日，原告王某通过EMS邮政快递分别向被告久泰公司、福圣宝钱公司、郑某昆、陈某兵邮寄《借款逾期催收通知书》，但原告王某未提交证据证明相关当事人已签收。2017年1月3日，原告王某又向被告张某送达《借款逾期催收通知书》，被告张某于同年1月7日签收；同时，原告王某又通过EMS邮政快递分别向被告陈某兵、久泰公司、郑某昆、福圣宝钱公司、邮寄《借款逾期催收通知书》，但其亦未提交证据证明相关当事人已签收。

到期后，诚智公司依旧未还款。王某遂向一审法院提起诉讼请求判令被告福圣宝钱公司、久泰公司、陈某兵、郑某昆、张某履行担保义务即对上述款项承担连带还款责任。

法院判决

一审法院认为，本案争议焦点系关于被告福圣宝钱公司、久泰公司、郑某昆、陈某兵、张某的责任问题。

首先，对于被告张某的保证责任。被告张某在《还款协议书》上以保证人身份签字捺印，为本案借款提供连带责任保证，又先后签收原告王某送达的《借款逾期催收通知书》，该签收行为应当视为其具有继续履行保证合同，承担借款清偿连带责任的意思表示，故原告主张被告张某承担连带保证责任符合法律规定，予以支持。

其次，对于被告福圣宝钱公司、久泰公司、郑某昆、陈某兵的保证责任。被告福圣宝钱公司先后在《借款保证合同》《还款协议书》上盖章为本案借款提供连带责任保证担保，被告久泰公司、郑某昆、陈某兵亦在《还款协议书》上签章为本案借款提供连带责任保证担保，故原告主张福圣宝钱公司、久泰公司、郑某昆、陈某兵对本案借款承担连带保证责任符合合同约定。

至于诉讼时效问题。第一，原告向保证人张某主张权利未超过诉讼时效。协议约定借款展期至2014年7月7日，相关保证人的保证期间最早于2015年1月7日届满。但在保证期间届满前，原告王某于2014年9月23日向保证人张某送达《借款逾期催收通知书》，且张某已实际签收。该事实证明，债权人王某在借款到期后至保证期间届满前，通过合法形式向保证人张某主张了权利，依照《最高人民法院关于适用〈中华人民共和国担保法〉若干问题的解释》第三十四条第二款“连带责任保证的债权人在保证期间届满前要求保证人承担保证责任的，从债权人要求保证人承担保证责任之日起，开始计算保证合同的诉讼时效”之规定，本案诉讼时效应自2014年9月23日起算。原告王某又先后于2016年5月20日、2017年1月7日向张某送达《借款逾期催收通知书》且张某亦已签收，该签收行为具有引起诉讼时效中断的法律效果。而原告王某向本院提起诉讼的时间为2017年7月17日，显然经由诉讼时效中断后而重新计算新的诉讼时效，其起诉时间并未超过重新计算的诉讼时效。第二，原告向保证人张某主张保证责任的效力及于其他连带保证人。虽然原告王某未提交证据证明《借款逾期催收通知书》已送达连带责任保证人福圣宝钱公司、久泰公司、郑某昆、陈某兵，但依照《中华人民共和国担保法》第十二条“同一债务有两个以上保证人的，保证人应当按照保证合同约定的保证份额，承担保证责任。没有约定保证份额的，保证人承担连带责任，债权人可以要求任何一个保证人承担全部保证责任，保证人都负有担保全部债权实现的义务。已经承担担保责任的保证人，有权向债务人追偿，或者要求承担连带责任的其他保证人清偿其应当承担的份额”等规定的立法精神，连带责任保证人系作为一个整体共同对相关债务提供连带保证责任担保，已承担责任的保证人对其他连带责任保证人所享有的追偿权，正是建立在其他连带责任保证人未因债权人仅选择部分保证人承担全部保证责任而免除其保证责任的基础上。因此，本案中，虽然《借款逾期催收通知书》仅送达张某，但其在保证期间及诉讼时效内向连带责任保证人张某主张权利、提起诉讼所引诉的诉讼时效中断等法律效果当然及于其他连带责任保证人福圣宝钱公司、久泰公司、郑某昆、陈某兵。因此，被告陈某兵等以原告王某未在保证期间内向其主张权利、本案已过诉讼时效作为不承担保证责任的抗辩理由不能成立，不予采信。被告张某、福圣宝钱公司、久泰公司、郑某昆、陈某兵均应对本案借款承担连带清偿责任。

陈某兵不服一审判决，提起上诉。

二审法院认为，本案系民间借贷关系，经查，对于主债务人诚智公司在本案所借贷债务，本案保证人保证方式属于连带责任保证，保证人与主债务人之间就主债务负有连带清偿责任，保证期间自2014年7月8日起至2015年1月7日止；上诉人与原审被告张某等保证人内部之间对本案借贷款项的清偿系共同保证，共同保证人之间属于连带保证，对本案主债务的清偿依法负有连带保证责任。被上诉人王某作为债权人在上述保证期间及法定诉讼时效期间已经向连带保证人之一的张某主张保证责任。根据《中华人民共和国担保法》第十二条关于“已经承担保证责任的保证人，有权向债务人追偿，或者要求承担连带责任的其他保证人清偿其应当承担的份额”，《最高人民法院关于已承担保证责任的保证人向其他保证人行使追偿权问题的批复》关于“根据《中华人民共和国担保法》第十二条的规定，承担连带责任保证的保证人一人或者数人承担保证责任后，有权要求其他保证人清偿应当承担的份额，不受债权人是否在保证期间内向未承担保证责任的保证人主张过保证责任的影响”，以及《最高人民法院关于审理民事案件适用诉讼时效制度若干问题的规定》第十七条第一款关于“对于连带债务人中的一人发生诉讼时效中断效力的事由，应当认定对其他连带债务人也发生诉讼时效中断的效力”的规定精神，在连带保证中，各保证人系作为一个整体共同对债权人承担保证责任，债权人向共同保证人中的任何一人主张权利，均系债权人要求保证人承担保证责任的行为，其效力自然及于所有的保证人。上诉人关于其保证责任已经免除的抗辩主张于法无据，不予采纳。综上，上诉人的上诉请求不能成立，依法驳回上诉，维持原判。

陈某兵不服，提起再审。

再审法院经审查认为，本案系民间借贷纠纷，根据当事人之间的合同约定，福圣宝钱公司、久泰公司、陈某兵、郑某昆、张某自愿对主债务人诚智公司与债权人王某之间的借款本息及相应违约赔偿金承担连带保证责任。因此，陈某兵与其他保证人构成承担连带责任的共同保证人。《中华人民共和国担保法》第十二条规定“已经承担保证责任的保证人，有权向债务人追偿，或者要求承担连带责任的其他保证人清偿其应当承担的份额”，其目的在于保证债权人债权的实现。由于任一保证人都有义务承担全部担保责任，所以债权人在保证期间向任一保证人主张保证权利都意味着其向其他承担连带保证责任的共同保证人主张了保证权利。因此，债权人即使在保证期间未向其他连带保证人主张保证权利也不代表债权人免除了其他保证人的保证责任，否则，将导致已承担全部保证责任的保证人无法实现其追偿权。法律规定债权人可以向连带债务人中的任一人主张权利的目的在于方便权利人实现债权，而非因此得出债权人不对其他连带债务人主张权利就可免除其他连带债务人责任的结论。本案中，债权人王某在保证期间内虽未直接向陈某兵主张过权利，但其向连带共同保证人中的张某主张权利的效力及于所有承担连带责任的共同保证人，陈某兵主张其享有保证期间经过所取得保证责任免除的利益期待权不符合法律规定和立法本意，原审法院依据《最高人民法院关于已承担保证责任的保证人向其他保证人行使追偿权问题的批复》及《最高人民法院关于审理民事案件适用诉讼时效制度若干问题的规定》第十七条的精神，不予支持陈某兵免除保证责任的主张，在适用法律方面并无不当之处。综上，陈某兵的再审申请事由不符合《中华人民共和国民事诉讼法》第二百条的规定。依照《中华人民共和国民事诉讼法》第二百零四条第一款，《最高人民法院关于适用〈中华人民共和国民事诉讼法〉的解释》第三百九十五条第二款之规定，裁定驳回陈某兵的再审申请。

法理解读

本案中，张某、陈某兵等人均对诚智公司的债务提供保证，保证方式为连带责任保证。张某、陈某兵、郑某昆等保证人之间则属于共同保证中的连带保证。王某作为债权人在保证期间内向连带保证人之一的张某主张了保证责任，此时就涉及该行为的效力是否可以及于陈某兵等保证人的问题。

原《担保法》第12条规定了连带保证，即“同一债务有两个以上保证人的，保证人应当按照保证合同约定的保证份额，承担保证责任。没有约定保证份额的，保证人承担连带责任，债权人可以要求任何一个保证人承担全部保证责任，保证人都负有担保全部债权实现的义务。已经承担保证责任的保证人，有权向债务人追偿，或者要求承担连带责任的其他保证人清偿其应当承担的份额”。在该规定中，未明确指出债权人向部分保证人行使权利的效力是否及于其他保证人。《最高人民法院关于已承担保证责任的保证人向其他保证人行使追偿权问题的批复》对此作出了回答，即“根据《中华人民共和国担保法》第十二条的规定，承担连带责任保证的保证人一人或者数人承担保证责任后，有权要求其他保证人清偿应当承担的份额，不受债权人是否在保证期间内向未承担保证责任的保证人主张过保证责任的影响”。此后，《最高人民法院关于审理民事案件适用诉讼时效制度若干问题的规定》第17条第2款也规定：“对于连带债务人中的一人发生诉讼时效中断效力的事由，应当认定对其他连带债务人也发生诉讼时效中断的效力”的规定精神，在连带保证中，各保证人系作为一个整体共同对债权人承担保证责任，债权人向共同保证人中的任何一人主张权利，均系债权人要求保证人承担保证责任的行为，其效力自然及于所有的保证人。”据此，在连带保证中，债权人向部分保证人行使权利的效力及于其他保证人。

本司法解释第29条改变了这一规则，规定了在连带保证中，债权人向部分保证人行使权利的效力不及于其他保证人。这是因为，如果允许债权人对部分保证人行使权利的行为及于所有的保证人，就会使得其他保证人无法行使追偿权。因而，在连带保证中，债权人必须向每一个保证人在保证期间内主张权利，否则其他保证人有权在其不能追偿的范围内免除保证责任。

回到本案中，债权人王某在保证期间内仅向张某主张过权利，而未向陈某兵等人主张过权利。案件发生在本司法解释施行之前，按照以往的规定，陈某兵等人仍然需要承担保证责任。如果本案发生在本司法解释施行之后，由于王某向张某主张权利的效力不及于所有连带共同保证人，陈某兵有权根据本司法解释第29条的规定主张在其不能追偿的范围内免除保证责任。

第三十条　最高额保证合同对保证期间的计算方式、起算时间等有约定的，按照其约定。

最高额保证合同对保证期间的计算方式、起算时间等没有约定或者约定不明，被担保债权的履行期限均已届满的，保证期间自债权确定之日起开始计算；被担保债权的履行期限尚未届满的，保证期间自最后到期债权的履行期限届满之日起开始计算。

前款所称债权确定之日，依照民法典第四百二十三条的规定认定。

【条文要义】

本条司法解释的条旨是最高额保证的保证期间。

关于最高额保证，《民法典》只是在第690条作了一个原则性的规定，这就是“保证人与债权人可以协商订立最高额保证的合同，约定在最高债权额限度内就一定期间连续发生的债权提供保证。最高额保证除适用本章规定外，参照适用本法第二编最高额抵押权的有关规定”。对于最高额保证的保证期间，《民法典》没有具体规定，在关于最高额抵押权的规定中，也没有可以参照适用的规定，所以，必须作出司法解释，才能解决最高额保证的保证期间问题。本条司法解释对此作出规定。

本条司法解释规定最高额保证的保证期间的确定方法有两个：

1. 另有约定的方法

本条司法解释说的确定方法是，当事人对保证期间有约定的，按照其约定。这里说的有约定的，是在最高额保证合同中，对保证期间的计算方式以及起算的日期，共同协商约定了具体方法的，就按照共同约定的方法计算。

2. 没有约定或者约定不明的

当事人对保证期间没有约定或者约定不明的，应当根据当事人约定的债权确定期间届满时被担保债权的履行期限是否已经届满来确定，具体方法是：

（1）被担保债权的履行期限已经届满的，保证期间自债权确定之日起开始计算。债权确定之日，按照《民法典》第423条规定认定。《民法典》第423条规定：“有下列情形之一的，抵押权人的债权确定：（一）约定的债权确定期间届满；（二）没有约定债权确定期间或者约定不明确，抵押权人或者抵押人自最高额抵押权设立之日起满二年后请求确定债权；（三）新的债权不可能发生；（四）抵押权人知道或者应当知道抵押财产被查封、扣押；（五）债务人、抵押人被宣告破产或者解散；（六）法律规定债权确定的其他情形。”据此，约定的债权确定期间届满之日；没有约定债权确定期间或者约定不明确，自最高额保证设立之日起满二年后请求确定债权；新的债权不可能发生之日；债务人、保证人被宣告破产或者解散清算之日，为债权确定之日。

（2）被担保债权的履行期限尚未届满的，保证期间自最后到期债权的履行期限届满之日起开始计算。

【案例解读】

郭某梅诉央扩公司等借款合同纠纷案[①]

基本案情

2013年1月4日，出借人郭某梅，借款人科亨公司，担保人央扩公司，三方签订《借款协议》，主要内容为郭某梅向科亨公司提供借款，协议有效期限自2013年1月4日起至2014年1月3日止，央扩公司为科亨公司的借款承担连带责任保证，担保范围为借款本金、利息、违约金及律师费等实现债权的其他费用，担保责任至科亨公司履行完还款义务时终止。

2013年1月4日，郑某为郭某梅出具《担保函》，同意在4000万元范围内对科亨公司向郭某梅的借款承担连带清偿责任，担保范围包括借款本息、违约金及律师费等。

2014年8月25日，郭某梅与科亨公司签订《借款往来明细确认单》确认往来债务。2014年8月28日，科亨公司向郭某梅出具《对账确认函》，该函载明：经双方核对，截至2014年7月31日，科亨公司尚欠郭某梅借款本金2000万元。除郭某梅与科亨公司签订的《借款往来明细确认单》中确认的金额外，科亨公司还向郭某梅支付了其他款项。

2015年2月9日，郑某向郭某梅出具《确认函》一份，载明：郑某确认科亨公司尚欠郭某梅借款本金2000万元，并同意继续为该债务承担连带担保责任。

到期后，科亨公司尚未归还欠款。郭某梅向一审法院起诉请求判令央扩公司、郑某承担连带保证责任。

---

① 审理法院：一审法院为四川省成都市中级人民法院，案号：（2015）成民初字第1084号；二审法院为四川省高级人民法院，案号：（2016）川民终914号；再审法院为最高人民法院，案号：（2017）最高法民申2599号。

法院判决

一审法院认为，央扩公司、郑某均自愿为科亨公司的债务提供连带责任保证，保证范围为借款本金、利息、违约金和为实现债权所发生的律师费等，《借款协议》及《确认函》中关于连带保证责任的内容符合相关法律规定，故央扩公司、郑某均应对科亨公司的债务承担连带保证责任。央扩公司辩称，案涉最后一笔债务的发生时间是2013年6月24日，保证期间应当于2013年12月23日届满，央扩公司不应承担保证责任。一审法院认为，《最高人民法院关于适用〈中华人民共和国担保法〉若干问题的解释》第三十七条规定："最高额保证合同对保证期间没有约定或者约定不明的，如最高额保证合同约定有保证人清偿债务期限的，保证期间为清偿期限届满之日起六个月。没有约定债务清偿期限的，保证期间自最高额保证终止之日或自债权人收到保证人终止保证合同的书面通知到达之日起六个月。"该条适用的对象为保证合同未约定保证期限的情形。而郭某梅、科亨公司及央扩公司签订的《借款协议》约定"央扩公司的担保责任至科亨公司履行完还款义务时终止"，即对保证期间作出了约定，根据《最高人民法院关于适用〈中华人民共和国担保法〉若干问题的解释》第三十二条第二款"保证合同约定保证人承担保证责任直至主债务本息还清时为止等类似内容的，视为约定不明，保证期间为主债务履行期届满之日起二年"的规定，央扩公司的保证期间应为主债务履行期届满之日起二年，而本案科亨公司的债务履行期限尚未满两年，故央扩公司关于保证责任已过期的抗辩理由不能成立。

央扩公司不服一审判决，提起上诉。

二审法院认为，本案分歧在于对央扩公司承担的保证期间的认定，是适用《最高人民法院关于适用〈中华人民共和国担保法〉若干问题的解释》第三十七条，还是适用第三十二条之规定。对此，本院评述如下：

关于央扩公司应否承担连带保证责任问题。央扩公司上诉主张其提供的保证为最高额保证，根据《最高人民法院关于适用〈中华人民共和国担保法〉若干问题的解释》第三十七条对最高额保证担保的规定，郭某梅请求央扩公司承担连带保证责任已经超过法律规定的保证期间，央扩公司的保证责任依法免除。

对于“保证期间”的确定，《最高人民法院关于适用〈中华人民共和国担保法〉若干问题的解释》，第三十二条规定：“保证合同约定的保证期间早于或者等于主债务履行期限的，视为没有约定，保证期间为主债务履行期届满之日起六个月。保证合同约定保证人承担保证责任直至主债务本息还清时为止等类似内容的，视为约定不明，保证期间为主债务履行期届满之日起二年。”第三十七条规定：“最高额保证合同对保证期间没有约定或者约定不明的，如最高额保证合同约定有保证人清偿债务期限的，保证期间为清偿期限届满之日起六个月。没有约定债务清偿期限的，保证期间自最高额保证终止之日或自债权人收到保证人终止保证合同的书面通知到达之日起六个月。”第三十二条作为普通原则定义了保证期间“视为没有约定”和“视为约定不明”的情形。第三十七条是对最高额保证期间“没有约定或者约定不明”情形下如何确定“保证期间”的特别规定。结合本案事实，案涉《借款协议》中没有约定保证期间，而该《借款协议》第七条中约定：“本协议有效期内，丙方（央扩公司）自愿用企业全部资产为乙方（科亨公司）的借款行为及还款义务承担不可撤销的连带责任担保，该担保责任至乙方（科亨公司）履行完还款义务时终止。”该约定表明央扩公司的保证清偿债务期限是“至主债务本息还清时为止”。显然，该《借款协议》当事人约定的“保证人清偿债务期限”是不确定的。因此，本案《借款协议》约定的“央扩公司的担保责任至科亨公司履行完还款义务时终止”属于最高额保证项下对保证期间约定不明的情形，故本案应当适用《最高人民法院关于适用〈中华人民共和国担保法〉若干问题的解释》第三十七条的规定认定当事人的保证期间。

根据《最高人民法院关于适用〈中华人民共和国担保法〉若干问题的解释》第三十七条的规定，由于本案合同当事人未约定最高额保证期间，保证债务清偿期限也约定不明，保证人央扩公司亦未向债权人郭某梅发出终止保证合同通知，故其保证期间的确定应当适用保证终止之日起六个月的规定。就本案而言，“保证终止之日”的判定，成为本案的核心。根据《中华人民共和国担保法》第六条“本法所称保证，是指保证人和债权人约定，当债务人不履行债务时，保证人按照约定履行债务或者承担责任的行为”的规定，保证人履行保证债务的期间为主债务履行期间届满之后的一定期间。对于最高额保证，是保证人对债权人与债务人之间在一定期间发生的一定金额的主债务进行清偿保证，其保证有效期间为当事人约定的主债务发生期间，以及主债务的履行期间届满前，即使在约定的“主债务发生期间”的最后一日发生的债务，该笔债务的履行时间虽然已经超过合同约定的“主债务发生期间”，但仍然属于保证的时间范围，其保证责任自该主债务履行期限届满开始。因“主债务发生期间”与“主债务履行期间”均是债权人、债务人、保证人共同约定并认可的涉及主债务及保证的有效期间，故在该“主债务发生期间”与“主债务履行期间”之和的时间范围内，当事人约定的承担保证责任的起点尚未届至，债权人尚未处于受损状态。只有当主债务履行的最后到期日届满，债权人才进入受损状态。基于最高额保证具有动态特性，故在最高额保证期间约定不明时，其“保证终止之日”确定为在各方当事人参与下的最大明知限度期间届满日，即“主债务发生期间”和“主债务履行期间”之和的届满之日，既没有过分加重任何一方的法律责任和交易风险，也符合各方当事人订约时的意思表示。案涉借款合同（包括保证条款）约定的主债务发生期间为自2013年1月4日起至2014年1月3日止，协议约定的主债务履行期限不超过180天，因此，在合同约定的主债务发生期间内任何时间发生的借款债务，在该借款债务的履行期间届满之日起，保证人即负有履行保证责任的约定义务。故本案保证人央扩公司对出借人郭某梅在2013年1月4日至2014年1月3日，出借3000万元，借款期间为180天的“保证终止之日”为2014年7月3日。因此，本案保证期间到2015年1月3日届满。央扩公司上诉主张以本案最后一笔借款债务发生日2013年6月24日为保证终止日，因该日期尚处于合同约定的主债务发生时间范围内，其作为保证终止日与合同约定不符。

根据《最高人民法院关于适用〈中华人民共和国担保法〉若干问题的解释》第三十一条“保证期间不因任何事由发生中断、中止、延长的法律后果”的规定，“保证期间”属于除斥期间，债权人郭某梅有权于2015年1月3日前向保证人央扩公司行使保证债权，要求其承担保证责任，逾期则保证债权丧失。因债权人郭某梅于2015年2月28日提起本案诉讼，其未在本案最高额保证期间届满日2015年1月3日前要求保证人央扩公司承担保证责任，故其保证债权已经丧失，央扩公司的保证债务也因此免除。因此，央扩公司上诉请求驳回郭某梅要求其承担连带保证责任的诉讼请求，符合法律规定，予以支持。因郑某未提起上诉，应视为其服从原判。故本院对原审判决郑某承担连带担保责任予以维持。

郭某梅不服二审判决，提起再审。

再审法院经审查认为，本案一、二审中，各方当事人对本案借款事实及最高额保证性质均无异议，各方争议在于央扩公司的保证期间如何认定。根据《最高人民法院关于适用〈中华人民共和国担保法〉若干问题的解释》第三十二条规定，《借款协议》中“担保责任至乙方履行完还款义务时终止”不是一个确定的时间点，此约定属于“视为保证期间约定不明”的情形。根据《最高人民法院关于适用〈中华人民共和国担保法〉若干问题的解释》第三十七条的规定，最高额保证合同对保证期间约定不明的，如最高额保证合同约定有保证人清偿债务期限的，保证期间为清偿期限届满之日起六个月。没有约定债务清偿期限的，保证期间自最高额保证终止之日或自债权人收到保证人终止保证合同的书面通知到达之日起六个月。本案中，央扩公司与郭某梅、科亨公司在《借款协议》中，约定了科亨公司“每次借款期限不超过180天，协议有效期限自2013年1月4日起至2014年1月3日止”，但未约定保证人央扩公司清偿保证债务的期限，亦不存在债权人收到保证人终止保证合同书面通知的情形，故保证期间应自最高额保证终止之日起六个月。郭某梅主张只有在主合同没有约定债务履行期限，保证合同也没有约定保证履行期限的情况下，才能适用《最高人民法院关于适用〈中华人民共和国担保法〉若干问题的解释》第三十七条。但该主张欠缺法律依据。从《最高人民法院关于适用〈中华人民共和国担保法〉若干问题的解释》第三十七条条文的文意解释看，在最高额保证合同中保证期间约定不明的情况下，针对“约定有保证人清偿债务期限的”与“没有约定债务清偿期限的”两种情形作出了规定，并未涉及主合同是否约定债务履行期限的问题，郭某梅作出扩大解释的依据不足。故二审认定本案应适用《最高人民法院关于适用〈中华人民共和国担保法〉若干问题的解释》第三十七条，适用法律正确。

关于对“保证终止之日”的确定，最高额保证较之普通保证具有一定的特殊性，是保证人为债权人在一定期间内连续发生的借款合同提供的保证，只要债权人和债务人在保证合同约定的债权额限度内进行交易，保证人则依法承担保证责任。本案中，双方约定《借款协议》的有效期限自2013年1月4日至2014年1月3日止，同时约定每次借款不超过180天，据此，2014年1月3日为最后借款日，此日期之后的180天即2014年7月3日应为债权额的决算日。因债权人与保证人没有约定保证期间，也未在最高额保证存续期间协议终止保证合同，那么债权决算日即为保证终止之日。对此，二审的认定亦无不妥。

综上，郭某梅的再审申请不符合《中华人民共和国民事诉讼法》第二百条第六项规定的情形，依照《中华人民共和国民事诉讼法》第二百零四条第一款，《最高人民法院关于适用〈中华人民共和国民事诉讼法〉的解释》第三百九十五条第二款之规定，法院裁定驳回郭某梅的再审申请。

法理解读

本案中，《借款协议》第7条约定：“本协议有效期内，丙方（央扩公司）自愿用企业全部资产为乙方（科亨公司）的借款行为及还款义务承担不可撤销的连带责任担保，该担保责任至乙方（科亨公司）履行完还款义务时终止。”央扩公司所承担的担保责任“至科亨公司履行完还款义务时终止”，属于对保证期间约定不明的情形，此时就涉及最高额保证合同中保证期间应当如何计算的问题。

关于最高额保证的保证期间计算，原《担保法》第27条规定：“保证人依照本法第十四条规定就连续发生的债权作保证，未约定保证期间的，保证人可以随时书面通知债权人终止保证合同，但保证人对于通知到债权人前所发生的债权，承担保证责任。”原《最高人民法院关于适用〈中华人民共和国担保法〉若干问题的解释》第37条作出了进一步的细化，即“最高额保证合同对保证期间没有约定或者约定不明的，如最高额保证合同约定有保证人清偿债务期限的，保证期间为清偿期限届满之日起六个月。没有约定债务清偿期限的，保证期间自最高额保证终止之日或自债权人收到保证人终止保证合同的书面通知到达之日起六个月”。

本司法解释第30条对这一规则进行了修改。在确定保证期间时，有约定的，按照约定。没有约定或者约定不明时，根据被担保债权的履行期限是否届满计算。如果被担保债权的履行期限均已届满，保证期间自债权确定之日起开始计算；如果被担保债务的履行期间尚未届满，则按照最后到期债权的履行期限届满之日起开始计算。

回到本案中，《借款协议》对保证期间约定不明，应当根据被担保债权的履行期限是否届满来确定保证期间。问题是，《借款协议》中只约定了主债务发生期间为2013年1月4日至2014年1月3日止，主债务履行期限不超过180天，但并未约定具体的履行期限。从最高额保证的特殊性出发，我们可以发现，只要是2013年1月4日至2014年1月3日所发生的借款，都属于保证人应当承担保证责任的范围。既然协议约定的主债务履行期限不超过180天，就可以将2014年1月3日确定为最后一笔债权发生之日，将2014年7月3日确定为最后一笔债权到期之日，由此开始计算保证期间。

第三十一条　一般保证的债权人在保证期间内对债务人提起诉讼或者申请仲裁后，又撤回起诉或者仲裁申请，债权人在保证期间届满前未再行提起诉讼或者申请仲裁，保证人主张不再承担保证责任的，人民法院应予支持。

连带责任保证的债权人在保证期间内对保证人提起诉讼或者申请仲裁后，又撤回起诉或者仲裁申请，起诉状副本或者仲裁申请书副本已经送达保证人的，人民法院应当认定债权人已经在保证期间内向保证人行使了权利。

【条文要义】

本条司法解释的条旨是撤诉对保证期间发生的影响。

对此，分为撤诉对一般保证的保证期间的影响和撤诉对连带责任保证的保证期间的影响。

1. 撤诉对一般保证的保证期间的影响

一般保证的保证期间，决定于债务人执行债务的能力，一般保证的债权人未在保证期间对债务人提起诉讼或者申请仲裁的，保证人就不再承担保证责任。一般保证的债权人在保证期间内对债务人提起诉讼或者申请仲裁，本来可以对保证人的保证期间发生影响，但是，债权人在起诉或者申请仲裁后，又撤回起诉或者仲裁申请，且在保证期间届满前未再提起诉讼或者申请仲裁，就对保证期间不发生影响了。因为一般保证的债权人在保证期间对债务人提起诉讼或者申请仲裁，之后又撤回了起诉或者仲裁申请，实质上等于其没有提出起诉和申请仲裁，当然对保证人的保证期间不发生影响，保证期间届满后，保证人对债权人不再承担保证责任。

2. 撤诉对连带责任保证的保证期间的影响

对连带责任保证的保证期间，《民法典》第 693 条第 2 款规定："连带责任保证的债权人未在保证期间届满前请求保证人承担保证责任的，保证人不再承担保证责任。”这一条文要求的是，对于连带责任保证，由于连带责任的保证人不享有先诉抗辩权，只要债权人在保证期间请求保证人承担保证责任，保证人就应当承担保证责任。所以，债权人在保证期间内对保证人提起诉讼或者申请仲裁后，虽然又撤回起诉或者仲裁申请，但是由于起诉状副本或者仲裁申请书副本已经送达保证人，因此，人民法院应当认定债权人已经在保证期间内向保证人主张了权利，保证人就应该承担保证责任，不能以债权人又撤回起诉或撤回仲裁申请为由，主张免除其保证责任。

【案例解读】

广元贵商银行苍溪支行与李某刚金融借款合同纠纷案[①]

基本案情

2014年12月8日，华盛公司与广元贵商银行苍溪支行签订《借款合同》，约定华盛公司借款30万元。李某刚、刘某自愿提供担保，并于同日分别签订《保证合同》，保证方式均为连带保证责任，保证期间为合同生效之日起至主合同项下的债务履行期限届满之日后两年止。广元贵商银行苍溪支行与华盛公司签订借款合同后即按约定足额向华盛公司提供了借款。华盛公司借款后，一直未按约定支付资金利息。借款到期后，经广元贵商银行苍溪支行多次催收，华盛公司仍未按照约定偿还借款本息。2017年10月31日，广元贵商银行苍溪支行向四川省苍溪县人民法院提起诉讼，要求华盛公司和李某刚、刘某偿还借款本息，后因广元贵商银行苍溪支行未按规定缴纳诉讼费，2017年12月10日，四川省苍溪县人民法院作出民事裁定书，裁定按自动撤回起诉处理。

---

① 审理法院：一审法院为四川省苍溪县人民法院，案号：（2018）川0824民初2552号；二审法院为四川省广元市中级人民法院，案号：（2019）川08民终53号。

2019年，广元贵商银行苍溪支行再次向一审法院起诉，请求判令：1. 华盛公司立即偿还借款本金30万元及此款自借款之日起至借款还清之日止按年利率10.64%的利息；2. 李某刚、刘某对上述款项承担连带清偿责任。

法院判决

一审法院认为，合法的借贷关系受法律保护。广元贵商银行苍溪支行与华盛公司签订的《借款合同》及与李某刚、刘某分别签订的《保证合同》，均系各方真实意思表示，且不违反国家法律法规强制性规定，合法有效。在合同履行中，广元贵商银行苍溪支行按时足额向华盛公司发放了贷款，华盛公司借款后，一直未支付资金利息。借款到期后，也长期不偿还借款本息，其行为已构成违约，应当承担民事责任，故广元贵商银行苍溪支行要求华盛公司偿还借款本息的诉讼请求应予支持。广元贵商银行苍溪支行与华盛公司签订的《借款合同》中约定的还款期限为2015年12月7日，保证期限为主债务还款期限届满之日止两年，故广元贵商银行苍溪支行与李某刚、刘某约定的保证期限至2017年12月6日止。《中华人民共和国担保法》第二十六条第二款规定："在合同约定的保证期间和前款规定的保证期间，债权人未要求保证人承担保证责任的，保证人免除保证责任。"因此，连带责任债权人必须在保证期间内要求保证人承担保证责任，否则，连带保证人将不再承担保证责任。广元贵商银行苍溪支行虽然于2017年10月31日提起诉讼，但因未缴纳诉讼费，裁定按自动撤诉处理，且未向被告李某刚、刘某送达应诉材料和起诉状副本，李某刚、刘某不知晓向其起诉的事实，故不能视为广元贵商银行苍溪支行向李某刚、刘某主张了保证责任。广元贵商银行苍溪支行现在本案中起诉要求保证人承担保证责任，超过了保证期间，故李某刚、刘某应免除保证责任。

广元贵商银行苍溪支行不服一审判决，提起上诉。

二审法院认为，债权人是否在保证期间内依法向保证人主张权利，直接决定着债权人和保证人之间的债权债务关系。《中华人民共和国担保法》

第二十六条第二款规定："在合同约定的保证期间和前款规定的保证期间，债权人未要求保证人承担保证责任的，保证人免除保证责任。"《最高人民法院关于审理民事案件适用诉讼时效制度若干问题的规定》第十二条规定："当事人一方向人民法院提交起诉状或者口头起诉的，诉讼时效从提交诉讼状或者口头起诉之日中断。"《最高人民法院关于适用〈中华人民共和国担保法〉若干问题的解释》第三十四条第二款规定："连带责任保证的债权人在保证期间届满前要求保证人承担保证责任的，从债权人要求保证人承担保证责任之日起，开始计算保证合同的诉讼时效。"在保证期间内，以提起诉讼、申请仲裁，以及采用直接、委托或公告送达清收通知书等方式向保证人主张权利，或者保证人自行认诺愿意承担担保责任的，产生解除保证期间、开始计算诉讼时效的法律效果。本案中，上诉人广元贵商银行苍溪支行在保证期间内于2017年10月31日向一审法院提起民事诉讼向被上诉人李某刚、刘某主张保证责任，虽因未缴纳诉讼费，裁定按自动撤诉处理，一审法院亦未向李某刚、刘某送达应诉材料和起诉状副本，但因"提起诉讼"是指权利人起诉的行为，而非包括人民法院受理的行为，故之后是否按自动撤诉处理或是否送达相应诉讼材料不影响债权人已在保证期间内以提起民事诉讼的有效方式向保证人主张了权利，故自上诉人广元贵商银行苍溪支行自2017年10月31日向一审法院提起民事诉讼之日起产生解除保证期间、开始计算诉讼时效的法律效果，因本案保证合同的诉讼时效并未经过，故被上诉人李某刚、刘某应当承担保证责任。

法理解读

本案中，广元贵商银行苍溪支行与李某刚、刘某约定的保证期限至2017年12月6日止。2017年10月31日，广元贵商银行苍溪支行向法院提起诉讼，主张李某刚、刘某承担保证责任。之后因未及时缴纳诉讼费，被按照自动撤诉处理。2019年，保证期间已经经过，广元贵商银行苍溪支行再次向法院提起诉讼，请求李某刚、刘某承担保证责任。此时就涉及债权人在保证期间内撤诉，保证期间届满后再次提起诉讼的法律效力。

对此，有不同的看法。第一种观点认为，根据原《最高人民法院关于适用〈中华人民共和国担保法〉若干问题的解释》第 31 条关于“保证期间不因任何事由发生中断、中止、延长的法律后果”的规定，债权人撤诉后未在保证期间内再行起诉，保证期间经过，保证人不再承担保证责任。本案一审法院就较为坚持第一种观点。第二种观点认为，根据原《最高人民法院关于适用〈中华人民共和国担保法〉若干问题的解释》第 34 条关于“一般保证的债权人在保证期间届满前对债务人提起诉讼或者申请仲裁的，从判决或者仲裁裁决生效之日起，开始计算保证合同的诉讼时效。连带责任保证的债权人在保证期间届满前要求保证人承担保证责任的，从债权人要求保证人承担保证责任之日起，开始计算保证合同的诉讼时效”的规定，债权人第一次提起诉讼后，保证期间就不再计算，而是开始计算保证债务的诉讼时效，因此，保证人不得以保证期间经过为由拒绝承担保证责任。本案二审法院的判决就是这种观点的典型代表。

本司法解释第 31 条则是根据保证责任方式的不同，作出了区分。如果是一般保证，债权人撤诉后未在保证期间内再行起诉债务人，应当认定保证期间经过，保证人不再承担保证责任。这是因为，一般保证人享有先诉抗辩权，债权人对债务人提起诉讼后又撤诉，属于还未对“主合同纠纷进行审判或者仲裁”的情形。在保证期间届满后，债权人未向保证人主张保证债权，保证责任消灭。如果是连带保证，则需要判断起诉状副本或者仲裁申请书副本是否已经送达保证人。是否送达相应诉讼材料将影响债权人在保证期间内以提起民事诉讼的有效方式向保证人主张了权利的认定。只要送达保证人，就应当认定债权人在保证期间内向保证人行使了权利。这是因为连带责任保证人不享有先诉抗辩权，债权人可以在债务不履行时就主张保证人承担保证责任。基于此，送达诉讼材料就可以认定债权人已经实际上向保证人主张过权利，保证人也已经知晓债权人主张过保证责任这一事实。

回到本案中，李某刚、刘某等人承担的是连带责任担保，如果本案发生在本司法解释施行后，根据本司法解释第31条第2款的规定，广元贵商银行苍溪支行第一次向法院起诉时，并未向李某刚、刘某送达应诉材料和起诉状副本，应当认定债权人并未在保证期间内向保证人主张了权利。故广元贵商银行苍溪支行第二次起诉时，李某刚、刘某有权以保证期间经过为由拒绝承担保证责任。

第三十二条　保证合同约定保证人承担保证责任直至主债务本息还清时为止等类似内容的，视为约定不明，保证期间为主债务履行期限届满之日起六个月。

【条文要义】

本条司法解释的意旨是保证期间约定不明的认定及效力。

《民法典》第692条第2款规定了保证期间的认定，即“债权人与保证人可以约定保证期间，但是约定的保证期间早于主债务履行期限或者与主债务履行期限同时届满的，视为没有约定；没有约定或者约定不明确的，保证期间为主债务履行期限届满之日起六个月”。

该条文规定了“约定的保证期间早于主债务履行期限或者与主债务履行期限同时届满的”，视为没有约定。但是对于何种情形属于约定不明，并未作出明确的规定。

本条司法解释明确指出，保证合同约定保证人承担保证责任直至主债务本息还清时为止等类似内容的，视为约定不明的情形。这是因为，此类约定在一定程度上不利于对保证人的权利保障，使得保证人的保证责任未有消灭的可能，加大了保证人的负担。此时，根据《民法典》第692条第2款以及本条的规定，保证期间应当是主债务履行期限届满之日起6个月。

【案例解读】

复盛公司诉薛某文保证合同纠纷案[①]

基本案情

福清公司与复盛公司之间存在债权债务关系。2015 年 3 月，福清公司向复盛公司承诺将尽快履行还款义务；2015 年 4 月，复盛公司公司、福清公司及福清公司的股东薛某文又签订《担保协议》，约定由薛某文为福清公司的债务向复盛公司承担保证责任，担保期间至福清公司全部付清复盛公司的货款为止。2016 年，复盛公司将福清公司诉至法院，要求该公司偿付货款，并以货款为基数，要求福清公司自 2015 年 4 月 1 日起支付逾期付款利息。复盛公司的诉讼请求得到法院生效判决支持。2017 年 7 月，复盛公司又将薛某文为被告起诉至法院，要求其承担保证责任。

法院判决

一审法院认为，薛某文在《担保协议》中自愿为福清公司欠复盛实业的货款提供无限连带担保，故一审法院确认薛某文系福清公司欠复盛实业债务的连带责任保证人。因该协议中约定的保证期间表述为主债务全额付清为止，视为约定不明，保证期间为主债务履行期届满之日起二年。故复盛实业作为债权人向薛某文追究担保人义务的时限至 2017 年 4 月止。复盛实业未在该期限内向薛某文主张权利，要求薛某文承担保证责任的，薛某文免除保证责任。复盛实业的诉讼请求，于法无据，不予支持。因此，一审法院审理后依照《担保法》第二十六条、《最高人民法院关于适用〈中华人民共和国担保法〉若干问题的解释》第三十二条第二款及《中华人民共和国民事诉讼法》第一百四十四条的规定，判决驳回复盛公司的起诉。

---

① 审理法院：一审法院为上海市松江区人民法院，案号：（2017）沪 0117 民初 14278 号；二审法院为上海市第一中级人民法院，案号：（2018）沪 01 民终 2254 号。

复盛公司不服一审判决，提起上诉。

二审法院认为，《最高人民法院关于适用〈中华人民共和国担保法〉若干问题的解释》第三十二条第二款规定，保证合同约定保证人承担保证责任直至主债务本息还清时为止等类似内容的，视为约定不明，保证期间为主债务履行期届满之日起2年。本案中，各方于2015年4月签署的《担保协议》约定，薛某文的担保期限至债务人全额付清复盛实业货款为止，根据上述规定，应属于约定不明之情形，保证期间为主债务履行期届满之日起2年。

关于主债务履行期届满之日如何起算的问题，《最高人民法院关于适用〈中华人民共和国担保法〉若干问题的解释》第三十三条规定，主合同对主债务履行期限没有约定或者约定不明的，保证期间自债权人要求债务人履行义务的宽限期届满之日起计算。根据已查明事实，在（2016）沪0117民初6366号案件中，债权人复盛实业向债务人福清公司主张偿付货款3161180元，并支付以3161180元为基数，自2015年4月1日起算至实际清偿之日止按中国人民银行同期贷款利率计算的逾期付款利息损失，由此可见，复盛实业于2016年4月7日提起该案诉讼时，已明确主债务履行期已于2015年4月1日届满，法院生效判决业已支持了其关于货款及逾期履行利息损失之主张。因此，本案保证期间应从2015年4月1日起计算两年，复盛实业提起本案诉讼确已过保证期间，其要求薛某文承担保证责任之主张，缺乏法律依据，难予支持。

综上所述，二审法院认为，复盛实业的上诉请求不能成立，应予驳回；一审判决认定事实清楚，适用法律正确，应予维持。

法理解读

本案中，薛某文为福清公司的债务向复盛公司承担保证责任，约定担保期间“至福清公司全部付清复盛公司的货款为止”。此时就涉及保证合同约定保证人承担保证责任直至主债务还清时为止的保证期间的确定。

对此，原《最高人民法院关于适用〈中华人民共和国担保法〉若干问题的解释》第32条第2款规定："保证合同约定保证人承担保证责任直至主债务本息还清时为止等类似内容的，视为约定不明，保证期间为主债务履行期届满之日起二年。"该规定对如何确定保证期间作出了明确的规定，能够有效地解决司法裁判中的争议，自不待言。但是从体系的角度来看，该规定存在瑕疵。保证期间可以分为法定的保证期间和约定的保证期间。《担保法》第25条以及第26条规定了法定的保证期间为6个月。至于约定的保证期间，原则上是按照约定。但是没有约定或者约定不明时除外。原《最高人民法院关于适用〈中华人民共和国担保法〉若干问题的解释》第32条第1款规定了没有约定的情形，即"保证合同约定的保证期间早于或者等于主债务履行期限的，视为没有约定，保证期间为主债务履行期届满之日起六个月"。第32条第2款则规定的是约定不明的情形。可以看到，对于没有约定的情形，保证期间为6个月；对于约定不明的情形，保证期间则是两年。没有约定和约定不明时，都应当按照法定的期间来计算，但是原《最高人民法院关于适用〈中华人民共和国担保法〉若干问题的解释》第32条却规定了两种保证期间，且约定不明的保证期间远远长于没有约定的保证期间，并不存在合理的正当性基础。

本司法解释第32条修改了原《最高人民法院关于适用〈中华人民共和国担保法〉若干问题的解释》第32条第2款的规则，规定了保证合同约定保证人承担保证责任直至主债务本息还清时为止等类似内容的，视为约定不明，保证期间为主债务履行期限届满之日起六个月。这样一来，保证期间得到了统一，即有约定的按照约定，没有约定或者约定不明的，保证期间均为六个月。

本案发生在本司法解释施行之前，应当按照原《最高人民法院关于适用〈中华人民共和国担保法〉若干问题的解释》第32条第2款的规定，认定薛某文承担保证责任的期间为主债务履行期间届满之日起两年。如果发生在本司法解释施行之后，薛某文承担保证责任的期间为主债务履行期间届满之日起6个月。

第三十三条 **保证合同无效，债权人未在约定或者法定的保证期间内依法行使权利，保证人主张不承担赔偿责任的，人民法院应予支持。**

【条文要义】

本条司法解释的意旨是保证合同无效时的保证期间。

在保证合同中，保证期间是针对保证合同有效，保证人承担保证责任的期间。对于保证合同无效的赔偿责任，法律没有明确规定是否适用保证责任保证期间的规定，对此，司法解释应当作出补充规定。

保证合同无效后，对于损害后果的赔偿责任，本来就是基于保证责任产生的后果，如果保证合同有效，保证人就应该承担保证责任，保证合同无效，就使主合同的债权人丧失了保证人的保证，使其利益受到损害。在这种情况下，如果当事人对保证合同无效具有过错，则应该按照当事人的过错程度，确定对造成的损失承担赔偿责任。这种赔偿责任就是基于原来的保证合同约定的保证责任产生的，赔偿的是因过错使保证合同无效丧失保证责任的保证而给债权人造成的损失。既然如此，保证责任有保证期间，这种因保证责任而产生的赔偿责任也应当受到保证责任保证期间的约束。所以，保证合同无效，由有过错的当事人承担损失赔偿责任，应当依照保证合同保证期间的规定，确定这种赔偿责任的保证期间。

正因为如此，本条司法解释规定，当保证合同无效，债权人未在保证期间内依法行使权利，其后果是，保证人如果主张不承担赔偿责任的，法律依据是因为超过了保证期间，债权人请求损害赔偿责任的请求权因保证期间完成而失权，不得再向保证人主张损害赔偿请求权。债权人提出这种理由，保证人主张不承担赔偿责任的抗辩，法院应当支持保证人的抗辩理由，确定保证人不承担赔偿责任。相反，如果债权人在保证期间内提出保证合同无效的损害赔偿请求权的，就能得到法院的支持。

【案例解读】

白银市市政工程管理处与思潮公司等民间借贷纠纷案[①]

基本案情

2013年10月24日，思潮公司与但某奎、白银市市政工程管理处签订借款合同一份，合同约定，但某奎向思潮公司借款1000万元，借款期限自2013年10月24日起至2014年4月23日止，借款期限6个月。白银市市政工程管理处作为保证人为但某奎的借款提供保证，保证期限为两年。

到期后，但某奎未及时归还借款。思潮公司向一审法院起诉请求判令白银市市政工程管理处对借款本息承担连带清偿责任。

法院判决

一审法院认为，《最高人民法院关于适用〈中华人民共和国担保法〉若干问题的解释》第三条规定，国家机关以及以公益为目的的事业单位，社会团体违反法律规定提供担保的，担保合同无效。因此给债权人造成损失的，应当根据《中华人民共和国担保法》第五条第二款的规定处理，该法规定，担保合同被确认无效后，债务人、担保人、债权人有过错的，应当根据其过错各自承担相应的民事责任。本案中，白银市市政工程管理处为无经营性收益的事业单位，其为但某奎的债务提供担保，借款合同中的担保条款无效。白银市市政工程管理处明知自己为无经营性收益的事业单位，仍为债务人提供担保，具有过错，思潮公司作为企业法人，对于担保人的主体身份、能否承担担保责任等未尽到审查注意义务，亦存在过错。

---

① 审理法院：一审法院为兰州市中级人民法院，案号：（2016）甘01民初255号；二审法院为甘肃省高级人民法院，案号：（2017）甘民终17号；再审法院为最高人民法院，案号：（2017）最高法民申3769号。

故白银市市政工程管理处应当在但某奎不能清偿债务的二分之一范围内承担赔偿责任。思潮公司要求白银市市政工程管理处承担连带清偿责任的诉讼请求一审法院不予支持。

白银市市政工程管理处不服一审判决，提起上诉。

二审法院认为，本案所涉借款关系中出借人思潮公司并非经金融监管部门批准设立的从事贷款业务的金融机构，故一审法院将案由定为借款合同纠纷欠妥，应予纠正，本案案由应定为民间借贷纠纷。根据双方当事人的上诉及抗辩主张，结合庭审查明的事实，本案争议的主要焦点是一审判令白银市市政工程管理处在但某奎不能清偿债务总额的二分之一范围内向思潮公司承担赔偿责任是否正确。关于白银市市政工程管理处提出思潮公司提起诉讼已超过保证期间的问题，保证期间是指法律规定的保证人承担保证责任的期间，即在一定的期间内，如果债权人不向债务人或保证人主张债权，则保证人的保证责任归于消灭的一种制度。《中华人民共和国担保法》第二十六条规定："连带责任保证的保证人与债权人未约定保证期间的，债权人有权自主债务履行期届满之日起六个月内要求保证人承担保证责任。在合同约定的保证期间和前款规定的保证期间，债权人未要求保证人承担保证责任的，保证人免除保证责任。"虽然本案中的担保人白银市市政工程管理处因属无经营性收益的事业单位，其为但某奎的借款所提供的担保依法认定为无效，但是保证合同约定的或者法律规定的保证期间仍然具有法律意义，思潮公司应当在保证期间内向白银市市政工程管理处主张保证责任。本案中思潮公司与但某奎、白银市市政工程管理处签订的借款合同中明确约定借款期限六个月，自2013年10月24日起至2014年4月23日止，白银市市政工程管理处的保证期限为二年，自合同签订之日起生效，故思潮公司应当在借款合同约定的主债务人但某奎还款期届满之次日起两年内，即2016年4月24日前向白银市市政工程管理处主张保证责任，思潮公司未能提供证据证明其在合同约定的保证期间内向白银市市政工程管理处主张过要求其承担保证责任的证据，思潮公司于2016年4月27日方才向一审法院提起诉讼，请求白银市市政工程管理处承担连带清偿责任显然已经超过保证期间，白银市市政工程管理处依法应当免除保证责任及保证无效的赔偿责任，一审法院对该部分事实认定错误，应予纠正。白银市市政工程管理处的该上诉理由成立，予以采信。

思潮公司不服二审判决，提起上诉。

再审法院认为，《中华人民共和国担保法》第九条规定，学校、幼儿园、医院等以公益为目的的事业单位、社会团体不得为保证人。《最高人民法院关于适用〈中华人民共和国担保法〉若干问题的解释》第三条规定，国家机关和以公益为目的的事业单位、社会团体违反法律规定提供担保的，担保合同无效。因此给债权人造成损失的，应当根据《中华人民共和国担保法》第五条第二款的规定处理。《中华人民共和国担保法》第五条第二款规定，担保合同被确认无效后，债务人、担保人、债权人有过错的，应当根据其过错各自承担相应的民事责任。根据上述法律及司法解释的规定，由于白银市市政工程管理处为无经营性收益的事业单位，其为但某奎的借款提供保证担保的行为应属无效。但即使保证合同无效，合同约定的保证期间仍对当事人有约束力，债权人在保证期间内没有向保证人主张权利的，保证人不再承担无效保证的赔偿责任。白银市市政工程管理处作为保证人的保证期间应从借款合同约定的借款期限届满之次日即2014年4月24日开始计算二年至2016年4月24日。思潮公司于2016年4月27日才向一审法院提起诉讼，已经超过约定的保证期间。原判决认定的上述基本事实并不缺乏证据证明。由于思潮公司并未在保证期间内向白银市市政工程管理处主张权利，故白银市市政工程管理处对无效保证的赔偿责任相应免除。因此，原判决这一认定并不存在法律适用错误的问题。

法理解读

本案中，白银市市政工程管理处属于事业单位，其为他人的债务提供保证担保，保证合同无效。由于白银市市政工程管理处对保证合同的无效具有过错，需要承担赔偿责任。此时就涉及一个问题，若是保证期间经过，债权人是否有权请求保证人承担保证责任。换言之，保证合同无效时保证期间是否还需要计算。

对此，存在不同的观点。第一种观点认为，保证合同无效时，保证人需要承担的责任不是担保责任，而是赔偿责任。因此，保证期间是否经过，并不具有法律上的意义，保证人仍然需要对债权人承担保证责任。第二种观点认为，保证合同无效时，保证期间仍然具有法律意义，债权人仍然需要在保证期间内请求保证人承担赔偿责任。这是因为，在保证合同有效的情形下，保证期间经过，保证人就不需要承担保证责任。举重以明轻，保证合同无效时，保证期间经过，保证人应当不需要承担赔偿责任，否则会出现合同无效时债权人获得的利益超过了合同有效时所获得的利益。

本司法解释第33条采纳了第二种观点，规定了保证合同无效时，保证期间仍然具有法律意义，债权人需要在保证期间内主张保证人承担赔偿责任，否则保证人有权拒绝。

回到本案中，思潮公司与但某奎约定的借款期限自2013年10月24日起至2014年4月23日，借款期限6个月。因此，白银市市政工程管理处承担保证责任的保证期间应当是2014年4月24日至2016年4月24日。思潮公司于2016年4月27日提起诉讼，已经超过约定的保证期间，应当认定白银市市政工程管理处无须承担赔偿责任。

第三十四条　人民法院在审理保证合同纠纷案件时，应当将保证期间是否届满、债权人是否在保证期间内依法行使权利等事实作为案件基本事实予以查明。

债权人在保证期间内未依法行使权利的，保证责任消灭。保证责任消灭后，债权人书面通知保证人要求承担保证责任，保证人在通知书上签字、盖章或者按指印，债权人请求保证人继续承担保证责任的，人民法院不予支持，但是债权人有证据证明成立了新的保证合同的除外。

【条文要义】

本条司法解释的条旨是保证期间审查的法官职权主义。

保证期间的主动审查，说的是保证期间是否完成，属于法官职权主义，而不是当事人自由意志所决定的当事人主义。这正是除斥期间与诉讼时效的区别。

保证期间是除斥期间。《民法典》在规定除斥期间时，并没有使用除斥期间的表述，而使用了“存续期间”的表述。这是由于在立法过程中，有人提出除斥期间的表述太生涩，人民群众很难真正理解，因此，在条文中没有使用除斥期间的表述，而使用了存续期间的表述。其实，存续期间这个概念太宽泛了，不能准确地概括除斥期间的内涵，因此，在学理解释和司法实务中还应当继续使用除斥期间这个表述，不使用存续期间的表述。

《民法典》规定除斥期间的条文是第199条。该条规定的内容是：“法律规定或者当事人约定的撤销权、解除权等权利的存续期间，除法律另有规定外，自权利人知道或者应当知道权利产生之日起计算，不适用有关诉讼时效中止、中断和延长的规定。存续期间届满，撤销权、解除权等权利消灭。”所以，除斥期间的性质就是失权期间。

有关除斥期间的基本法理是：

除斥期间也称不变期间，是指法律对某种权利规定的存续期间。其法律意义在于，督促权利人尽快行使权利，超过除斥期间，怠于行使该权利的，则该权利消灭。

除斥期间的适用范围是形成权，包括：（1）撤销权，撤销权是形成权，其权利的存续期间适用除斥期间。（2）解除权，即解除合同的权利，性质属于形成权，解除权人只要将解除合同的意思表示通知对方，即发生解除合同的效力。（3）某些特殊的民事权利，如《民法典》第692条规定的保证期间就是除斥期间。

除斥期间的法律特征是：（1）除斥期间是法定期间，不是当事人约定的期间，也不准许当事人约定，是强制性法律规范。不过，除斥期间是否可以约定，本条规定是可以约定的，学理上坚持认为除斥期间不能由当事人约定。(2) 除斥期间是权利存续期间，是权利被排除、期限被截止的意思，除斥期间完成的后果是该权利消灭。(3) 除斥期间的适用采法官职权主义，不必对方当事人主张，其期间利益不由当事人主动选择，只能被动承受，不能抛弃。

基于除斥期间的上述法律特征，除斥期间与诉讼时效的区别是：(1) 适用范围不同，除斥期间主要适用于形成权，诉讼时效只适用于债权请求权以及其他请求权。(2) 期间的计算方法不同，除斥期间的起算时间一般从权利成立之日计算，不适用中止、中断和延长的规定，诉讼时效期间的起算时间是从当事人知道或者应当知道权利被侵害以及义务人时起算，适用中止、中断或者延长的规定。(3) 法律效果不同，除斥期间完成的法律效果是直接消灭权利，诉讼时效期间完成的法律效果是义务人取得抗辩权，可以对抗请求权。(4) 适用方法不同，除斥期间采法官职权主义，而诉讼时效采当事人主义。

除斥期间届满，撤销权、解除权等权利发生实体消灭的后果，使这些权利永远不复存在。

在以上说明保证期间作为除斥期间的基本特点和与诉讼时效之间的区别中，都特别强调了除斥期间采法官职权主义，而诉讼时效采当事人主义。诉讼时效不允许当事人约定，在诉讼时效期间完成后，当事人产生永久抗辩权，可以直接对抗债权人提出的履行债务的请求权，并且一经行使该抗辩权就会永久对抗该请求权。在诉讼时效期间届满后，如果债务人不提出诉讼时效完成的永久抗辩权，债权人的请求权就继续有效，债务人应当履行债务。这就是《民法典》第 192 条规定的规则，即“诉讼时效期间届满的，义务人可以提出不履行义务的抗辩。诉讼时效期间届满后，义务人同意履行的，不得以诉讼时效期间届满为由抗辩；义务人已经自愿履行的，不得请求返还”。这些体现的都是诉讼时效的当事人主义特征。

除斥期间却不受这些规则的约束。这是因为除斥期间是不变期间，是法定期间，适用除斥期间的规定不是当事人主义而是法官职权主义。所以，人民法院在审理涉及保证合同纠纷案件时，应当依照其职权，审查保证期间是否已经届满的事实，而不论当事人是否主张保证期间已经届满。当事人主张保证期间已经届满的，法官还要进行调查，查清保证期间是否已经届满；当事人没有主张保证期间已经届满的，法官依职权进行调查，确认并可直接认定保证期间已经届满。法官认定保证期间已经届满的，就确认除斥期间完成，债权人请求保证人承担保证责任的请求权就已经消灭，实现了除斥期间就是失权期间的效果。

因此，债权人在保证期间内未依法向保证人主张保证责任的，保证责任消灭，债权人不得再向保证人主张承担保证责任。保证责任消灭后，债权人书面通知保证人要求承担保证责任，即使保证人在通知书上签字、盖章或者按指印的，由于保证人并未承诺继续承担保证责任，因而债权人请求保证人继续承担保证责任的，人民法院不予支持，但是，如果债权人有证据证明债权人与保证人之间已经成立了新的保证合同，就不在此限，应当依照新的保证合同约定承担保证责任。

【案例解读】

郭某与刘某全、游某劳务合同纠纷案①

基本案情

2017年9月2日，游某与刘某全签订了《还款协议》。《还款协议》载明："甲方：游某，乙方：刘某全，乙方于2016年3月23日经第三方介绍，承包甲方总承包项目，惠州市仲恺××师大附属××实验小学建筑工程承包劳务，按合同乙方已向甲方预交了劳务保证金伍拾万元整

① 审理法院：一审法院为广东省惠州市惠城区人民法院，案号：(2019) 粤1302民初4132号；二审法院为广东省惠州市中级人民法院，案号：(2020) 粤13民终2608号。

(¥500000 元)，按合同约定迟迟不能开工，现甲乙双方经协商解除合同并达成如下还款义务。一、甲方承诺在 2017 年 12 月 23 日前付清 2016 年 3 月 23 日到 2017 年 12 月 23 日的所有利息，2018 年 5 月 1 日前还清本金伍拾万元及后续利息；二、计息按月息 2% 计算，计算从 2016 年 3 月 23 日起至还清之日止；三、如甲方失约，乙方保留追诉权及可以同时主张一年多甲方给乙方造成的经济损失 5 万元（其中误工费 150 天 ×200 元 =3 万元，车旅费 5 次 ×4000 元 =2 万元）、律师费 4 万元、诉讼费 1 万元都由甲方承担；……"，该《还款协议》尾部"甲方"处有被告游某的签名，"乙方"处有原告刘某全的签名，"担保方"处有被告郭某的签名，签署时间 2017 年 9 月 2 日。

2019 年 2 月 26 日，原告诉至一审法院，请求判令郭某对游某的上述欠款的清偿承担连带责任。

法院判决

一审法院认为，被告郭某在《还款协议》中"担保方"处签名确认自愿为被告游某债务承担连带清偿责任，现原告要求被告郭某对被告游某的上述债务承担连带责任，于法有据，一审法院亦予以支持。

郭某不服，提起上诉。

二审法院认为，本案二审中双方的争议焦点是：保证期间是否已经届满，何时届满；上诉人是否仍需要承担担保责任。

2017 年 9 月 2 日，游某与刘某全签订了《还款协议》，郭某在《还款协议》的"担保方"一栏签名，《还款协议》对保证方式没有约定。依据《中华人民共和国担保法》第十九条"当事人对保证方式没有约定或者约定不明确的，按照连带责任保证承担保证责任"的规定，郭某系连带责任保证人，应按照连带责任保证承担保证责任。

本案中，游某（甲方）与刘某全（乙方）在《还款协议》第一条约定："甲方承诺在 2017 年 12 月 23 日前付清 2016 年 3 月 23 日到 2017 年 12 月 23 日的所有利息，2018 年 5 月 1 日前还清本金伍拾万元及后续利息。"

依据上述约定，还款期限为2018年5月1日，而刘某全在本案中的起诉时间为2019年2月26日，已超过主债务履行期届满的六个月。依据《中华人民共和国担保法》第二十六条“连带责任保证的保证人与债权人未约定保证期间的，债权人有权自主债务履行期届满之日起六个月内要求保证人承担保证责任。在合同约定的保证期间和前款规定的保证期间，债权人未要求保证人承担保证责任的，保证人免除保证责任”，以及《最高人民法院关于适用〈中华人民共和国担保法〉若干问题的解释》第三十一条“保证期间不因任何事由发生中断、中止、延长的法律后果”的规定，游某与刘某全在《还款协议》中未约定保证期间，刘某全超过主债务履行期届满的六个月保证期间向游某主张债权，应免除连带责任保证人郭某的保证责任。故刘某全主张郭某对游某的债务承担连带清偿责任，缺乏事实和法律依据，不予支持。一审未主动审查保证期间，判决郭某就游某对本案欠款伍拾万元及利息等承担连带清偿责任有误。

法理解读

本案中，游某与刘某全在《还款协议》约定的还款期限截止日为2018年5月1日。那么郭某承担保证责任的期间应当是主债务履行期限届满的6个月，即自2018年5月2日起至2018年11月1日止。刘某全向法院起诉是在2019年2月26日，此时保证期间已经经过。一审法院未对此进行审查，判决了郭某应当承担保证责任；二审法院则查明了保证期间已经经过这一事实，判决免除郭某的保证责任。本案涉及法院是否应当主动审查保证期间的问题。

对此，存在不同的看法。一种观点认为保证期间属于除斥期间，并非诉讼时效，因此法院应当主动进行审查，进而确定保证人的保证责任是否可以免除。更为关键的是，在当事人没有明确表示放弃保证期间利益抗辩的情形下，法院可以主动进行审查，以平衡好各方当事人的利益。[①] 另一

① 林振通：《法院能否主动审查保证期间》，载《人民法院报》2016年8月18日。

种观点认为，保证期间涉及私人利益，并未涉及公共利益，法院无须过度干预。既然当事人未主动提出保证期间经过，应当视为其已经放弃了抗辩的权利，法院并不需要就保证期间是否经过等问题进行考察。[①] 第三种观点认为，保证期间可以分为约定的保证期间以及法定的保证期间，前者无须法院主动审查，后者则可以由法院审查。

本司法解释第34条采纳了第一种观点，认定法院应当主动对保证期间是否经过这一事实进行审查。主要理由在于，保证期间不同于诉讼时效，诉讼时效所影响到的是当事人的胜诉权，并不影响当事人的实体权利义务，而保证期间则并非如此。保证期间是否经过，直接影响到当事人的保证责任是否可以免除。

回到本案中，二审法院判决时，查明保证期间经过这一事实的做法符合本司法解释第34条规定的立法意旨。如果类似的案件继续发生，均应当以二审法院为参照，主动对保证期间是否届满、债权人是否在保证期间内行使权利等事实进行审查。

第三十五条　保证人知道或者应当知道主债权诉讼时效期间届满仍然提供保证或者承担保证责任，又以诉讼时效期间届满为由拒绝承担保证责任或者请求返还财产的，人民法院不予支持；保证人承担保证责任后向债务人追偿的，人民法院不予支持，但是债务人放弃诉讼时效抗辩的除外。

【条文要义】

本条司法解释的条旨是对超过诉讼时效的债务提供保证的效力。

对此，本条司法解释是分成两种情形规定的。

---

① 福建省高级人民法院（2013）闵民终字第84号民事判决书。

1. 保证人在主债务诉讼时效期间届满后自愿承担保证责任

在合同领域中，主债务的诉讼时效届满后，债务人产生抗辩权，如果行使该抗辩权，就可以对抗债权人的请求权，拒绝履行债务。当然，债务人自愿履行债务的，法律并不禁止，而且予以鼓励。这是当事人自己的权利，可以行使也可以不行使，完全依照自己的意愿决定。同样，保证合同也有诉讼时效的问题，在保证合同的诉讼时效期间届满后，保证人也产生拒绝履行保证合同的抗辩权。保证人行使保证合同因诉讼时效届满产生的抗辩权，可以对抗债权人请求保证人承担保证责任的诉讼请求，拒绝履行保证责任。当然，保证人也可以在保证合同的诉讼时效届满后，知道或者应当知道已经超过诉讼时效期间，自愿履行保证责任，使债权人实现保证债权。这是保证人依自己的自由意志所决定，享有是否行使这一权利的自我决定权，他人无权干涉。

但是，保证人一旦选择继续履行保证债务，就不能反悔。这正是《民法典》第 192 条明确的规则，即诉讼时效期间届满的，义务人可以提出不履行义务的抗辩。诉讼时效期间届满后，义务人同意履行的，不得再以诉讼时效期间届满为由进行抗辩；义务人已经自愿履行的，也不得请求返还。所以，对于保证人而言，当主债务的诉讼时效期间届满后自愿履行保证债务，就存在两个问题：

（1）在主债务诉讼时效届满后，保证人自愿承担保证责任，事后又以诉讼时效届满为由主张不承担保证责任的，人民法院不予支持。

（2）保证人对诉讼时效已经届满的债务承担保证责任后，向债务人追偿的，人民法院不予支持。这是因为保证人在主债务诉讼时效期间届满后自愿承担保证责任，由于主债务诉讼时效届满后，债务人就享有抗辩权，所以可以拒绝履行债务。债务人在主债务诉讼时效届满后已经不履行债务，债权人才向保证人提出履行保证责任的请求。在这种情况下，保证人自愿履行保证债务，对诉讼时效已经届满的债务承担保证责任，再向债务人请求追偿的，等于损害了债务人抗辩权所包含的利益，人民法院当然不予支持，但是债务人放弃诉讼时效抗辩的除外。

2. 主债务诉讼时效届满后保证人另行提供保证

同样，保证人对知道或者应当知道已经超过诉讼时效期间的债务另行提供保证，是指主债务的诉讼时效期间已经届满，保证人又应债权人的请求，与债权人签订了保证合同。这等于是保证人对债权人和债务人之间的自然债务提供了保证，不管保证人是否意识到主债权人和债务人之间的债权债务关系由于超过了诉讼时效而成为自然债务，只要保证人对这种自然债务提供了保证，那么这个保证合同就是有效的。

对超过诉讼时效的债务提供的保证，就是对自然债务提供的保证。这样的保证合同成立以后，保证人又请求撤销保证合同或者确认保证合同无效的，因为没有请求撤销保证合同或者确认保证合同无效的理由，所以对于这样的请求，人民法院当然不予支持。不过，这是指一般情形。特别情形是，如果保证人能够举证证明对超过诉讼时效的债务提供保证的合同存在可撤销或者无效事由的，则应当予以准许。这里的可撤销或者无效事由，应当依照《民法典》关于民事法律行为效力的规定和合同编的有关规定确定。例如，债权人采取欺诈或者胁迫手段，要求保证人对超过诉讼时效的债务提供保证，保证人就享有对保证合同的撤销权，在法律规定的除斥期间内请求撤销该保证合同。如果对于超过诉讼时效的债务提供保证的合同违反法律、行政法规的强制性规定，或者违背公序良俗，能够导致对主债务诉讼时效届满后又提供保证的保证合同证明其所无效的，保证人也可以主张该保证合同无效。类似于这样的理由如成立，法院应当依照法律的规定，撤销该保证合同，或者宣告该保证合同无效，使保证人免除对超过诉讼时效期间的自然债务的保证责任。

【案例解读】

陕西国资公司诉韩城矿务局、韩城矿业公司金融不良资产追偿纠纷案①

基本案情

1995年12月27日，韩城建设公司与工商银行韩城市支行签订借款合同一份，约定韩城建设公司向工商银行韩城市支行借款200万元，还款日期为1998年11月15日，韩城矿务局作为保证人承担连带责任。同日，工商银行韩城市支行向韩城建设公司发放贷款200万元。

韩城建设公司未履行还款义务，工商银行韩城市支行依据合同约定，自1999年4月12日起至2004年5月10日止，共6次从韩城矿务局银行账户上划扣借款利息，并通知了韩城矿务局于2001年6月14日扣划担保人韩城矿务局债务利息100元。其间，2002年12月12日，工商银行韩城市支行以公证送达方式向韩城矿务局送达了《督促履行保证责任通知书》。

后来，工商银行韩城市支行将债权转让。多次转让后，原告陕西国资公司成为最终受让人。2013年8月27日，原告国资公司以公证送达的方式向韩城矿务局送达了《债务催收通知书》。

韩城矿务局的企业法人资格仍存在，但被告韩城矿业公司系吸收韩城矿务局的部分资产改制组建成立。国资公司遂向一审法院起诉请求判令二被告对韩城建设公司所欠借款本息互负连带偿还责任。

法院判决

一审法院认为，双方争议的焦点问题是原告起诉是否超过诉讼时效。

原告的诉讼时效应从请求保证人承担保证责任之日起计算诉讼时效，

---

① 审理法院：一审法院为渭南市中级人民法院，案号：（2015）渭中民二初字第00042号；二审法院为陕西省高级人民法院，案号：（2017）陕民终946号。

即应从 1999 年 4 月 12 日起计算诉讼时效。工商银行韩城市支行于 2001 年 6 月 14 日扣划担保人韩城矿务局债务利息 100 元，能够证明工商银行韩城市支行请求韩城矿务局承担保证责任，虽然韩城矿务局履行了支付保证的债务利息 100 元，已超过诉讼时效。但依据《最高人民法院关于〈适用中华人民共和国担保法〉若干问题的解释》第三十五条“保证人对已经超过诉讼时效期间的债务承担保证责任或者提供保证的，又以超过诉讼时效为由抗辩的，人民法院不予支持”的规定，故诉讼时效应从 2001 年 6 月 14 日重新计算。后工商银行韩城市支行分别于 1999 年 4 月 12 日、2001 年 6 月 14 日、2001 年 12 月 3 日、2002 年 1 月 20 日、2002 年 5 月 14 日、2004 年 5 月 10 日从韩城矿务局账户上扣划其担保韩城建设公司的贷款利息 100 元。2002 年 12 月 12 日，工商银行韩城市支行以公证送达方式向韩城矿务局送达了《督促履行保证责任通知书》，以上分别引起诉讼时效中断。2005 年 9 月 26 日，工商银行陕西省分行与长城资产管理公司西安办事处通过《陕西日报》向韩城建设公司和韩城矿务局发出转让通知暨债务催收联合公告、长城资产管理公司西安办事处分别于 2007 年 9 月 16 日、2009 年 9 月 9 日、2011 年 9 月 2 日通过《陕西日报》向韩城建设公司、韩城矿务局发出债权催收公告。长城资产管理公司与原告陕西国资公司于 2012 年 8 月 17 日通过《陕西日报》向韩城建设公司和韩城矿务局发出催收公告，请求债务人及担保人向受让人履行债务偿还义务均引起诉讼时效中断。2013 年 8 月 27 日，原告国资公司以公证送达方式向韩城矿务局送达《债务催收通知书》再次引起诉讼时效中断。故至原告国资公司起诉，并未超过诉讼时效。

韩城矿务局不服一审判决，提起上诉。

二审法院认为，本案争议焦点问题工商银行韩城市支行从 1999 年 4 月 12 日至 2004 年 5 月 10 日共 6 次从上诉人韩城矿务局银行账户上划扣借款利息诉讼时效是否应当重新计算。

借款合同到期后，韩城建设公司未履行还款义务，工商银行韩城市支行依据合同约定，从 1999 年 4 月 12 日至 2004 年 5 月 10 日六次从上诉人韩城矿务局银行账户上划扣借款利息，并通知了韩城矿务局，韩城矿务局对此并未提出异议，即认可工商银行韩城市支行的扣息行为。故应认定上诉人韩城矿务局从1999年4月12日至2004年5月10日仍在履行保证责任。《最高人民法院关于适用〈中华人民共和国担保法〉若干问题的解释》第三十五条规定："保证人对已经超过诉讼时效期间的债务承担保证责任或者提供保证的，又以超过诉讼时效为由抗辩的，人民法院不予支持。"一审判决据此驳回韩城矿务局关于诉讼时效的抗辩适用法律正确。上诉人韩城矿务局关于诉讼时效的上诉理由不能成立。

法理解读

本案中，韩城建设公司与工商银行韩城市支行约定借款的还款期限为1998年11月15日，那么主债务的诉讼时效期间届满日应为1999年11月15日。一旦主债务诉讼时效届满，韩城建设公司就有权以此为由进行抗辩。此时就涉及主债权诉讼时效届满对保证人的影响问题。

关于主债权诉讼时效届满对保证人的影响，原《担保法》及其司法解释未作出规定。《民法典》第701条补充了这一立法漏洞，规定"保证人可以主张债务人对债权人的抗辩。债务人放弃抗辩的，保证人仍有权向债权人主张抗辩"。据此，主债务诉讼时效届满后，保证人有权以此为由拒绝承担保证责任，即使债务人放弃诉讼时效届满这一抗辩事由，保证人仍然有权主张。

那如果保证人在主债权诉讼时效期间届满后继续承担保证责任，又当如何处理？对此，原《最高人民法院关于适用〈中华人民共和国担保法〉若干问题的解释》第35条曾规定："保证人对已经超过诉讼时效期间的债务承担保证责任或者提供保证的，又以超过诉讼时效为由抗辩的，人民法院不予支持。"本司法解释第35条沿袭了这一规则，继续规定保证人对已经超过诉讼时效期间的主债权提供保证或者承担保证责任，不得以诉讼时效届满为由拒绝承担保证责任或者要求返还财产，也不得要求向债务人追偿，但是债务人放弃诉讼时效抗辩的除外。之所以作出这样的规定，是因为保证人对超过诉讼时效的主债权已经提供保证或者承担保证责任，如果允许保证人对该行为进行否认，拒绝承担保证责任或者要求债权人返还责任，将有违诚信原则的要求，不利于对债权人的权利保障。与此同时，保证人也不得向债务人追偿。这是因为，债务人本可以通过诉讼时效届满提出抗辩，拒绝给付。如保证人仍然承担保证责任，不在债务人可预期的范围内，其无须对此负责。但是，如果债务人自愿放弃抗辩，保证人仍然承担保证责任，可以向债务人追偿。这是因为，债务人放弃抗辩，就说明其将承担债务的给付内容。保证人承担保证责任，代其偿还款项，属于其可以预见的范围。对这部分债务，保证人有权向其追偿。

回到本案中，1999 年 11 月 15 日主债务的诉讼时效已经经过。但是 1999 年 4 月 12 日至 2004 年 5 月 10 日，工商银行韩城市支行还分 6 次从韩城矿务局银行账户中扣划利息。在此期间，韩城矿务局未提出任何异议，应当认定其用自己的行为表明了同意继续承担保证责任。此时，韩城矿务局以诉讼时效届满为由提出抗辩，无法得到法院的支持。

此外，韩城矿务局承担保证责任后，也无法就其代偿款项的行为向债务人韩城建设公司追偿。这是因为，主债务诉讼时效届满，韩城建设公司并未表达过自愿放弃诉讼时效抗辩。因而，根据本司法解释第 35 条的规定，韩城矿务局无法向债务人韩城建设公司追偿。

第三十六条　第三人向债权人提供差额补足、流动性支持等类似承诺文件作为增信措施，具有提供担保的意思表示，债权人请求第三人承担保证责任的，人民法院应当依照保证的有关规定处理。

第三人向债权人提供的承诺文件，具有加入债务或者与债务人共同承担债务等意思表示的，人民法院应当认定为民法典第五百五十二条规定的债务加入。

前两款中第三人提供的承诺文件难以确定是保证还是债务

加入的，人民法院应当将其认定为保证。

第三人向债权人提供的承诺文件不符合前三款规定的情形，债权人请求第三人承担保证责任或者连带责任的，人民法院不予支持，但是不影响其依据承诺文件请求第三人履行约定的义务或者承担相应的民事责任。

【条文要义】

本条司法解释的条旨是承诺文件中的增信措施的性质和效力的法律适用规则。

1. 第三人提供差额补足、流动性支持等承诺文件的性质

近年来，上市公司或金融企业、国有企事业单位为规避履行担保的内部董事会或股东（大）会等审批程序和信息披露义务，在融资过程中，金融机构使用和推行了一些新名词和新措施，如信托融资中的“差额补足”“流动性支持”，就是这样的概念和措施。这些增信措施究竟是何种法律属性，在司法实践中存在争论。

2019 年《全国法院民商事审判工作会议纪要》（法〔2019〕254 号）第 91 条规定，信托合同之外的当事人提供第三方差额补足、代为履行到期回购义务、流动性支持等类似承诺文件作为增信措施，其内容符合法律关于保证的规定的，人民法院应当认定当事人之间成立保证合同关系。其内容不符合法律关于保证的规定的，依据承诺文件的具体内容确定相应的权利义务关系，并根据案件事实情况确定相应的民事责任。以上就是本条司法解释的前身和基础。

差额补足的增信措施主要针对两个方面：（1）在信托方面，作为信托当事人（委托人、受托人、受益人）以外的第三人对受益人本金及收益所提供的增信，如收益的差额补足；（2）在信托资金运用方面，对信托公司受托管理信托财产的本金及收益所提供的增信，如信托公司及融资人以外

的第三人差额补足。

流动性支持，通常以承诺函的形式出现，不对出具人形成强制担保责任，一般指的是被支持人处于短期流动性紧缺时，承诺人根据自身的实际情况予以一定程度的支持，来维护被支持人的良好运营状况。在国内的金融产品的资产证券化产品中经常出现，一般是在原始权益人自身的经营性现金流不太充裕的情况下，另外由担保人出具流动性支持承诺函，起到对境外机构的增信作用。流动性支持承诺函的好处是，在发行人有一定流动性危机时，可以提前发现问题，从而触发流动性补偿，不会像担保一样，等到实质性违约时再触发，可以把风险的解决前置化。在实际使用中，承诺函的形式模式化，内容比较空洞，对流动性紧张存在不同理解等，导致操作有一定难度。

差额补足和流动性支持这些增信措施，有可能构成保证，也有可能构成债务加入。对此，应当针对具体情况判断，构成债务加入的，认定为债务加入；构成保证的，依照保证的规则适用法律；难以确定是保证还是债务加入的，应当解释为保证；即使不能解释为债务加入，也不能解释为保证的，也应当依据承诺文件履行义务。

2 增信措施构成保证

差额补足、流动性支持等增信措施，如果当事人的意思表示内容符合法律关于保证的特征规定的，人民法院应当认定当事人之间成立保证合同关系，在法律适用中应当适用保证的规则。这种保证的性质究竟属于一般保证还是连带责任保证，通常认为应当依照一般保证的规则适用法律，依据是：（1）在实践中，相关增信文件将第三人履行债务的前提通常界定为债务人届期“不能”“无法”“无财产”履行债务等条件，与一般保证的特征相似；（2）依照《民法典》第686条第2款关于“当事人在保证合同中对保证方式没有约定或者约定不明确的，按照一般保证承担保证责任”的规定，确认其为一般保证，符合《民法典》的这一规定。

因此，本条司法解释第1款规定，第三人提供差额补足、流动性支持等类似承诺文件作为增信措施，如果其有提供保证的意思表示，债权人请求该第三人承担保证责任的，人民法院应当依照保证的有关规定处理。但书排除的是，对此类保证的差额补足、流动性支持的增信措施，由于不属于严格意义上的保证，因而不适用保证期间的规定。

3. 增信措施构成债务加入

对于差额补足以及流动性支持的增信措施的内容，不符合法律关于保证特征规定的，依据增信措施文件的具体内容确定相应的权利义务关系，可以认定为债务加入。

《民法典》第552条规定："第三人与债务人约定加入债务并通知债权人，或者第三人向债权人表示愿意加入债务，债权人未在合理期限内明确拒绝的，债权人可以请求第三人在其愿意承担的债务范围内和债务人承担连带债务。"这一条文规定的就是债务加入，也被称为并存的债务承担，指原债务人并没有脱离原存的债务关系，第三人又加入原来的债务关系中，与债务人共同承担债务。

构成债务加入的要件：(1) 第三人与债务人约定，第三人加入债务，与债务人共同承担债务；(2) 第三人或者债务人通知债权人，或者向债权人表示，第三人愿意加入债务，与债务人共同承担债务；(3) 债权人同意，或者在合理期限内未明确表示拒绝。符合这三个要件要求的，构成债务加入。

债务加入的效果：(1) 对债权人的效力，债务加入使债权人的债权进一步得到保障，债权人可以向原债务人主张权利，也可以向第三人主张承担清偿责任，但是债权人仅享有一个债权，而不是两个债权；(2) 对原债务人的效力，第三人承诺履行仅为第三人加入原债务，原债务人并不脱离原债权债务关系，仍对债权人负有履行合同的义务，依然享有对债权人的合理抗辩权；(3) 对第三人的效力，是第三人成为债务人，与原债务人一起向债权人承担义务，可以行使原债务人对债权人的抗辩；(4) 对第三人与原债务人关系的影响，是第三人和债务人向债权人并列承担清偿责任，责任性质是连带责任，即第三人在其愿意承担的债务范围内和债务人承担连带债务。

按照本条司法解释第 1 款的规定，人民法院在认定第三人是否构成《民法典》第 552 条规定的债务加入时，应当审查第三人是否具有与债务人共同承担债务的意思表示。如果能够确定第三人具有与债务人共同承担债务的意思表示，就构成债务加入。衡量的标准是上述规定的 4 项要件，符合要求的，就可以认定第三人提供差额补足、流动性支持等类似承诺文件作为增信措施的行为为债务加入，第三人成为新加入的债务人。

与一般债务加入不同的是，一般的债务加入并无履行的先后，应当承担连带责任，而差额补足或者流动性支持的债务加入，一般应当先向原债务人请求，之后才可以请求第三人承担债务。

另外，法定代表人以公司名义与债务人约定加入债务并通知债权人，或者向债权人表示愿意加入债务，应当履行董事会或股东（大）会的审批手续，否则，可能存在加入无效的风险。

4. 难以确定是保证还是债务加入的为保证

如果提供差额补足或者流动性支持等增信措施的第三人，既不能确定有共同承担债务的意思表示，也不能确定有提供担保意思表示的，但是第三人明确表示愿意承担责任的，按照“就低不就高”的原则，应当认定为保证，确定第三人承担保证责任，而不认定为债务加入。

5. 既不符合债务加入也不符合保证的依照约定履行义务

第三人向债权人提供的承诺文件不符合本条前款规定的情形，既不构成债务加入，又不构成保证的，不能认定为债务加入或者保证。债权人依据承诺文件请求第三人承担连带责任或者保证责任的，因为既不构成债务加入也不构成保证，因而人民法院不予支持，但是，不影响其依据承诺文件请求第三人履行义务，那就是，约定承担什么义务，就应当履行什么义务；约定承担什么责任，就应当承担什么责任。

【案例解读】

华融公司与凯迪生态公司金融借款合同纠纷案[①]

基本案情

2017年6月23日，华融公司与凯迪能源公司、凯迪电力公司签订《信托贷款合同》，约定：华融公司为贷款人，凯迪能源公司为借款人，凯迪电力公司为共同债务人；贷款人同意以其设立的“华融·阳光凯迪信托贷款集合资金信托计划”（以下简称信托计划）募集的信托资金向借款人和共同债务人发放贷款。贷款金额不超过5亿元，实际贷款金额以借款借据载明的金额为准。

2017年6月23日，华融公司与凯迪生态公司签订了《差额补足合同》，约定：差额补足义务人为凯迪生态公司，债权人为华融公司，主债务人为凯迪能源公司和凯迪电力公司。差额补足义务人为主债务人履行《信托贷款合同》约定的全部义务承担差额补足责任。差额补足责任是指，如主债务人无法按照《信托贷款合同》的约定履行支付贷款本金、利息、复利、罚息、违约金、赔偿金及其他任何应付款项的义务，则债权人有权不经任何前置程序要求差额补足义务人立即向债权人支付主债务人的应付未付债务。本合同项下的差额补足义务人所应履行差额补足责任的范围包括主合同项下全部债务，包括但不限于全部贷款本金、利息、复利、罚息、违约金、赔偿金及主债务人应向债权人支付的其他款项、债权人实现债权与差额补足权利而发生的费用（包括但不限于诉讼费、仲裁费、财产保全费、差旅费、执行费、评估费、拍卖费、公证费、送达费、公告费、律师费等）。本合同项下差额补足义务人在主债务人未能完全按照《信托

① 审理法院：一审法院为北京市高级人民法院，案号：（2018）京民初74号；二审法院为最高人民法院，案号：（2019）最高法民终560号。

贷款合同》的约定支付任何款项时，差额补足义务人应当立即承担差额补足义务，并承诺不对此提出任何抗辩。差额补足义务人未能（或者明确表示或以行为表明其不会）完全适当地履行其在本合同项下的任何承诺、保证、义务或责任均构成差额补足义务人在本合同项下的违约事件。主债务人未能按期足额偿还主合同债务、未支付主合同项下的任何款项，或者发生主合同项下的任何违约事件，华融公司有权直接要求差额补足义务人履行差额补足义务。合同还约定了其他条款。其中，第2.3条约定："债权人对差额补足义务人拥有要求其履行差额补足责任的债权，适用诉讼时效的相关规定。"第9.2条约定："主合同的任何条款或内容被依法撤销或被认定为无效时，本合同的条款和内容的效力不受影响，仍为有效。"华融公司和凯迪生态公司均加盖了公章，凯迪生态公司法定代表人李某芝签字。此外，《差额补足合同》并未通过凯迪生态公司股东会决议。

2018年4月28日，华融公司分别向凯迪能源公司、凯迪电力公司、凯迪生态公司发出催告函，要求凯迪能源公司和凯迪电力公司支付逾期支付利息产生的复利，要求凯迪生态公司承担差额补足责任。同时，要求凯迪能源公司、凯迪电力公司、凯迪生态公司在2018年5月4日前，就贷款利息逾期、未支付复利及财务状况恶化事宜向华融公司作出合理说明，并就如何确保按期偿还华融公司贷款本息及其他相关款项将采取的措施进行说明。如果凯迪能源公司、凯迪电力公司、凯迪生态公司未在规定时间内提供使华融公司满意的补救措施，华融公司将有权按照合同约定宣布信托贷款加速到期并收取违约金。

因到期未还款，华融公司向一审法院起诉请求：凯迪能源公司、凯迪电力公司立即连带清偿欠付华融公司的贷款本金、利息；凯迪生态公司对凯迪能源公司、凯迪电力公司的上述各项清偿责任承担差额补足责任。诉讼中，华融公司明确其第7项诉讼请求中的"差额补足责任"为凯迪生态公司对凯迪能源公司和凯迪电力公司的债务所作出的共同的债务负担的意思表示。

法院判决

一审法院认为，华融公司与凯迪生态公司签订的《差额补足合同》约定，凯迪能源公司、凯迪电力公司未能按期足额偿还主合同债务、未支付主合同项下的任何款项，或者发生主合同项下的任何违约事件，华融公司有权不经任何前置程序，直接要求凯迪生态公司履行差额补足义务。如果作为上市公司的凯迪生态公司按照《差额补足合同》的约定承担相应责任，将会造成凯迪生态公司净资产的减少，给凯迪生态公司及其公众投资者带来潜在风险，并将直接影响证券市场秩序等公共利益问题。故一审法院依职权对《差额补足合同》的性质和效力进行审查。

《中华人民共和国担保法》第六条规定："本法所称保证，是指保证人和债权人约定，当债务人不履行债务时，保证人按照约定履行债务或者承担责任的行为。"按照《差额补足合同》的约定，其中关于差额补足责任的定义显然与担保法对于保证的定义相符，故案涉《差额补足合同》的性质应认定为保证。对于华融公司关于《差额补足合同》为共同的债务负担的意见，一审法院认为，判断案涉《差额补足合同》是保证还是共同的债务负担，应根据合同约定的内容确定。按照《差额补足合同》的约定，凯迪生态公司的差额补足责任是建立在主债务人凯迪能源公司和凯迪电力公司无法按照《信托贷款合同》的约定履行还本付息义务的基础上，即凯迪生态公司为主债务人凯迪能源公司和凯迪电力公司的债务负责。显然，《差额补足合同》的性质并非共同的债务负担而应为保证。在本案诉讼中，一审法院已就案涉《差额补足合同》的性质认定向华融公司行使释明权，华融公司仍然坚持其共同债务负担的主张。

对于该保证的效力，一审法院认为，首先，按照《中华人民共和国公司法》第十六条第二款的规定，公司为公司股东或者实际控制人提供担保的，必须经股东会或者股东大会决议。《凯迪生态环境科技股份有限公司章程》规定：公司对股东、实际控制人及其关联方提供的担保，须经股东大会审议通过。凯迪生态公司为其股东凯迪能源公司提供保证，未经股东大会审议通过，仅通过董事会作出决议，违反了《中华人民共和国公司法》的相关规定，亦有悖于凯迪生态公司的公司章程。凯迪生态公司法定代表人李某芝虽然可以代表公司，但其应在法律、公司章程规定的权限范围内活动。凯迪生态公司董事会亦应按照章程规定，执行股东大会决议，在股东大会授权范围内决定公司对外担保等事项。李某芝以及凯迪生态公司董事会违反《中华人民共和国公司法》第十六条以及凯迪生态公司的公司章程的规定作出的保证的意思表示，均已超越其各自的权限，相关代表行为应属越权担保。

其次，《最高人民法院关于适用〈中华人民共和国担保法〉若干问题的解释》第十一条规定："法人或者其他组织的法定代表人、负责人超越权限订立的担保合同，除相对人知道或者应当知道其超越权限的以外，该代表行为有效。"本案中，凯迪生态公司法定代表人李某芝和相关董事会决议对凯迪生态公司是否生效，取决于华融公司对于李某芝和凯迪生态公司董事会的越权担保行为是否知晓。华融公司作为专业的金融机构，应当严格依据《中华人民共和国公司法》《中华人民共和国担保法》《最高人民法院关于适用〈中华人民共和国担保法〉若干问题的解释》等法律法规以及相关行业监管部门的规定，加强对作为上市公司的凯迪生态公司提供担保的合法合规性的审查。《中华人民共和国公司法》第十六条已经对公司为股东提供担保作出了限制性规定，该规定不仅调整公司的内部管理实务，亦规范公司外部交往事务，该规定具有公示的效力，华融公司应当知晓。凯迪生态公司作为上市公司，其公司章程是对外公开的，凯迪生态公司对股东提供担保须经股东大会审议通过是其公司章程明文规定的，华融公司对此亦应知晓。因此，凯迪生态公司为股东借款提供保证需经股东会决议，属于华融公司"应当知道"的内容。

本案中，华融公司仅以李某芝签字确认的《差额补足合同》和凯迪生态公司董事会决议作为其履行必要注意义务的依据，显然不符合相关法律法规和凯迪生态公司章程的规定。华融公司应当知道《差额补足合同》未经凯迪生态公司股东会决议，属于越权担保。对此，华融公司存在过错，不能被认定为善意相对人，《差额补足合同》对凯迪生态公司不产生约束力。故华融公司依据《差额补足合同》对凯迪生态公司的相关诉讼请求，不予支持。对于华融公司关于5亿元贷款中的绝大部分由凯迪生态公司实际使用，故应为共同债务负担的意见，一审法院认为，依据合同相对性原则，无论是《信托贷款合同》还是《账户监管合同》，均系华融公司与凯迪能源公司、凯迪电力公司签订，凯迪生态公司并未签订上述合同，所以《信托贷款合同》和《账户监管合同》约束的是华融公司与凯迪能源公司和凯迪电力公司。华融公司以资金流向认定凯迪生态公司是实际融资方，缺乏事实和法律依据。一审法院对于华融公司的此项主张，不予支持。

华融公司不服一审判决，提起上诉。

二审法院认为，本案争议焦点为：案涉《差额补足合同》的性质和效力应当如何认定。

1. 关于《差额补足合同》的性质认定问题

华融公司一审主张《差额补足合同》的性质为共同的债务负担，二审则主张为借款合同，而凯迪生态公司二审则抗辩为保证合同，双方对此各执一词。本院认为，由于双方约定的“差额补足合同”名称并非我国法律规定的有名合同，故判断《差额补足合同》的性质，应根据合同主要内容，尤其是对差额补足责任的界定予以综合分析认定。《差额补足合同》约定的差额补足责任是指“如主债务人无法按照《信托贷款合同》的约定履行支付贷款本金、利息、复利、罚息、违约金、赔偿金及其他任何应付款项的义务，则债权人有权不经任何前置程序要求差额补足义务人立即向债权人支付主债务人的应付未付债务”。从双方对差额补足含义的界定来看，显然与《中华人民共和国合同法》第一百九十六条规定的借款合同含义即“借款人向贷款人借款，到期返还借款并支付利息的合同”不符，而是符合《中华人民共和国担保法》第六条对保证的定义，即“保证人和债权人约定，当债务人不履行债务时，保证人按照约定履行债务或者承担责任的行为”。此外，《差额补足合同》也缺乏借款种类、用途、数额、利率、期限和还款方式等借款合同一般条款。相反，《差额补足合同》约定主合同为《信托贷款合同》，主债务人为凯迪能源公司、凯迪电力公司，差额补足责任范围为主合同项下的全部债务等约定，均符合保证合同从属性的法律特征。由此可见，无论是从《差额补足合同》核心条款的文义解释来看，还是从合同体系解释来看，该合同的性质均符合保证合同的法律特征。

至于《差额补足合同》约定的诉讼时效条款以及合同效力独立性条款是否影响保证合同性质认定的问题。本院认为，《差额补足合同》虽约定华融公司对凯迪生态公司所享有的差额补足责任的债权适用诉讼时效，但并未明确排除该合同适用保证期间，故该约定并不影响保证性质的认定。而《差额补足合同》约定该合同效力不受《信托贷款合同》效力影响，违反《中华人民共和国物权法》第一百七十二条关于"担保合同是主债权债务合同的从合同。主债权债务合同无效，担保合同无效，但法律另有规定的除外"之规定，导致无效，但该无效仅导致该条款无效，并不影响合同性质的认定。

华融公司主张，凯迪生态公司主导案涉有关合同的洽商、缔结与履行全过程，且实际使用绝大部分信托贷款，存在间接融资行为，其签订《差额补足合同》的真实意思表示系承担间接融资的还款责任。对此，本院认为，《差额补足合同》签订时，凯迪能源公司系凯迪生态公司股东之一，同时系凯迪电力公司的全资股东，在凯迪生态公司、凯迪能源公司、凯迪电力公司系关联公司的情况下，凯迪生态公司员工纪某婷与华融公司沟通联系案涉信托贷款事宜，且凯迪能源公司、凯迪电力公司共同向本院出具《情况说明》，认可委托纪某婷代办有关事宜，而纪某婷对此也予以认可，因此纪某婷作为凯迪生态公司员工身份并不足以证明凯迪生态公司存在间接融资行为。而凯迪生态公司召开融资专项董事会的会议名称虽使用"融资"二字，但内容为同意凯迪生态公司履行差额补足义务，该会议名称亦不足以证明其存在间接融资行为。至于凯迪生态公司实际使用绝大部分信托贷款资金的问题。华融公司签订的《信托贷款合同》约定资金用途之一即为用于凯迪电力公司向凯迪生态公司支付越南升龙项目的分包工程款及采购款，其签订的《账户监管合同》也约定监管账户内的资金用于凯迪电力公司向凯迪生态公司支付越南升龙项目工程款，在越南升龙项目工程款债权客观存在的情况下，大部分信托贷款经由凯迪电力公司最终流向凯迪生态公司，符合上述合同目的，亦为华融公司签约时所能预见。因此，华融公司上诉主张凯迪生态公司存在间接融资行为，《差额补足合同》实为借款合同，亦缺乏充分的事实依据和法律依据。

综上，一审法院认定《差额补足合同》的性质为保证合同，并无不当，二审法院予以维持。

2. 关于《差额补足合同》的效力认定问题

根据已查明的事实，凯迪生态公司为其股东凯迪能源公司、关联公司凯迪电力公司提供担保，并未经股东大会决议，仅经董事会决议。《中华人民共和国公司法》第十六条第二款规定："公司为公司股东或者实际控制人提供担保的，必须经股东会或者股东大会决议。"该规定是对法定代表人代表权进行限制的强制性规范，意味担保行为并非法定代表人所能单独决定的事项，必须以公司股东会或者股东大会决议作为授权的基础和来源。本案中，《差额补足合同》虽由凯迪生态公司加盖公章，并由时任法定代表人李某芝签字，但由于未经股东大会决议，仅经董事会决议，故法定代表人对外签订的保证合同，属于未经授权擅自为他人提供的担保，构成越权代表。根据《中华人民共和国合同法》第五十条关于法定代表人越权代表的规定，区分订立合同时债权人是否善意认定合同效力。如果债权人善意，则合同有效，反之，合同无效。法律一旦经过颁布实施，则推定明知，华融公司作为专业的金融机构，应当知悉上述规定，且凯迪生态公司的章程亦明确规定凯迪生态公司对股东、实际控制人及其关联方提供的担保，须经股东大会审议通过，而上市公司凯迪生态公司的章程是对外公开的，华融公司也应当知晓上述章程规定。因此，凯迪生态公司签订《差额补足合同》时，未经股东大会决议，华融公司对此未尽审慎注意义务，主观上存在过错，并非善意第三人，在凯迪生态公司对此不予追认的情况下，《差额补足合同》无效。

一审法院经审理后认定《差额补足合同》的性质为保证并依法释明后，华融公司仍然坚持合同的性质为共同的债务负担，拒绝变更诉讼请求，故一审法院判决驳回其诉讼请求，并无不当。在《差额补足合同》被认定无效后，凯迪生态公司应否承担其他责任的问题，华融公司可另诉解决。

综上所述，华融公司的上诉请求不能成立。故法院判决驳回上诉，维持原判。

法理解读

本案的争议焦点之一在于，案涉《差额补足合同》究竟应当认定是保证还是债务加入。

对此，原《担保法》及原《最高人民法院关于适用〈中华人民共和国担保法〉若干问题的解释》均未作出规定。《全国法院民商事审判工作会议纪要》第91条结合司法实务经验，规定了增信文件的性质，即"信托合同之外的当事人提供第三方差额补足、代为履行到期回购义务、流动性支持等类似承诺文件作为增信措施，其内容符合法律关于保证的规定的，人民法院应当认定当事人之间成立保证合同关系。其内容不符合法律关于保证的规定的，依据承诺文件的具体内容确定相应的权利义务关系，并根据案件事实情况确定相应的民事责任"。本司法解释第36条在这一条文的基础上，规定了按照当事人之间的意思表示来确定第三人应当承担的责任属于保证、债务加入还是其他形式的责任。

于此之中，最为关键的是判断当事人是具有债务加入还是保证的意思表示。

《民法典》第552条规定了债务加入，即"第三人与债务人约定加入债务并通知债权人，或者第三人向债权人表示愿意加入债务，债权人未在合理期限内明确拒绝的，债权人可以请求第三人在其愿意承担的债务范围内和债务人承担连带责任"。第681条规定了保证合同，即"保证合同是为保障债权的实现，保证人和债权人约定，当债务人不履行到期债务或者发生当事人约定的情形时，保证人履行债务或者承担责任的合同”。

可见，债务加入与保证的根本不同之处在于是否具有从属性。债务加入属于并存的债务承担，任何一个债务人与债权人形成的债权债务关系都是平等的，不具有任何从属性。保证属于担保，债权人与债务人形成的法律关系是主债务法律关系，债权人与保证人形成的法律关系是从债务法律关系，二者必须遵循从属性的要求。如果是债务加入，债权人有权请求任一债务人进行给付，而无须按照一定的顺序来请求。如果是保证，则又应当区分是一般保证还是连带保证。如果是一般保证，则债权人只有就主债务人的债务被强制执行后，才有权请求一般保证人承担保证责任。如果是连带保证，则债权人在主债务人不履行债务时，即可请求连带保证人承担保证责任。不过，不论是一般保证还是连带保证，都有前置性的要求，即债权人必须先确定主债务人不履行债务或者不能履行债务。

回到本案中，应当根据案涉《差额补足合同》约定的内容来确定，其属于保证还是债务加入。对此，必须进行合同解释的作业。《民法典》第142条第1款规定了对合同进行解释时，应当按照所使用的词句，结合相关条款、行为的性质和目的、习惯以及诚信原则，确定意思表示的含义。从文义解释上看，《差额补足合同》约定了“主债务人未能按期足额偿还主合同债务、未支付主合同项下的任何款项，或者发生主合同项下的任何违约事件，华融公司有权直接要求差额补足义务人履行差额补足义务”。从该约定的文义中可以看出，凯迪生态公司承担的差额补足责任具有从属性，是从属于主债务的保证债务。从体系解释上看，《差额补足合同》并未约定有关借款利率、期限等内容，而是约定了差额补足责任应当承担的范围等。因此，从体系的角度考虑，凯迪生态公司的承担差额补足责任并不是债务加入，而是保证。从行为的性质和目的上看，《差额补足合同》第9.2条约定了“主合同的任何条款或内容被依法撤销或被认定为无效时，本合同的条款和内容的效力不受影响，仍为有效”，这是为了担保任何情形下债权人的债权都能得到实现。如果是债务加入，《差额补足合同》就不需要约定该条款。

可见，《差额补足合同》约定的内容具有从属性的法律特征，应当认定双方的意思表示为保证，而非债务加入。

退一步而言，如果在进行合同解释作业时，依旧无法确认《差额补足合同》所表达的意思是保证还是债务加入时，也不应当将其推定为债务加入，而是应当将其推定为保证。这是因为，与债务加入相比，保证债务不论是在履行顺序还是履行范围方面，都更具有优越性，对第三人更为有利。这与《民法典》第686条第2款“当事人在保证合同中对保证方式没有约定或者约定不明确的，按照一般保证承担保证责任”之规定的立法意旨相一致。

三、关于担保物权

（一）担保合同与担保物权的效力

第三十七条 当事人以所有权、使用权不明或者有争议的财产抵押，经审查构成无权处分的，人民法院应当依照民法典第三百一十一条的规定处理。

当事人以依法被查封或者扣押的财产抵押，抵押权人请求行使抵押权，经审查查封或者扣押措施已经解除的，人民法院应予支持。抵押人以抵押权设立时财产被查封或者扣押为由主张抵押合同无效的，人民法院不予支持。

以依法被监管的财产抵押的，适用前款规定。

【条文要义】

本条司法解释的条旨是不能办理抵押登记的抵押合同的效力。

1. 不能办理抵押登记的抵押合同效力存在的情形

抵押权人和抵押人订立抵押合同设立抵押权，按照《民法典》第402条规定，以《民法典》第395条第1款第1项至第3项规定的财产或者第5项规定的正在建造的抵押物抵押的，应当办理抵押登记，抵押权自登记时设立。这里规定的抵押财产，是建筑物和其他土地附着物，建设用地使用权，海域使用权，正在建造的建筑物、船舶、航空器。这些抵押财产都是不动产或者准不动产。以这些不动产或者准不动产设立抵押权，应当经过登记，办理了抵押登记后抵押权开始生效。《民法典》第403条规定，以动产抵押的，抵押权自抵押合同生效时设立；未经登记，不得对抗善意第三人。本条司法解释规定的不能办理抵押登记的抵押合同的效力，是指《民法典》第402条规定的以不动产或者准不动产设立抵押，进行设立登记后抵押权才设立的情形。在这种情形下，抵押合同成立与抵押权生效并不在同一个时间，因此才出现不能办理抵押登记的抵押合同效力的问题。以动产设立抵押权，抵押合同成立与抵押权生效在同一个时间点，只是未经登记的动产抵押权不能对抗善意第三人，在司法实践中不可能适用本条司法解释。

以不动产设立抵押权，双方设立抵押权的意思表示一致，合同就成立并生效。在抵押合同生效以后，应当进行抵押权设立登记，在登记完成时抵押权设立。在这样一个合同生效与抵押权生效的期间内，如果抵押财产存在瑕疵，就有可能无法实现抵押权的登记，因而尽管抵押合同生效，但是抵押权并没有设立，因而就出现了不动产抵押设立了抵押合同，但是由于没有登记而不产生抵押权的后果。在这种情况下，就存在适用本条司法解释规定的情形。

以财产设立抵押合同，因抵押财产存在瑕疵的情形包括：

（1）所有权、使用权不明或者有争议的财产。所有权、使用权不明的财产，是该抵押财产的权属不明确归属于谁，不能确定谁是这个财产的所有权、使用权人；有争议的财产，是指此种抵押财产虽然不是权属不明，但是两个以上的民事主体对该项财产的权属发生争议。对此的处理办法是，经审查构成无权处分的，人民法院应当依照《民法典》第311条关于善意取得的规定处理。第311条规定的内容是：“无处分权人将不动产或者动产转让给受让人的，所有权人有权追回；除法律另有规定外，符合下列情形的，受让人取得该不动产或者动产的所有权：（一）受让人受让该不动产或者动产时是善意；（二）以合理的价格转让；（三）转让的不动产或者动产依照法律规定应当登记的已经登记，不需要登记的已经交付给受让人。受让人依据前款规定取得不动产或者动产的所有权的，原所有权人有权向无处分权人请求损害赔偿。当事人善意取得其他物权的，参照适用前两款规定。”符合上述规定的无权处分，抵押权也构成善意取得，取得的抵押权也具有法律效力。

（2）依法被查封或扣押的财产。已经被查封或者被扣押的财产，都是被法院等司法机关或者有权机关进行了查封或者扣押，以限制其流转，因而不能进行抵押权登记。抵押权人请求行使抵押权，经审查查封或者扣押措施已经解除的，就不存在行使抵押权的障碍了，因而人民法院应当支持抵押权人行使抵押权的请求。没有解除查封或者扣押的抵押财产，抵押权依然成立，但是应当等到查封或者扣押解除后，才能够行使抵押权。如果抵押人以抵押权设立时财产被查封或者扣押为由主张抵押合同无效的，法院不予支持。

（3）以依法被监管的财产。例如，在海关监管期间的财产是暂时不能流通的财产，也不能进行抵押权登记。但是，抵押权人请求行使抵押权的，经审查海关监管措施已经解除的，也就不存在抵押权行使的障碍了，因而对其行使请求权行为的主张，法院应予支持。抵押人以抵押权设立时财产被监管为由主张抵押合同无效的，法院不予支持。

（4）因其他原因不能设定担保的财产。除上述列举的财产外，无论什么样的财产只要是不能进行抵押权登记，都属于不能办理抵押登记的抵押财产。

以上述这些不能办理抵押登记的财产订立了抵押合同，但是不能进行抵押登记设定担保物权的，虽然不能设立抵押权，但是就抵押合同而言，其效力却不受影响，抵押合同仍然成立。因此，本条司法解释规定，以这些不能办理抵押登记的财产设立的抵押合同，由于不能办理抵押权登记而不发生抵押权，但是并不影响担保合同的效力。也就是说，以不能办理抵押登记的抵押财产设立的抵押合同，该抵押合同有效，对债权人和抵押人双方之间具有法律拘束力。

2. 不能办理抵押登记的抵押合同因不能办理登记的违约损害赔偿责任

当不能办理抵押登记的抵押合同因不能办理抵押登记，债权人无法获得抵押权，就提供抵押财产设定抵押的一方当事人，因其提供的财产不能办理抵押登记，构成违约行为，虽然是客观不能，但是该方当事人在主观上是有过错的。既然提供抵押财产的一方因提供的抵押财产瑕疵不能办理抵押登记而不能产生抵押权，就发生了违约责任，违约的一方应当就因不能产生抵押权给对方当事人造成的损害承担赔偿责任。因此，本条司法解释规定，因不能办理登记给债权人造成损失，债权人请求担保人在约定的担保财产价值范围内承担违约责任的，人民法院应予支持。这就确定了这种不能办理抵押登记的抵押合同虽然发生了效力，但是由于提供抵押财产的一方的违约行为，使对方当事人不能取得应当取得的抵押权，丧失了对自己依法享有的债权得以实现的保障，因而确认其应当承担违约损害赔偿责任，是完全有道理的。

对于这种损害赔偿的违约责任，应当以不能获得抵押权的债权人其债权受到的损失为限，确定具体的赔偿数额。确定具体赔偿数额的标准是，实事求是地以债权受到损害而造成的实际损失作为赔偿标准，但不得超过担保物权有效设立时担保人应当承担的责任。怎样理解不得超过担保物权有效设立时担保人应当承担的责任，应当以债权人如果取得了抵押权其债权应当受到保障的范围，因抵押权没有取得而债务人在其应受抵押权保障的未能清偿部分的债权利益为限。实际上就是该抵押权登记后，债务人不能清偿，而能够得到该抵押权保障的债务部分。以此作为赔偿的标准，可以低于这个标准，但是不能超过这个标准。

【案例解读】

金塔公司、富某借款合同纠纷再审审查与审判监督案[①]

基本案情

2015年5月2日，富某与黄某勤签订《借款协议》约定：黄某勤因经营需要向富某借款5200万元，以实际出借金额为准；……金塔公司以金塔煤矿的采矿权为本协议项下的借款提供抵押担保，以金塔煤矿55%的股权为本协议项下的借款提供质押担保……富某、黄某勤、王某在合同尾部签字，金塔公司由法定代表人黄某勤签字盖章。《借款协议》第9.1条约定：黄某勤、金塔公司承诺己方所有的金塔煤矿采矿权证和质押部分股权真实、合法、有效，未经查封、设定抵押或其他任何权利限制，具有完整权利。

同日，富某与金塔公司签订的《采矿权抵押合同》约定：为确保前述《借款协议》的履行，保障富某债权的实现，金塔公司愿为黄某勤的债务提供抵押担保。抵押财产为“抵押财产清单”所列之财产，记载与权利证书或登记机关的登记簿相关记载不一致的，以权利证书或登记机关的登记簿相关记载为准……富某在合同尾部签字，金塔公司由法定代表人黄某勤签字盖章。《采矿权抵押合同》第8.4条还约定，金塔公司提供给富某的一切与抵押财产有关的资料和信息均是真实合法、准确完整的。

上述合同签订后，未向登记机关进行抵押、质押登记。事实上，金塔公司本身并不持有金塔煤矿55%的股权。富某与黄某勤、金塔公司等人在订立《借款协议》和《采矿权抵押合同》时，用于担保的股权及采矿权均已被相关人民法院采取财产保全措施。

---

① 审理法院：一审法院为浙江省高级人民法院，案号：（2019）浙民终49号；二审法院为最高人民法院，案号：（2019）最高法民申5739号。

黄某勤到期不归还欠款，富某向法院起诉，要求黄某勤归还借款本金，支付利息，王某承担保证责任，就金塔公司的股权和采矿权优先受偿。法院作出656号生效判决，黄某勤归还借款本息，王某对黄某勤债务承担连带清偿责任。至于担保物权的实现，因未办理登记，法院未予以支持。

富某向法院起诉，以担保合同无效为由请求金塔公司对黄某勤的债务承担连带赔偿责任。

法院判决

一审法院认为，本案系富某以担保合同无效为由请求金塔公司对656号民事判决中黄某勤的债务承担连带赔偿责任，与前诉的诉讼标的和诉讼请求均不同，不符合《最高人民法院关于适用〈中华人民共和国民事诉讼法〉的解释》第二百四十七条规定的构成重复起诉的要件，金塔公司主张本案属于重复起诉的依据不足。根据已经查明的事实，金塔公司本身并不持有金塔煤矿55%的股权，且富某与黄某勤、金塔公司等人在订立《借款协议》和《采矿权抵押合同》时，用于担保的股权及采矿权均已被人民法院采取财产保全措施。根据《中华人民共和国物权法》第一百八十四条和第二百零九条的规定，又根据《最高人民法院关于适用〈中华人民共和国担保法〉若干问题的解释》第五条的规定，依法被查封、扣押、监管的财产，不得抵押；法律、行政法规禁止转让的动产不得出质；以法律、法规禁止流通的财产或者不可转让的财产设定担保的，担保合同无效。据此，金塔公司和富某订立的《采矿权抵押合同》、在《借款协议》中订立的股权质押条款均属于无效合同。根据《最高人民法院关于适用〈中华人民共和国担保法〉若干问题的解释》第七条的规定，主合同有效而担保合同无效，债权人无过错的，担保人与债务人对主合同债权人的经济损失，承担连带赔偿责任；债权人、担保人有过错的，担保人承担民事责任的部分，不应超过债务人不能清偿部分的二分之一。本案中，金塔公司在合同中承诺其所有的金塔煤矿采矿权和出质股权没有权利瑕疵，且富某对于抵押合同和质押合同的无效均无过错，根据前述规定，金塔公司与黄某勤对主合同债权人即富某的经济损失依法应当承担连带赔偿责任。

金塔公司不服一审判决，提起上诉。

二审法院认为，本案二审的争议焦点为：本案担保合同无效的过错责任由谁承担。根据已经查明的事实，金塔公司以金塔煤矿55%的股权为《借款协议》项下借款提供质押担保，实质为黄某勤以其个人在金塔公司中所持的55%股权为案涉借款协议提供质押担保，因此，金塔公司不是质押担保合同中的当事人，不存在有过错的前提条件。同时，黄某勤代表金塔公司还与富某签订了《采矿权抵押合同》，约定金塔公司以其煤矿采矿权为黄某勤上述借款提供抵押担保。担保人金塔公司和债权人富某对造成案涉抵押担保合同无效均有过错。（1）《中华人民共和国物权法》第一百八十四条和《最高人民法院关于适用〈中华人民共和国担保法〉若干问题的解释》第五条规定，依法被查封、扣押、监管的财产，不得抵押；以法律、法规禁止流通的财产或者不可转让的财产设定担保的，担保合同无效。具体到本案，金塔公司与富某在订立案涉采矿权抵押合同时，用于担保的金塔公司煤矿采矿权已被人民法院查封，该抵押合同因违反法律效力性强制性规定而无效。金塔公司明知煤矿采矿权有权利瑕疵仍为他人提供抵押担保，存在过错。（2）《中华人民共和国公司法》第十六条规定："……公司为公司股东或者实际控制人提供担保的，必须经股东会或者股东大会决议。前款规定的股东或者受前款规定的实际控制人支配的股东，不得参加前款规定事项的表决。该项表决由出席会议的其他股东所持表决权的过半数通过。"根据法律一经公布即推定所有人明知及不知法律不免责的法理，公司担保相对人在接受担保时，对有关公司董事会或者股东会决议负有必要的形式审查义务，否则不构成善意相对人，该担保行为对公司不发生效力。具体到本案，富某在接受金塔公司所提供的抵押担保时，应当要求对方提供金塔公司同意为股东黄某勤提供担保的股东会决议，并负有必要的形式审查义务；富某曾担任金塔公司法定代表人，且又系金塔公司股东同益公司的法定代表人，其应当知道金塔公司章程规定金塔公司为股东提供担保需经股东会决议，而其仍未要求担保人提供有关公司股东会决议并作必要的形式审查，不构成善意相对人，对案涉抵押担保合同无效，富某亦有过错。综上，原审法院相关认定不当，应予纠正。另外，根据《最高人民法院关于适用〈中华人民共和国担保法〉若干问题的解释》第七条“主合同有效而担保合同无效，债权人无过错的，担保人与债务人对主合同债权人的经济损失，承担连带赔偿责任；债权人、担保人有过错的，担保人承担民事责任的部分，不应超过债务人不能清偿部分的二分之一”之规定，考虑双方过错责任大小等因素，依法由担保人金塔公司承担黄某勤不能清偿部分的二分之一。

金塔公司和富某不服二审判决，提起再审。

再审法院经审查认为，本案再审审查的焦点在于导致本案中担保合同无效的过错责任如何承担。

根据《中华人民共和国物权法》第一百八十四条、《中华人民共和国担保法》第三十七条的规定，依法被查封、扣押、监管的财产，不得抵押。根据《最高人民法院关于适用〈中华人民共和国担保法〉若干问题的解释》第五条的规定，以法律、法规禁止流通的财产或者不可转让的财产设定担保的，担保合同无效。原审法院查明，富某与黄某勤、金塔公司等订立《借款协议》《采矿权抵押合同》时，用于担保的股权及采矿权均已被相关人民法院采取财产保全措施。因此，二审法院据此认定《采矿权抵押合同》无效并无不当，不存在法律适用错误。金塔公司主张涉案合同上的章是黄某勤私刻的，但黄某勤在签订相关合同时是金塔公司的法定代表人，且金塔公司也未能举证证明黄某勤与富某之间存在串通等情形，印章的真假对本案二审分配担保合同无效导致的责任并无本质影响。金塔公司以已经被查封的采矿权提供抵押，存在明显过错。富某在接受金塔公司所提供的采矿权抵押担保时，未就抵押、质押财产有无权利限制进行审查，显然未尽到充分的注意义务。

富某作为再审新证据提交的《股份转让协议》《金塔公司股东会决议》形式上早在本案一、二审之前已经形成，也没有证据显示富某于本案

一、二审中提供前述材料存在障碍，且前述材料并不能改变富某在接受金塔公司所提供的采矿权抵押担保时，未对抵押财产有无权利限制进行审查的客观事实。同益公司《情况说明》及执行裁定书也不足以证明富某再审主张成立。故上述证据材料均不足以证明二审判决存在错误，该院再审审查不予采纳。二审法院考虑双方过错责任大小等因素，认定由金塔公司对黄某勤不能清偿部分的二分之一承担赔偿责任并无不当。

综上，法院裁定驳回金塔公司、富某的再审申请。

法理解读

原《担保法》第 37 条规定被法院查封的财产不得作为抵押财产，即“下列财产不得抵押：（一）土地所有权；（二）耕地、宅基地、自留地、自留山等集体所有的土地使用权，但本法第三十四条第（五）项、第三十六条第三款规定的除外；（三）学校、幼儿园、医院等以公益为目的的事业单位、社会团体的教育设施、医疗卫生设施和其他社会公益设施；（四）所有权、使用权不明或者有争议的财产；（五）依法被查封、扣押、监管的财产；（六）依法不得抵押的其他财产”。原《物权法》第 184 条也规定被法院查封的财产不得作为抵押财产，即“下列财产不得抵押：（一）土地所有权；（二）耕地、宅基地、自留地、自留山等集体所有的土地使用权，但法律规定可以抵押的除外；（三）学校、幼儿园、医院等以公益为目的的事业单位、社会团体的教育设施、医疗卫生设施和其他社会公益设施；（四）所有权、使用权不明或者有争议的财产；（五）依法被查封、扣押、监管的财产；（六）法律、行政法规规定不得抵押的其他财产”。

本案中，为了保障富某债权的实现，黄某勤代表金塔公司还与富某签订了《采矿权抵押合同》，将已经被法院查封的采矿权抵押给债权人富某。此时就涉及该担保合同是否有效的问题。

对此，实践中存在两种看法。第一种观点认为，原《最高人民法院关于适用〈中华人民共和国担保法〉若干问题的解释》第 5 条规定：“以法律、法规禁止流通的财产或者不可转让的财产设定担保的，担保合同无效。以法律、法规限制流通的财产设定担保的，在实现债权时，人民法院应当按照有关法律、法规的规定对该财产进行处理。”据此，以依法被查封的抵押财产作担保的合同因违反了《担保法》第37条以及原《物权法》第184条的强制性规定而归于无效。本案一审、二审、再审法院就持这样的观点。第二种观点认为，原《担保法》第37条和原《物权法》第184条规定的是抵押财产的范围界定，并未对设定抵押的原因行为的效力予以认定。抵押合同是否有效，仍然应当按照原《民法总则》以及原《合同法》的相关法律规定来处理。①

本司法解释第37条第2款坚持了第二种观点，规定了抵押人不得以抵押权设立时财产被查封为由主张抵押合同无效。也就是说，以依法被查封的财产作抵押，不影响担保合同的效力。据此，如果本案发生在本司法解释施行之后，则案涉《采矿权抵押合同》仍然有效。至于抵押权人是否能够就该采矿权进行优先受偿，则需要根据行使抵押权时查封措施是否已经解除来作出判断。

第三十八条　主债权未受全部清偿，担保物权人主张就担保财产的全部行使担保物权的，人民法院应予支持，但是留置权人行使留置权的，应当依照民法典第四百五十条的规定处理。

担保财产被分割或者部分转让，担保物权人主张就分割或者转让后的担保财产行使担保物权的，人民法院应予支持，但是法律或者司法解释另有规定的除外。

【条文要义】

本条司法解释的条旨是担保物权的效力及于担保财产的全部。

---

① 参见山东省高级人民法院（2019）鲁民终703号民事判决书。

担保物权具有不可分性，主要表现在担保物权的效力不可分。担保物权效力具有不可分性，表现在担保物权担保债权的全部并及于担保财产的全部，因而使担保财产不可分，即主债权部分受偿时，担保物权人仍可以就未受偿的部分债权对担保财产行使全部担保物权。即使被担保物权担保的债权部分已经消灭，但是全部担保财产仍然处于担保状态。

另外，担保财产被分割或者部分转让，在部分债权消灭后，将部分担保财产移出担保财产的范围，也并没有与担保物权的不可分性发生冲突，因为要求办理这种变更的前提，是必须遵循担保物权的不可分性，承认全部担保财产仍然处在担保的状态。

正因如此，存在担保物权的变更登记。担保物权变更登记有两种情形：一是担保财产的自然状况发生变化；二是担保财产范围的扩大或减小，如担保人与担保物权人约定将某些不动产排除在担保财产的范围之外。其中后一种将某些不动产排除在担保财产的范围之外，须在被担保的主债务部分清偿，主债权部分消灭的情形下，担保人和担保物权人达成合意，形成担保财产范围的扩大或者缩小。由于是担保人与担保物权人合意而为，因而也符合担保物权不可分性的要求，仍然保持担保财产的不可分性。

之所以坚持担保财产的不可分性，是因为这是《物权法》关于“物尽其用”立法目的的体现。在担保的债权部分消灭后，担保双方自愿将部分担保财产移出担保物的范围，应当按照当事人意思自治的原则，由担保当事人自行决定。所以，当部分债务清偿后，只要担保当事人双方自愿，就可以申请担保物权的变更，变更担保债权的数额和担保物的数量，使超出保障债权范围之外的担保财产适当分割或者部分转让，以使其发挥更大的价值。

正是由于以上原因，本条司法解释规定了保持担保财产不可分性的两个规则：

1. 主债权未受全部清偿，担保物权人主张就担保财产的全部行使担保物权的，人民法院依法应予支持。这是一般情形，即主债权未受到全部清偿，仍保持着担保财产的完整性，担保财产的不可分性的效力仍然及于全部担保财产，债权人也就是担保物权人主张就全部担保财产行使担保物权的，完全符合法律规定，法院当然应予支持。

2. 主债权未受全部清偿，担保人对担保财产进行部分分割或者部分转让，符合担保财产不可分性的要求，符合物尽其用的原则。当担保财产依照上述方法被分割或者部分转让，使担保财产减少，担保物权人主张就分割或者转让后的担保财产行使担保物权的，也不违反担保财产不可分性的要求，人民法院依法应予支持，就分割或者转让后的担保财产实现担保物权，保障自己的债权实现。但是，法律另有规定的，不适用这一规则。

【案例解读】

丛林公司与益丰公司企业借贷纠纷案[①]

基本案情

2006年11月20日，工行西大街支行与被告益丰公司签订了《最高额抵押合同》，约定自2006年12月4日至2011年12月4日，被告为其与工行西大街支行签订的所有借款合同在7960万元最高贷款余额内提供抵押担保。合同签订后，工行西大街支行和被告到烟台市房产管理局、烟台市国土资源局芝罘分局分别办理了房、地产抵押登记。

2008年3月7日、5月20日被告与工行西大街支行分别签订了《流动资金借款合同》。借款合同签订后，工行西大街支行依约向被告发放了借款。但被告取得借款后未依约偿还借款本息，工行西大街支行于2010年6月28日、2011年1月20日、2011年7月10日、2012年8月22日向被告发出催收到期贷款本息通知书，被告收到后均予以盖章确认。

2011年12月31日，原告丛林公司与工行西大街支行签订了《债权及

① 审理法院：烟台市中级人民法院，案号：（2016）鲁06民初11号。

抵押权转让合同》，约定工行西大街支行将上述《最高额抵押合同》及基于《最高额抵押合同》所签订的上述两笔《流动资金借款合同》项下的债权及抵押权转让给原告。2012 年 1 月 4 日，原告向被告发出《债权及抵押权转让通知》。被告在《回函》上对此盖章确认。

2013 年至 2015 年，原告多次催收要求被告按《流动资金借款合同》的约定履行还款义务，但被告一直未归还。原告遂诉至法院，请求被告偿付本金及利息，并对抵押物优先受偿。

法院判决

法院认为，被告与工行西大街支行签订的《最高额抵押合同》《流动资金借款合同》真实有效，依据《最高额抵押合同》《流动资金借款合同》，工行西大街支行已向被告发放了贷款，本案约定的债权确定期间届满，最高额抵押担保的债权已确定，且被告对转让的债权本金及利息无异议，因此，本案存在合法有效的债权，债权转让的条件具备。工行西大街支行与被告签订《最高额抵押合同》后，对抵押的房、地产，依法到土地部门和房产管理部门办理了抵押登记手续，领取了土地他项权证和房屋他项权证，抵押权自登记时设立，因此，本案随主债权转让的抵押权也依法存在。

2011 年 12 月 31 日，原告与工行西大街支行签订的《债权及抵押权转让合同》，是双方当事人的真实意思表示，未违反法律、行政法规的强制性规定，转让合同合法有效。依据该转让合同，原告已如实支付转让款，工行西大街支行和原告也向被告履行了通知义务。依照《中华人民共和国合同法》第八十条第一款“债权人转让权利的，应当通知债务人。未经通知，该转让对债务人不发生效力”的规定，本案的债权转让合同对被告已发生法律效力。因此，自债权转让之日起，与转让标的相关的全部权利由工行西大街支行转移至原告。本案被告在接到工行西大街支行其发出的《债权及抵押权转让通知》后，并无异议，并在给原告的《回函》中表示，同意按照《最高额抵押合同》及基于该合同签订的两笔《流动资金借款合同》的内容继续履行。被告给原告的《回函》，为被告真实意思表示，被告在该《回函》中的承诺合法有效，被告应依约履行。被告未偿还借款，应按《流动资金借款合同》的约定承担违约责任。原告有权依据合同的约定，请求被告偿还借款及支付约定的利息。被告抗辩不应支付债权转让后利息的抗辩理由不成立，不予支持。

关于本案的抵押权，该院认为，因本案的债权转让行为合法有效，依据《中华人民共和国物权法》第一百九十二条“抵押权不得与债权分离而单独转让或者作为其他债权的担保。债权转让的，担保该债权的抵押权一并转让，但法律另有规定或者当事人另有约定的除外”之规定，本案工行西大街支行将所涉债权转让给原告时，其抵押权一并转让，原告对被告提供的抵押物享有抵押权。鉴于抵押权的不可分性，在抵押权所担保的债权未全部受偿前，抵押权人有权就抵押物全部行使权利。由于本案工行西大街支行转让的债权仅是担保债权中的部分债权，依据《最高人民法院关于适用〈中华人民共和国担保法〉若干问题的解释》第七十二条第一款关于“主债权被分割或者部分转让的，各债权人可以就其享有的债权份额行使抵押权”和第七十一条第一款关于“主债权未受全部清偿的，抵押权人可以就抵押物的全部行使其抵押权”的规定，原告可以就其享有的债权份额对本案所涉抵押物的全部行使抵押权。

法理解读

本案中，益丰公司以自己名下的房产和土地作为抵押财产，担保工行西大街支行债权的实现。工行西大街支行将部分债权及抵押权转让给了丛林公司。此时涉及丛林公司是否有权就本案所涉抵押物的全部优先受偿的问题。也就是说，主债权未受全部清偿时，担保物权的效力是否及于担保财产的全部。

一般认为，除主债权具有不可分性外，担保物权也具有不可分性，也就是说，担保物权的效力及于担保财产的全部。原《最高人民法院关于适用〈中华人民共和国担保法〉若干问题的解释》第71条第1款就规定了抵押权的不可分性，即“主债权未受全部清偿的，抵押权人可以就抵押物的全部行使其抵押权”。本司法解释第38条第1款则将范围扩大至所有类型的担保物权，统一规定了担保物权的不可分性规则，即“主债权未受全部清偿，担保物权人主张就担保财产的全部行使担保物权的，人民法院依法应予支持，但是留置权人行使留置权的，应当依照民法典第四百五十条的规定处理”。可以看到，就担保物权中的抵押权与质权而言，主债权未受全部清偿，抵押权人和质权人均有权就担保财产的全部行使担保物权；就担保物权中的留置权而言，则需要区别留置财产是否为可分物。如果留置财产是可分物，留置财产的价值应相当于债务的金额。

回到本案中，丛林公司受让了部分债权，成为抵押权人之一。在其“主债权未受清偿”时，有权就案涉抵押物的全部行使优先受偿权。不过，若是丛林公司并非抵押权人，而是留置权人，其并不能就案涉担保财产的全部行使优先受偿权，而只能就与债务金额一致的留置财产价值的部分优先受偿。

第三十九条　主债权被分割或者部分转让，各债权人主张就其享有的债权份额行使担保物权的，人民法院应予支持，但是法律另有规定或者当事人另有约定的除外。

主债务被分割或者部分转移，债务人自己提供物的担保，债权人请求以该担保财产担保全部债务履行的，人民法院应予支持；第三人提供物的担保，主张对未经其书面同意转移的债务不再承担担保责任的，人民法院应予支持。

【条文要义】

本条司法解释的条旨是主债权的不可分性。

担保物权的不可分性是担保物权的基本属性，具体表现在以下4个方面：(1) 债权未受全部清偿，担保物权人可以就担保物的全部行使担保物权。(2) 主债权被分割或部分转让，各债权人可就其享有的债权份额行使担保物权。(3) 主债务被分割或者部分转让的，担保人仍以其担保物担保数个债务人履行债务；但是，第三人提供担保的，债权人许可债务人转让债务未经担保人书面同意的，担保人对未经其同意转让的债务，不再承担担保责任。(4) 担保物被分割或部分转让，担保物权人可就分割或转让后的抵押物行使担保物权。

上述第二点和第三点内容，就是被担保物权保障的主债权的不可分性。

1. 被担保物权保障的主债权可以分割和转让，并不因为有担保物权的保障而不得分割和转让。被担保物权保障的主债权即使被分割或者部分转让，也不损害担保物权的效力，即该主债权无论怎样分割或者被部分转让，被分割或者部分转让的主债权还是在该担保物权的保障之下，因为担保物权并未破坏其不可分性，仍然还是一个整体的担保物权，仍然保护着原来所担保的主债权。因此，主债权被分割或者部分转让，被分割或者部分转让的债权的各债权人，主张就其享有的债权份额行使担保物权的，人民法院依法应予支持，以担保财产变价实现自己的债权。各债权人主张就其享有的债权份额行使担保物权的，人民法院应当予以支持，只是法律另有规定或者当事人另有约定的除外。

2. 被担保物权担保的主债务，也可以被分割或者转让。主债务被分割，是指被担保物权担保的主债务被分割为几个部分，分别由不同的债务人负担。主债务被部分转让，是主债务人将其被担保物权担保的主债务部分转让，转让给第三人负担，第三人成为被转让的主债务的债务人。无论是被担保物权担保的主债务被分割还是被部分转让，担保人仍以其提供的担保财产来担保被分割或者部分转让后的数个债务人履行担保债务。例外的是，如果是第三人提供的担保，债权人许可债务人转让债务而未经担保人书面同意，第三人作为担保人对未经其同意而转让的主债务，不承担担保责任，因为这损害了担保物权的不可分性，债权人请求担保人对未经担保人同意转让的债务承担担保责任的，人民法院不予支持。担保人主张对未经其书面同意转移的债务不再承担担保责任的，人民法院应予支持。反之，第三人作为担保人，同意债权人许可债务人转让债务的，则符合担保物权不可分性原则的要求，为有效，对担保人发生法律拘束力，债权人主张担保人对该债务承担担保责任的，法院应当予以支持。

【案例解读】

王某与王某泉等民间借贷纠纷案①

基本案情

2014年10月20日，王某泉、马某凤向王某借款1150万元，并出具借条一张，借条载明：今借王某人民币1150万元整，利率按年息10%计算，借款期限一年，由“牛塘助剂公司”名下的房产、土地作为抵押担保。王某泉、马某凤在借条借款人处签名，牛塘助剂公司则在担保单位处盖章。

2014年11月25日，王某作为甲方（出借人、债权人、抵押权人）、王某泉、马某凤作为乙方（还款人、债务人）、牛塘助剂公司作为丙方（担保人、抵押人），三方签订抵押还款协议一份，协议载明：乙方曾向甲方借款1150万元，乙方的还款金额为1150万元，利息为年息10%，乙方必须在2015年10月19日前归还甲方全部借款和利息，丙方自愿将企业房屋、土地作为乙方今后还款的抵押担保。上述抵押还款协议经常州市武进公证处公证。之后，王某与牛塘助剂公司就抵押物办理了抵押登记。

2015年2月12日，王某作为甲方、牛塘小贷公司作为乙方，双方签订债权转让协议书一份，协议第一条约定甲方将其拥有的对王某泉、马某

① 审理法院：一审法院为江苏省常州市武进区人民法院，案号：（2017）苏0412民初1516号；二审法院为江苏省常州市中级人民法院，案号：（2017）苏04民终3902号。

凤的债权1150万元中的本金278万元及利息转让给乙方。第二条约定：(1)甲方将其取得的牛塘助剂公司名下的房产和土地使用权的他项权利转让给乙方，该部分房产、土地抵押价值为500万元；(2)若王某泉、马某凤怠于履行还款义务，需要实现抵押权，经评估后抵押物价值不足278万元的，由甲方退还不足部分的差价；(3)若王某泉、马某凤怠于履行还款义务，且在乙方实现上述抵押权前，甲方不得单独要求对上述抵押物价剩余价值部分实现抵押权。协议第三条约定甲方同意将上述他项权利转让给乙方，乙方愿意受让，乙方获得该部分房产、土地的他项权转让所发生的所有费用由乙方承担。协议第四条约定在乙方付清上述权利价值278万元后，甲方于付清当日将与上述债权有关的全部债权凭证（包括借条、抵押还款协议、公证书、他项权证原件）移交给乙方；协议对债权的通知等一并作了约定。第六条约定：在协议生效后，牛塘小贷公司成为新的债权人，取代王某的债权人地位，牛塘小贷公司享有2014年11月25日王某与王某泉、马某凤、牛塘助剂公司签订的《抵押还款协议》中王某的所有权利，王某应无条件协助牛塘小贷公司办理他项权证转让登记以及该转让债权的实现，王某不得以重大误解或无法实现债权等理由来主张本协议无效。该《债权转让协议书》签订后，王某已将全部债权凭证包括他项权证的原件等交给了牛塘小贷公司。债权转让协议签订的当日，牛塘小贷公司通过银行转账向王某支付了款项278万元。双方未办理抵押权变更登记。

牛塘小贷公司就上述转让的债权本金278万元经向王某泉、马某凤催要无果，向一审法院起诉，要求判令王某泉、马某凤立即归还借款278万元并判令对牛塘助剂公司用于抵押的财产享有优先受偿权等。

法院判决

一审法院认为，王某泉、马某凤向王某借款1150万元后未能归还，在王某将其中的借款本金278万元及相应的利息转让给牛塘小贷公司后，其还对王某泉、马某凤享有借款本金872万元及相应的利息，现王某向该院主张要求王某泉、马某凤归还借款本金，事实清楚，证据确凿，该院予以支持。同时，牛塘助剂公司就王某泉、马某凤向王某的借款以其自有的房屋及土地使用权向王某提供了抵押担保，故王某有权对牛塘助剂公司提供的抵押物行使抵押权。同时，该案中，王某将其享有的对王某泉、马某凤的部分债权转让给了牛塘小贷公司，依照《最高人民法院关于适用〈中华人民共和国担保法〉若干问题的解释》第七十二条第一款之规定，主债权被分割或者部分转让的，各债权人可以就其享有的债权份额行使抵押权。因王某与牛塘小贷公司在订立债权转让协议时明确约定其将取得的他项权利转让给牛塘小贷公司，在抵押物经评估价值不足 278 万元的情形下，由其向牛塘小贷公司退还不足部分，且在牛塘小贷公司实现抵押权前不得单独要求对抵押物的剩余价值部分实现抵押权，牛塘小贷公司也向王某支付了对价 278 万元。由此可见，王某在与牛塘小贷公司订立债权转让协议时，双方已约定就案涉抵押物在合成材料厂实现抵押权并优先受偿后的剩余部分先由牛塘小贷公司优先受偿，仍有剩余部分，王某享有优先受偿权，该约定不违反法律规定，故就上述抵押物在合成材料厂实现抵押权并优先受偿后的剩余部分，牛塘小贷公司在 278 万元的范围内享有优先受偿权，王某则对仍有剩余的部分在抵押担保范围内享有优先受偿权。

王某不服一审判决，提起上诉。

二审法院认为，民事诉讼应当遵循诚实信用的原则。第一，王某已将其对王某泉、马某凤享有的本金 278 万元及利息的债权转让给了牛塘小贷公司，牛塘小贷公司对此已支付 278 万元的对价。同时在该债权转让协议中，明确约定牛塘小贷公司取代王某的债权人地位，王某将其对牛塘助剂公司房产及土地抵押的他项权利转让给牛塘小贷公司，并确保牛塘小贷公司转让债权的实现等。基于此，一审法院认定王某与牛塘小贷公司债权转让的约定中存在就案涉抵押物先由牛塘小贷公司优先受偿的意思表示，并无不当。第二，牛塘小贷公司就受让的 278 万元债权已先行向一审法院起诉王某泉、马某凤、牛塘助剂公司。此后，王某就案涉债权也向一审法院提起本案之诉，就案涉抵押物王某主张与牛塘小贷公司按债权比例进行分配，但一审法院根据查明事实，基于公平、诚实信用等原则，为避免在执行中产生不必要的纠纷，故在一审判决主文中明确牛塘小贷公司与王某实现抵押权先后顺位，也不违反法律强制规定。据此，该院对一审判决予以维持。依照《中华人民共和国民事诉讼法》第一百七十条第一款第一项的规定，判决驳回上诉，维持原判。

法理解读

本案中，牛塘助剂公司以其名下的房产、土地作为抵押财产，担保王某债权的实现。王某将部分债权转让给牛塘小贷公司，此时就涉及牛塘小贷公司是否有权就抵押财产优先受偿的问题。

一般认为，抵押权转移具有从属性，随着主债权的转让而转让。《担保法》第50条就规定了抵押权不得与债权分离而单独转让或者作为其他债权的担保。原《最高人民法院关于适用〈中华人民共和国担保法〉若干问题的解释》第72条第1款进一步规定，主债权被分割或者部分转让的，各债权人可以就其享有的债权份额行使抵押权。《物权法》第192条在前述两个条文的基础上，规定了抵押权转移的从属性规则，即"抵押权不得与债权分离而单独转让或者作为其他债权的担保。债权转让的，担保该债权的抵押权一并转让，但法律另有规定或者当事人另有约定的除外。"《民法典》第407条完全延续了这一规则，规定了抵押权转移的从属性。本司法解释第39条第1款延续了这一内容，并将范围扩大至所有的担保物权，即主债权被分割或者部分转让，各债权人有权就其享有的债权份额行使担保物权，不过法律另有规定或者当事人另有约定的除外。其中，法律另有规定指的是，《民法典》第421条规定的最高额抵押担保的债权确定前，部分债权转让的，最高额抵押权不得转让。当事人另有约定指的是，债权部分转让时，抵押权人与受让人约定只转让债权不转让抵押权，抑或第三人仅为特定的债权人提供抵押担保。

回到本案中，王某将部分债权转让给牛塘小贷公司后，二者均成为债权人，在双方没有特别约定的情况下，均有权就房产、土地等抵押财产优先受偿。

需要注意的是，本案中房产和土地已经办理了抵押登记。王某将部分债权转让给牛塘小贷公司后，是否必须重新办理抵押登记手续或者抵押权人变更手续？也就是说，抵押权随主债权转让时，是否需要进行登记。对此，有不同的观点。第一种观点认为，抵押权随主债权转移，需要办理抵押登记，否则债权受让人不能取得抵押权。主要理由是，基于法律行为产生的不动产物权变动，以登记为生效要件，未经登记，不发生物权变动的效力。因而，基于物权变动公示公信的原则，应当要求重新办理登记。第二种观点认为，抵押权随主债权一并转让，无须办理抵押权转移登记，债权受让人就取得抵押权。主要理由是，抵押权随主债权一并转让时，债权受让人取得的抵押权系基于法律的规定，并非基于新的抵押合同重新设定抵押权，因而无须办理抵押权转移登记。[①]《全国法院民商事审判工作会议纪要》第62条总结司法实务经验，规定了抵押权随主债权转让的规则中，抵押权无须办理登记，即"抵押权是从属于主合同的从权利，根据'从随主'规则，债权转让的，除法律另有规定或者当事人另有约定外，担保该债权的抵押权一并转让。受让人向抵押人主张行使抵押权，抵押人以受让人不是抵押合同的当事人、未办理变更登记等为由提出抗辩的，人民法院不予支持"。据此，如果在诉讼过程中，牛塘助剂公司以牛塘小贷公司不是抵押合同的当事人、未办理变更登记等为由提出抗辩的，法院不予支持。

第四十条　从物产生于抵押权依法设立前，抵押权人主张抵押权的效力及于从物的，人民法院应予支持，但是当事人另有约定的除外。

从物产生于抵押权依法设立后，抵押权人主张抵押权的效力及于从物的，人民法院不予支持，但是在抵押权实现时可以一并处分。

---

① 最高人民法院民事审判第二庭编著：《全国法院民商事审判工作会议纪要理解与适用》，人民法院出版社2019年版，第370~372页。

【条文要义】

本条司法解释的条旨是抵押权的效力及于从物。

对此，本条司法解释分两个部分作出规定，一是从物产生于抵押权依法设定前，二是从物产生于抵押权设定后。

1. 主物与从物的基本关系

《民法典》第 115 条规定："物包括不动产和动产……" 在民法领域，物是民事法律关系客体中最重要的形式，体现的是民事法律关系客体中最主要的财产利益，是民法的基本范畴之一，与人的概念相对应，是民法社会的物质构成要素之一。

在担保法领域，抵押财产就是抵押物，按照本条司法解释的规定，抵押物分成主物与从物，并确定了抵押物的从物与主物的关系。

民法区分主物与从物，以物是否在交易观念上具有附属性为标准。主物是从物以外的物，也就是能够独立发挥效用的物。从物是从属于主物的物，不是主物的组成部分，但是根据交易观念从属于主物，并常对主物发挥辅助效用，因此称从物。一般认为，从物暂时与主物分离的，不改变其从物的性质。从物的从属性质终止，不得对抗先前已经对主物享有权利的第三人。

区分主物和从物的意义在于：如果没有法律的特别规定或当事人的特别约定，就主物进行的处分，效力及于从物；因标的物的主物不符合约定解除合同的，解除的效力及于从物，但因标的物的从物不符合约定解除合同的，解除的效力不及于主物。在主物和从物的关系上，从物不是物的组成部分。

上述关于主物和从物的关系，体现的就是民法的"从随主"原则。

在担保法中，也应该按照民法的"从随主"原则确定抵押物的主从关系。对主物设置抵押权，抵押权的效力当然及于从物，尽管在设置抵押权时，仅登记了抵押权的主物，并没有登记从物，但是从物也要跟随主物的抵押权设置，成为抵押财产，对主债权提供担保，保障主债权的实现。

2. 在担保法中担保物“从随主”效力的两种情形

本条司法解释规定抵押权及于从物的规则，将从物设定于抵押权依法设定前以及从物产生于抵押权依法设定后，根据“从随主”的原则，分别规定了不同的规则。

（1）从物产生于抵押权依法设定前。由于在设定抵押权时，从物就从属于设定抵押物的从物，原则上主物被设立抵押权的，其效力及于其从物。因此，抵押权人主张抵押权的效力及于从物的，人民法院应予支持，主物和从物都属于抵押财产，可以就主物和从物行使抵押权，实现抵押权。

不过，在一般情况下，“从随主”原则受当事人意思自治原则的约束，当事人可以在以抵押财产的主物设定抵押权时，对从物是否属于抵押财产作出约定。因此，本条司法解释规定，当事人另有约定的除外，此时抵押权的效力不及于从物，抵押权人不得就抵押物的从物主张抵押权。

（2）从物产生于抵押权依法设定后，是抵押财产之外的物在抵押权依法设立之后成为抵押财产的从物，抵押物与该从物形成了主从关系，不受“从随主”原则的约束，因为在就抵押物设定抵押权时，成为从物的物还没有与抵押物建立从属关系，因而该抵押权的效力不及于抵押权设定后成为抵押财产的从物。所以，本条司法解释规定，在这种情况下，抵押权人主张抵押权的效力及于抵押物的新的从物的，人民法院不予支持，抵押权人不得就抵押物的新的从物主张抵押权。但是，根据“从随主”原则，在抵押权实现时，对抵押权设定后成为抵押财产的从物，可以在实现抵押权时一并进行处分，从物所得的价值属不受抵押权约束的一般财产，不具有优先受偿的效力。这样处理抵押财产被设定抵押权后新增加的从物的权属关系，符合抵押关系和物的主从关系规则。

【案例解读】

发展公司、大安区住房和城乡建设局与大安区征补中心、万某富、罗某梅财产损害赔偿案①

基本案情

2014年5月9日，万吉公司作为借款人与中国银行自贡分行作为贷款人签订《流动资金借款合同》一份，约定：万吉公司向中国银行自贡分行借款。同日，发展公司作为保证人与中国银行自贡分行（作为债权人）签订《保证合同》一份，约定为确保前述《流动资金借款合同》的履行，保障中国银行自贡分行债权的实现，发展公司愿意为万吉公司在该合同项下的债务承担连带责任保证等内容。同时，发展公司与万某富、罗某梅签订了一份《抵押反担保合同》，约定万某富、罗某梅以其共有的位于自贡市大安区大安街进盐坝8组2－××号的住宅作为抵押反担保。合同签订后，发展公司与万某富、罗某梅就该房产办理了抵押登记。

2014年5月9日，中国银行自贡分行向万吉公司发放贷款130万元。2015年5月12日，中国银行自贡分行向发展公司发出《履行担保责任通知书》一份，要求发展公司向中国银行自贡分行代偿万吉公司未正常支付的贷款本金130万元及利息5173.43元。当日，发展公司向中国银行自贡分行转账支付了前述款项。

因旧城棚户区改造项目建设需要，拟对万某富、罗某梅共同所有的坐落于自贡市大安区大安街进盐坝8组2－××号的房屋进行征收。原自贡市大安区城乡住房保障管理局作为房屋征收部门、大安区征补中心作为房屋征收实施单位，经自贡市大安区人民政府同意，对模拟征收范围内的房

① 审理法院：一审法院为四川省自贡市大安区人民法，案号：（2019）川0304民初574号；二审法院为四川省自贡市中级人民法院，案号：（2019）川03民终1663号。

屋进行改造意愿调查。在《国有土地上被征收房屋分户调查登记表》中“抵押权人姓名”一栏为空白，万某富在产权人栏签字。原自贡市大安区城乡住房保障管理局、大安区征补中心完成相关调查登记工作后，于2015年7月23日在模拟征收范围内张贴《公告》予以公示。

2015年8月10日，发展公司向成都高新区法院对万某富、罗某梅等提起追偿权民事诉讼。

经原自贡市大安区城乡住房保障管理局、大安区征补中心对万某富、罗某梅共有的前述房屋的房屋所有权证、土地使用权证进行核查核实后，于2015年12月3日，原自贡市大安区城乡住房保障管理局作为房屋征收部门（甲方）、大安区征补中心作为房屋模拟征收实施单位与万某富、罗某梅（乙方）作为被征收人签订了《大安区国有土地上房屋模拟征收货币补偿协议书》一份，约定了“甲方对乙方所有的坐落于自贡市大安区大安街进盐坝8组2-××号的房屋模拟征收并予以货币补偿；原房屋按产权建筑面积补偿133120元，水电气闭路电视等配套设施补偿8600元，构附属物补偿9165.24元；临时安置补助费2995.2元，搬迁补助费800元；棚户区改造住宅房屋货币化安置补助45780元；购房补贴33280元；一次性提前搬迁奖励费2万元，附属物补偿一次性奖励费3927.96元”等主要内容。

2016年1月26日，自贡市大安区人民政府作出了大征决字〔2016〕第1号《国有土地上房屋征收决定书》，决定对“大安旧城棚户区改造项目一期工程（老街片区）起步区Q2、Q3、Q4……地块红线范围内的国有土地上房屋及其附属物（详见附件1）”实施征收，并决定本次征收范围内征收部门与被征收人已签订的《大安区国有土地上房屋模拟征收货币补偿协议书》“自本决定公告之日起转为征收补偿协议并生效”。

2016年2月26日，万某富与罗某梅签订了《大安旧城棚户区改造项目一期工程起步区产权旧房交接手续及房屋补偿款支付委托书》一份，约定万某富委托罗某梅“办理旧房交接手续和房屋征收补偿款签收”；随后，万某富、罗某梅将前述房屋及其产权证照等相关资料一并交付原自贡市大安区城乡住房保障管理局及大安区征补中心。同年4月20日，罗某梅向大安区征补中心出具《大安区国有土地上房屋征收货币补偿款领条》一张，领取了房屋的各项补偿、补助及奖励款合计257668.4元。其间，万某富、罗某梅共有的前述房屋被拆除。

2016年4月25日，成都高新区法院作出《民事判决书》，判决确定发展公司对万某富、罗某梅所有的位于自贡市大安区大安街进盐坝8组2-××号房屋依法拍卖、变卖所得价款在16.6万元债权范围内优先受偿。同年11月2日，发展公司向成都高新区法院申请对该民事判决予以强制执行，该法院予以立案受理。在执行过程中，万某富、罗某梅向发展公司告知抵押房屋已被征收并拆除。

发展公司向一审法院起诉请求判决大安区住建局、大安区征补中心、万某富、罗某梅承担发展公司经济损失。

法院判决

一审法院认为，本案的争议焦点为大安区住建局、大安区征补中心、万某富、罗某梅是否实施了侵权行为并导致发展公司的合法权益受到损害，其是否应承担赔偿责任。

本案中，发展公司主张因大安区住建局、大安区征补中心、万某富、罗某梅的侵权行为，导致其抵押权无法实现，造成其财产损失，发展公司即依法负有证明大安区住建局、大安区征补中心、万某富、罗某梅存在过错行为并导致其合法权益受到实际损害的举证责任。

关于大安区住建局、大安区征补中心的责任。根据国务院《国有土地上房屋征收与补偿条例》第十五条“房屋征收部门应当对房屋征收范围内房屋的权属、区位、用途、建筑面积等情况组织调查登记，被征收人应当予以配合。调查结果应当在房屋征收范围内向被征收人公布”之规定，并参照四川省《国有土地上房屋征收与补偿条例》第十二条“房屋征收部门应当对房屋征收范围内的房屋权属、区位、用途、建筑面积等进行调查登记。被征收人应当予以配合。被征收人对调查登记工作不予配合的，房屋征收部门按照房屋权属登记档案进行登记。调查登记工作结束后，调查结果应当在房屋征收范围内公示，公示期不得少于七日。对调查结果有异议的，应当在公示期内向房屋征收部门提出书面核实申请，房屋征收部门应当在受理申请后十五日内予以核实并告知申请人。征收范围内的房屋设定有抵押权的，房屋征收部门应当告知抵押权人”之规定，大安区住建局、大安区征补中心在对案涉房屋进行征收时，应对案涉房屋的权属、区位、用途、建筑面积等情况组织调查登记，被征收人应当予以配合。但在调查登记之时，万某富、罗某梅未如实告知房屋征收部门案涉房屋已经抵押的事实，而大安区住建局、大安区征补中心也未核实房屋权属登记情况，应当告知抵押权人而未告知，致使发展公司的担保物权受到侵害，大安区住建局、大安区征补中心存在一定过错，应就发展公司抵押权不能实现的损失承担与其自身过错相应的补充赔偿责任。大安区住建局作为政府授权的国有土地上房屋征收部门，有权委托大安区征补中心作为房屋征收实施单位，承担房屋征收与补偿的具体工作，并对大安区征补中心在委托范围内实施的征补行为承担法律责任。原自贡市大安区城乡住房保障管理局的职责经整合后，已由大安区住建局承继，原自贡市大安区城乡住房保障管理局不再保留，原自贡市大安区城乡住房保障管理局的权利义务应由大安区住建局承继。故本案中，大安区征补中心的民事责任应由大安区住建局承担。

发展公司要求大安区住建局、大安区征补中心承担经济损失 257668.4 元的诉讼请求，因侵权责任的构成应当具备行为、过错、损害事实和因果关系四个要件，本案中，发展公司未举示证据证实自己在已经进入执行阶段的成都高新区法院民事判决书的执行受偿情况，也无该案已执行终结而其未受偿的依据，故该院对发展公司要求大安区住建局、大安区征补中心承担经济损失 257668.4 元的诉讼请求不予支持。

关于万某富、罗某梅的责任。罗某梅辩称案涉房屋的抵押期限仅为 2014 年 5 月 6 日至 2015 年 5 月 5 日，根据《最高人民法院关于适用〈中华人民共和国担保法〉若干问题的解释》第十二条第一款“当事人约定的或者登记部门要求登记的担保期间，对担保物权的存续不具有法律约束力”之规定，登记部门登记的一年期抵押期限对担保物权的存续不具有法律约束力，故该院对该项辩称理由不予采信。万某富、罗某梅负有如实申报案涉房产存在抵押权的义务而未履行，应当承担相应民事责任，但根据成都高新区法院作出的民事判决，已确定发展公司对万某富、罗某梅所有的案涉房屋依法拍卖、变卖所得价款在16.6万元债权范围内优先受偿，该文书现已生效并进入执行，万某富、罗某梅应履行该生效判决书确定的义务，故该院不再支持发展公司请求万某富、罗某梅所承担部分的损害赔偿责任。

发展公司、大安区住建局不服一审判决，提起上诉。

二审法院认为，本案各方当事人争议的主要焦点为：1. 大安区住建局、大安区征补中心、万某富、罗某梅的行为对发展公司是否构成侵权及是否承担民事责任；2. 抵押权的效力范围及赔偿金额。

1. 关于大安区住建局、大安区征补中心、万某富、罗某梅的行为对发展公司是否构成侵权及是否承担民事责任的问题。

原自贡市大安区城乡住房保障管理局作为房屋征收部门、大安区征补中心作为房屋征收实施单位，在征收万某富、罗某梅位于自贡市大安区大安街进盐坝8组2－××号住宅时，万某富、罗某梅未如实告知房屋征收部门案涉房屋已经抵押的事实，而大安区住建局、大安区征补中心也未核实房屋权属登记情况，在《国有土地上被征收房屋分户调查登记表》中“抵押权人姓名”一栏为空白，万某富在产权人栏签字已充分反映上述事实。根据国务院《国有土地上房屋征收与补偿条例》第十五条“房屋征收部门应当对房屋征收范围内房屋的权属、区位、用途、建筑面积等情况组织调查登记，被征收人应当予以配合。调查结果应当在房屋征收范围内向被征收人公布”之规定，房屋征收部门应当对房屋征收范围内房屋的权属组织调查登记，但在本案中，房屋征收部门并没有查阅相关档案，没有发现案涉房屋已抵押的事实，存在疏忽大意的过失。而万某富、罗某梅对案涉房屋已经抵押是明知的，在房屋征收调查时，故意隐瞒被拆迁房屋已经抵押的事实，并在房屋拆迁后领取了房屋补偿金。大安区住建局作为政府授权的国有土地上房屋征收部门，委托大安区征补中心作为房屋征收实施单位，承担房屋征收与补偿的具体工作，并对大安区征补中心在委托范围内实施的征补行为承担法律责任。因此，大安区住建局、大安区征补中心、万某富、罗某梅的行为导致发展公司的抵押物权不能实现，应当承担侵权民事责任。

2. 关于抵押权的效力范围及赔偿金额问题

根据《最高人民法院关于适用〈中华人民共和国担保法〉若干问题的解释》第六十三条第一句的规定，抵押权设定前为抵押物的从物的，抵押权的效力及于抵押物的从物。万某富、罗某梅与发展公司签订《抵押反担保合同》时，约定万某富、罗某梅以其位于自贡市大安区大安街进盐坝8组2－××号房产提供抵押反担保，并办理他项权利登记。因此，抵押房屋的从物也属于反担保财产。根据《大安区国有土地上房屋模拟征收货币补偿协议书》，抵押房屋按产权建筑面积补偿133120元，水电气闭路电视等配套设施补偿8600元，构附属物补偿9165.24元；临时安置补助费2995.20元，搬迁补助费800元；棚户区改造住宅房屋货币化安置补助45780元；购房补贴33280元；一次性提前搬迁奖励费2万元，附属物补偿一次性奖励费3927.96元。在该协议书中，水电气闭路电视属其配套设施和构附属物属于其从物，为抵押权的效力所及，原抵押房屋的征收价值为150885.24元，而成都高新区法院作出的民事判决发展公司对案涉房屋的优先受偿金额在16.6万元债权范围内。上诉人发展公司请求判令大安区住建局、大安区征补中心、万某富、罗某梅向其赔偿257668.4元于法无据，应在所征收的房屋价值内进行赔偿。

法理解读

万某富、罗某梅以其自有的房产作为抵押财产，担保发展公司债权的实现。其中，水电气闭路电视等配套设施和附属物属于房子的组成部分，无法与房屋其他部分分离，属于案涉抵押房屋的从物，此时就涉及案涉抵押权的效力是否及于从物的问题。

对此，原《最高人民法院关于适用〈中华人民共和国担保法〉若干问题的解释》第63条曾规定："抵押权设定前为抵押物的从物的，抵押权的效力及于抵押物的从物。但是，抵押物与其从物为两个以上的人分别所有时，抵押权的效力不及于抵押物的从物。"本司法解释第40条在这一规定的基础上作出了补充。第一，从物若是产生于抵押权依法设立之前，抵押权的效力及于从物，但是当事人另有约定的除外；第二，从物若是产生于抵押权依法设立之后，抵押权的效力不及于从物，但是在抵押权实现时可以一并处分。

回到本案中，水电气闭路电视等配套设施和附属物在抵押权设立之前就已经存在，属于本司法解释第40条第1款规定的情形。因而，案涉抵押权的效力应当及于水电气闭路电视等配套设施和附属物等从物。目前，案涉房屋及其水电气闭路电视等配套设施已经由政府征收补偿。依照抵押权的物上代位性，案涉抵押权的效力将及于水电气闭路电视等配套设施与附属物的补偿金。

第四十一条　抵押权依法设立后，抵押财产被添附，添附物归第三人所有，抵押权人主张抵押权效力及于补偿金的，人民法院应予支持。

抵押权依法设立后，抵押财产被添附，抵押人对添附物享有所有权，抵押权人主张抵押权的效力及于添附物的，人民法院应予支持，但是添附导致抵押财产价值增加的，抵押权的效力不及于增加的价值部分。

抵押权依法设立后，抵押人与第三人因添附成为添附物的共有人，抵押权人主张抵押权的效力及于抵押人对共有物享有的份额的，人民法院应予支持。

本条所称添附，包括附合、混合与加工。

【条文要义】

本条司法解释的条旨是抵押权的效力及于添附物。

抵押权设立后，对设置抵押权的抵押财产经添附而成的新物也产生效力。由于对抵押物的添附是使抵押物与第三人享有所有权的物或者第三人的行为结合在一起而成为一个新的物，所以所有权发生新的变化，因而，抵押权对经过添附的抵押物的效力规则，有所不同。

1. 添附的基本规则

《民法典》施行前，我国民法一直没有规定添附制度，《民法典》第322条规定了添附制度："因加工、附合、混合而产生的物的归属，有约定的，按照约定；没有约定或者约定不明确的，依照法律规定；法律没有规定的，按照充分发挥物的效用以及保护无过错当事人的原则确定。因一方当事人的过错或者确定物的归属造成另一方当事人损害的，应当给予赔偿或者补偿。"这一规定对添附制度规定得相对简单，缺少具体的规则内容，因此需要补充。

添附是不同所有权人的物被结合、混合在一起成为一个新物，或者利用别人之物加工成为新物的事实。之所以把添附作为取得所有权的根据，是因为在添附发生后若要恢复各物的原状，在事实上已不可能，或者在经济上是不合理的，有必要使添附物归一方所有或各方共有，以解决双方当事人的权属争执。

添附物的归属因添附的方式不同，分为三种类型：

（1）附合，是不同所有权人的物密切结合在一起而成为一种新物。在附合的情况下，各原所有权人的物虽然可以识别，但是，非经拆毁不能恢复原来的状态。如砖、木的附合，构建成房屋。对于这种附合物的所有权归属，应当区分两种情况：①当动产附合于不动产之上时，由不动产所有权人取得附合物的所有权，原动产所有权人则可以取得与其原财产价值相当的补偿。②当动产与动产附合时，如附合的动产有主从之别，由主物的所有权人取得附合物的所有权，同时给对方以价值上的补偿。如无主从之别，则由各动产所有权人按其动产附合时的价值共有附和物，双方对添附物享有共有权。

（2）混合，是不同所有权人的物互相结合在一起，难以分开，并形成新的财产。如米与米的混合，酒与酒的混合。混合与附合不同，在混合的情况下，已无法识别原各所有权人的财产，而附合则是原各所有权人的财产仍然能够被识别。混合物一般应由原物价值量较大的一方取得所有权，给另一方以相当的补偿。如果原物的价值量相差不多，也可由各方共有。

（3）加工，是指一方使用他人的物，将其加工改造为具有更高价值的物。原物因为加工人的劳动而成为新物，如在他人的木板上作画。对于加工物的所有权归属，当事人如果有约定，依照其约定处理；如果当事人无约定，加工所增价值未超过原材料价值的，则加工物归原材料所有权人；加工价值明显大于原物价值的，新物可以归加工人所有；如果加工价值与原材料价值相当，可以由双方共有。除共有外，不论哪种情况，取得加工物所有权的一方应当对对方的加工劳动或原材料的价值予以补偿。

经过上述三种添附方式而成的添附物，其所有权归属规则有四个：（1）因加工、附合、混合而产生的物的归属，当事人有约定的，按照约定。（2）当事人没有约定或者约定不明确的，依照法律的规定确定添附物的权利归属。（3）当事人没有约定，法律也没有规定的，按照充分发挥物的效用以及保护无过错当事人的原则确定。发挥物的效用原则，是指添附物归属于哪一方更能够发挥物的效用，就应当归属于哪一方的规则。保护无过错当事人的原则，是指对于无过错一方当事人给予更好的保护。这两个原则，应当首先考虑物的效用原则。（4）因一方当事人的过错或者确定物的归属给另一方当事人造成损失的，应当对对方当事人给予赔偿或者补偿。

2. 抵押权对添附物的效力规则

抵押权对于添附物的效力，就是将上述三种添附方式产生的添附物作为抵押财产时，抵押权也发生效力。这就是说，设定抵押权的抵押财产经过附合、混合或者加工形成的添附物，仍然是抵押权的抵押财产，抵押权人可以对这些添附物行使抵押权。但是，由于添附物形成的方式不同，因而抵押权及于添附物的效力规则也有所不同。

本条司法解释规定了以下三种抵押权及于添附物的效力规则：

（1）抵押权依法设立后，抵押财产被添附，添附物归第三人所有，抵押人对该添附物不再享有所有权，第三人在取得添附物的所有权时，必须对抵押人的财产被添附给予物上代位物，即补偿金。根据抵押财产的物上代位规则，抵押权人对抵押财产的代位物具有效力，仍然是抵押权的抵押财产。因此，抵押权人主张抵押权效力及于该补偿金的，人民法院应予支持，抵押权人有优先受偿权。

（2）抵押权依法设立后，抵押财产被附合、混合或者加工而成为添附物，抵押人对附合物、混合物或者加工物这三种添附物享有所有权，这就是抵押权及于添附物一般规则的基础。抵押权人主张抵押权的效力及于这些附合物、混合物或者加工物，以这些添附物作为抵押权的标的物即抵押财产，行使抵押权以满足自己的债权要求的，人民法院依法应当支持其诉讼请求。但是，因添附导致抵押财产价值增加的，抵押权的效力不及于增加的部分，可以对添附物一并变价处理，但抵押权人不能就增加的部分主张优先受偿权，对于添附物增值的部分，抵押权人不能对抗其他债权人的债权请求，只能以平等债权接受清偿。

（3）第三人对抵押财产的附合、混合或者加工行为，使抵押人与第三人成为附合物、混合物或者加工物的共有人，如在上述说明中附合、混合或者加工能够使添附物产生共有权的，抵押权的效力及于添附物的抵押人共有的部分。因此，抵押权人主张抵押权的效力及于抵押人对共有物享有的份额，主张对添附物的共有份额的部分行使抵押权的，人民法院应当支持其诉讼请求。

在司法解释作出上述三种抵押权的效力及于添附物的规则之外，还存在其他情况，原因是，抵押财产经过附合、混合或者加工形成添附物，会形成两种所有权的情况，一种是形成共有权，另一种是形成单独所有权。

上述第三种情况规定的是添附物形成共有的情形，在这种情况下，上述第三个规则是正确的。在添附物形成单独所有的情况下，所有权归属于其中原抵押财产的所有权人，抵押权人主张抵押权的效力及于附合物、混合物或者加工物，当然是有道理的，法院应该支持；但是，附合物、混合物或者加工物成立单独的所有权，对于另一方当事人是应当给予补偿的。如果在原抵押财产形成的添附物单独所有权归属于抵押权人，抵押权人并未对他方当事人因附合物、混合物或者加工物的所有权归属于抵押人而给予适当补偿或者赔偿，抵押权人在对抵押物行使抵押权时，应当扣除他方当事人在添附物中应当享有的部分价值。对于附合物、混合物或者加工物抵押人享有所有权，并且在取得添附物的所有权时，对他方当事人的损失给予赔偿或者补偿的，抵押权人对添附物行使抵押权，就不必再对他方当事人的损失进行赔偿或者补偿。不过，其中有一点，就是对添附物抵押人取得的所有权，其中有一部分其实并不属于抵押财产的范围，如果把这一部分都作为抵押财产并可以行使抵押权，并不完全公平。对于这一点，本司法解释第40条第2款规定得更为稳妥，这就是，从物产生于抵押权依法设定后的，抵押权人主张抵押权的效力及于从物的，人民法院不予支持，但是在抵押权实现时可以一并处分。对于添附物，抵押人取得全部所有权，抵押权人对添附物行使抵押权时，对于抵押财产新增加的价值，可以一并处分，但是其中增加的价值，抵押权人并无优先受偿权。对于这个问题，本条司法解释没有规定，可以参照本司法解释第40条第2款的规定处理，但是，第40条第2款的规定已经强调抵押财产的从物其实并不是抵押财产，抵押权人并不享有优先受偿权。对于这一点，无论是对于抵押权及于从物的效力规则，还是抵押权及于添附物的效力规则，其实都是一样的，应当按照同样的规则处理。例如，抵押权设定后成为抵押财产的从物的价值巨大，或者抵押财产经过添附形成的添附物增加的价值巨大，如果有其他债权人对此进行主张，则抵押权人并无优先受偿权，而成为平等债权的责任资产。对此，在司法实践中还应当特别加以注意。

【案例解读】

珠江村镇银行与国尚公司、吕某锋、吕某、尚品公司等案外人执行异议之诉案①

基本案情

2018年11月29日，珠江村镇银行与尚品公司、伟汇公司、富鸿公司、吕某、富雅公司金融借款合同纠纷一案作出民事判决，判令：尚品公司于判决发生法律效力之日起十日内向珠江村镇银行偿还借款本金6462049.56元及相应的利息、罚息、复利；珠江村镇银行在上述判决确定的债权范围借款合同案所涉抵押房产享有优先受偿权；尚品公司、吕某、吕某锋、富鸿公司、富雅公司对伟汇公司上述债务承担连带清偿责任。

上述两份判决生效后，尚品公司、伟汇公司、富鸿公司、吕某、富雅公司、吕某锋未能履行判决确定的义务。经珠江村镇银行申请，一审法院立案执行。在执行过程中，因各被执行人没有履行义务，一审法院于2019年5月30日作出和两份执行裁定书，裁定拍卖尚品公司房产用于偿还被执行人所欠债务。其后，一审法院委托天顺评估公司对案涉房产的市场价值进行评估。天顺评估公司估价报告均未对相关房产的装饰装修价值单独评估。

2019年8月2日，一审法院向珠江村镇银行、尚品公司、国尚公司发出《告知书》，告知一审法院将对抵押物房地产进行整体清点（即不带租）拍卖。其后，国尚公司提出执行异议，请求一审法院对涉案83套房产的装饰装修价值单独评估，并对该83套房产整体打包拍卖，在处置拍卖款时将装饰装修拍卖所得款分配给国尚公司。一审法院经审查后于2019

① 审理法院：一审法院为广东省鹤山市人民法院，案号：（2020）粤0784民初16号；二审法院为广东省江门市中级人民法院，案号：（2020）粤07民终3619号。

年12月9日作出执行裁定书，认为“案外人国尚公司主张其为涉案83套房产装饰装修价值的所有权人，一审法院在整体拍卖案涉83套房产后，装饰装修价值部分拍卖款应退还给案外人，是请求排除对涉案83套房产的装饰、装修价值部分的执行，故本案应按执行程序中的案外人异议处理……申请执行人珠江村镇银行对案涉83套房产的抵押权效力及于装饰装修的不可移动部分……”裁定驳回国尚公司的异议请求。国尚公司不服该裁定，遂提起本案诉讼。

国尚公司向一审法院起诉请求：1. 依法判令停止对案涉83套房产装饰装修部分的强制执行；2. 确认案涉83套房产的装饰装修属国尚公司所有，珠江村镇银行的抵押权不及于上述装饰装修；3. 判令本案诉讼费用由珠江村镇银行承担。

事实与理由是：尚品公司与富胜公司分别于2015年9月12日、2016年5月31日签订《租赁合同》《租赁合同（公用部分)》《租赁合同（70套)》各一份，约定尚品公司将其所购的房产（涵盖了案涉83套房产在内）出租给富胜公司。2016年5月31日，尚品公司与富胜公司签订《补充协议书》一份，对《租赁合同》《租赁合同（公用部分)》中的条款进行了变更。以上租赁合同及《补充协议》约定了上述租赁房产装修形成的所有资产（包括但不限于附着在房产上的物品、设施、设备等）归富胜公司所有，租赁关系终止时，富胜公司有权在不影响房屋安全的前提下自行予以处置。2016年8月3日，富胜公司与国尚公司签订《转租协议》一份，约定富胜公司将其承租的上述房产转租给国尚公司。2019年7月22日，尚品公司、富胜公司、国尚公司、富鸿公司签订《确认书》一份，确认“上述83套房产装修工程由富胜公司移交给国尚公司直接进行，由国尚公司负责出资进行后续装修。现富胜公司和国尚公司确认上述房产装修形成的所有资产（包括但不限于附着在房产上的物品、设施、设备等）归国尚公司所有，由国尚公司主张相关权利”。

法院判决

一审法院认为，本案为案外人执行异议之诉。根据国尚公司最终确定的诉讼请求，其并非基于租赁权请求阻却涉案83套房产的执行，国尚公司请求的是不得执行案涉83套房产内的装饰装修部分，故本案的审理范围不涉及租赁权对抵押权的影响问题，对租赁权能否阻却涉案房产执行的问题，一审法院在本案中不作评判。综合当事人的诉辩意见，本案的争议焦点为：1. 案涉83套房产的装饰装修物的权属人是何人；2. 珠江村镇银行对案涉83套房产所享有的抵押权是否及于其内的装饰装修物；3. 国尚公司对本案执行标的是否享有足以排除强制执行的民事权益。对此，一审法院评述如下：

一、对于案涉83套房产的装饰装修物权属问题

《最高人民法院关于贯彻执行〈中华人民共和国民法通则〉若干问题的意见（试行）》第86条规定："非产权人在使用他人的财产上增添附属物，财产所有人同意增添，并就财产返还时附属物如何处理有约定的，按约定办理；没有约定又协商不成，能够拆除的，可以责令拆除；不能拆除的，也可以折价归财产所有人，造成财产所有人损失的，应当负赔偿责任。"本案中，珠江村镇银行没有提供证据证明尚品公司将案涉83套房产向其抵押时已进行装饰装修，而根据尚品公司与富胜公司签订的租赁合同和补充协议、富胜公司与国尚公司签订的转租协议以及尚品公司、富胜公司、国尚公司、富鸿公司签订的《确认书》，案涉83套房产的装饰装修由次承租人国尚公司承担，而国尚公司对租赁房产进行的装饰装修经过产权人尚品公司和承租人富胜公司的同意，并且三方约定上述租赁房产"装修形成的所有资产（包括但不限于附着在房产上的物品、设施、设备等）归国尚公司所有，由国尚公司主张相关权利"，上述对装饰装修物权属的约定并没有违反法律法规的强制性规定，也没有损害他人的合法权益，合法有效。因此，对于国尚公司认为其是案涉83套房产的装饰装修物权属人的主张，一审法院予以支持。珠江村镇银行抗辩认为案涉83套房产的装

饰装修物权属人并非国尚公司而是尚品公司，但未提供相关证据证明其主张，对此，一审法院不予采纳。

二、对于珠江村镇银行对涉案 83 套房产所享有的抵押权是否及于房产的装饰装修物的问题

《最高人民法院关于适用〈中华人民共和国担保法〉若干问题的解释》第六十二条规定："抵押物因附合、混合或者加工使抵押物的所有权为第三人所有的，抵押权的效力及于补偿金；抵押物所有人为附合物、混合物或者加工物的所有人的，抵押权的效力及于附合物、混合物或者加工物；第三人与抵押物所有人为附合物、混合物或者加工物的共有人的，抵押权的效力及于抵押人对共有物享有的份额。"根据上述司法解释，当抵押物所有人为附合物、混合物或者加工物的所有人时，抵押权的效力才及于附合物、混合物或者加工物；当第三人与抵押物所有人为附合物、混合物或者加工物的共有人时，抵押权的效力仅及于抵押人对共有物享有的份额。本案中，尚品公司、富胜公司、国尚公司及案外人富鸿公司四方签订的《确认书》已明确约定案涉 83 套房产"装修形成的所有资产（包括但不限于附着在房产上的物品、设施、设备等）归国尚公司所有，由国尚公司主张相关权利"，亦即表示案涉 83 套房产的所有权人虽然为尚品公司，但房产的装饰装修物的权属人为国尚公司，涉案房产和房产的装饰装修物并非归属于同一人。在此情况下，珠江村镇银行对案涉 83 套房产所享有的抵押权的效力只及于属尚品公司所有的 83 套房产自身价值部分，并不及于属国尚公司所有的装饰装修物价值部分。因此，对于珠江村镇银行认为其对案涉 83 套房产所享有的抵押权的效力及于房产的装饰装修物价值部分的主张，一审法院不予采纳。

三、对于国尚公司对本案执行标的是否享有足以排除强制执行的民事权益的问题

案涉 83 套房产的装饰装修物权属人是国尚公司，其中对于可移动的、未与房产形成附合的装饰装修物，国尚公司应在案涉房产被处置前，在不影响房屋安全的前提下移除、搬离；对于已与房产形成附合的装饰装修

物，因该部分装饰装修物已与房产结合在一起，非毁损不可分离或分离花费大，无法实现应有的经济价值。考虑到案涉83套房产及与房产形成附合的部分装饰装修物的不可分割性，一审法院依法对案涉房产及与房产形成附合的装饰装修物整体采取拍卖、变卖等执行措施，并无不当。国尚公司虽为装饰装修物的权属人，但其所享有的权益并不足以阻却一审法院对案涉房产及与房产形成附合的装饰装修物的整体执行。因此，国尚公司要求停止对案涉房产装饰装修部分强制执行的诉讼请求，理据不充分，一审法院不予支持。但是，如前所述，珠江村镇银行对案涉83套房产所享有的抵押权的效力并不及于归国尚公司所有的装饰装修物价值部分，因此，一审法院委托有关评估机构对案涉83套房产进行评估时，理应要求评估机构对案涉房产自身价值和已与房产形成附合的装饰装修物相应的价值分开进行评估，处置案涉房产和相应装饰装修物所得价款，也应将归国尚公司所有的装饰装修物部分相应的价款保留给国尚公司。一审法院在委托天顺评估公司对案涉83套房产的市场价值进行评估时，天顺评估公司并未对该83套房产自身价值和已与房产形成附合的装饰装修物相应的价值分开进行评估。从天顺评估公司作出的三份房地产估价报告中可以看出，案涉房产中同一楼层的毛坯房产的评估单价均低于已作装饰装修的房产的评估单价，这表明天顺评估公司在估价时已将装饰装修物的价值考虑到案涉相关房产的评估价中。若一审法院直接依据天顺评估公司的上述评估结果对案涉83套房产采取拍卖、变卖或者以物抵债等执行措施，并认定珠江村镇银行在其债权范围内对全部的拍卖、变卖款享有优先受偿权，实际上已侵犯了国尚公司对案涉房产中装饰装修物部分的合法权益。因此，一审法院在委托有关评估机构对案涉83套房产进行评估时未对案涉房产自身价值和已与房产形成附合的装饰装修物相应的价值分开进行评估的执行措施不当，应予纠正。

珠江村镇银行不服一审判决，提起上诉。

二审法院认为，本案为案外人执行异议之诉。依照《中华人民共和国民事诉讼法》第一百六十八条“第二审人民法院应当对上诉请求的有关事实和适用法律进行审查”及《最高人民法院关于适用〈中华人民共和国民事诉讼法〉的解释》第三百二十三条“第二审人民法院应当围绕当事人的上诉请求进行审理。当事人没有提出请求的，不予审理，但一审判决违反法律禁止性规定，或者损害国家利益、社会公共利益、他人合法权益的除外”的规定，该院二审中仅围绕珠江村镇银行的上诉请求进行审查，对于各方当事人均未提出上诉的问题不予审查。本案二审的争议焦点为：珠江村镇银行就案涉83套房屋的抵押权效力是否及于案涉房屋的装饰装修价值；国尚公司对涉案执行标的是否享有能够排除强制执行的实体权利。

关于珠江村镇银行就案涉83套房屋的抵押权效力是否及于涉案房屋的装饰装修价值的问题。珠江村镇银行上诉主张国尚公司未提供证据证明其是该抵押房屋的实际装修人，且其租赁在前、购房在后，不符合常理，一审法院对此认定事实错误；即使案涉装修装饰部分属于国尚公司所有，但是国尚公司在案涉房屋抵押后承租，且案涉装修装饰部分也是在该房产被抵押后添附的，因此国尚公司主张案涉装修装饰部分的所有权不得对抗珠江村镇银行对涉案房屋享有抵押权，珠江村镇银行对案涉房屋抵押权的效力应及于案涉装修装饰部分，一审法院适用法律错误。本案中，珠江村镇银行并没有提供充分证据证明案涉83套房屋在抵押时已全部进行装饰装修，且案涉房屋所有权人尚品公司和珠江村镇银行签订抵押合同的时间与尚品公司和富胜公司签订租赁合同的时间相近，尚品公司与富胜公司在租赁合同中约定了装修期，可见富胜公司租赁涉案房屋时仍需装修，其后才由国尚公司承租。据此，可认定案涉房屋抵押后，富胜公司或国尚公司才进行装饰装修。根据尚品公司、富胜公司、国尚公司、富鸿公司所签订《确认书》的约定，可认定国尚公司负责出资装饰装修。根据《最高人民法院关于贯彻执行〈中华人民共和国民法通则〉若干问题的意见（试行)》第86条“非产权人在使用他人的财产上增添附属物，财产所有人同意增添，并就财产返还时附属物如何处理有约定的，按约定办理；没有约定又协商不成，能够拆除的，可以责令拆除；不能拆除的，也可以折价归财产所有人；造成财产所有人损失的，应当负赔偿责任”，《中华人民共和国物权法》第一百九十条“……抵押权设立后抵押财产出租的，该租赁关系不得对抗已登记的抵押权”和《最高人民法院关于适用〈中华人民共和国担保法〉若干问题的解释》第六十二条“抵押物因附合、混合或者加工使抵押物的所有权为第三人所有的，抵押权的效力及于补偿金；抵押物所有人为附合物、混合物或者加工物的所有人的，抵押权的效力及于附合物、混合物或者加工物；第三人与抵押物所有人为附合物、混合物或者加工物的共有人的，抵押权的效力及于抵押人对共有物享有的份额”的规定，即使国尚公司对案涉房屋进行了装饰装修，对添附物也应区分不同情况进行处理；对于添附的动产，属于可移动部分，国尚公司可依据租赁合同的约定进行处理；对于因添附融入不动产的部分，属于动产与不动产的附合，在此情况下，应由不动产的所有人取得附合物的所有权。依据上述法律规定，抵押物所有人取得附合物所有权，故抵押权的效力及于该附合物。也就是说，本案中房屋因装修而增加的价值，亦在抵押权效力所及的范围内。因此，本案抵押权人珠江村镇银行有权对装修后的房屋行使抵押权，可以就其变价优先受偿。国尚公司如果因添附融入不动产而造成其损失的，其应依据租赁合同的约定向出租人或转租人主张权利。综上，国尚公司诉请确认案涉房屋的装饰装修价值归其所有、珠江村镇银行的抵押权不及于上述装饰装修的依据不足，该院予以驳回。

关于国尚公司对涉案执行标的是否享有能够排除强制执行的实体权利的问题。案外人执行异议之诉，是指案外人对于执行依据所确定的执行标的主张自己享有实体上的权利，而请求法院对该实体上法律关系进行裁判，以阻止法院对执行标的进行强制执行的救济方法。根据《最高人民法院关于适用〈中华人民共和国民事诉讼法〉的解释》第三百一十一条“案外人或者申请执行人提起执行异议之诉的，案外人应当就其对执行标的享有足以排除强制执行的民事权益承担举证证明责任”的规定，国尚公司应就其对涉案房屋享有阻止执行的权利承担举证责任。如前所述，抵押权人珠江村镇银行有权对装修后的房屋行使抵押权，国尚公司仅能依据租赁合同的约定向出租人或转租人主张其因装饰装修造成的损失，而尚品公司与富胜公司的租赁合同、富胜公司与国尚公司的转租合同尚在合同履行期内，国尚公司也并未主张解除租赁合同，即使案涉房屋被拍卖，国尚公司仍可依据《中华人民共和国合同法》第二百二十九条“租赁物在租赁期间发生所有权变动的，不影响租赁合同的效力”的规定，要求新的房屋所有权人履行原来的租赁合同。由此可见，国尚公司在本案中的合法权益并未受到侵害。综上，国尚公司所享有的权益不足以阻却一审法院对涉案房屋进行整体执行。故国尚公司诉请判令停止对涉案房屋装饰装修部分的强制执行的依据不足，该院予以驳回。

法理解读

本案中，尚品公司以83套房屋作为抵押财产担保珠江村镇银行债权的实现，并办理了抵押登记。之后，尚品公司对案涉83套房屋进行了装修，并约定了装修形成的所有资产（包括但不限于附着在房产上的物品、设施、设备等）归国尚公司所有。也就是说，房屋所有权仍归尚品公司所有，但房屋装饰装修所形成的添附物的所有权归国尚公司所有。此时就涉及案涉抵押权的效力是否及于添附物的问题。

原《最高人民法院关于适用〈中华人民共和国担保法〉若干问题的解释》第62条曾规定：“抵押物因附合、混合或者加工使抵押物的所有权为第三人所有的，抵押权的效力及于补偿金；抵押物所有人为附合物、混合物或者加工物的所有人的，抵押权的效力及于附合物、混合物或者加工物；第三人与抵押物所有人为附合物、混合物或者加工物的共有人的，抵押权的效力及于抵押人对共有物享有的份额。”本司法解释第41条在这一规定的基础上，继续规定了抵押权的效力及于添附物的具体规则。第一，添附物归第三人所有，抵押权的效力及于补偿金；第二，添附物归抵押人所有，抵押权的效力及于添附物，不过添附导致抵押财产价值增加，抵押权的效力不及于增加的价值部分；第三，添附物归抵押人与第三人共有，抵押权的效力及于抵押人对共有物享有的份额。从中可以看到，确定抵押权的效力是否及于添附物，关键是判断添附物的所有权归属问题。对此，原《最高人民法院关于贯彻执行〈中华人民共和国民法通则〉若干问题的意见（试行）》第86条曾规定：“非产权人在使用他人的财产上增添附属物，财产所有人同意增添，并就财产返还时附属物如何处理有约定的，按约定办理；没有约定又协商不成，能够拆除的，可以责令拆除；不能拆除的，也可以折价归财产所有人；造成财产所有人损失的，应当负赔偿责任。”《民法典》第322条在这一规定的基础上，新增了添附物的归属规则，即有约定的，按照约定；没有约定或者约定不明，按照法律的规定；法律没有规定，按照充分发挥物的效用以及保护无过错方当事人的原则来确定。

回到本案中，尚品公司与国尚公司已经约定房产装饰装修后所形成的附合物归国尚公司所有，而非尚品公司。根据本司法解释第41条的规定，添附物的所有权归属于第三人，而非抵押人，案涉抵押权的效力只及于属尚品公司所有的83套房产自身价值部分，并不及于属国尚公司所有的装饰装修物价值部分。不过，国尚公司若是给予尚品公司补偿金，则抵押权的效力及于补偿金。

第四十二条　抵押权依法设立后，抵押财产毁损、灭失或者被征收等，抵押权人请求按照原抵押权的顺位就保险金、赔偿金或者补偿金等优先受偿的，人民法院应予支持。

给付义务人已经向抵押人给付了保险金、赔偿金或者补偿金，抵押权人请求给付义务人向其给付保险金、赔偿金或者补偿金的，人民法院不予支持，但是给付义务人接到抵押权人要求向其给付的通知后仍然向抵押人给付的除外。

抵押权人请求给付义务人向其给付保险金、赔偿金或者补偿金的，人民法院可以通知抵押人作为第三人参加诉讼。

【条文要义】

本条司法解释的条旨是抵押权的物上代位效力。

抵押权的物上代位效力，是抵押权的特别属性之一，是指抵押人因抵押物灭失、毁损、被征收、被拆迁而获得赔偿金、补偿金或保险金时，该赔偿金、补偿金或者保险金成为抵押权标的物的代替物，抵押权人有权对这三种代替物行使抵押权。这种因抵押财产灭失、毁损所获得的赔偿金、补偿金或保险金，就是抵押权物上代位效力所及的代位物，学理上也叫作代偿物。抵押权的物上代位效力最主要的表现是这些代位物成为抵押财产，抵押权人可以对这些代位物行使抵押权。

本条司法解释的第 1 款规定说的就是这个内容。抵押权依法设立后，抵押财产发生毁损、灭失或者被征收等事实，抵押权人请求给付义务人按照原抵押权的顺位就保险金、赔偿金或者补偿金等主张行使抵押权，对其债权优先受偿的，人民法院应予支持。这里的“等”字，至少包括抵押物被拆迁而获得的拆迁补偿费，它也是代位物，也在抵押权的效力所及的范围之内。

这里所说的给付义务人，不是指抵押人，而是对抵押权已人享有的保险金、赔偿金、补偿金负有给付义务的人，抵押人权已可以直接向这些给付义务人请求就抵押财产的代位物行使抵押权。如果抵押财产的保险金、赔偿金、补偿金已经给付抵押人的，抵押权人对这些抵押物的代位物，只能直接向抵押人请求行使抵押权。

本条司法解释第 2 款规定，给付义务人已经向抵押人给付了保险金、赔偿金或者补偿金，抵押权人请求给付义务人向其给付保险金、赔偿金或者补偿金，主张行使抵押权的，人民法院对这种诉讼请求不予支持。但是，如果是抵押权人书面通知给付义务人向其给付后，给付义务人仍然向抵押人给付的，就违反了抵押权物上代位性的效力规则，具有过失，给付义务人仍然应当向抵押权人给付保险金、赔偿金或者补偿金，满足抵押权人的抵押权请求。给付义务人向抵押权人给付了抵押财产的代位物后，可以向获得抵押财产的代位物的抵押人请求追偿，弥补自己的损失。抵押人应当退回抵押财产的代位物。

抵押权人请求给付义务人向其给付保险金、赔偿金或者补偿金的，抵押人可以作为无独立请求权的第三人，因为对本案的判决结果与其有利害关系，因此，人民法院可以通知抵押人作为第三人参加诉讼。

【案例解读】

交通银行江苏分行诉江宁城建公司损害抵押权人利益纠纷案[①]

基本案情

2008年8月22日，交通银行江苏分行与案外人王某圣签订了《个人借款合同》，合同约定贷款金额为490万元，期限120个月，用于购买二手商铺，年利率8.613%。同日，抵押人（甲方）王某圣、朱某芳与抵押权人（乙方）交通银行江苏分行签订《南京市江宁区房地产抵押合同》，并办理了抵押登记。

2008年9月10日，交通银行江苏分行将借款490万元发放给王某圣。王某圣偿还借款本金、支付利息至2014年11月10日，后未还款。交通银行江苏分行于2015年5月27日诉至建邺区人民法院，要求王某圣向其归还借款并支付利息、复利、罚息，其有权对王某圣、朱某芳的抵押物优先受偿。因王某圣、朱某芳下落不明，建邺区人民法院向王某圣、朱某芳公告送达了开庭传票，后判决王某圣偿还交通银行江苏分行借款本金2349706.34元并支付利息、罚息及复利，交通银行江苏分行有权就王某圣、朱某芳抵押的案涉房屋折价或者拍卖、变卖的价款在债权数额490万

① 审理法院：一审法院为南京市江宁区人民法院，案号：（2016）苏0115民初9360号；二审法院为江苏省南京市中级人民法院，案号：（2017）苏01民终3241号。

元的范围内享有优先受偿权。

但事实上，王某圣名下已无可供执行财产。2009年，案涉房屋被列入拆迁范围。江宁城建公司在拆迁前查询过案涉房屋的抵押情况，但未通知抵押权人交通银行江苏分行，王某圣告知其已经与贷款人交通银行江苏分行谈好，会继续履行与交通银行江苏分行的借款合同，城建公司便将所有的拆迁补偿款支付给了王某圣。交通银行江苏分行认可自2008年9月放贷给王某圣后，从未到案涉房屋现场查看过抵押物状况，也未看到过南京市江宁区建设局于2009年4月9日在《南京日报》上刊登的拆迁公告和江宁城建公司在案涉房屋上张贴的拆迁公告，直至2016年7月其才得知抵押物即案涉房屋早在2009年9月已被拆除。

交通银行江苏分行遂向法院诉请被告江宁城建公司赔偿其因抵押物灭失损失的贷款本金2349706.34元及至还清之日止的利息、罚息、复利。

法院判决

南京市江宁区人民法院一审审理认为：行为人因过错侵害他人民事权益，应当承担侵权责任。《中华人民共和国物权法》第三十七条规定："侵害物权，造成权利人损害的，权利人可以请求损害赔偿，也可以请求承担其他民事责任。"第一百七十四条规定："担保期间，担保财产毁损、灭失或者被征收等，担保物权人可以就获得的保险金、赔偿金或者补偿金等优先受偿。被担保债权的履行期未届满的，也可以提存该保险金、赔偿金或者补偿金等。"2004年10月21日印发的《南京市城市房屋拆迁管理办法》第十七条第一款规定，拆迁设有抵押权的房屋，债务人自拆迁补偿协议订立之日起的30日内，不能提前清偿或者抵押人不能变更抵押财产的，拆迁人应当依法将相当于债权担保部分的货币补偿金额向公证机关提存。本案中，交通银行江苏分行贷款490万元给王某圣，王某圣、朱某芳以其名下的房屋为该笔借款提供抵押担保，并办理了抵押登记手续。江宁城建公司在对案涉房屋进行拆迁前对该房屋上设定有抵押权和抵押权人系交通银行江苏分行是知晓的，而江宁城建公司仅在报纸上和拆迁房屋上张贴了拆迁公告，未向作为抵押权人的交通银行江苏分行履行告知义务。江宁城建公司与王某圣在签订拆迁补偿协议后，王某圣并未按照相关规定在30日内提前清偿对交通银行江苏分行的债务，也未变更抵押财产，更未告知抵押物即将拆迁的相关情况，而江宁城建公司未经审查就将案涉房屋的所有拆迁补偿款支付给了王某圣，并未按照法律及相关规定将相当于债权担保部分的货币补偿金额向公证机关提存，江宁城建公司存在过错。交通银行江苏分行于2008年9月将借款490万元出借给王某圣后，此后从未到案涉房屋现场查看过抵押物的相关状况，王某圣于2014年11月逾期还款后，交通银行江苏分行仍未审查抵押物的现状，交通银行江苏分行于2015年5月起诉至建邺区人民法院时，还要求对已经灭失的抵押物享有优先受偿权，交通银行江苏分行对自己的损失也存在过错。被侵权人对于损害的发生也有过错的，可以减轻侵权人的责任。考虑到江宁城建公司和交通银行江苏分行各自的过错程度和过错行为对损害结果的因果关系程度，一审法院酌定江宁城建公司承担80%的赔偿责任，交通银行江苏分行自行承担20%的赔偿责任。

一审判决后，交通银行江苏分行与江宁城建公司均不服，向南京市中级人民法院提起上诉。

二审法院认为，当事人合法权益应受法律保护。本案中，交通银行江苏分行于2008年依法对案涉被拆迁案涉房屋房产设立了抵押权，而江宁城建公司在2009年对该抵押房产实施拆迁前，已查询相关抵押情况，应当知晓交通银行江苏分行系被拆迁房屋的抵押权人。相关法律、法规、规章、政策性文件和司法解释等对于抵押和担保物在征收拆迁中如何处理均作出了相应的规定。《中华人民共和国物权法》第一百七十四条规定："担保期间，担保财产毁损、灭失或者被征收等，担保物权人可以就获得的保险金、赔偿金或者补偿金等优先受偿。被担保债权的履行期未届满的，也可以提存该保险金、赔偿金或者补偿金等。"《最高人民法院关于适用〈中华人民共和国担保法〉若干问题的解释》第八十条规定："在抵押物灭失、毁损或者被征用的情况下，抵押权人可以就该抵押物的保险金、赔偿金或者补偿金优先受偿。抵押物灭失、毁损或者被征用的情况下，抵押权所担保的债权未届清偿期的，抵押权人可以请求人民法院对保险金、赔偿金或补偿金等采取保全措施。”国务院于2001年6月颁布的《城市房屋拆迁管理条例》第三十条规定：“拆迁设有抵押权的房屋，依照国家有关担保的法律执行。”《南京市城市房屋拆迁管理办法》第十八条第一款规定：“拆迁设有抵押权的房屋，债务人自拆迁补偿协议订立之日起的30日内，不能提前清偿或者抵押人不能变更抵押财产的，拆迁人应当依法将相当于债权担保部分的货币补偿金额向公证机关提存。”就本案而言，江宁城建公司依据《南京市城市房屋拆迁管理办法》的规定与案外人王某圣、朱某芳签订拆迁补偿协议，因此，江宁城建公司在法律法规等已有明确规定的情况下，且已知晓交通银行江苏分行为案涉被拆迁房产的抵押权人，但拆迁时既未要求王某圣、朱某芳变更抵押财产，也未有效通知交通银行江苏分行核实抵押房产所担保的剩余债权，进而向公证机关进行提存，其直接将所有征收拆迁补偿款全数支付给被拆迁人，主观上存在明显过错，从而导致交通银行江苏分行对王某圣、朱某芳享有合法抵押的债权不能实现。王某圣向交通银行江苏分行借款发生于2008年9月，江宁城建公司的上述侵权损害行为发生于2009年9月，此时王某圣也正常向交通银行江苏分行偿还定期贷款，而一审法院认定交通银行江苏分行在此期间内疏于审查抵押物的状况，加重了交通银行江苏分行的义务，且也缺乏法律依据；本案交通银行江苏分行的抵押权受到侵害发生于2009年9月，一审法院分析认定交通银行江苏分行在此后疏于对抵押物进行审查，即使交通银行江苏分行存在该行为，但与当时损害结果的发生并无必然因果关系。故一审法院区分双方责任，并由交通银行江苏分行自行承担20%的过错责任，存在不当，予以纠正。江宁城建公司应当对涉案侵权损害结果承担全部责任。

关于赔偿范围。交通银行江苏分行于2014年11月10日已发现王某圣存在迟延还款行为，此时交通银行江苏分行应及时审查抵押物状况，但其疏于审查而仍向一审法院主张抵押权，存在过错，故其主张2014年11月10日之后的罚息及复利，不予支持。其主张损失范围应为王某圣欠款本金

2349706.34元以及江宁城建公司因未能提存该部分款项所产生的法定孳息。因此，法院认定，江宁城建公司向交通银行江苏分行赔偿2349706.34元，并自2014年11月10日起至实际付清之日止，以该数额为基数参照中国人民银行同期贷款利率标准向交通银行江苏分行承担利息损失。本案中，江宁城建公司未能证明王某圣、朱某芳还有其他财产可供执行，交通银行江苏分行亦经过强制执行程序，最终未能实现抵押债权，故其要求以王某圣、朱某芳的其他财产抵充本案损失数额，依据不足。

法理解读

本案中，王某圣、朱某芳以自有房产作为抵押财产担保交通银行江苏分行债权的实现，并办理了抵押登记。之后，该抵押房产实施拆迁，江宁城建公司向王某圣、朱某芳支付了补偿款。此时涉及案涉抵押权的效力是否及于补偿款的问题。

一般认为，抵押权具有物上代位性。最早对此作出规定的是原《最高人民法院关于适用〈中华人民共和国担保法〉若干问题的解释》第80条，即“在抵押物灭失、毁损或者被征用的情况下，抵押权人可以就该抵押物的保险金、赔偿金或者补偿金优先受偿。抵押物灭失、毁损或者被征用的情况下，抵押权所担保的债权未届清偿期的，抵押权人可以请求人民法院对保险金、赔偿金或补偿金等采取保全措施”。原《物权法》第174条在原《最高人民法院关于适用〈中华人民共和国担保法〉若干问题的解释》第80条的基础上，规定了担保物权的物上代位性，即“担保期间，担保财产毁损、灭失或者被征收等，担保物权人可以就获得的保险金、赔偿金或者补偿金等优先受偿。被担保债权的履行期未届满的，也可以提存该保险金、赔偿金或者补偿金等。”《民法典》第390条沿袭了原《物权法》第174条的内容，继续规定了担保物的物上代位性。本司法解释第42条则进一步规定了抵押权的物上代位性。申言之，抵押财产毁损、灭失或者被征收，抵押权人有权按照原抵押权的顺位就保险金、赔偿金或者补偿金等优先受偿。给付义务人已经向抵押人给付了保险金、赔偿金或者补偿金，抵押权人无权请求给付义务人向其给付，但是给付义务人接到抵押权人要求向其给付的通知后仍然向抵押人给付的除外。

回到本案中，案涉房地产虽然已经被征收，交通银行江苏分行仍然有权就补偿款优先受偿。现江宁城建公司已经向王某圣、朱某芳支付了补偿款，交通银行江苏分行无权请求江宁城建公司再向其给付，但是江宁城建公司接到了交通银行江苏分行要求向其给付的通知后仍然向王某圣给付的除外。

第四十三条　当事人约定禁止或者限制转让抵押财产但是未将约定登记，抵押人违反约定转让抵押财产，抵押权人请求确认转让合同无效的，人民法院不予支持；抵押财产已经交付或者登记，抵押权人请求确认转让不发生物权效力的，人民法院不予支持，但是抵押权人有证据证明受让人知道的除外；抵押权人请求抵押人承担违约责任的，人民法院依法予以支持。

当事人约定禁止或者限制转让抵押财产且已经将约定登记，抵押人违反约定转让抵押财产，抵押权人请求确认转让合同无效的，人民法院不予支持；抵押财产已经交付或者登记，抵押权人主张转让不发生物权效力的，人民法院应予支持，但是因受让人代替债务人清偿债务导致抵押权消灭的除外。

【条文要义】

本条司法解释的条旨是抵押财产转让的抵押权效力。

1. 抵押财产转让的一般性规则

关于抵押财产的转让，《民法典》第406条规定："抵押期间，抵押人可以转让抵押财产。当事人另有约定的，按照其约定。抵押财产转让的，抵押权不受影响。抵押人转让抵押财产的，应当及时通知抵押权人。抵押权人能够证明抵押财产转让可能损害抵押权的，可以请求抵押人将转让所得的价款向抵押权人提前清偿债务或者提存。转让的价款超过债权数额的部分归抵押人所有，不足部分由债务人清偿。”

原《物权法》第191条关于抵押财产的转让不是这样规定的。原来的规定是：“抵押期间，抵押人经抵押权人同意转让抵押财产的，应当将转让所得的价款向抵押权人提前清偿债务或者提存。转让的价款超过债权数额的部分归抵押人所有，不足部分由债务人清偿。抵押期间，抵押人未经抵押权人同意，不得转让抵押财产，但受让人代为清偿债务消灭抵押权的除外。”

对于抵押财产转让这两种不同的规定，原《物权法》的规定显然已无法适应社会发展需要，《民法典》第406条完善了原《物权法》第191条的规定，制定了新的规则，符合抵押财产转让的民法原理。

原《物权法》对于抵押财产禁止转让的规定，是以抵押权限制所有权的自由行使。《民法典》第130条规定：“民事主体按照自己的意愿依法行使民事权利，不受干涉。”这就是行使民事权利的自我决定权。所有权是民事权利，所有权人在行使民事权利时，完全有行使权利的自由，依照自己的意愿决定，不受他人干涉。根据原《物权法》第191条的规定，所有权附加了抵押权的负担以后，所有权就不可以再自由行使，就限制了所有权人自由行使权利的自我决定权。说到底，抵押人在抵押财产的所有权之上设立了抵押权，就是在所有权之上添加了行使所有权的负担，所有权仍然可以自由流转，只不过在流转时，所有权所负担的抵押权随之一起流转，跟随着抵押财产的所有权一起流转到新的所有权人手中，并不分离，取得抵押财产所有权的新所有权人，同时取得了抵押财产所有权上附加的抵押权，抵押权人向新的所有权人主张抵押权的，当然有效，有权以该抵押财产满足自己的债权请求。因此，对设置抵押权的抵押财产不应当限制其流转，应当准许其流通，只不过负担的抵押权随所有权的变动而变动而已。

2. 抵押财产转让的效力规则

对于在实践中适用《民法典》第406条，本条司法解释规定的规则是：

（1）当事人约定禁止或者限制转让抵押财产但未将该约定登记，抵押人违反该约定转让抵押财产，抵押权人请求认定转让合同无效或者该转让不发生物权效力的，人民法院对这样的请求不予支持。因为《民法典》第406条规定，当事人另有约定的，依照其约定。尽管这一条文规定了抵押期间抵押人可以转让抵押财产，但这是示范性条款，而不是强制性规定，当事人对于在抵押期间抵押人禁止或者限制转让抵押财产，是双方当事人的自由意志构成的合意，当然是有效的约定，对双方具有约束力。

抵押人与抵押权人之间关于禁止或者限制转让抵押财产的约定虽然未经登记，但是，如果抵押权人有证据证明受让人知道的，则受让人有恶意，此时抵押财产已经交付或者登记，抵押权人主张该转让不发生物权效力的，人民法院应当予以支持，因为对于物权转让不发生权属变动的主张，是有法律依据的。

如果抵押权人请求抵押人承担违约责任的，则是完全有理由的，并且有法律依据。对于这样的请求，法院应予支持。

（2）双方当事人对禁止或者限制转让抵押财产的约定已经进行了登记，抵押合同约定的抵押权就已经生效，抵押权人取得了抵押权。同时，抵押权人和抵押人在抵押合同中约定的禁止或者限制转让抵押财产的约定就发生了法律效力，对双方当事人具有法律上的拘束力，抵押权人请求认定转让合同无效的，人民法院不予支持；如果抵押财产已经交付或者登记，抵押权人主张该转让不发生物权效力的，人民法院应当予以支持。除外的情形是，因受让人代替债务人清偿债务导致抵押权消灭的，由于债务已经清偿，抵押权已经实现，不复存在，抵押权人再提出该转让不发生物权效力的，就已经没有理由了。

【案例解读】

索特公司与新万基公司土地使用权转让合同纠纷案①

基本案情

索特公司将土地使用权抵押给相关银行用于贷款担保，抵押期限自2005年至2011年。2005年12月1日，新万基公司与索特公司签订了《金三峡花园联合开发协议》（以下简称《联合开发协议》），在上述土地上联合开发金三峡花园。该协议约定：索特公司现已将上述土地抵押给某银行融资贷款，同意在约定时间内将该土地的抵押权解除，并保证不存在其他权利瑕疵；以新万基公司出资、索特公司出土地使用权，共同投资、共享利润的方式，共同进行房地产开发。2005年12月1日，新万基公司与索特公司又签订了《联合开发协议之补充协议（一）》（以下简称《补充协议》）。2007年12月20日，索特公司以新万基公司并未按照合同约定履行相应义务为由，向法院起诉，要求解除双方签订的《联合开发协议》及《补充协议》。同时，请求判令新万基公司支付违约金1000万元。新万基公司提起反诉，请求法院判令索特公司承担违约责任，支付违约金6000万元。

法院判决

重庆市高级人民法院经审理认为：首先，双方当事人之间的法律关系实质上是土地使用权转让，即索特公司是土地使用权转让人，新万基公司是受让人。其次，当事人之间的土地使用权转让行为违反了《担保法》第49条第1款——索特公司在转让抵押财产时未通知抵押权人——而归于无效。此外，由于新万基公司受让的标的物上存在抵押权，根据《最高人民

① 审理法院：一审法院为重庆市高级人民法院，案号：（2008）渝高法民初字第2号；二审法院为最高人民法院，案号：（2008）民一终字第122号。

法院关于适用〈中华人民共和国担保法〉若干问题的解释》（以下简称《担保法解释》）第 67 条第 1 款之规定，新万基公司可以通过行使涤除权消灭该抵押权，从而对转让行为的效力予以补正。但新万基公司并未行使涤除权，该转让行为的效力未能得到补正。故此，《联合开发协议》及《补充协议》属于无效合同，索特公司与新万基公司要求对方支付违约金的请求均不能成立。最后，本案合同无效是因为抵押人未将土地转让的情况通知抵押权人，系因索特公司单方的过错导致了合同无效，对新万基公司因此遭受的损失应由索特公司承担赔偿责任。虽然根据《担保法解释》第 67 条第 1 款，也可由受让人行使涤除权消灭抵押权，从而使转让行为生效，但对受让人而言，该规定系赋予权利，权利人不行使权利并不构成法律上的过错。

新万基公司不服一审判决，向最高人民法院提起上诉。

最高人民法院经审理认为，《联合开发协议》与《补充协议》合法有效。首先，依据《担保法》第 49 条，抵押期间抵押人转让抵押物应当通知抵押权人，否则转让行为无效；《物权法》第 191 条亦规定抵押期间转让抵押物须经抵押权人同意。其立法目的是确保抵押权人的利益不受侵害。但《担保法解释》第 67 条和《物权法》第 191 条也规定，未经通知或者未经抵押权人同意转让抵押物的，如受让方代为清偿债务消灭抵押权的，转让有效。即受让人通过行使涤除权涤除转让标的物上的抵押权负担的，转让行为有效。本案双方当事人在《联合开发协议》中约定由索特公司在不影响开发进度的前提下办理解除抵押的相关手续，即以约定的方式将先行解除本案所涉土地上的抵押权负担的义务赋予了索特公司。该约定既保障了抵押权人的利益，也不妨害抵押人和受让土地的第三人的利益，与《担保法》《物权法》以及《担保法解释》保障各方当事人利益平衡的立法精神并不相悖，不违反法律规定。因此，应当确认该《联合开发协议》及《补充协议》有效，双方应按照合同诚信履行，索特公司有义务根据双方商定的开发进度清偿银行债务，从而解除该转让土地上的抵押权负担。其次，《物权法》第 15 条确定了不动产物权变动的原因与结果相区分的原则。物权转让行为不能成就，并不必然导致物权转让的原因即债权合同无效。双方签订的《联合开发协议》及《补充协议》作为讼争土地使用权转让的原因行为是债权形成行为，并非该块土地使用权转让的物权变动行为。相关法律关于未经通知抵押权人而导致物权转让行为无效的规定，其效力不应及于属于物权变动行为的原因行为。因为当事人可以在合同中约定完善物权转让的条件，使其转让行为符合法律规定。本案即属此种情形。

综上所述，双方当事人签订的《联合开发协议》与《补充协议》系当事人的真实意思表示，不违反法律和行政法规的禁止性规定，合法有效。索特公司未履行合同义务的行为，构成违约，应承担合同约定的违约责任。二审法院撤销了一审法院判决，改判索特公司向新万基公司支付违约金4038万元。

法理解读

本案中，索特公司将土地使用权抵押给相关银行用于贷款担保后，又将案涉土地使用权出卖给新万基公司。此时涉及该抵押财产转让合同是否有效以及是否发生物权变动的问题。

关于抵押财产的转让，原《担保法》第49条规定："抵押期间，抵押人转让已办理登记的抵押物的，应当通知抵押权人并告知受让人转让物已经抵押的情况；抵押人未通知抵押权人或者未告知受让人的，转让行为无效。转让抵押物的价款明显低于其价值的，抵押权人可以要求抵押人提供相应的担保；抵押人不提供的，不得转让抵押物。抵押人转让抵押物所得的价款，应当向抵押权人提前清偿所担保的债权或者向与抵押权人约定的第三人提存。超过债权数额的部分，归抵押人所有，不足部分由债务人清偿。"原《担保法解释》第67条进一步补充规定："抵押权存续期间，抵押人转让抵押物未通知抵押权人或者未告知受让人的，如果抵押物已经登记的，抵押权人仍可以行使抵押权；取得抵押物所有权的受让人，可以代替债务人清偿其全部债务，使抵押权消灭。受让人清偿债务后可以向抵押人追偿。如果抵押物未经登记的，抵押权不得对抗受让人，因此给抵押权人造成损失的，由抵押人承担赔偿责任。”在制定《物权法》时，《物权法》第191条延续了前面所述的规则，禁止抵押人未经抵押权人同意就转让抵押物，否则转让行为无效，但是受让人行使涤除权的除外。据此，索特公司将已经办理抵押登记的土地使用权出卖给新万基公司，转让合同有效，但不发生物权变动效力。

《民法典》第406条改变了这一规则，明确了抵押物可以自由转让，但当事人另有约定的除外，即“抵押期间，抵押人可以转让抵押财产。当事人另有约定的，按照其约定。抵押财产转让的，抵押权不受影响。抵押人转让抵押财产的，应当及时通知抵押权人。抵押权人能够证明抵押财产转让可能损害抵押权的，可以请求抵押人将转让所得的价款向抵押权人提前清偿债务或者提存。转让的价款超过债权数额的部分归抵押人所有，不足部分由债务人清偿”。可以看到，《民法典》第406条确立的抵押物自由流通的规则，不仅降低了抵押人的交易成本，也保障了抵押权人的债权安全。不过，该规则也遗留了一个问题，即当事人另有约定时，如果抵押人不遵守约定转让抵押财产时，又该如何认定转让的法律效果。本司法解释第43条及时作出了补充。第一，就合同效力而言，抵押财产转让合同不因抵押人违反约定转让抵押财产而受到影响。第二，就物权变动而言，抵押财产进行交付或者登记是否应当认定为发生物权效力，则需要根据禁止或者限制转让抵押财产的约定是否进行了登记来区分。如果该约定未进行登记，抵押财产已经交付或者登记，应当认定物权已经发生变动，但是抵押权人有证据证明受让人知道的除外。此时，抵押权人有权请求抵押人承担违约责任，实现对自己权利的救济。如果该约定进行了登记，那么该约定就具有对抗效力，应当认定物权未发生变动，但是因受让人代替债务人清偿债务导致抵押权消灭的除外。

以本案为例，可以做两个方面的设想。第一，假定索特公司将土地使用权抵押给相关银行时约定了禁止将土地使用权转让且该约定未进行登记，索特公司违反约定将案涉土地使用权转让给新万基公司，不影响转让合同的法律效力。案涉土地使用权已经完成变更登记，应当认定使用权已经发生变动，但是相关银行有证据证明新万基公司知晓土地使用权禁止转让约定的除外。第二，假定索特公司将土地使用权抵押给相关银行时约定了禁止将土地使用权转让且该约定进行了登记，索特公司违反约定将案涉土地使用权转让给新万基公司，不影响转让合同的法律效力。若是案涉土地使用权已经完成了所有权变更登记，相关银行有权主张该转让行为不发生物权效力，但是因新万基公司代替索特公司清偿债务导致抵押权消灭的除外。

第四十四条　主债权诉讼时效期间届满后，抵押权人主张行使抵押权的，人民法院不予支持；抵押人以主债权诉讼时效期间届满为由，主张不承担担保责任的，人民法院应予支持。主债权诉讼时效期间届满前，债权人仅对债务人提起诉讼，经人民法院判决或者调解后未在民事诉讼法规定的申请执行时效期间内对债务人申请强制执行，其向抵押人主张行使抵押权的，人民法院不予支持。

主债权诉讼时效期间届满后，财产被留置的债务人或者对留置财产享有所有权的第三人请求债权人返还留置财产的，人民法院不予支持；债务人或者第三人请求拍卖、变卖留置财产并以所得价款清偿债务的，人民法院应予支持。

主债权诉讼时效期间届满的法律后果，以登记作为公示方式的权利质权，参照适用第一款的规定；动产质权、以交付权利凭证作为公示方式的权利质权，参照适用第二款的规定。

【条文要义】

本条司法解释的条旨是主债权诉讼时效届满对抵押权、留置权和质权发生的法律后果。

本条司法解释规定主债权诉讼时效届满的法律后果的基础，是《民法典》第 192 条的规定。该条规定："诉讼时效期间届满的，义务人可以提出不履行义务的抗辩。诉讼时效期间届满后，义务人同意履行的，不得以诉讼时效期间届满为由抗辩；义务人已经自愿履行的，不得请求返还。"这些规定规范的是主债权诉讼时效届满对债务人的法律后果。由于在主债权债务关系之外又设立了抵押权，主债权的诉讼时效期间届满，除对主债权债务关系产生法律效果外，由于抵押合同设置的抵押权以及抵押合同是主债权债务关系的从合同，主债权债务关系的诉讼时效期间届满，主债务人产生抗辩权，可以对抗主债权人对义务人的请求权。债务人行使该抗辩权，就可以拒绝对主债权人行使请求权的请求。

在主债权债务合同之外存在的担保合同，是主债权债务合同的从合同，但也是一个合同，主债权债务合同诉讼时效的效力也影响抵押合同。不过，抵押合同的抵押人产生的抗辩权，不是基于抵押合同的诉讼时效期间完成，而是基于其从合同的属性，其抗辩权产生于主债权债务合同的诉讼时效期间完成。因此，当主债权债务合同的诉讼时效期间完成后，不仅主债务人产生抗辩权，而且抵押人也产生抗辩权。主债务人产生的抗辩权可以直接对抗债权人对其行使的请求权，抵押合同的抵押人产生的抗辩权也可以直接对抗抵押权人对其行使抵押权的请求。

正是基于这样的原理，本司法解释第 1 款规定了三种情况：

1. 主债权诉讼时效期间届满对抵押权的效力

主债权诉讼时效期间届满后，抵押权人主张行使抵押权的，人民法院不予支持。这是因为，主债权的诉讼时效期间届满后，主债权就成为自然债权，债务人产生拒绝债权请求的抗辩权。这时，主债权人作为抵押合同的抵押权人，虽然抵押权仍然还在，但是抵押人作为债务人，也享有抗辩权，因此，抵押权人主张行使抵押权的，法院不予支持，就是有法律根据的。同样，抵押人以此为由主张不承担责任的，就是依法行使抗辩权，人民法院应当予以支持。抵押权人请求行使抵押权的，应该加上一句话，就是抵押权人请求行使抵押权，抵押人以主债权合同的诉讼时效已经完成，其产生抗辩权为由，主张行使抗辩权对抗抵押权人请求的，人民法院不予支持。如果主债权债务关系的诉讼时效届满，抵押人自愿履行对抵押权人的抵押责任，当然没有问题，因而不能说主债权诉讼时效届满后，抵押权人请求行使抵押权的，人民法院一律不予支持。

债权人在诉讼时效期间内向债务人主张权利，获得胜诉判决或调解后，如果没有在法定期间内向人民法院申请执行，事后又请求行使抵押权的，人民法院也不予支持。这是因为，债权人在诉讼时效期间内向债务人主张权利，已经获得了胜诉判决，债权人的债权就已经得到了保障，其实现债权应当通过强制执行的程序实现。如果在诉讼时效期间内，债权人作为抵押权人向抵押人提出实现抵押权的主张，当然是有效的，人民法院应当予以支持。获得胜诉的判决或调解后，债权人没有在法定期间内向人民法院申请执行，其获得法律保障的请求权是因为自己的过失而不能实现。在这种情况下，又请求行使抵押权的，其实是将自己的过错所造成的后果归咎于抵押人。因为在这种情况下，抵押权人享有的抵押权已经丧失，因而不能向抵押人主张行使抵押权，规定人民法院不予支持完全是正确的。

2. 主债权诉讼时效期间届满对留置权的效力

主债权诉讼时效期间届满后，财产被留置的债务人或者对留置财产享有所有权的第三人请求债权人返还留置财产的，人民法院不予支持。这是因为，财产已经被留置，仍然在债权人的手中占有，即使其主债权的诉讼时效期间届满，留置权是法定担保物权，仍然在发生效力，债权人仍然有权以其占有的财产清偿债务。如果债务人或者第三人请求拍卖、变卖留置财产，并以所得价款清偿债务的，是依法履行债务的行为，人民法院应予支持。

3. 主债权诉讼时效届满对质权的法律后果

主债权诉讼时效届满对质权发生的法律后果，本条司法解释第 3 款规定了两种规则。

（1）主债权诉讼时效期间届满的法律后果，以登记作为公示方式的权利质权，参照适用本条司法解释第 1 款的规定。即主债权诉讼时效届满后，抵押权人主张行使抵押权的，人民法院不予支持；抵押人以主债权诉讼时效期间届满为由，主张不承担担保责任的，人民法院应予支持。主债权诉讼时效期间届满前，债权人仅对债务人提起诉讼，经人民法院判决或者调解后未在民事诉讼法规定的申请执行期间内对债务人申请强制执行，其向抵押人主张行使抵押权的，人民法院不予支持。

（2）动产质权、以交付权利凭证作为公示方法的权利质权，参照本条司法解释第 2 款规定的规则处理，即主债权诉讼时效期间届满后，财产被留置的债务人或者对留置财产享有所有权的第三人请求债权人返还留置财产的，人民法院不予支持；债务人或者第三人请求拍卖、变卖留置财产并以所得价款清偿债务的，人民法院应予支持。

【案例解读】

王某诉李某抵押合同纠纷案①

基本案情

2009 年 8 月 11 日，王某（甲方）与李某（乙方）签订协议书，约定甲方从乙方处借款人民币 50 万元，期限自 2009 年 8 月 11 日起至 2009 年 9 月 10 日止。期满一次性偿还全部借款。为保证乙方的权益，甲方将位于北京市通州区 A 房屋抵押于乙方处。同时，甲方将该房屋产权证、购房合同、购房发票、房主身份证等证件交由乙方保存。2009 年 8 月 12 日，王某和李某在北京市通州区建设委员会办理了关于案涉房屋的抵押登记手续。

王某认为，李某未在主债权诉讼时效期间行使抵押权，故抵押权不予保护。现诉至法院，请求判令：李某协助王某办理注销通州区 A 房屋的抵押登记手续。

---

① 《最高人民法院公报》2017 年第 7 期。

法院判决

一审法院认为，本案中，原告王某与被告李某签订借款协议书和房产抵押担保合同书，王某向李某出具收条，系双方当事人的真实意思表示，王某作为借款人应当按照约定偿还借款。借款协议中约定借款的还款期限为2009年9月10日，故李某请求保护民事权利的诉讼时效期间应为2009年9月11日至2011年9月10日。李某作为抵押权人应当在主债权的诉讼时效期间内行使抵押权。

庭审中，被告李某称借款后，都是兰某清通过转账方式向李某偿还借款，但是由于李某与兰某清之间另外存在其他借款事实，兰某清在还款时并未明确说明是否是其针对原告王某所借款项的还款。现李某无法提供证据证明兰某清还款时明确作出替王某还款的意思表示，由此产生的不利后果应由李某自行承担。故李某陈述的兰某清的还款情况不能作为债权诉讼时效中断的事由。综合双方提供的证据，李某未提交相关证据证明其在上述期间内向王某主张权利，亦未提交证据证明王某向李某偿还借款。故上述债权已超过诉讼时效。因李某作为抵押权人未在主债权诉讼时效期间内行使抵押权，故抵押权已消灭。现王某要求李某办理解除王某名下的位于通州区A房屋的抵押登记手续的诉讼请求，法院予以支持。因王某与李某签订借款协议书和房产抵押担保合同书，即便是出现借款人与实际用款人不一致的情况，也不影响借款合同的相对性和有效性。故收款的户名是否为王某不影响本案的认定，关于王某称自己并非实际借款人的意见，法院不予采信。李某辩称自借款后自己一直向王某主张还款。2015年8月3日，王某向被告李某偿还借款0.7万元，因李某未提交相关证据予以证明，故对上述答辩意见，法院不予采信。

综上，北京市通州区人民法院判决原告王某与被告李某于本判决生效之日起七日内，办理解除原告王某名下的位于通州区A房屋的抵押登记手续。

李某不服一审判决，向北京市第三中级人民法院提起上诉。

北京市第三中级人民法院二审认为：李某享有的该主债权是否已经超过诉讼时效；如主债权已过诉讼时效，则为担保主债权而设定的抵押权是否消灭，即抵押人王某主张解除抵押登记的请求应否支持。

法院认为上诉人李某的债权已经超过诉讼时效，理由阐述如下：首先，依照双方签订的协议书，被上诉人王某应当在2009年9月11日偿还借款，如王某未按时还款，则李某的债权已自该日起遭受侵害，依照《中华人民共和国民法通则》第一百三十七条的规定，李某应当在2011年9月10日之前向王某主张债权，否则人民法院则不予保护。其次，李某自认其并未在2014年之前直接找到王某催要借款，并将其理由解释为2014年之前通过与王某电话沟通，由案外人兰某清替王某还款，然而李某又表示除涉诉借款外，其与兰某清之间尚存在其他债权债务关系，对于兰某清所偿还钱款对应何笔债务李某也表示并不清楚，且暂搁置兰某清还款的性质不论，对于电话沟通事宜及兰某清是否曾向其还款一事李某也未提交任何证据佐证。最后，李某辩称王某曾于2015年8月向其偿还过5000元，对此李某仅提交了一份录音证据，然而在王某否认且录音内容缺乏明确指向的前提下，法院亦难以据此认定诉讼时效存在阻却理由。故综合上述分析，应当认定李某在诉讼时效届满即2011年9月10日之前并未向王某积极主张债权，且不存在其他阻却诉讼时效计算的理由，故李某已丧失就上述债权请求法院保护的权利。

在主债权已过诉讼时效的前提下，法院认为上诉人李某的抵押权已消灭，抵押人王某主张解除抵押登记的请求应予支持。然而需要特别指出的是，由于该争议焦点的本质涉及对《中华人民共和国物权法》（以下简称物权法）第二百零二条的理解，且与当事人的诉求和抗辩直接相关，故法院以法理为基，以规范为据，对于作出如上认定的理由阐释如下：

物权法第二百零二条规定："抵押权人应当在主债权诉讼时效期间行使抵押权；未行使的，人民法院不予保护。"该条款中"不予保护"含义的明确依赖于对诉讼时效和抵押权性质的分析。

首先，就诉讼时效而言，其以请求权人怠于行使权利持续至法定期间的状态为规制对象，目的在于让罹于时效的请求权人承受不利益，以起到促其及时行使权利之作用，依民法理论通说，其适用范围限于债权请求权。而就抵押权而言，其属于支配权，并非请求权的范围，更非债权请求权的范围，如将抵押权纳入诉讼时效的规制范围，无疑有违民法原理。

其次，就抵押权而言，其目的在于保证担保债务的履行，以确保抵押权人对抵押物的价值享有优先受偿的权利。为实现上述目的，抵押权对物之本身必将产生权能上的限制，对物的使用和转让均会发生影响。故，若对抵押权人行使抵押权的期限不进行限制，将使抵押财产的归属长期处于不稳定状态，不仅不利于保护当事人的合法权益，亦不利于物之使用和流通效能的发挥。此外，如果允许抵押权人在任何时候均可行使抵押权，则意味着在主债权经过诉讼时效且债务人因此取得抗辩权之后，债权人依然可从抵押人处获得利益，进而将抵押人和债务人之间的追偿和抗辩置于困境，换言之，也意味着抵押人将长期处于一种不利益的状态，其义务也具有不确定性，若如此，对于抵押人来说未免过于苛刻亦有失公允。

最后，从权利分类角度分析，在数项权利并存时，依据权利的相互依赖关系，有主权利与从权利之分，凡可以独立存在、不依赖于其他权利者，为主权利；必须依附于其他权利、不能独立存在的则为从权利。举例而言，在债权与为担保债的履行的抵押权并存时，债权是主权利，抵押权为从权利。在主权利已经丧失国家强制力保护的状态下，抵押物上所负担的抵押权也应消灭方能更好地发挥物的效用，亦符合物权法之担保物权体系的内在逻辑。故物权法第二百零二条规定抵押权行使期间的重要目的之一当在于促使抵押权人积极地行使抵押权，迅速了结债权债务关系，维系社会经济秩序的稳定。综合上述分析，应当认定在法律已设定行使期限后，抵押权人仍长期怠于行使权利时，法律对之也无特别加以保护的必要，应使抵押权消灭。具体到本案中，因上诉人李某在主债权诉讼时效期间并未向被上诉人王某主张行使抵押权，故对李某的抵押权，人民法院不予保护，该抵押权消灭，故对王某请求解除抵押登记的请求应予支持。

综上，北京市第三中级人民法院判决驳回上诉，维持原判。

法理解读

本案中，王某以自己的房产为李某提供了抵押担保，并办理了抵押登记手续。然而，李某未在主债权诉讼时效期间内行使抵押权，此时涉及抵押权是否予以保护的问题。

关于主债权诉讼时效期间届满抵押权是否消灭这一问题，原《最高人民法院关于适用〈中华人民共和国担保法〉若干问题的解释》第12条第2款曾作出规定，即担保物权所担保的债权的诉讼时效结束后，担保权人在诉讼时效结束后的二年内行使担保物权的，人民法院应当予以支持。据此，担保物权的法定存续期间为主债权诉讼时效期间+两年。期间届满后，担保物权消灭。在制定《物权法》第202条时，立法机关的态度有所转向，规定了主债权诉讼时效期间届满，债权人未行使抵押权的，法院不予保护。之所以作出改变，是因为抵押人对于超过诉讼时效的主债务承担担保责任后，若是允许其向主债务人追偿，则有关主债务经过诉讼时效的规定向无意义；若是不允许向其追偿，则抵押人的权利将受损。有鉴于此，《物权法》第202条将担保物权的存续期间与主债权的诉讼时效相挂钩，以符合担保从属性的要求。[①] 遗憾的是，对于"人民法院不予保护"这一规则，存在不同的理解。一种观点认为，抵押权人丧失的是抵押权受法院保护的权利即胜诉权，而抵押权本身没有消灭。第二种观点认为，人民法院不予保护不等于该抵押权已经消灭，只是抵押人因此享有了对主债务人的时效抗辩权。第三种观点认为，抵押权的行使期间就是抵押权的存续期间，抵押权因该时间经过而消灭。[②]

可以看到，之所以对主债权诉讼时效期间届满抵押权是否消灭这一议题存在不同的看法，源于原《最高人民法院关于适用〈中华人民共和国担保法〉若干问题的解释》第12条第2款和原《物权法》第202条的规定。

---

① 最高人民法院民事审判第二庭编著：《全国法院民商事审判工作会议纪要理解与适用》，人民法院出版社2019年版，第360页。

② 周江洪、陆青、章程主编：《民法判例百选》，法律出版社2020年版，第228页。

《民法典》第419条延续了该规则未对这一争议问题作出回答。

《全国法院民商事审判工作会议纪要》率先作出典范。该纪要第59条规定了主债权诉讼时效届满的法律后果，即“抵押权人应当在主债权的诉讼时效期间内行使抵押权。抵押权人在主债权诉讼时效届满前未行使抵押权，抵押人在主债权诉讼时效届满后请求涂销抵押权登记的，人民法院依法予以支持。以登记作为公示方法的权利质权，参照适用前款规定”。据此，抵押权人的法定存续期间就是主债权的诉讼时效期间。以登记作为公示方法的权利质权的法定存续期间也是如此。

本司法解释第44条在前述纪要的基础上，对主债权诉讼时效届满后担保物权的影响作出了更为完整的规范。对于抵押权以及以登记作为公示方式的权利质权而言，主债权诉讼时效期间届满，抵押权消灭。对于留置权、动产质权、以交付权利凭证作为公示方式的权利质权而言，主债权诉讼时效期间届满，担保物权不受影响，债务人或者第三人无权请求债权人返还担保财产，但是可以请求拍卖、变卖。

回到本案中，根据本司法解释第44条第1款的规定，李某未在主债权诉讼时效期间内行使抵押权，无权向法院主张行使抵押权。需要注意的是，若是李某在主债权诉讼时效期间内向王某提起了诉讼，经法院判决后未在申请执行期间内申请强制执行，其向王某主张行使抵押权，同样无法得到法院的支持。

第四十五条　当事人约定当债务人不履行到期债务或者发生当事人约定的实现担保物权的情形，担保物权人有权将担保财产自行拍卖、变卖并就所得的价款优先受偿的，该约定有效。因担保人的原因导致担保物权人无法自行对担保财产进行拍卖、变卖，担保物权人请求担保人承担因此增加的费用的，人民法院应予支持。

当事人依照民事诉讼法有关“实现担保物权案件”的规定，

申请拍卖、变卖担保财产，被申请人以担保合同约定仲裁条款为由主张驳回申请的，人民法院经审查后，应当按照以下情形分别处理：

（一）当事人对担保物权无实质性争议且实现担保物权条件已经成就的，应当裁定准许拍卖、变卖担保财产；

（二）当事人对实现担保物权有部分实质性争议的，可以就无争议的部分裁定准许拍卖、变卖担保财产，并告知可以就有争议的部分申请仲裁；

（三）当事人对实现担保物权有实质性争议的，裁定驳回申请，并告知可以向仲裁机构申请仲裁。

债权人以诉讼方式行使担保物权的，应当以债务人和担保人作为共同被告。

【条文要义】

本条司法解释的条旨是约定担保物权的执行实现程序。

1. 约定产生的担保物权人自行实现担保物权的权利

关于担保物权的实现程序，《民法典》第410条规定："债务人不履行到期债务或者发生当事人约定的实现抵押权的情形，抵押权人可以与抵押人协议以抵押财产折价或者以拍卖、变卖该抵押财产所得的价款优先受偿。协议损害其他债权人利益的，其他债权人可以请求人民法院撤销该协议。抵押权人与抵押人未就抵押权实现方式达成协议的，抵押权人可以请求人民法院拍卖、变卖抵押财产。抵押财产折价或者变卖的，应当参照市场价格。"

对于质权的实现程序，《民法典》第436条第2款规定："债务人不履行到期债务或者发生当事人约定的实现债权的情形，质权人可以与出质人协议以质押财产折价，也可以就拍卖、变卖质押财产所得的价款优先受偿。”第3款规定：“质押财产折价或者变卖的，应当参照市场价格。”

对于留置权的实现程序，《民法典》第453条规定：“留置权人与债务人应当约定留置财产后的债务履行期限；没有约定或者约定不明确的，留置权人应当给债务人六十日以上履行债务的期限，但是鲜活易腐等不易保管的动产除外。债务人逾期未履行的，留置权人可以与债务人协议以留置财产折价，也可以就拍卖、变卖留置财产所得的价款优先受偿。留置财产折价或者变卖的，应当参照市场价格。”

在这些规定中，主要规定的是担保物权实现的协议方式和诉讼方式，其中关于以诉讼方式实现担保物权的规则并不具体。

对此，本条司法解释规定了实现担保物权的约定方式，完善了实现担保物权的诉讼方式。

担保物权人实现担保物权的约定方式，是当事人约定债务人不履行到期债务，或者发生当事人约定的实现担保物权的情形，担保物权人可以自行将担保物财产拍卖、变卖，并就所得价款优先受偿。这种约定究竟是在设置担保物权的合同中作出的约定，还是在设立担保物权的合同成立后作出的约定，说得并不明确，应当包括在担保合同中约定、在担保合同之外的合同中约定以及在实现担保物权之前约定这三种形式。《民法典》规定，在债务人不履行到期债务或者发生当事人约定的实现担保物权的情形下，担保物权人可以与担保人协议对抵押财产以拍卖、变卖该抵押财产所得的协议方式，担保物权人实现担保物权的约定方式至少不包括第三种协议方式所作的约定。那么，就剩下两种情形：（1）当事人在担保物权设立的合同中，约定了债务人不履行到期债务或者发生当事人约定的实现担保物权的情形，担保物权人可以自行将该担保财产拍卖、变卖，并就所得价款优先受偿的内容；（2）在担保合同之外，在债务人不履行到期债务和发生当事人约定的实现抵押权的情形之前，双方当事人约定当债务人不履行到期债务，或者发生当事人约定的实现担保物权的情形，担保物权人可以自行将担保财产折价，或者自行拍卖、变卖，并就所得价款优先受偿的内容。只要这两种情形是当事人双方的真实意思表示，该约定就有效，对于双方当事人都具有约束力，担保物权人就基于该约定产生自行实现担保物权的权利。

因此，本条司法解释第1款规定，当事人约定当债务人不履行到期债务或者发生当事人约定的实现担保物权的情形，担保物权人可以将担保财产自行拍卖、变卖，并就所得价款优先受偿的，该约定有效。这完全符合上述民法原理。因担保人的原因导致担保物权人无法自行对担保财产进行拍卖、变卖，由于担保物权人享有自行处理担保财产实现自己的债权的权利，所以，抵押权人请求担保人承担因此增加的费用的，人民法院应予支持。

2. 诉讼实现担保物权中有关仲裁条款的处理程序

当事人依照《民事诉讼法》有关“实现担保物权案件”的规定，申请拍卖、变卖担保财产，被申请人以担保合同约定仲裁条款为由主张驳回申请，通过仲裁方式解决纠纷的，人民法院经审理后，本条司法解释规定，应当按照以下情形处理：

（1）当事人对担保物权无实质性争议且实现担保物权条件已经成就的，应当裁定准许拍卖、变卖担保财产。这是因为双方当事人对担保物权不存在实质性争议，并且实现担保物权的条件已经成就，此时仅是主张如何拍卖、变卖担保财产实现担保物权，因而采取简化处理，不一定驳回申请，再去通过仲裁方式解决，费时费力，结果还是一样的。

（2）当事人对实现担保物权有部分实质性争议的，可以就无争议的部分裁定准许拍卖、变卖担保财产，并告知可以就有争议的部分申请仲裁。这是因为，对实现担保物权有部分实质性争议，对其他部分，双方当事人并无实质性争议，可以就没有实质性争议的部分直接裁定准许拍卖、变卖担保财产，实现担保物权。对于有实质性争议的部分可以驳回申请，通过仲裁程序解决，可以节省诉讼资源，方便当事人。

（3）当事人对实现担保物权有实质性争议的，裁定驳回申请，并告知可以向仲裁机构申请仲裁。既然当事人对实现担保物权有实质性争议，担保合同中约定了仲裁条款，双方当事人当然可以申请仲裁，通过仲裁程序解决，因此，法院驳回申请，告知其向仲裁机构申请仲裁。

3. 以诉讼方式实现担保物权的当事人

债权人以诉讼方式主张行使担保物权的，应当以债务人和担保人作为共同被告，作为共同诉讼处理。债权人仅以债务人或者担保人作为被告的，应当通知其追加没有起诉的债务人或者担保人作为共同被告，债权人不追加被告的，法院依职权直接追加共同被告参加诉讼。

【案例解读】

刘某明担保物权实现案①

基本案情

2014年11月10日，被申请人戚某蕾（系戚某俭、李某的女儿）及戚某俭、李某（两人系夫妻关系）作为共同借款人与申请人刘某明签订了《抵押借款合同》一份，约定被申请人戚某蕾将杭州市和家园鼎园23幢××室房屋（以下简称案涉房屋）抵押给申请人刘某明，抵押借款合计360万元，月利率1.5%，借款期限至2015年5月17日止，合同中还约定如逾期不依约归还，每日按借款本金的千分之二收取违约金，利息逾期部分，每日按照逾期数额的千分之二收取违约金；抵押担保的范围包括本金、利息、违约金及申请人实现债权的所有费用等内容。合同还约定，出现争议后向杭州仲裁委员会申请仲裁。

借款到期后，戚某蕾及戚某俭、李某未按约归还。经协商，约定戚某俭在偿还20万元后，剩余借款展期到2015年11月17日止，利率由原先约定的月利率1.5%调整为月利率1.65%，其他约定不变。但是，戚某俭仅偿还了17万元，其余款项仍未按约归还。

申请人刘某明认为，依法成立的合同受国家法律保护，戚某蕾及戚某

① 审理法院：浙江省杭州市西湖区人民法院，案号：（2016）浙0106民特6号。

俭、李某未及时根据合同约定清偿申请人刘某明的借款本息，已构成违约，依法应承担偿还借款本息、违约金以及申请人刘某明为实现债权支付的费用等法律责任。综上，申请人刘某明为了维护自己的合法权益，现提起申请，请求依法裁定：1. 对被申请人戚某蕾名下的抵押物（即案涉房屋）进行拍卖或折价变卖。2. 申请人刘某明对上述房屋进行拍卖或折价变卖后的所得价款享有优先受偿权。

法院判决

法院经审查认为，依法成立的合同，对双方当事人均具有法律约束力。本案中，申请人刘某明与债务人戚某蕾及戚某俭、李某签订的《抵押借款合同》及《抵押借款展期合同》系双方的真实意思表示，不违反法律、行政法规的禁止性规定，合法有效，双方当事人均应按照合同约定履行自己的义务。根据上述合同的约定，申请人刘某明已按约向借款人出借360万元。被申请人戚某蕾以案涉房屋为其借款提供抵押担保，登记债权数额人民币520万元，担保范围包括借款本金、利息、违约金以及抵押权人实现债权之一切费用（包括但不限于律师费、仲裁费、评估费、拍卖费等其他相关费用）。并且，双方已就上述担保办理抵押权登记，该抵押权成立并生效。

为担保债务的履行，债务人或者第三人不转移财产的占有，将该财产抵押给债权人的，债务人不履行到期债务或者发生当事人约定的实现抵押权的情形，债权人有权就该财产优先受偿。本案中，借款人未能按约支付全部到期借款本息，已经构成违约，故申请人刘某明有权行使抵押权。申请人刘某明计算的各项费用符合双方约定，法院予以支持。对于被申请人戚某蕾提出的仲裁问题，属于程序性异议，其并没有针对本案案件事实提出实质性异议，根据《最高人民法院关于适用〈中华人民共和国民事诉讼法〉的解释》第三百七十二条第一项之规定，对于申请人刘某明提出的实现担保物权申请，该院应予准许。综上，申请人刘某明有权就案涉抵押财产在担保范围内优先受偿债权。

法理解读

本案中，戚某蕾与刘某明约定其以自有房屋抵押财产担保刘某明债权的实现，并办理了抵押登记，如果双方当事人产生争议，由杭州仲裁委员会进行仲裁。此时就涉及一个问题，抵押人戚某蕾是否可以以存在仲裁条款为由，主张刘某明不得依照《民事诉讼法》有关“实现担保物权案件”的规定，申请拍卖、变卖担保财产。

关于担保物权的实现方式，《民法典》第410条、第436条、第453条分别作出了规定。一是《民法典》第410条规定，债务人不履行到期债务或者发生当事人约定的实现抵押权的情形时，抵押权人可以与抵押人协议以抵押财产折价或者拍卖、变卖的价款优先受偿；未达成协议的，也可以请求法院拍卖、变卖抵押财产。二是《民法典》第436条规定，债务人不履行到期债务或者发生当事人约定的实现质权的情形时，质权人可以与出质人协议以质押财产折价，也可以就拍卖、变卖所得的价款优先受偿。三是《民法典》第453条规定，留置权人可以与债务人协议以留置财产折价，也可以就拍卖、变卖留置财产所得的价款优先受偿。可以看到，根据上述规定，当事人实现担保物权的方式有两种。第一种是当事人协议自行对担保物进行拍卖、变卖；第二种是当事人通过司法中的实现担保物权程序，对担保物进行拍卖、变卖。不过，关于实现担保物权的协议究竟是事前协议还是事后协议；实现担保物权的司法程序究竟是否受仲裁协议的约束，《民法典》均未作出回答。

本司法解释第45条在《民法典》第410条、第436条、第453条规定的基础上，对此作出了回答。其中，第1款规定了当事人事先约定担保物权人有权将担保财产自行拍卖、变卖，并就所得的价款优先受偿的，该约定有效。第2款规定了司法中的实现担保物权程序，应当根据有无实体纠纷来判断是否应当受仲裁条款的约束。这是因为，仲裁协议排除司法管辖，主要目的在于解决实体纠纷。如果无实体纠纷，应当允许当事人直接申请法院启动实现担保物权程序，以提高担保物权实现的效率。基于此，本司法解释第45条第2款规定参照了《最高人民法院关于适用〈中华人民共和国民事诉讼法〉的解释》第372条关于“人民法院审查后，按下列情形分别处理：(一) 当事人对实现担保物权无实质性争议且实现担保物权条件成就的，裁定准许拍卖、变卖担保财产；(二) 当事人对实现担保物权有部分实质性争议的，可以就无争议部分裁定准许拍卖、变卖担保财产；(三) 当事人对实现担保物权有实质性争议的，裁定驳回申请，并告知申请人向人民法院提起诉讼”的内容，规定了三种情形的处理方式。第一，如果当事人对实现担保物权无实质性争议且实现担保物权条件已成就，法院应当裁定准许拍卖、变卖担保财产；第二，如果当事人对实现担保物权有部分实质性争议的，可以就无争议部分裁定准许拍卖、变卖担保财产，并告知当事人可以就有争议的部分申请仲裁；第三，当事人对实现担保物权有实质性争议的，裁定驳回申请，并告知当事人可以提起仲裁。

回到本案中，戚某蕾提出抵押合同约定了仲裁条款，属于程序性争议，而非针对担保物权的实体性争议。根据本司法解释第45条第2款的规定，法院应当准许刘某明提出的实现担保物权申请，允许其就拍卖、变卖的价款优先受偿。

(二) 不动产抵押

第四十六条　不动产抵押合同生效后未办理抵押登记手续，债权人请求抵押人办理抵押登记手续的，人民法院应予支持。

抵押财产因不可归责于抵押人自身的原因灭失或者被征收等导致不能办理抵押登记，债权人请求抵押人在约定的担保范围内承担责任的，人民法院不予支持；但是抵押人已经获得保险金、赔偿金或者补偿金等，债权人请求抵押人在其所获金额范围内承担赔偿责任的，人民法院依法予以支持。

因抵押人转让抵押财产或者其他可归责于抵押人自身的原

因导致不能办理抵押登记，债权人请求抵押人在约定的担保范围内承担责任的，人民法院依法予以支持，但是不得超过抵押权能够设立时抵押人应当承担的责任范围。

【条文要义】

本条司法解释的条旨是不动产抵押合同的效力。

我国的不动产抵押，在抵押合同生效后应当进行登记。《民法典》第402条规定："以本法第三百九十五条第一款第一项至第三项规定的财产或者第五项规定的正在建造的建筑物抵押的，应当办理抵押登记。抵押权自登记时设立。"抵押权是担保物权，设定抵押权除要订立抵押合同外，对某些不动产设置抵押权还须进行抵押权登记，并且只有经过抵押权登记才能发生抵押权的效果。本条司法解释规定，须登记发生法律效力的抵押权是：（1）建筑物和其他土地附着物；（2）建设用地使用权；（3）海域使用权；（4）正在建造的建筑物。以这些不动产设置抵押权的，在订立抵押合同之后，应当进行抵押权登记，经过登记之后，抵押权才发生，即抵押权自登记时设立。这种登记效力被称为绝对登记主义。

抵押权登记是依据财产权利人的申请，登记机关将与在该财产上设定抵押权相关的事项记载于登记簿上的事实。其基本功能是：（1）保障交易安全，通过抵押权登记，将物上是否设定了抵押权的状态向外界加以展示，不仅能够节省交易成本，而且能够有效地避免抵押权人与其他利害关系人发生利益冲突，维护交易安全。（2）强化担保效力，在抵押权经过登记而成立的情况下，法律就认为第三人已经知晓抵押权的存在，因而使抵押权对债权的担保功能得到进一步强化。（3）有助于预防纠纷和解决纠纷，抵押权登记簿的存在既可以事先预防各类冲突，可以为法院审理案件提供确实的证据。

按照这一规定，以上述不动产抵押的，必须进行不动产抵押登记。抵押合同的当事人在不动产抵押合同生效后，未办理抵押登记手续，如果债权人请求对方当事人即抵押人办理抵押登记手续的，人民法院应予支持。这是因为，抵押合同已经生效，对双方当事人发生法律效力，应当对约定的抵押权进行登记。对抵押合同约定的抵押权登记的义务人其中主要是抵押人，负有向登记机关进行抵押权登记的义务。抵押人在抵押合同生效后不办理抵押登记手续，构成违约行为，应当承担违约责任。最终的违约责任主要是继续履行，就是要完成抵押权登记的行为，使抵押权人享有的抵押权生效。抵押人完成抵押权登记的继续履行义务，抵押权就生效。

在抵押合同生效以后，如果因抵押财产灭失，以及抵押财产转让等原因，不能办理抵押登记，不能继续履行义务，应当承担赔偿损失的责任。本条司法解释区分两种不同的情形，确定不同的赔偿责任规则：

1. 因不可归责于抵押人自身原因导致不能办理登记

抵押财产因不可归责于抵押人自身原因灭失或者被征收等导致不能办理抵押登记，由于抵押人对财产灭失等导致抵押权不能实现没有过失，因而不必承担赔偿责任。所以，债权人请求抵押人在约定的担保范围内承担责任的，人民法院不予支持。不过，只要是灭失的抵押财产有代位物的，如抵押人已经获得保险金、赔偿金或者补偿金等抵押财产代位物，抵押权的效力及于抵押财产的代位物，因此，债权人请求抵押人在该代位物价值范围内承担相应赔偿责任的，人民法院依法予以支持。

2. 因可归责于抵押人自身原因导致不能办理登记

抵押财产因抵押人转让或者其他可归责于抵押人自身的原因导致不能办理抵押登记，导致抵押权不能实现的后果，就是由抵押人的过失造成的，因此造成债权人的损失，债权人请求抵押人在约定的担保范围内承担责任的，人民法院应予支持。在赔偿范围上，不得超过抵押权能够设立时抵押人应当承担的责任范围。也就是说，不能履行抵押登记的违约损害赔偿责任的范围，债权人可以请求抵押人以约定的抵押财产价值为限承担违约责任。按照债权人的这种请求承担违约责任的，是合理的请求，人民法院依法予以支持。对于不能履行抵押登记的损害赔偿数额的计算，标准是不得超过抵押权能够有效设立时抵押人应当承担的责任。这就是说，通过这个抵押合同设立的抵押权，如果能够进行登记，使抵押权有效设立，抵押权人享有这个抵押权所担保的债权范围，就是抵押权能够有效设立时抵押人应当承担的责任范围。按照这样的范围确定抵押权不能登记的损害赔偿责任，是完全符合损害赔偿原理的。

【案例解读】

新威公司、黄某彬买卖合同纠纷案[①]

基本案情

黄某民、黄某彬向新威公司长期购买电子产品。2012 年 7 月 5 日，黄某东向新威公司出具《承诺函》一份，内容为：本人黄某东，同意以本人所有的房产（位于新华区的房屋）为黄某彬自出函之日所欠贵司的债务作为担保，本人保证不将上述房产出售、转让、抵押。该不动产抵押未办理登记。

2014 年 5 月 17 日，新威公司作为甲方与黄某彬、黄某民作为乙方（石家庄 64 组）经协商就还款事宜达成一致意见，并签订了《还款协议》。协议签订后，至今尚欠 86 万元未归还。

新威公司向一审法院起诉请求：1. 判令黄某民、黄某彬共同偿还新威公司利息；2. 判令黄某东对上述货款及利息在其担保范围内承担连带责任，新威公司对黄某东所有的坐落于石家庄市新华区的店面及坐落于石家庄市新华区的房屋享有优先受偿权。

法院判决

一审法院认为，黄某东在 2012 年 7 月 5 日出具的《承诺函》，具有抵

---

① 审理法院：一审法院为福建省莆田市涵江区人民法院，案号：（2018）闽 0303 民初 4899 号；二审法院为福建省莆田市中级人民法院，案号：（2020）闽 03 民终 1020 号。

押合同的性质，黄某东明确以其所有的房产作为担保，该《承诺函》系黄某东的真实意思表示，但双方并未就抵押物办理抵押登记，因此，新威公司并未取得抵押权，新威公司主张对抵押房产享有优先受偿权缺乏依据，不予支持。黄某东在《承诺函》中明确表示以房产作为担保，并未表明个人愿意承担保证责任，现新威公司要求黄某东承担连带保证责任缺乏依据，不予支持。如新威公司认为黄某东违反诚实信用原则故意不办理抵押登记，造成新威公司损失，新威公司可另行主张要求赔偿。

新威公司、黄某东不服一审判决，提起上诉。

二审法院认为，本案争议焦点为黄某东是否应当承担担保责任。黄某东出具给新威公司的《承诺函》中，已明确约定了主债务范围、抵押财产情况，且黄某彬与新威公司于 2014 年 5 月 17 日对主债务金额进行确认，不存在黄某彬、黄某东主张的主债务不成立或金额、担保范围不明确的情形。黄某彬、黄某东抗辩担保不成立的理由不能成立。《中华人民共和国物权法》第十五条规定："当事人之间订立有关设立、变更、转让和消灭不动产物权的合同，除法律另有规定或者合同另有约定外，自合同成立时生效；未办理物权登记的，不影响合同效力。"第一百八十七条规定，债务人或者第三人以建筑物和其他土地附着物、建设用地使用权、以招标、拍卖、公开协商等方式取得的荒地等土地承包经营权或者正在建造的建筑物抵押的，应当办理抵押登记。抵押权自登记时设立。物权法在上述规定中确立了"区分原则"，即发生物权变动时，物权变动的原因与物权变动的结果作为两个法律事实，两者成立生效依据不同的法律根据的原则。根据区分原则，"登记"是产生不动产物权变动结果的必要条件，而非不动产物权变动原因合同生效的要求；"未登记"只影响不动产抵押权的设定，并不影响不动产抵押合同的生效。据此，可以认定本案中的抵押合同已生效，但因未办理抵押登记，因此本案中的抵押权未设立。根据《中华人民共和国合同法》第一百零七条"当事人一方不履行合同义务或者履行合同义务不符合约定的，应当承担继续履行、采取补救措施或者赔偿损失等违约责任"的规定，并结合抵押合同的特点，抵押合同债权人新威公司有权依据有效的未登记的抵押合同要求抵押人黄某东继续履行合同或者赔偿损失的违约责任。本案中，新威公司起诉时除了就抵押财产主张优先受偿权之外，还诉请要求黄某东对本案货款及利息在其担保范围内承担连带责任，在上诉时主张黄某东对黄某彬应归还新威公司的货款及利息在抵押财产的价值范围内承担连带清偿责任，应认为新威公司还要求黄某东承担连带给付主债务、利息的担保义务。

因此，应明确黄某东承担违约责任的范围。《中华人民共和国合同法》第一百一十三条第一款规定，当事人一方不履行合同义务或者履行合同义务不符合约定，给对方造成损失的，损失赔偿额应当相当于因违约所造成的损失，包括合同履行后可以获得的利益，但不得超过违反合同一方订立合同时预见到或者应当预见到的因违反合同可能造成的损失。该院认为，对于房地产抵押，抵押物权利人是登记的主要义务人，抵押权人是办理抵押登记的协助人。一审法院已核实案涉抵押物已于2012年12月办理抵押登记，但抵押登记人为案外人王某波。因此，在黄某东未提交证据证明新威公司未尽协助义务的情况下，黄某东应当在未办理不动产抵押登记给债权人新威公司造成的实际损失范围内承担责任，其实际损失应当以抵押物的价值为限。故黄某东应以其抵押财产的价值为限对黄某彬的债务承担连带赔偿责任，黄某东在承担责任后有权向黄某彬追偿。

法理解读

本案中，黄某东以本人的房产为新威公司的债权提供抵押担保，但未办理抵押登记。此时涉及未办理不动产抵押登记的合同效力问题。

原《担保法》第41条规定："当事人以本法第四十二条规定的财产抵押的，应当办理抵押物登记，抵押合同自登记之日起生效。"据此，抵押物登记系抵押合同生效的必要条件，未作抵押物登记的抵押合同不生效。制定原《物权法》的过程中，不少专家学者提出，未办理抵押物登记的抵押合同并非无效，更非违法，应当区别看待合同效力与物权变动的效力。基于此，原《物权法》第15条规定了区分原则，即"当事人之间订立有关设立、变更、转让和消灭不动产物权的合同，除法律另有规定或者合同另有约定外，自合同成立时生效；未办理物权登记的，不影响合同效力”。可见，我国原《物权法》摒弃了原《担保法》将合同效力与物权变动的效力混为一谈的观念，将合同效力与物权变动的效力区分开来。《民法典》第215条延续了这一规则，继续进行了区分。至此，登记与否只影响物权变动效力，不影响合同效力这一观点已经形成了共识。具体到抵押当中，也就是说，抵押合同仍然有效，不过因未办理抵押登记，抵押权未有效设立，债权人无权就抵押物优先受偿。那么，债权人是否可以基于有效的抵押合同提出其他主张呢？

对此，存在不同的观点。第一种观点认为，抵押人未尽登记义务，构成违约行为，抵押权人可以请求抵押人继续履行抵押合同，办理抵押登记，也可以就主债务不能清偿的部分，主张违约损害赔偿责任。[①] 第二种观点认为，未登记不动产抵押合同的效力问题，应在合同法的框架之下考察不动产抵押合同未能登记的具体原因，通过登记请求权、合同解除、违约损害赔偿等，合理分配抵押人与债权人的责任。[②] 第三种观点认为，虽然不动产抵押权未有效设立，但其构成特定财产之上的保证担保，产生债法效力。一方面，债权人有权请求抵押人承担违约责任，可以要求其补办登记手续，也可以要求其承担损害赔偿责任；另一方面，债权人有权根据抵押合同要求抵押人承担保证责任。[③]

《全国法院民商事审判工作会议纪要》第60条总结司法实务经验，规定了未办理登记的不动产抵押合同的效力，即“不动产抵押合同依法成立，但未办理抵押登记手续，债权人请求抵押人办理抵押登记手续的，人民法院依法予以支持。因抵押物灭失以及抵押物转让他人等原因不能办理

① 高圣平：《未登记不动产抵押权的法律后果——基于裁判分歧的展开与分析》，载《政法论坛》2019年第6期。

② 冉克平：《论未登记不动产抵押合同的效力》，载《法律科学》2020年第1期。

③ 石冠彬：《民法典应明确未登记不动产抵押合同的双重债法效力——“特定财产保证论”的证成及展开》，载《当代法学》2020年第1期。

抵押登记，债权人请求抵押人以抵押物的价值为限承担责任的，人民法院依法予以支持，但其范围不得超过抵押权有效设立时抵押人所应当承担的责任”。

本司法解释第46条在这一规定的基础上，进一步提出债权人有权请求抵押人办理抵押登记手续。如果抵押财产因不可归责于抵押人自身的原因灭失或者被征收等导致不能办理抵押登记，抵押人无须在约定的担保范围内承担担保责任，但应当在其获得保险金、赔偿金或者补偿金等范围内承担赔偿责任。如果抵押财产因可归责于抵押人自身的原因导致不能办理抵押登记，抵押人应当在约定的担保范围内承担责任，但是其承担的责任范围不得超过抵押权能够设立时应当承担的责任范围。

回到本案中，黄某东已经将抵押财产再行抵押给王某波，并办理了抵押登记，属于因可归责于抵押人自身的原因导致不能办理抵押登记。假设本案发生在本司法解释施行之后，黄某东应当在约定的担保范围内承担责任，其承担责任的范围不超过抵押权有效设立时应当承担的责任范围。

第四十七条　不动产登记簿就抵押财产、被担保的债权范围等所作的记载与抵押合同约定不一致的，人民法院应当根据登记簿的记载确定抵押财产、被担保的债权范围等事项。

【条文要义】

本条司法解释的条旨是不动产登记簿登记的效力。

关于不动产登记的效力，《民法典》第216条规定：“不动产登记簿是物权归属和内容的根据。不动产登记簿由登记机构管理。”

不动产登记簿，是不动产登记机构按照国务院国土资源主管部门规定设立的统一的不动产权属登记簿，记载不动产的坐落、界址、空间界限、面积、用途等自然状况，不动产权利的主体、类型、内容、来源、期限、权利变化等权属状况，以及涉及不动产权利限制、提示等事项。不动产登记簿采用电子介质，具有唯一、确定的纸质转化形式；暂不具备条件的，可以采用纸质介质。不动产登记机构应当依法将各类登记事项准确、完整、清晰地记载于不动产登记簿。任何人不得损毁不动产登记簿，除依法予以更正外，不得修改登记事项。由于不动产登记簿是物权归属和内容的根据，因而在不动产登记簿上记载某人享有某项物权时，就直接推定该人享有该项物权，其物权的内容也以不动产登记簿上的记载为准。这就是不动产登记簿所记载的权利的正确性推定效力规则，对客观、公正的不动产交易秩序的建立和维护，保障交易安全，具有重要意义。

我国的不动产统一登记机构是国土资源管理部门。国土资源管理部门领导下的不动产登记机构，按照国务院国土资源主管部门的规定，设立统一的不动产登记簿，并由登记机构管理，对不动产登记簿的真实性负责。不动产登记簿由不动产登记机构永久保存，不动产登记簿损毁、灭失的，不动产登记机构应当依据原有登记资料予以重建。行政区域变更或者不动产登记机构职能调整的，应当及时将不动产登记簿移交相应的不动产登记机构。

对于不动产权属证书，《民法典》第 217 条规定："不动产权属证书是权利人享有该不动产物权的证明。不动产权属证书记载的事项，应当与不动产登记簿一致；记载不一致的，除有证据证明不动产登记簿确有错误外，以不动产登记簿为准。"

不动产权属证书是权利人享有该不动产物权的证明。当不动产登记机构完成登记后，依法向申请人核发不动产权属证书。当事人持有不动产权属证书，就能够证明自己是不动产权属证书登记的物权的权利人。

不动产权属证书尽管具有这样的证明作用，但其证明力来源于不动产登记簿的登记，而不是自己就是物权登记。因此，不动产权属证书与不动产登记簿的关系是：完成不动产物权公示的是不动产登记簿，不动产物权的归属和内容以不动产登记簿的记载为根据；不动产权属证书只是不动产登记簿所记载的内容的外在表现形式。简言之，不动产登记簿是不动产权属的母本，不动产权属证书是证明不动产登记簿登记内容的证明书。故不动产权属证书记载的事项应当与不动产登记簿一致；如果出现记载不一致的，除有证据证明并且经过法定程序认定不动产登记簿确有错误的外，物权的归属以不动产登记簿为准。

尽管不动产权属证书只是不动产登记簿登记内容的证明，但也是国家公文书。伪造、变造不动产权属证书、不动产登记证明，或者买卖、使用伪造、变造的不动产权属证书、不动产登记证明的，由不动产登记机构或者公安机关依法予以收缴；有违法所得的，没收违法所得；给他人造成损害的，依法承担赔偿责任；构成违反治安管理行为的，依法给予治安管理处罚；构成犯罪的，依法追究刑事责任。

本条司法解释根据《民法典》上述两条的规定，确认如果不动产登记簿就抵押财产、被担保的债权范围等所作的记载与抵押合同约定的不一致，人民法院应当根据登记簿的记载确定抵押财产、优先受偿的范围。这是因为，在进行抵押权登记时，原本登记的抵押权、抵押财产、被担保的债权范围等，应该与抵押合同约定的内容相一致。但是，抵押合同记载的关于抵押财产、被担保的债权范围，与抵押登记中登记的抵押财产和被担保的债权范围等不一致，是可能出现的。一旦出现了这种情况，双方当事人可能会根据抵押合同或者抵押权登记簿上的记载，各执一词，提出自己的主张，争执不下，导致纠纷。在这种情况下，只能依照《民法典》第217条关于“不动产权属证书记载的事项，应当与不动产登记簿一致；记载不一致的，除有证据证明不动产登记簿确有错误外，以不动产登记簿为准”的规定，确认不动产登记簿登记的事项有效。

在不动产抵押合同中，抵押人是义务人，抵押权人是权利人，当出现登记簿就抵押财产、被担保的债权范围等所作的记载与抵押合同约定不一致时，当事人如果主张应当以不动产登记簿上记载的抵押权的抵押财产和所担保的债权范围为准，而对方主张应当以抵押合同约定的内容为准时，显然主张登记簿登记的内容为准的主张是有法律根据的，因此，认为登记簿登记的内容有效的主张应当得到支持。

这里有一个问题是，当不动产权属证书记载的事项与不动产登记簿不一致，如果有证据证明不动产登记簿确有错误的，应当进行更正登记，纠正错误的登记。在本司法解释的条文中，规定不动产登记簿就抵押财产、被担保的债权范围等所作的记载与抵押合同的约定不一致，直接以当事人的主张确认登记簿记载的内容为准，如果登记簿记载确有错误，就缺少一个更正登记的程序，应当进行更正登记，然后再确定抵押登记的效力。

依笔者所见，当出现不动产登记簿对抵押财产、被担保的债权范围等所作的记载与抵押合同约定不一致的情形时，应当准许提出这种主张的一方当事人提供证据证明，如果确认当事人的证据不足以证明这种事实时，才能够以登记簿记载的内容为准，确定抵押权登记中关于抵押财产、被担保的债权范围等所作的记载合法有效，确定抵押权。如果主张不动产登记簿就抵押财产、被担保的债权范围等所作的记载与抵押合同约定不一致，提出主张的一方当事人又能够提出证据证明，则应该进行调查，以确定登记簿的登记内容是否正确。如果确认登记簿登记的内容是正确的，应当驳回其主张；如果确实能够证明登记簿的登记错误，则应当进行更正登记，按照更正登记后的抵押财产、被担保的债权范围所作的记载的效力，确定抵押权的内容。这样才符合程序正当性的要求，保证事实的准确性。

【案例解读】

许某江与牟某征等民间借贷纠纷申请执行案①

基本案情

本案被执行人牟某征所有的房地产已抵押给金龙小贷公司，为被执行人牟某征向金龙小贷公司借款提供担保。执行法院依法通知抵押权人金龙小贷公司上述查封情况，告知抵押权人受抵押担保的债权数额自收到法院

① 审理法院：浙江省台州市黄岩区人民法院，案号：(2018) 浙1003执1592号。

通知时起不再增加，并告知抵押权人可以直接申请参与分配主张优先受偿权。后金龙小贷公司递交了直接参与分配申请，要求对债权本金60万元及其利息12.992万元行使优先受偿权。抵押权人提交的不动产登记证明载明抵押方式为最高额抵押，登记的最高债权限额为60万元。另合同双方签订的最高额抵押合同第15条第1款载明："本合同第1条的最高贷款本金余额不得超过最高限额60万元，但如因本金计息、费用承担等原因而使债权超过最高限额的部分仍在抵押担保的范围。"

法院判决

法院认为，依照《最高人民法院关于适用〈中华人民共和国担保法〉若干问题的解释》第83条第2款规定，条文中的"债权余额"不应理解仅为本金或主债权数额，而应是实际发生的全部债权余额，即应包括债权本金（主债权）、产生的利息、罚息或违约金等。上述不动产抵押权登记的最高限额为60万元，而抵押权人发放的债权本金数额为60万元，加上利息12.992万元已超过最高限额。最高额抵押合同相关条款将最高限额约定为本金，虽体现了当事人意思自治，符合抵押权人的利益诉求，但担保物权具有对世公示效力，具有物权的公信力。且依照《最高人民法院关于适用〈中华人民共和国担保法〉若干问题的解释》第61条规定，"抵押物登记记载的内容与抵押合同约定的内容不一致的，以登记记载的内容为准"。依法应当按不动产登记簿记载的担保物权的权利外观确定其优先受偿范围，故该房地产抵押债权在本案参与分配时仅以抵押登记的最高限额60万元范围内优先受偿，超过最高限额的债权部分不具有优先受偿的效力，仅作为普通债权参与分配受偿。

法理解读

本案中，牟某征与金龙小贷公司约定的抵押担保的债权范围包括了60万元的本金及利息等，登记的最高额债权额为60万元。可见，当事人约定的担保债权范围与登记簿记载的担保债权范围不一致。此时涉及以何种为准的问题。

对此，存在不同的看法。一种观点认为，不动产登记簿是物权归属和内容的根据。登记作为一种公示方法，具有对抗效力。因此，当事人约定与登记簿记载的内容不一致的情况下，应当以登记簿为准。原《最高人民法院关于适用〈中华人民共和国担保法〉若干问题的解释》第61条就采取这样的观点。另一种观点认为，担保范围应当以约定为准。如果以登记为准，则不利于对债权人的保护。[①]《全国法院民商事审判工作会议纪要》第58条规定就是持这样的看法，即“以登记作为公示方式的不动产担保物权的担保范围，一般应当以登记的范围为准。但是，我国目前不动产担保物权登记，不同地区的系统设置及登记规则并不一致，人民法院在审理案件时应当充分注意制度设计上的差别，作出符合实际的判断：一是多数省区市的登记系统未设置‘担保范围’栏目，仅有‘被担保主债权数额(最高债权数额)’的表述，且只能填写固定数字。而当事人在合同中又往往约定担保物权的担保范围包括主债权及其利息、违约金等附属债权，致使合同约定的担保范围与登记不一致。显然，这种不一致是由于该地区登记系统设置及登记规则造成的该地区的普遍现象。人民法院以合同约定认定担保物权的担保范围，是符合实际的妥当选择。二是一些省区市不动产登记系统设置与登记规则比较规范，担保物权登记范围与合同约定一致在该地区是常态或者普遍现象，人民法院在审理案件时，应当以登记的担保范围为准”。这是因为，登记簿记载的事项与约定的事项不一致大多是因为登记簿不完善所导致。如果在此情形下，要求债权人承担该损失则较为不公平。而且，确定以约定为准后，对所有债权人都是公平的，后顺位债权人在设立抵押权时，就不能仅仅去看登记簿，还需要去看当事人的合同约定。基于现实的考量，该纪要规定了以合同约定为准的规则。[②]

本司法解释第47条未坚持《全国法院民商事审判工作会议纪要》第

---

① 最高人民法院民事审判第二庭编著：《全国法院民商事审判工作会议纪要理解与适用》，人民法院出版社2019年版，第358页。

② 最高人民法院民事审判第二庭编著：《全国法院民商事审判工作会议纪要理解与适用》，人民法院出版社2019年版，第358页。

58 条的做法，而是延续了原《最高人民法院关于适用〈中华人民共和国担保法〉若干问题的解释》第 61 条的规则，严格按照登记簿的记载确定抵押财产、被担保的债权范围等事项。这主要是出于维护登记公示公信原则，保护信赖登记第三人利益的考虑。

回到本案中，如果案件发生在《全国法院民商事审判工作会议纪要》之后，本司法解释第 47 条施行之前，应当按照牟某征与金龙小贷公司约定的担保债权的范围确定抵押权优先受偿的额度。如果案件发生在《担保法解释》第 47 条施行之后，则应当按照登记记载的 60 万元确定担保的债权范围，对于超出 60 万元的债权，不在优先受偿的范围之内。

第四十八条　当事人申请办理抵押登记手续时，因登记机构的过错致使其不能办理抵押登记，当事人请求登记机构承担赔偿责任的，人民法院依法予以支持。

【条文要义】

本条司法解释的条旨是因登记部门原因不能办理抵押登记的后果。

对由于登记机构的原因不能办理抵押登记的后果，《民法典》并没有规定，对此可以参照不动产物权登记部门登记错误的损害赔偿规则来处理这个问题。

《民法典》第 222 条规定的是不动产登记错误的损害赔偿责任，分两款规定："当事人提供虚假材料申请登记，造成他人损害的，应当承担赔偿责任。因登记错误，造成他人损害的，登记机构应当承担赔偿责任。登记机构赔偿后，可以向造成登记错误的人追偿。"这里规定的不动产登记错误的损害赔偿责任分为两种情形：

1. 不动产登记错误的当事人责任，是由于当事人向登记机构提供虚假材料申请登记，登记机构在登记中没有发现而进行不动产登记后，给他人造成损害的，错误申请人应当承担的赔偿责任。这里的“他人”，实际上就是真正的权利人，受到的损害是因为自己的物权被申请人错误登记而造成的损害。这是典型的侵权责任，是侵害物权的侵权行为。对此，错误申请人应当对造成他人的损害承担赔偿责任。

2. 不动产登记错误的登记机构责任，是因登记错误，给他人造成损害的，登记机构应当承担的赔偿责任。这里也包括两种情况：（1）登记机构自己的责任。申请人未登记错误，完全是由于登记机构的疏忽而进行的错误登记，导致权利人损害。对此，登记机构应当自己承担赔偿责任。（2）不真正连带责任，是由于当事人提供虚假材料申请登记，登记机构予以登记，造成权利人损害的，登记机构承担赔偿责任后，可以向造成登记错误的人进行追偿。这种损害赔偿法律关系存在两个责任人，一个是最终责任人即错误申请人，另一个是中间责任人即登记机构，受到损害的权利人享有选择权，既可以依照《民法典》第222条第1款规定直接请求错误申请人承担赔偿责任，也可以按照第2款规定请求登记机构承担赔偿责任；如果请求登记机构承担赔偿责任的，则登记机构承担了赔偿责任后，有权向申请错误的当事人进行追偿，该当事人应当承担登记机构的全部损失。

事实上，抵押权因登记机构的过错不能办理抵押登记，致使应当享有抵押权的债权人没有取得抵押权，使自己的债权无法获得抵押权的保障，造成自己债权的损失。这样的损害后果，与不动产登记机构登记错误的后果其实是一样的，只不过在错误的表现形式上不同，一个是把登记的事实搞错了，造成的物权人的损害；另一个是应当登记而没有登记，因而使应当获得抵押权的债权人没有得到抵押权的保障，造成债权的损失。

正因为如此，本条司法解释规定，当事人申请办理抵押财产登记手续时，因登记机构的过错致使其不能办理抵押财产登记，参照《民法典》第222条规定，当事人请求登记机关依法承担赔偿责任的，人民法院应予支持。这其实是对《民法典》第222条的扩张解释。这种扩张解释是必要的，符合民法关于物权登记的原理，所以，这条司法解释的规定是正确的。

【案例解读】

建行韶关市分行与凯航公司、金塘海公司等金融借款合同纠纷案[①]

基本案情

2014年9月28日，建行韶关分行与金塘海公司签订了《贷款合同》。约定建行韶关分行向金塘海公司提供贷款。为保障《贷款合同》的履行，同日，建行韶关分行与凯航公司签订了《最高额抵押合同》，约定凯航公司愿意以其所有的国有土地使用权为《贷款合同》项下的一系列债务提供最高额抵押担保。《最高额抵押合同》约定，如果因凯航公司的原因导致抵押权未有效设立，且凯航公司与债务人不是同一人，建行韶关分行有权要求凯航公司在本合同约定的担保范围内对担保的债务与债务人承担连带责任。

合同签订后，该土地使用权抵押未办理登记。二审诉讼中，建行韶关分行、凯航公司对不能办理抵押登记的原因各执一词。凯航公司称是因为政府调整土地规划；建行韶关分行予以否认，并称去办理抵押登记时，张掖市国土资源局（以下简称张掖市国土局）的工作人员说不能办理登记的原因是涉案土地没有开发暂不受理，那时不清楚有规划调整的问题。法院查明，2014年10月14日，建行韶关分行致函凯航公司称："今收到贵公司国有土地使用权证两本［编号：张国用（2013）第134394号、张国用（2013）第134395号］。该两宗土地因张掖市国土局及规划局更改规划，国有土地使用权证的土地坐标及标高需更改并重新发放新证。贵公司需办理国有土地使用权证换证时将由我行工作人员陪同前往张掖市国土局办理相关手续，待换证手续完成后立即办理该两宗土地的抵押登记手续。"

---

① 审理法院：一审法院为广东省高级人民法院，案号：（2015）粤高法民四终字第1055号；二审法院为最高人民法院，案号：（2016）最高法民再416号。

2015年7月3日，张掖市国土局向凯航公司发出张国土资函（2015）47号《关于收回国有土地使用权证和宗地出让批复及出让合同的函》，告知凯航公司需收回2013年6月10日颁发的国有土地使用权证。目前，凯航公司已交回31本，另有2本未交回。请尽快将未交的2本国有土地使用权证［编号：张国用（2013）第134394号、张国用（2013）第134395号］和出让合同以及所有宗地出让批复原件，于2015年7月10日前移交，以便开展后续工作。

借款到期后，金塘海公司未按时归还贷款本息。建行韶关分行根据《中华人民共和国合同法》《中华人民共和国担保法》《中华人民共和国物权法》及《中华人民共和国民事诉讼法》的相关规定，请求判令金塘海公司立即清偿贷款本金及利息；凯航公司对金塘海公司拖欠建行韶关分行的贷款本息承担连带清偿责任。

法院判决

一审法院认为：本案系金融借款合同纠纷案件。建行韶关分行与金塘海公司、凯航公司签订的《贷款合同》《最高额抵押合同》是双方当事人的真实意思表示，且内容不违反法律、行政法规的规定，应确认上述合同合法有效。

凯航公司与建行韶关分行在《最高额抵押合同》中约定，如果因凯航公司的原因导致抵押权未设立，且凯航公司与债务人不是同一人，建行韶关分行有权要求凯航公司在本合同约定的担保范围内对担保的债务与债务人承担连带责任。根据上述合同约定并依照《中华人民共和国担保法》第十八条的规定，“当事人在保证合同中约定保证人与债务人对债务承担连带责任的，为连带责任保证。连带责任保证的债务人在主合同规定的债务履行期届满没有履行债务的，债权人可以要求债务人履行债务，也可以要求保证人在其保证范围内承担保证责任”，凯航公司应对金塘海公司的上述债务承担连带清偿责任，但凯航公司仅在6000万元限额内承担责任。

凯航公司不服一审判决，向广东省高级人民法院提出上诉。

二审法院认为，本案争议的焦点为不能办理抵押登记的原因。诉讼中，建行韶关分行与凯航公司均陈述曾去办理抵押登记，但办理不了。对办理不了抵押登记手续的原因，双方虽各执一词，但双方的陈述均显示因为土地原因办理不了抵押登记手续。而凯航公司作为涉案抵押物的提供者及土地使用权的享有者，有义务保证提供抵押的土地使用权能办理抵押登记，而本案因其提供的土地原因未能办理抵押登记手续，故其上诉主张非因其原因导致不能办理抵押登记手续缺乏依据，不予支持。依照建行韶关分行与凯航公司签订的《最高额抵押合同》的约定，如果因凯航公司的原因导致抵押权未设立，且凯航公司与债务人不是同一人，建行韶关分行有权要求凯航公司在本合同约定的担保范围内对担保的债务与债务人承担连带责任。据此，一审判决凯航公司对金塘海公司尚欠的涉案债务承担连带责任，并无不当。

凯航公司不服上述二审判决，申请再审。

再审法院认为，本案的争议焦点是，凯航公司是否应就抵押权未能有效设立向建行韶关分行承担违约责任。

本案中，凯航公司与建行韶关分行于 2014 年 9 月 28 日签订《最高额抵押合同》，约定凯航公司以张国用（2013）第 134394 号和张国用（2013）第 134395 号《国有土地使用证》项下的两宗土地在 6000 万元限额内为金塘海公司与建行韶关分行之间《贷款合同》项下的全部债务提供抵押担保。《最高额抵押合同》是凯航公司与建行韶关分行的真实意思表示，且不违反我国法律、行政法规的规定，合法有效。一、二审判决对此认定正确。双方均应按照合同的约定履行义务。

根据查明的事实，《最高额抵押合同》系建行韶关分行提供的格式文本，其中第十一条第十项特别手写如下内容："该宗土地待换证手续完成后五个工作日内立即办理抵押登记手续，抵押期间该宗地权属人如有发生变化，则由新的权属人继续承担担保责任。"结合二审法院查明的 2014 年 10 月 14 日建行韶关分行致凯航公司函的内容，可以认定建行韶关分行知道涉案两宗土地不能及时办理抵押登记手续的原因是政府土地规划调整需要先换发土地证才能办理，并非凯航公司怠于办理抵押登记手续，并且双方一致将办理土地抵押登记手续的期限变更为“待换证手续完成后五个工作日内”办理抵押登记手续。根据2016年11月18日张掖市国土局给凯航公司的复函内容，可以认定因政府土地规划调整导致案涉两宗土地无法办理抵押登记手续的障碍已经消除，当事人可以向政府部门申请换发新证并办理抵押登记手续。然而，建行韶关分行因贷款到期提起本案诉讼向债务人和担保人主张债权后，向一审法院申请采取财产保全措施，一审法院裁定查封了涉案两宗土地，建行韶关分行至此不愿再向凯航公司交还案涉两宗土地的《国有土地使用证》原件，且拒绝申请解除对该两宗土地采取的查封措施，凯航公司因而无法继续办理土地抵押登记手续。由此，不能以未依约办理土地抵押登记手续为由认定凯航公司构成违约。

建行韶关分行还指出，其在与凯航公司人员一同到张掖市国土局办理案涉土地抵押登记手续时，才被告知该土地因规划调整需要换发新证，新证换发完成前无法办理抵押登记手续，凯航公司未提示风险并采取补救措施。然而，双方人员一同到张掖市国土局办理土地抵押登记手续时，张掖市政府对土地规划的调整尚处于报批阶段，调整方案亦未公布，凯航公司也无法在当时向建行韶关分行进行有效风险提示，在建行韶关分行未能举证证明凯航公司早已明知政府拟对用于抵押的土地进行规划调整且该调整足以影响抵押登记手续办理而故意向建行韶关分行隐瞒的情况下，建行韶关分行认为凯航公司对抵押权未能有效设立负有过错并应承担违约责任，缺乏事实和法律依据。此外，在涉案两宗土地抵押登记手续于政府规划调整获批、换发新证完成前无法办理的情况下，建行韶关分行可以与凯航公司协商采取诸如更换抵押物等方式解决，但本案中并不存在建行韶关分行提出采取补救措施的要求而凯航公司予以拒绝的情形。

《最高额抵押合同》第十条关于“违约责任”中约定，如果因凯航公司原因导致抵押权未有效设立，且凯航公司与债务人不是同一人，建行韶关分行有权要求凯航公司在本合同约定的担保范围内对担保的债务与债务人承担连带责任。该条款并未表达只要“非因建行韶关分行原因”导致抵押权未能有效设立，凯航公司即应承担相应的违约责任的意思。本案中，建行韶关分行没有提供充分的证据证明凯航公司怠于履行办理土地抵押登记手续的义务，或者其他因凯航公司的原因导致抵押权未有效设立。因此，本案不符合该违约责任条款的适用条件。一、二审判决以凯航公司作为涉案抵押物的提供者及土地使用权的享有者，有义务保证提供抵押的土地使用权能办理抵押登记，而本案以凯航公司提供的土地原因未能办理抵押登记手续为由，认定凯航公司应根据《最高额抵押合同》第十条的约定承担违约责任不当，应予纠正。

《中华人民共和国物权法》第九条第一款规定："不动产物权的设立、变更、转让和消灭，经依法登记，发生效力；未经登记，不发生效力，但法律另有规定的除外。"根据该条规定，案涉两宗土地因未办理抵押登记，抵押权未能有效设立。因此，建行韶关分行对涉案两宗土地不享有抵押权。其中有政府调整土地规划导致需换领新证后才能办理抵押登记手续的原因，也有建行韶关分行过分依赖《最高额抵押合同》第十条关于违约责任的约定，在抵押土地价值低于6000万元的情况下意图抛弃抵押权条款通过适用违约责任条款获取更优利益保护的原因。但结合上述分析，特别是《最高额抵押合同》第十一条第十项的特殊约定，不能认定凯航公司构成违约。因此，凯航公司不应承担违约责任。目前虽然具备了换发新证并继续办理土地抵押登记手续的外部条件，但在建行韶关分行提起本案诉讼并申请法院对两宗土地已经采取保全措施予以查封，且凯航公司仍愿意以该两宗土地为本案所涉债权提供担保的情况下，没有必要再要求当事人继续办理土地抵押登记手续。《最高人民法院关于适用〈中华人民共和国担保法〉若干问题的解释》第五十九条规定："当事人办理抵押物登记手续时，因登记部门的原因致使其无法办理抵押物登记，抵押人向债权人交付权利凭证的，可以认定债权人对该财产有优先受偿权。但是，未办理抵押物登记的，不得对抗第三人。"根据该规定，可以认定债权人建行韶关分行在6000万元的范围内对该两宗土地折价或拍卖、变卖的价款享有优先受偿权。

法理解读

本案中，最高额抵押登记之所以未有效设立，原因之一是政府土地规划调整尚未审批，需要换发新证后才能办理登记手续。此时涉及因登记部门的原因无法办理抵押登记时的责任问题。

对此，法律规范一直尚付阙如。原《最高人民法院关于适用〈中华人民共和国担保法〉若干问题的解释》第59条规定了因登记部门的原因致使无法办理抵押登记时抵押人向债权人交付权利凭证的法律效力，但是未规定不动产登记机构的责任，即"当事人办理抵押物登记手续时，因登记部门的原因致使其无法办理抵押物登记，抵押人向债权人交付权利凭证的，可以认定债权人对该财产有优先受偿权。但是，未办理抵押物登记的，不得对抗第三人"。原《物权法》第21条规定了不动产登记机构登记错误的赔偿责任，但是未规定因不动产登记机构的原因导致担保物权未设立的责任。《民法典》第222条延续了原《物权法》第21条的内容，规定了登记错误时，不动产登记机构应当承担赔偿责任，承担赔偿责任后有权向造成登记错误的人追偿，同样未对不动产登记机构导致担保物权未有效设立时的赔偿责任。

本司法解释第48条补足了这一立法漏洞，规定了因登记机构的过错致使不能办理抵押登记，当事人有权请求登记机构承担赔偿责任。可以看到，这一赔偿责任与不动产登记机构登记错误的赔偿责任相同。这是因为，不动产登记机构导致担保物权未有效设立与不动产登记机构错误的本质一致，都属于侵害债权人权益的行为。问题在于，赔偿责任的性质何如？一种观点认为，不动产登记机构的赔偿责任，属于登记机构履行职务而造成的损害，其性质是国家赔偿责任。[①] 另一种观点认为，不登记产生私法上的效果，不动产登记机构导致担保物权未有效设立时的赔偿责任属于民法中的侵权责任。[②]进而，赔偿责任的范围如何？第一种观点认为，

① 姚辉：《不动产登记机构赔偿责任》，载《法学》2009年第5期。
② 江苏省高院（2015）苏审三民再提字第00001号民事判决书。

登记机构应当与相关主体按照各自的过错承担责任。第二种观点认为，登记机构应当与相关主体承担连带责任。第三种观点认为，不动产登记机构承担的是补充赔偿责任。[①] 对于上述这些问题，本司法解释第48条均未作出回答。

回到本案中，可以肯定的是，因登记部门的原因导致未办理最高额抵押登记，建行韶关分行有权请求登记机构承担赔偿责任。至于该赔偿责任的性质，我们认为应当是国家赔偿责任。不动产登记机构系履行行政管理职能时造成了相对人建行韶关分行权益的损害，属于行政违法行为，应当承担国家赔偿责任。建行韶关分行应当按照行政赔偿程序，提起行政赔偿之诉，而非民事诉讼。至于赔偿责任的范围，我们认为应当是补充赔偿责任。尽管抵押权未有效设立的原因之一在于登记部门，但其根本原因是具备了换发新证并继续办理土地抵押登记手续的外部条件时，凯航公司与建行韶关分行未积极办理抵押登记。从原因力方面考虑，应当由凯航公司先行承担赔偿责任。赔偿不足，由不动产登记机构承担赔偿责任。不动产登记机构承担赔偿责任后，有权向凯航公司追偿。

第四十九条　以违法的建筑物抵押的，抵押合同无效，但是一审法庭辩论终结前已经办理合法手续的除外。抵押合同无效的法律后果，依照本解释第十七条的有关规定处理。

当事人以建设用地使用权依法设立抵押，抵押人以土地上存在违法的建筑物为由主张抵押合同无效的，人民法院不予支持。

【条文要义】

本条司法解释的条旨是以违法建筑物进行抵押的效力。

---

① 上述观点的总结请参见王荣珍：《我国不动产登记机构赔偿责任的司法困境与立法反思》，载《政法论坛》2019年第4期。

1. 违法建筑物抵押的效力

以违法、违章的建筑物设置抵押的，是否成立抵押权，是有不同看法的。(1）认为违法、违章的建筑物也是不动产，一样具有价值，用这种违法、违章的建筑物进行抵押，设立抵押权，以这种违法、违章建筑物的价值担保合同债权，是双方当事人的真实意思表示，具有法律上的约束力。因此，确认以违法、违章的建筑物设置的抵押权具有法律效力，是正当的，因为债权人应该能够获得抵押权，用于担保自己的债权。(2）认为由于违法、违章的建筑物不具有合法性，双方当事人就违法、违章的建筑物约定设置抵押权尽管是双方当事人的真实意思表示，但是，由于这种抵押权无法进行物权登记，而没有经过物权登记的抵押权就不能发生抵押权的效力，因而无法确认以违法、违章的建筑物进行抵押产生抵押权的效力，这种抵押合同是无效的，不能以此担保债权人的债权。

最高人民法院采纳后一种意见作为本条司法解释的基础，是必然的。这就是，司法机关维护不动产登记程序的正当性和效力性，必然否定以违法、违章的建筑物订立抵押合同的效力。因此，本条司法解释规定，以法定程序确认为违法、违章的建筑物抵押的，抵押合同无效。例外的情形是，如果在一审法庭辩论终结前，违法建筑物已经办理合法手续的，则应当认定抵押合同为有效，抵押权人能够取得抵押权。

至于以违法、违章的建筑物设立的抵押合同的法律后果，本条司法解释的意见是，抵押合同无效的法律后果，依照本司法解释第 17 条的有关规定，就是依照该条司法解释的第 1 款、第 2 款的规定处理。

本司法解释的第 17 条第 1 款规定的规则是：主合同有效而担保合同无效，应当区分不同情况确定担保人应否以及如何承担赔偿责任：(1）债权人与担保人均有过错的，担保人承担的赔偿责任不应超过债务人不能清偿部分的二分之一。(2）担保人有过错而债权人无过错的，担保人对债务人不能清偿的部分承担赔偿责任。(3）债权人有过错而担保人无过错的，担保人不承担赔偿责任。第 2 款规定的规则是：主合同无效导致担保合同无效，担保人无过错的，不承担赔偿责任；担保人有过错的，其承担的赔偿责任不应超过债务人不能清偿部分的三分之一。

以违法、违章的建筑物设立的抵押合同的法律后果，参照上述规则处理。

2. 建设用地使用权抵押范围内存在违法建筑物的效力

当事人以建设用地使用权设立抵押权，当然没有问题。如果是设置抵押的土地使用权的土地上存在违法建筑物，其效力如何，需要规范。本条司法解释规定，抵押人以建设用地使用权设立抵押，又以土地上存在违法的建筑物为由，主张该抵押合同无效的，是不能成立的，因而人民法院不予支持。在具体处理上，按照房地一体主义原则处理。如果抵押的土地上存在的违法建筑物在一审法庭辩论终结前已经办理合法手续的，则应当认定为合法建筑物，当然按照房地一体主义原则处理。

【案例解读】

汇通公司诉新桥公司典当纠纷案①

基本案情

2011 年 5 月 20 日，原告汇通公司与被告新桥公司签订《房地产抵押契约》一份，约定被告以在建建翔新苑沿街商品房 × 栋 1 ~ 4 层为其自 2011 年 5 月 23 日至 2012 年 5 月 22 日向原告总额为 270 万元的贷款作抵押。次日，滨州市房地产管理局予以登记。

2011 年 6 月 3 日，原告汇通公司与被告新桥公司签订《借款（典当）合同》一份。约定被告提供最高额抵押担保，向原告借款 200 万元，使用期限自 2011 年 6 月 3 日至 2011 年 11 月 30 日。在建工程竣工登记后，借款人配合贷款人将在建工程抵押权登记转为房屋抵押权登记。

续当期限届满时，被告未履行还款义务亦未办理续当手续。2014 年

① 审理法院：山东省滨州地区（市）中级人民法院，案号：（2014）滨中商初字第 209 号 。

12月22日，原告汇通公司向法院起诉，请求判令被告给付原告当金本金、利息、综合费，并确认原告对抵押物享有优先受偿权。

2015年5月22日，滨州市规划局作出滨规函（2015）163号《关于建翔新苑沿街楼认定的规划意见》，认定案涉抵押房产未办理任何规划手续，属违法建筑。

法院判决

法院认为，《最高人民法院关于适用〈中华人民共和国担保法〉若干问题的解释》第48条规定："以法定程序确认为违法、违章的建筑物抵押的，抵押无效。"《中华人民共和国物权法》第一百八十四条规定："下列财产不得抵押……（六）法律、行政法规规定不得抵押的其他财产。"原告汇通公司与被告新桥公司签订的《借款（典当）合同》《房地产抵押契约》约定的抵押物经滨州市规划局认定为违法建筑，根据上述规定属于不得抵押财产，双方签订的上述合同违反了法律强制性规定，应属无效。根据抵押清单，办理抵押过程中，被告向原告提交了抵押房产的在建工程规划许可证、商品房预售许可证等准建资料，原告仅对之进行形式审查，并不能对其真实性、有效性作出正确判断，且滨州市房地产管理局办理抵押登记，原告有理由相信抵押物的合法性，因此，原告对合同无效没有过错，不负过错责任；被告明知抵押物是违法建筑不得抵押，仍然以之抵押有明显过错，应付全部过错责任，因此，被告除应当向原告返还借款本金外，还应承担因此给原告造成的损失。

法理解读

本案中，新桥公司以未办理任何规划手续的房产作为抵押财产，担保汇通公司债权的实现。此时涉及以违法建筑作为标的物的抵押合同的效力问题。

我国原《担保法》《物权法》以及《民法典》均没有明确规定违法建筑物不得作为抵押，但是原《担保法》第37条第6款规定了"依法不得抵押的其他财产"不得抵押，原《物权法》第184条以及《民法典》第

399 条规定了“法律、行政法规规定不得抵押的其他财产”，不得抵押。因此，一般而言，应当认定违法建筑物不得作为抵押财产。

关于违法建筑物抵押合同的效力，最早作出规定的是原《最高人民法院关于适用〈中华人民共和国担保法〉若干问题的解释》第 48 条，即“以法定程序确认为违法、违章的建筑物抵押的，抵押无效”。本司法解释第 49 条进一步规定了以违法的建筑物作为抵押财产时合同的效力。首先可以肯定的是，抵押合同无效，但是一审法庭辩论终结前已经办理合法手续的除外。抵押合同无效，依照本司法解释第 17 条有关规定处理。其次需要明确的是，当事人以建设用地使用权依法设立抵押，土地上存在违法的建筑物并不影响抵押合同的效力。

回到本案中，新桥公司以未办理任何规划手续的房产作为抵押财产，违反了《民法典》第 399 条的规定。根据本司法解释第 49 条第 1 款的规定，该抵押合同无效，无效的法律后果应当按照债权人和抵押人的过错程度来分担。不过，若是新桥公司在一审法庭辩论终结前已经办理合法手续，应当认定抵押合同有效。汇通公司有权就该房产优先受偿。

需要注意的是，假定新桥公司并不是以未办理任何规划手续的房产作为抵押财产，而是以该房产上的土地使用权设定抵押，并办理抵押登记，其无权以土地上存在违法建筑物为由主张抵押合同无效。汇通公司仍然有权就案涉土地使用权优先受偿。

第五十条　抵押人以划拨建设用地上的建筑物抵押，当事人以该建设用地使用权不能抵押或者未办理批准手续为由主张抵押合同无效或者不生效的，人民法院不予支持。抵押权依法实现时，拍卖、变卖建筑物所得的价款，应当优先用于补缴建设用地使用权出让金。

当事人以划拨方式取得的建设用地使用权抵押，抵押人以未办理批准手续为由主张抵押合同无效或者不生效的，人民法院

院不予支持。已经依法办理抵押登记，抵押权人主张行使抵押权的，人民法院应予支持。抵押权依法实现时所得的价款，参照前款有关规定处理。

【条文要义】

本条司法解释的条旨是划拨土地使用权抵押的效力。

我国建设用地使用权的取得分为两种方式，一种是出让，另一种是划拨。出让的建设用地使用权当然可以抵押；对划拨的建设用地使用权是否可以抵押，法律并未作禁止性规定，原则上是可以抵押的，但是需要有具体条件。

划拨的建设用地使用权指的是没有经过“招拍挂”的出让程序，而是通过分配或者补偿方式所得的建设用地使用权。《民法典》第395条关于抵押财产的规定，第2项就规定了建设用地使用权可以作为抵押财产，其中没有说划拨的建设用地使用权不能作为抵押财产进而设置抵押权。

在实践中，以划拨的建设用地使用权进行抵押的并不少见，就目前情况看，行政法规与部门规章在对划拨的建设用地使用权如何抵押的问题上，有不同的规定。

一种规定是，划拨建设用地使用权须经土地管理部门批准，并先办理土地使用权出让手续，交付土地使用权出让金，将划拨土地使用权转为出让土地使用权后，才能与附属建筑物一并抵押。现行有效的国土资源局《划拨土地使用权管理暂行办法》第5条与国务院的《中华人民共和国城镇国有土地使用权出让和转让暂行条例》第45条，都采取了这种做法。

另一种规定是，如《城市房地产管理法》第51条没有否定划拨建设用地使用权可用于抵押，要求设定抵押的房地产，其土地使用权是划拨取得的，在实现抵押权时，须先缴纳相当于应缴纳的土地出让金的款项，抵押权人才能就剩下的价款优先受偿。

实际上，上述两种做法都是准许将划拨建设用地使用权作为抵押财产进行抵押的，只是要求在抵押前转为出让建设用地使用权还是在实现抵押权时转为出让的建设用地使用权有区别而已。这就是，在设定抵押权之时转变建设用地使用权的形式，还是在实现抵押权时补正瑕疵并补缴土地使用权出让金。《城市房地产管理法》的规定是法律规定，事后补缴出让金更符合当前的做法。

本条司法解释规定显然是按照《城市房地产管理法》的规定作为基础的。具体的规则是：

1. 抵押人以划拨建设用地上的建筑物设定抵押，当事人以划拨土地使用权不能抵押或者未办理批准手续为由请求确认抵押合同无效的，人民法院不予支持。这是因为，以在划拨建设用地上的建筑物设定抵押，并不因为划拨土地使用权不能抵押而使划拨建设用地上的建筑物设置抵押的行为无效。《民法典》对此的规定是第 397 条：“以建筑物抵押的，该建筑物占用范围内的建设用地使用权一并抵押。以建设用地使用权抵押的，该土地上的建筑物一并抵押。抵押人未依据前款规定一并抵押的，未抵押的财产视为一并抵押。”我国对建筑物所有权和土地、建设用地使用权的关系，实行房地一体主义，在抵押权中同样实行这个规则。所以，以建筑物抵押的，该建筑物占用范围内的建设用地使用权一并抵押；以建设用地使用权抵押的，该土地上的建筑物一并抵押。抵押人未按照上述规定一并抵押的，未抵押的财产视为一并抵押。这样规定的目的，在于体现和维护“房随地走”和“地随房走”的原则，实现房地一体主义，避免在抵押权设置上出现纠纷。因此，当事人的这种主张抵押合同无效的理由是不成立的。在以划拨的建设用地上的建筑物设置抵押，在抵押权依法实现时，拍卖、变卖建筑物所得价款，应当优先用于补缴建设用地使用权的出让金。

2. 抵押人以划拨建设用地使用权设定抵押，抵押人以未办理批准手续为由，主张抵押合同无效或者不生效的，人民法院不予支持。这种情况，实际上是抵押人在以划拨建设用地使用权设定抵押合同后反悔，为了推翻原来的以划拨建设用地使用权设定抵押的约定，以未经有批准权的人民政府批准为由而主张抵押合同无效或者不生效，否定抵押合同的效力，是一种借口。对此，法院不予支持是正确的。因此，已经依法办理抵押登记的，依法取得抵押权。抵押权人主张行使抵押权的，人民法院应予支持。对于抵押权依法实现时所得的价款，依照前款有关规定处理，即在抵押权依法实现时，拍卖、变卖建筑物所得价款，应当优先用于补缴建设用地使用权的出让金。

由于抵押人否认以划拨建设用地使用权设定抵押的抵押合同效力，不去办理抵押权登记，同样也是否定抵押合同的效力，拒绝进行登记，是对抵押合同的一种违约行为。因不能办理抵押登记给债权人造成损失的，构成违约责任。这种违约损害赔偿的确定方法，债权人请求抵押人以约定的抵押财产价值为限承担违约责任的，人民法院应予支持，但是，不得超过抵押权能够有效设立时抵押人应当承担的责任。

【案例解读】

长城公司济南办事处与金冠公司借款担保合同纠纷上诉案①

基本案情

2000年1月13日至2002年6月25日，天桥工行与金冠公司签订四份借款合同，借款本金合计5017万元。同年3月28日，天桥工行与金冠公司签订了抵押合同，约定金冠公司以其国有划拨土地占用范围内的自有房产提供抵押。双方并就抵押房产在房管部门办理了抵押登记。

2005年5月20日，工行山东分行签订债权转让协议，将天桥工行的上述债权转让给长城公司济南办事处。同年12月17日，双方共同在《大众日报》上联合发布债权转让暨债务催收公告，公告内容包括了本案的四

---

① 审理法院：一审法院为山东省高级人民法院，案号：(2007) 鲁民二初字第19号；二审法院为最高人民法院，案号：(2007) 民二终字第183号。

笔债权。

因金冠公司长期不归还借款本金及利息，长城公司济南办事处向法院起诉还款，并请求就抵押财产优先受偿。

法院判决

山东省高级人民法院认为：双方当事人签订的四份借款合同和两份最高额抵押担保合同均为当事人真实意思的表示，内容不违反法律法规的强制性规定，故合法有效，各方当事人应当严格履行。至于2000年抵字第0001号抵押合同约定以债务人金冠公司自有房产提供抵押，因抵押房产坐落于划拨土地之上，如何认定该抵押合同的效力在实践中存有争议。《中华人民共和国担保法》（以下简称《担保法》）对于涉及划拨土地使用权的房地抵押权登记并没有作出特别的规定，而按照最高人民法院2003年4月16日公布的法释（2003）6号《关于破产企业国有划拨土地使用权应否列入破产财产等问题的批复》第三条第二款规定：“国有企业以建筑物设定抵押的效力问题，应区分两种情况处理：如果建筑物附着于以划拨方式取得的国有土地使用权之上，将该建筑物与土地使用权一并设定抵押的，对土地使用权的抵押需履行法定的审批手续，否则应认定抵押无效；如果建筑物附着于以出让、转让方式取得的国有土地使用权之上，将该建筑物与土地使用权一并设定抵押的，即使未经有关主管部门批准，亦应认定抵押有效。”同时，《中华人民共和国合同法》第五十六条规定：“无效的合同或者被撤销的合同自始没有法律约束力。”据此，不能认为最高法院上述司法解释只是规定涉及破产企业有关划拨土地抵押合同无效，对于未破产企业涉及划拨土地的抵押合同则应认定为有效合同。因为同一抵押合同不可能在抵押人进入破产程序前为有效合同，一旦该抵押人进入破产程序则应认定抵押合同无效。故依据最高人民法院上述司法解释的规定，企业以附着于划拨土地使用权之上的建筑物设定抵押的，没有经过有审批权限的土地管理部门批准或办理抵押登记，即未“履行法定的审批手续”，仅在房管部门登记的，应认定抵押合同无效。对长城公司济南办事处依据该抵押合同主张实现抵押权的请求，该院不予支持。对金冠公司辩称的合同文本未盖公章以及未约定利率标准的问题，长城公司济南办事处当庭提交的合同文本原件已经金冠公司质证，合同原件约定的内容及印章齐全，经双方质证后金冠公司对此亦不再持异议。金冠公司没有履行生效合同，属违约行为，应承担偿还借款本息的责任。长城公司济南办事处依法受让债权，向被告金冠公司主张清偿债务，于法有据，应予支持。

长城公司济南办事处不服上述民事判决，提起上诉。

二审法院认为，本案争议的焦点是划拨土地使用权之上的房产抵押合同的效力问题。

根据《担保法》第三十六条第一款的规定，以依法取得的国有土地上的房屋抵押的，该房屋占用范围内的国有土地使用权同时抵押。依据该规定以及房地产交易中房随地走、地随房走，即房地产主体一致的原则，本案双方当事人应对金冠公司提供抵押的房产及其占用范围内的土地使用权一并抵押。双方签订抵押合同仅就金冠公司自有的房产设定了抵押，未对该房屋占用范围内的土地使用权一并抵押，但该单独抵押的行为并不必然导致本案房产抵押合同无效的法律后果。对于划拨土地使用权之上的房产抵押，法律并无禁止性规定。如果因为划拨土地使用权未履行抵押审批手续并办理抵押登记，进而否定房产抵押合同的效力，则与房产抵押合同订立的根本目的相悖。《最高人民法院关于破产企业国有划拨土地使用权应否列入破产财产等问题的批复》有其明确的适用范围，与本案的情形并不相同。原审法院据此认定房产抵押合同无效属适用法律错误，予以纠正。

本案借款合同真实合法有效，不存在影响房产抵押合同效力的事由。根据《担保法》第四十一条、第四十二条第一款第二项的规定，以城市房地产设定抵押的，应在县级以上地方人民政府规定的登记部门进行登记，抵押合同自登记之日起生效。根据山东省人民政府《关于对企业房产等建筑物抵押登记主管机关调整的通知》，济南市房产管理局是有权进行房产抵押登记的职能部门。由于涉案房产在济南市房产管理局办理了抵押登记，并取得了编号为济房历城他字第 001587 号的房屋他项权证，故该房产抵押合同自办理登记之日起已经生效。被上诉人金冠公司认为长城公司济南办事处对抵押房产没有优先受偿权的抗辩于法无据，不予支持。

法理解读

本案中，金冠公司以其国有划拨土地占用范围内的自有房产提供抵押，并办理房屋抵押登记。此时涉及以划拨建设用地上的建筑物抵押的法律效力问题。

一般而言，以建设用地使用权抵押时，该土地上的房屋同时抵押；以房屋抵押时，该房屋占用范围内的国有土地使用权同时抵押。也就是说，房地产交易中，房随地走，地随房走。原《担保法》第36条就对此作出了规定，即“以依法取得的国有土地上的房屋抵押的，该房屋占用范围内的国有土地使用权同时抵押。以出让方式取得的国有土地使用权抵押的，应当将抵押时该国有土地上的房屋同时抵押。乡（镇）、村企业的土地使用权不得单独抵押。以乡（镇）、村企业的厂房等建筑物抵押的，其占用范围内的土地使用权同时抵押”。原《物权法》第182条也规定了房地产抵押关系为房地一体主义，即“以建筑物抵押的，该建筑物占用范围内的建设用地使用权一并抵押。以建设用地使用权抵押的，该土地上的建筑物一并抵押。抵押人未依照前款规定一并抵押的，未抵押的财产视为一并抵押”。《民法典》第397条延续了原《物权法》第182条的规则，继续规定了这一内容。

划拨建设用地使用权系无偿取得，根据《城市房地产管理法》第40条的规定，以划拨建设用地使用权进行抵押，需要经过批准。那就涉及如果划拨建设用地使用权未经批准，以划拨建设用地上的建筑物抵押合同效力以及以划拨建设用地使用权设定抵押的合同效力是否受到影响。

对此，实践中存在不同的看法。第一种观点认为，应当严守房地一体主义。划拨建设用地使用权的抵押未经批准，以划拨建设用地上的建筑物抵押合同以及以划拨建设用地使用权设定抵押的合同也归于无效。第二种观点认为，若是仅以划拨建设用地上的建筑物设定抵押的，建筑物抵押合同有效，建筑物抵押权因建筑物抵押登记而有效。若是仅以划拨建设用地使用权抵押，因该抵押未经批准，属于违反法律、行政法规的强制性规定，抵押合同无效。新近观点认为，以划拨建设用地使用权进行抵押的合同，未经批准不影响合同的效力。以划拨建设用地上的房屋进行抵押，合同有效。

本司法解释第50条采纳了最新的观点，规定了抵押人以划拨建设用地上的建筑物单独抵押，划拨建设用地使用权未办理批准手续不影响抵押合同的效力。不过，抵押权依法实现时，拍卖、变卖建筑物所得的价款，应当优先用于补缴建设用地使用权出让金。抵押人以划拨方式取得的建设用地使用权抵押，未办理批准手续同样不影响抵押合同的效力。已经依法办理抵押登记的，抵押权人有权主张行使抵押权。不过，拍卖、变卖所得的价款同样需要优先用于补缴建设用地使用权出让金。

回到本案中，金冠公司以其国有划拨土地占用范围内的自有房产提供抵押，并办理房屋抵押登记，属于以划拨建设用地上的房屋单独抵押的情形。划拨建设用地使用权虽然未办理登记手续，但并不影响房屋抵押合同的效力。目前房屋抵押已经办理了抵押登记，长城公司济南办事处有权就该房产优先受偿，不过所得价款必须优先用于补缴建设用地使用权出让金。

第五十一条　当事人仅以建设用地使用权抵押，债权人主张抵押权的效力及于土地上已有的建筑物以及正在建造的建筑物已完成部分的，人民法院应予支持。债权人主张抵押权的效力及于正在建造的建筑物的续建部分以及新增建筑物的，人民法院不予支持。

当事人以正在建造的建筑物抵押，抵押权的效力范围限于已办理抵押登记的部分。当事人按照担保合同的约定，主张抵押权的效力及于续建部分、新增建筑物以及规划中尚未建造的建筑物的，人民法院不予支持。

抵押人将建设用地使用权、土地上的建筑物或者正在建造的建筑物分别抵押给不同债权人的，人民法院应当根据抵押登记的时间先后确定清偿顺序。

【条文要义】

本条司法解释的条旨是房地一体抵押的效力。

本条司法解释的法律依据是《民法典》第 417 条，规定的内容是："建设用地使用权抵押后，该土地上新增的建筑物不属于抵押财产。该建设用地使用权实现抵押权时，应当将该土地上新增的建筑物与建设用地使用权一并处分。但是，新增建筑物所得的价款，抵押权人无权优先受偿。"这一条的基本规则是建设用地使用权抵押后新增建筑物不是抵押财产，但是可以一并处分。

以建设用地使用权设置抵押权，在设立该抵押权后，在该土地上新增的建筑物不属于抵押财产，用以抵押的仍然是该土地的建设用地使用权。在对该建设用地使用权实现抵押权时，应当按照房地一体主义的要求，将该土地上新增的建筑物与建设用地使用权一并处分，通过折价、变卖、拍卖取得变价款，用建设用地使用权的变价款清偿债务，实现债权，对新增建筑物所得的价款，抵押权人无权优先受偿，属于建筑物所有人的财产，即使抵押权实现的变价款对债权清偿不足，债权人对建筑物所得价款也没有优先受偿权，只能与其他债权人以平等债权的身份平均受偿。

依据这一规定，本条司法解释规定的规则是：

1. 当事人仅以建设用地使用权设定抵押，债权人主张抵押权的效力及于其上已有的建筑物以及正在建造的建筑物已完成部分的，人民法院应予支持。这里的"已有建筑物"，是指当事人在以建设用地使用权设定抵押时，已经存在的该土地的地上建筑物，而不是在设置抵押权以后在该土地上建设的建筑物。这里的"正在建造的建筑物已完成部分"，也是指当事人与建设用地使用权设定抵押时，正在建造的建筑物已完成部分。不过也有人认为，已有的建筑物应当是在抵押权实现时抵押土地上已有的建筑物，正在建造的建筑物已完成部分也是在抵押权实现时抵押土地上正在建造的已完成部分。前一种意见主要是考虑以建设用地使用权设置抵押在实现抵押权时，其效力及于新增的建筑物，与建设用地使用权一并处分而同时实现抵押权，在设置抵押时并不是已有的建筑物，也不是正在建造的建筑已完成部分。对其实现抵押权，超出了抵押范围。但是问题在于，《民法典》第417条规定的该建设用地使用权实现抵押时，应当将该土地上新增的建筑物与建设用地使用权一并处分，只是对新增建筑物所得的价款，抵押权人无权优先受偿。按照这样的规定，这里规定的已有的建筑物以及正在建造的建筑物已完成部分，应当是指该建设用地使用权实现抵押权时的已有建筑物，以及正在建造的建筑物已完成部分。因而，不必担心抵押权效力的不适当扩张，因为对新增建筑物所得的价款，抵押权人无权优先受偿，有了这样的规定就够了。

因此，本条司法解释规定，债权人主张抵押权的效力及于正在建造的建筑物的续建部分以及新增建筑物的，人民法院不予支持。

2. 当事人以正在建造的建筑物抵押，其抵押财产应当以登记的抵押财产的范围确定。因此，该抵押权的效力及于已经在登记簿上办理了登记的部分。对于这一部分，抵押权人提出实现抵押权的请求的，法院应当予以支持。反之，当事人按照担保合同的约定，主张其效力及于登记范围以外的续建部分、新增建筑物，以及规划中的尚未建造的建筑物的，是不符合法律规定的，因此，人民法院不予支持。

3. 由于《民法典》规定土地和建筑物的权属一体主义，无论是只用建设用地使用权进行抵押，还是用土地上的建筑物或者正在建造的建筑物进行抵押，都应当根据房地一体主义，土地使用权抵押的效力及于地上的建筑物和正在建造的建筑物，用土地上的建筑物和正在建造的建筑物抵押，其抵押的效力当然也及于建设用地使用权。在这种情况下，无论是以建设用地使用权进行抵押，还是以建筑物或者正在建造的建筑物进行抵押，实际上都是对建设用地使用权和建筑物一并进行了抵押。在这种理念下，抵押人将建设用地使用权以及土地上的建筑物，或者正在建造的建筑物分别抵押给不同债权人的，在确定抵押权的先后效力时，应当依据《民法典》第414条关于以同一财产向两个以上的债权人抵押的，拍卖、变卖抵押财产所得的价款依照下列规定清偿：（1）抵押权已经登记的，按照登记的时间先后确定清偿顺序；（2）抵押权已经登记的先于未登记的受偿；（3）抵押权未登记的，按照债权比例清偿。按照这样的规定，以建设用地使用权设置的抵押，或者以土地上的建筑物或者正在建造的建筑物进行抵押，由于实行房地一体主义，如果都进行了登记，就应当依照《民法典》第414条第1项的规定，根据登记的先后确定抵押权的顺位效力。

【案例解读】

金汇信托公司与三联集团公司、三联控股公司、马某生、楼某珍、华源置业公司金融借款合同纠纷案[①]

基本案情

2014年3月10日，金汇信托公司与三联集团公司签订了《信托贷款合同》一份，约定：金汇信托公司同意向三联集团公司提供1.95亿元的贷款。

2014年3月10日、12月11日，三联集团公司与金汇信托公司签署了《抵押合同》三份，约定将三联集团公司开发建设的位于金华安地镇安地村地块的土地使用权及其上在建工程用于抵押担保。抵押物具体信息见合同附件之“抵押物清单”。前述《抵押合同》后附的“抵押物清单”中分别列明了99套房产和17套房产。嗣后，双方共同向登记机关申请办理“在建工程抵押”的抵押登记手续，并提交了国有土地使用权证、土地未抵押未查

① 审理法院：一审法院为浙江省杭州市中级人民法院，案号：（2015）浙杭商初字第50号；二审法院为浙江省高级人民法院，案号：（2016）浙民终718号；再审法院为最高人民法院，案号：（2018）最高法民再19号。

封证明、建设工程规划许可证、建设用地规划许可证、施工许可证等办理在建工程抵押所需要的文件资料。登记机关受理后，为“抵押物清单”上记载的99套房产和17套房产分别颁发了《在建工程抵押登记证明》。

信托贷款发放后，因金汇信托公司在后续检查中发现，三联集团公司在建工程一直未能按《信托贷款合同》约定的项目进度进行建设，项目实际进度严重落后于约定的项目进度，三联集团公司已有其他贷款协议项下的利息逾期支付事项，且已发生其他第三方起诉三联集团公司的诉讼。故金汇信托公司向三联集团公司宣布信托贷款提前到期。

金汇信托公司向浙江省杭州市中级人民法院提起诉讼，请求判令确认三联集团公司归还信托贷款本金、支付贷款利息；确认金汇信托公司对三联集团公司提供的土地使用权及其上在建工程等抵押财产拍卖、变卖或以其他方式变现后的款项就前述债权优先受偿。

法院判决

一审法院认为，金汇信托公司与三联集团公司签订的《信托贷款合同》《抵押合同》是各方当事人真实意思表示，合法有效。金汇信托公司已按约履行了发放贷款的义务，因三联集团公司出现了合同约定的违约事由，金汇信托公司宣布贷款提前到期，要求三联集团公司返还贷款本金、支付利息，并主张行使抵押权具有事实和法律依据。金汇信托公司主张的抵押物优先受偿权，应以已办理抵押登记手续的范围为限。

法院判决确认金汇信托公司对三联集团公司、三联控股公司、华源置业公司享有本金1.95亿元、利息59767898.2元；确认金汇信托公司在前述第一项债务范围内对三联集团公司提供的抵押物折价或以拍卖、变卖该财产的价款享有优先受偿权。

金汇信托公司不服上述民事判决，向浙江省高级人民法院提起上诉。

浙江省高级人民法院二审认为，本案争议是金汇信托公司对案涉桂语山居项目（二期）享有优先受偿权的抵押物范围。金汇信托公司上诉主张其享有优先受偿权的范围为桂语山居项目地块的土地使用权及其上在建工程。对此，案涉抵押系在建工程抵押，根据《中华人民共和国物权法》第一百八十七条的规定，以本法第一百八十条第一款第一项至第三项规定的财产或第五项规定的正在建造也即以建筑物及其他地上附着物、建设用地使用权、土地承包经营权和正在建造的建筑物等不动产和不动产物权设定抵押的，应当办理抵押登记，抵押权自登记时设立。本案中，《抵押合同》虽然约定抵押物为桂语山居项目（二期）项下位于金华安地镇安地村地块的土地使用权及其上在建工程，但至诉讼时，除已解除抵押的商品房外，办理抵押登记手续的仅有50套商品房，应当依法认定这些已办理抵押登记的房产设立了抵押权。金汇信托公司提出其申请办理的为案涉项目在建工程抵押，系登记机关原因导致未能办理其他土地使用权的抵押登记，故其享有优先受偿权的范围不以登记的抵押物为限，而应为桂语山居项目地块的土地使用权及其上在建工程。对此，根据《最高人民法院关于适用〈中华人民共和国担保法〉若干问题的解释》第五十九条的规定，当事人办理抵押登记手续时，因登记部门的原因致使无法办理抵押物登记，抵押人向债权人交付权利凭证的，可以认定债权人对该财产有优先受偿权。本案中，并无证据显示三联集团公司向金汇信托公司交付了土地使用权证，故金汇信托公司主张对桂语山居项目地块的土地使用权及其上在建工程享有优先受偿权，缺乏事实和法律依据。综上，金汇信托公司的上诉理由，无事实和法律依据，不能成立。原审判决认定事实基本清楚，适用法律正确。该院裁定：驳回上诉，维持原判。

金汇信托公司不服二审判决，提起再审。

再审法院认为，各方当事人争议的焦点问题为：案涉在建工程抵押权是否依法设立、抵押物范围应当如何认定。

本案中，金汇信托公司与三联集团公司签订的《抵押合同》中均明确约定，本合同项下的抵押物是指目标项目项下位于金华安地镇安地村地块的土地使用权及其上在建工程，抵押物具体信息见合同附件之“抵押物清单”。前述《抵押合同》后附的“抵押物清单”中分别列明了99套房产和17套房产。嗣后，双方共同向登记机关申请办理“在建工程抵押”的抵押登记手续，并提交了国有土地使用权证、土地未抵押未查封证明、建设工程规划许可证、建设用地规划许可证、施工许可证等办理在建工程抵押所需要的文件资料。登记机关受理后，为“抵押物清单”上记载的99套房产和17套房产分别颁发了《在建工程抵押登记证明》。《中华人民共和国物权法》第一百八十七条规定，以正在建造的建筑物抵押的，应当办理抵押登记，抵押权自登记时设立。由此，登记机关为案涉在建工程抵押权所办理的抵押登记手续，是仅限于其已经发放《在建工程抵押登记证明》的“抵押物清单”中所记载的部分，还是包括抵押合同所约定的土地使用权及其上已经建造和尚未建造的部分，成为本案中认定抵押物范围所必须解决的关键问题。

关于在建工程抵押权的登记方法，《城市房地产抵押管理办法》第三十四条第二款规定：“以预售商品房或者在建工程抵押的，登记机关应当在抵押合同上作记载。抵押的房地产在抵押期间竣工的，当事人应当在抵押人领取房地产权属证书后，重新办理房地产抵押登记。”《房屋登记办法》第六十条规定：“申请在建工程抵押权设立登记的，应当提交登记申请书、申请人的身份证明、抵押合同、主债权合同、建设用地使用权证书或者记载土地使用权状况的房地产权证书、建设工程规划许可证，以及其他必要的材料。”第二十五条第三款规定：“预告登记、在建工程抵押权登记以及法律、法规规定的其他事项在房屋登记簿上予以记载后，由房屋登记机构发放登记证明。”根据前述规范性文件的规定，在建工程抵押权的登记方法，包括在抵押合同上作记载或者在房屋登记簿上作记载两种方式。关于权属证书与登记簿之间的关系，《中华人民共和国物权法》第十六条、第十七条规定，不动产登记簿是物权归属和内容的根据，不动产权属证书是权利人享有该不动产物权的证明，二者不一致的，除有证据证明不动产登记簿确有错误外，以不动产登记簿为准。根据这一法律规定，完成不动产物权公示的是不动产登记，登记机关为案涉116套房产分别颁发《在建工程抵押登记证明》的法律效果，是使得金汇信托公司取得了证明其权利状况的权属证书，判断本案中金汇信托公司在建工程抵押物的范围，应当以登记机关的不动产登记为依据。原审判决以登记机关向金汇信托公司颁发的《在建工程抵押登记证明》作为判断案涉在建工程抵押办理抵押登记手续的依据，混淆了不动产登记与权属证书之间的关系，该院予以纠正。

该院注意到，在案涉在建工程抵押登记办理之时，作为登记机关的浙江省金华市房地产交易办证中心并未实行房屋登记簿制度，且对在建工程抵押应当采用何种方法在抵押合同上记载亦不明确。本案中，浙江省金华市房地产交易办证中心在受理金汇信托公司和三联集团公司的在建工程抵押登记申请后，是根据浙江省住房和城乡建设厅、中国人民银行杭州中心支行、中国银行业监督管理委员会浙江监管局下发的《关于进一步做好在建工程抵押权登记工作的若干意见》（浙建房〔2012〕28 号）的要求，采用“抵押物清单”的方式，将在建工程抵押物的范围限定在已完工部分或可售部分，并为在建工程中已完工部分或可售部分的每套房屋单独办理《在建工程抵押登记证明》。但这种登记方法并不能得出登记机关认为在建工程抵押物的范围仅限于已完工部分或可售部分这一结论。从登记机关对案涉 116 套房屋销售的解押登记手续办理情况来看，无论三联集团公司销售的房屋是否已经列入抵押物清单中，登记机关均要求三联集团公司取得金汇信托公司的同意证明。由此可见，本案中登记机关对在建工程抵押权的标的物范围的认识在逻辑上并不能一以贯之，其所理解的抵押物限定为在建工程完工部分或者可售部分，更多是出于登记手段或技术的考量，随着工程建设阶段的发展，在建工程抵押权的抵押物范围随着完工部分或可售部分的增加而得到扩张。

该院认为，《中华人民共和国物权法》第五条规定：“物权的种类和内容，由法律规定。”在建工程抵押权作为《中华人民共和国物权法》所规定的民事权利，属于《中华人民共和国立法法》第八条第八项所规定的法律保留事项，其民事权利的内容不因任何他人的不当限制或错误理解而减损。从立法沿革的角度，在《中华人民共和国物权法》第一百八十条第一款第五项、第一百八十七条对“正在建造的建筑物”没有给出相反定义的情况下，应当遵从此前规范性文件中对“在建工程抵押”的理解。在《中华人民共和国物权法》颁行之前，《最高人民法院关于适用〈中华人民共和国担保法〉若干问题的解释》第四十七条规定："以依法获准尚未建造的或者正在建造中的房屋或者其他建筑物抵押的，当事人办理了抵押物登记，人民法院可以认定抵押有效"。《城市房地产抵押管理办法》第三条第五款亦规定："本办法所称在建工程抵押，是指抵押人为取得在建工程继续建造资金的贷款，以其合法方式取得的土地使用权连同在建工程的投入资产，以不转移占有的方式抵押给贷款银行作为偿还贷款履行担保的行为。"据此，在建工程抵押权作为一种单独的抵押权类型，除当事人在抵押合同中另有约定外，其抵押物范围不仅包括国有建设用地使用权，还包括规划许可范围内已经建造的和尚未建造的建筑物。本案中，《抵押合同》第1.2条约定，本合同项下的抵押物是指目标项目项下位于金华安地镇安地村地块的土地使用权及其上在建工程。第1.5条约定，除法律另有明确规定外，抵押期间抵押物上新增建筑物应列入本合同项下抵押物范围。前述抵押合同的约定内容，符合司法解释和行政规章的规定。在登记机关未设立房屋登记簿、亦未明确在抵押合同上记载在建工程抵押登记方法的情况下，因前述抵押合同及相关登记申请材料和登记机关出具的收件单等文件均已载明登记类型为在建工程抵押登记，这些资料是登记机关存档备查的登记资料，利害关系人可通过查询档案资料的内容来获悉抵押物上的权利负担，故应当认定登记机关在收件、审核时将此项业务作为在建工程抵押登记业务加以办理的行为，即完成了"记载"在建工程抵押登记的工作，在建工程抵押权即已依法设立。至于登记机关嗣后是否向抵押权人发放权利证明，以及发放权利证明的时间、方式等事实，均不能成为判断抵押权人的权利是否依法成立的依据。且在本案中，三联集团公司作为抵押人，本身并非不动产物权公示制度的保护对象。不动产登记制度的规范趣旨，是为了保护以该不动产为交易客体的第三人的信赖利益和交易安全。三联集团公司破产管理人在接管之后，试图利用登记实务中的不同理解否定三联集团公司此前在自身财产上所设定的权利负担，明显有违诚信原则。

综上，该院认定，本案中金汇信托公司的在建工程抵押权已经依法设立，该抵押权所支配的抵押物范围，应当以抵押合同约定内容作为确定权利范围的依据。申请人金汇信托公司关于其在建工程抵押权的范围除在办理抵押登记前已经出售的房屋和办理抵押登记后经其同意出售的116套房屋及相应的土地使用权外，应当包括金市国用（2014）第103－02695号《国有土地使用权证》项下的其余国有土地使用权及其上在建工程，包括未完工的部分的申请理由成立，该院予以支持。被申请人三联集团公司关于案涉在建工程抵押权仅限于办理了《在建工程抵押登记证明》的50套房屋及其相应的土地使用权的诉讼理由，并无相应的事实和法律依据，该院不予支持。三联集团公司关于金汇信托公司的在建工程抵押权与其他购房户的权利相冲突，以及破产管理人接管后新增的建筑物不属于抵押权范围的诉讼主张，因不属于本案的审理范围，该院在本案中不予理涉。

顺予指出，根据本案的实际情况，案涉浙金信（抵）字HY－2014－016号－3《抵押合同》将担保范围限于1.95亿元中的17172900元并列明17套房屋作为抵押财产的作法，是基于该17套房屋已经符合登记实务中的抵押物能够特定化的要求而为，在该院已经认定金汇信托公司根据浙金信（抵）字HY－2014－016号－3《抵押合同》的约定，有权就信托贷款合同项下全部债权对案涉土地上规划许可建设的全部工程享有优先受偿权的情况下，该项登记构成重复抵押，不影响本案中对金汇信托公司的在建工程抵押权的标的物范围、优先受偿的主债权范围的认定。

法理解读

本案中，三联集团公司将其开发建设的位于金华安地镇安地村地块的土地使用权及其上在建工程用于抵押，担保金汇信托公司债权的实现。然而，仅限于《在建工程抵押登记证明》的“抵押物清单”中所记载的部分办理了抵押登记手续。此时就涉及以在建工程设定抵押权的效力范围是仅局限于登记的部分，还是包括抵押合同所约定的土地使用权及其上已经建造和尚未建造的部分。

对此，实践中存在不同的看法。多数观点认为，在建工程抵押权的效力及于嗣后建造的部分。理由在于，第一，符合当事人之间的约定；第二，《民法典》第417条规定抵押权的效力不及于新增的地上建筑物。所谓新增建筑物，指的是抵押时尚不存在，抵押后新增的建筑物，而非抵押时已经纳入规划建造的在建工程。但如果当事人约定抵押权的在建过程包括新增部分，且约定新增部分应当办理抵押登记，应当按照约定办理登记。未办理登记，抵押权的效力不及于新增部分。少数观点认为，在建工程抵押权的效力应当按照登记的范围来认定，以保护善意第三人的信赖利益。

本司法解释第51条第2款采纳了第二种观点，规定了以在建工程进行抵押时，抵押权的效力范围仅限于已经办理抵押登记的部分。当事人约定担保范围包括续建部分、新增建筑物以及规划中尚未建造的建筑物，但是未办理登记，不属于抵押权效力所及。据此，如果本案发生在《担保法解释》施行之后，三联集团公司的破产管理人就有权以未完工的部分不属于抵押权效力所及范围为由，提出抗辩。

第五十二条　当事人办理抵押预告登记后，预告登记权利人请求就抵押财产优先受偿，经审查存在尚未办理建筑物所有权首次登记、预告登记的财产与办理建筑物所有权首次登记时的财产不一致、抵押预告登记已经失效等情形，导致不具备办理抵押登记条件的，人民法院不予支持；经审查已经办理建筑物所有权首次登记，且不存在预告登记失效等情形的，人民法院应予支持，并应当认定抵押权自预告登记之日起设立。

当事人办理了抵押预告登记，抵押人破产，经审查抵押财产属于破产财产，预告登记权利人主张就抵押财产优先受偿的，人民法院应当在受理破产申请时抵押财产的价值范围内予以支持，但是在人民法院受理破产申请前一年内，债务人对没有财产担保的债务设立抵押预告登记的除外。

【条文要义】

本条司法解释的条旨是抵押权预告登记效力规则。

当事人约定设立抵押权，在设立抵押权之前可以申请进行抵押权的预告登记。对于抵押权预告登记的效力如何判定，本条司法解释作出了具体规定。

1. 当事人办理抵押权预告登记后，预告登记权利人请求就抵押财产优先受偿的，人民法院应当审查的是，抵押的建筑物是否办理所有权的首次登记，或者预告登记与首次登记的财产是否一致，以及抵押预告登记是否失效。经审查，确定存在尚未办理建筑物所有权首次登记、预告登记与办理建筑物所有权首次登记时对应的财产是否一致、抵押预告登记已经失效等情形，因而导致不具备办理抵押登记条件的，抵押权并没有成立，也没有办法进行抵押权登记，因此，人民法院对于就抵押财产优先受偿的请求不予支持。如果经审查具备办理抵押登记条件的，人民法院应予支持，并应当认定抵押权自预告登记之日起设立。

这里所称的具备办理抵押登记条件，是指不动产登记机构已经办理建筑物所有权首次登记。符合这个要求的，应当认定抵押权自预告登记之日起成立。

2. 当事人办理抵押预告登记后，在预告登记有效期内，如果抵押人被人民法院宣告破产，在破产程序中，预告登记权利人主张就抵押财产优先受偿，经审查抵押财产属于破产财产的，人民法院应当在受理破产申请时抵押财产的价值范围内，予以支持，超出这个范围的，不予支持；但是，如果在人民法院受理破产申请前一年内，债务人对没有财产担保的债务设立抵押预告登记的则属于例外，抵押权是成立的，应当依法予以支持。

【案例解读】

天浩公司、民生银行金融借款合同纠纷案[①]

基本案情

2014年12月19日，民生银行与靖源公司、天浩公司签订《法人按揭合同》，合同约定，靖源公司向民生银行借款2700万元作为购买房产的部分房款，靖源公司以其购买的18套商铺抵押，作为本合同项下贷款的担保。合同签订后，曲靖市房地产管理局（以下简称房管局）对所涉的18套商铺办理了预售商品房抵押预告登记。民生银行依约向靖源公司所确认的支付账户足额发放贷款2700万元。靖源公司未按约如期及时履行还款付息义务。

民生银行向一审法院提出诉讼请求判令靖源公司偿还借款本金、支付利息。届时靖源公司不履行上述赔偿义务，民生银行对其购买的位于曲靖市龙源花园的抵押房产（18套商铺）有权折价抵偿或以拍卖、变卖的价款优先受偿。

法院判决

法院认为，本案《法人按揭合同》系合同各方真实意思表示，不违反法律法规的强制性规定，合法有效。合同签订后，民生银行按照合同约定向靖源公司指定的账户发放了2700万元贷款，靖源公司未按合同约定履行还款义务，应承担还本付息的义务，民生银行为本次诉讼支付的律师代理费144000元，按照合同约定也应由靖源公司承担。对民生银行是否对涉案的18套商铺享有优先受偿权的问题，根据《法人按揭合同》约定，靖源公司以其购买的18套商铺抵押作为贷款担保，房管局对该18套商铺

---

① 审理法院：一审法院为云南省曲靖市中级人民法院，案号：（2015）曲中民初字第413号；二审法院为云南省高级人民法院，案号：（2018）云民终659号；再审法院为最高人民法院，案号：（2020）最高法民申57号。

办理了预售商品房抵押预告登记，民生银行取得房屋预告登记证明，《中华人民共和国物权法》第二十条第一款规定："当事人签订买卖房屋或者其他不动产物权的协议，为保障将来实现物权，按照约定可以向登记机构申请预告登记。预告登记后，未经预告登记的权利人同意，处分该不动产的，不发生物权效力。"第一百八十七条规定："以本法第一百八十条第一款第一项至第三项规定的财产或者第五项规定的正在建造的建筑物抵押的，应当办理抵押登记。抵押权自登记时设立。"本案涉案的18套商铺已经进行了抵押权预告登记，未能进行抵押登记的原因并非由债权人原因造成，预抵押登记财产符合折价、拍卖、变卖等流通条件，故民生银行对登记的财产享有优先受偿权。

法理解读

本案中，靖源公司以其购买的18套商铺作为抵押财产，担保民生银行债权的实现，并办理了预售商品房抵押预告登记。此时涉及靖源公司是否有权就该18套预售商品房优先受偿的问题。也就是说，争议焦点在于抵押预告登记是否具有优先受偿的效力。

原《物权法》第20条第1款规定了预告登记的效力，即"当事人签订买卖房屋或者其他不动产物权的协议，为保障将来实现物权，按照约定可以向登记机构申请预告登记。预告登记后，未经预告登记的权利人同意，处分该不动产的，不发生物权效力"。该规定仅提及了预告登记情形下处分不动产的效力，却未对抵押预告登记的效力作出规定。《民法典》第221条延续了该规则，同样未规定抵押预告登记是否具有优先受偿的效力。

实践中对此存在不同的看法。一种观点认为，抵押预告登记不具有优先受偿权。理由是，抵押预告登记仅获得了优先于他人设立抵押进行登记的权利，而不是对抵押物的优先受偿权。[①] 另一种观点认为，抵押权预告

① 常鹏翱：《预购商品房抵押预告登记的法律效力》，载《法律科学》2016年第6期；程啸：《论抵押权的预告登记》，载《中外法学》2017年第2期；王利明：《论民法典物权编中预告登记的法律效力》，载《清华法学》2019年第3期。

登记人有权对抵押物优先受偿。这是因为，该预告登记使得被登记的请求权具有了物权的效力，本案法院就持这样的观点。可见，二者的分歧在于，抵押权预告登记是具有债权效力还是物权效力。

本司法解释第55条避开这一分歧，区分了不同情形下抵押权预告登记人的权利。如果已经办理了建筑物所有权首次登记，且不存在预告登记失效等情形，应当认定抵押权已经有效设立，设立的起始时间为预告登记之日。如果未办理建筑物所有权首次登记、预告登记的财产与办理建筑物所有权首次登记时的财产不一致、预告登记失效等情形，导致不具备办理抵押登记条件，抵押预告登记不具有优先受偿效力。可以说，这一观点对抵押预告登记进行了更精细的观察。

回到本案中，假定抵押预告登记的时间发生在本司法解释施行之后，则是否能够就预售商品房优先受偿的关键在于是否办理了所有权首次登记、是否存在预告登记失效等情形。如果靖源公司已经办理了所有权首次登记，且不存在预告登记失效等情形，则民生银行有权就抵押财产优先受偿。反之，如果靖源公司未办理所有权首次登记，或者办理了所有权首次登记与预告登记的财产不一致，或者预告登记失效，则民生银行无权就抵押财产优先受偿。

（三）动产与权利担保

第五十三条　当事人在动产和权利担保合同中对担保财产进行概括描述，该描述能够合理识别担保财产的，人民法院应当认定担保成立。

【条文要义】

本条司法解释的条旨是动产或者权利担保合同对担保财产进行概括性

描述的合理识别及其标准。

由于动产或者权利担保合同的设立采取登记对抗主义，担保合同在成立之后，即使没有进行登记，也发生抵押权和质权，只是不具有对抗善意第三人的效力，因此，对于动产或者权利担保合同的抵押财产和质押财产、权利就存在概括描述的问题。

所谓概括性描述，是与确定性描述、具体性描述对应的概念，是把事物的共同特点归结在一起，加以简明、扼要的说明，而不作具体的说明。《民法典》在对担保物权的担保财产规定上，使用了概括性描述，改变了原《物权法》具体性描述的规定。这是为了降低物权特定性的要求，允许将担保财产进行概括性描述，为未来的一些财产进入融资担保的领域，提供前提的法律准备。例如，《民法典》除了明确规定将有的应收账款，将有的生产设备、原材料、半成品产品可以作为担保财产之外，还允许担保合同对担保财产只作概括性描述，如第 400 条第 2 款第 3 项将原《物权法》第 185 条第 2 款第 3 项规定的抵押合同条款中关于抵押财产所列举的名称、数量、质量、状况、所在地、所有权归属或者使用权归属，《民法典》第 427 条第 2 款第 3 项将原《物权法》第 210 条第 2 款第 3 项关于质押合同条款质押财产的名称、数量、质量状况，均改为抵押财产或者质押财产的名称、数量等情况。上述规定仅具有倡导性作用，并不具有强行法效力，但是，却为下一步统一动产和权利登记制度中担保财产的描述提供了前提。

对担保的财产或者权利进行概括性描述的优势，是从实务操作层面来讲的，担保财产或者权利的具体性描述不仅烦琐，而且并不具有实用价值。从理念层面来讲，对担保财产或者权利的概括性描述方式，不仅是对担保合同一般条款的简化，其中也体现了借鉴功能主义立法模式之长，克服形式主义立法模式之短的思想，可使动产和权利担保的登记更为便捷。在设立动产浮动抵押的场合下，概括性描述的优势尤其明显。

在动产和权利担保合同中，担保财产或者权利描述方式的变化，立法说明所提及的简化抵押合同和质押合同的一般条款，主要体现在合同条款对担保财产、权利的描述方式，从详尽具体的描述变为概括性或者一般性描述。正是由于《民法典》允许担保合同对担保财产、权利进行概括性描述，但是并非所有的未来财产或者权利均可设立担保物权，担保合同和登记簿上担保财产、权利的记载尚需达到合理指明标的物，使担保财产、权利可以得到特定的程度。

由于准许和倡导担保合同对担保财产、权利的概括性描述，就存在概括性描述的担保财产、权利是否能够特定化的问题。因此，应当确定对担保财产、权利的概括性描述能够足以合理识别担保财产、权利为标准。本条司法解释正是以特定担保财产、权利是否可以合理识别作为标准，确定了以下两个规则：

1. 当事人在动产、权利担保合同中对担保财产、权利进行概括性描述，如相关描述足以合理识别担保财产、权利的，应当认定担保合同成立。合理识别的基本要求，是能够将担保合同概括性描述的担保财产、权利特定化，可以将担保财产、权利与担保人的其他财产区分开，使约定的担保财产、权利符合作为担保财产、权利的要求。

2. 动产、权利担保合同对担保财产或者权利的描述没有达到合理识别标准，可以进行补正，经过补正之后，能够达到合理识别标准的，应当认定担保合同成立。经补正后，仍然无法将该财产、权利与担保人的其他财产区分，如果担保人主张该担保合同不成立的，由于担保财产、权利不能特定化，因此，担保合同没有成立，债权人不能取得担保物权，人民法院应当支持担保人的主张，确认担保合同未成立，债权人没有取得担保物权。

【案例解读】

民丰小贷公司、林某法民间借贷纠纷案①

基本案情

2013年6月21日，佳德信公司（借款人）与民丰小贷公司（贷款人）签订《人民币借款合同》，约定借款金额为3000万元，借款期限为180天。同日，佳德信公司（借款人、抵押人）与民丰小贷公司（贷款人）签订《担保合同》，约定由抵押人佳德信公司用其公司名下所有资产为本项目贷款提供抵押担保。该合同所附《抵（质）押物权力清单》为空白。

2015年4月9日，民丰小贷公司（甲方）与林某法（乙方）签订《协议书》约定："鉴于温岭市双剑海鲜冷藏有限公司法定代表人林某法以温岭双剑、佳德信公司名义借民丰小贷公司的款项，到目前为止，尚有叁仟贰佰万元未还，甲、乙双方在平等自愿的基础上，经充分协商，就股权转让，债务偿还的相关事宜达成如下协议，供双方共同遵守：一、林某法将其在民丰小贷公司的投资壹仟万元，占民丰小贷公司0.758%的股权，转给陈某志。甲、乙双方一致认可，上述股权价值为壹仟万元。上述股权在林某法与陈某志办理股权变更登记后，折抵林某法欠公司的壹仟万元。二、林某法在将其所拥有的民丰小额贷款公司0.758%的股权折抵欠甲方的壹仟万元后，还欠甲方贰仟贰佰万元。故林某法将其拥有的佳德信公司15%的股权转给江某云，江某云原持有佳德信公司10%的股权，转让后股权增加到25%。林某法将佳德信公司15%的股权转给江某云后，林某法欠民丰小贷公司的贰仟贰佰万元，如何偿还双方再另行协商。民丰小贷公司的债务与两家公司无关。三、所在借款由林某法个人自行解决。"

① 审理法院：一审法院为甘肃省高级人民法院，案号：（2017）甘民初112号；二审法院为最高人民法院，案号：（2018）云民终659号。

民丰小贷公司向一审法院起诉请求林某法偿还借款本金人民币2200万元；确认民丰小贷公司对佳德信公司名下所有担保财产（包括厂房、设备等）享有受偿权。

法院判决

一审法院认为，该案中，民丰小贷公司与佳德信公司基于双方真实的意思表示，经充分协商后自愿签订《人民币借款合同》，合同内容并未违反法律法规之强制性规定，应为有效合同。合同签订后，民丰小贷公司法定代表人江某明按合同约定收款人及账户分四次履行了发放借款本金2874.9万元的义务，并不违反法律禁止性规定。林某法和佳德信公司均以出借主体为江某明为由认为案涉借款合同未实际履行的抗辩主张不予支持。由于债务人未按期履行偿还借款本金2874.9万元义务，2015年4月9日民丰小贷公司与林某法签订《协议书》，约定将上述债务由林某法承担而与佳德信公司无关，在无证据表明债务人佳德信公司持有异议的情况下，债权人民丰小贷公司与林某法上述约定符合《中华人民共和国合同法》第八十四条关于债务转移的规定，民丰小贷公司要求林某法偿还借款2200万元的诉讼请求应予支持。民丰小贷公司与佳德信公司签订的《担保合同》因没有明确的抵押财产而无效，因此驳回民丰小贷公司就佳德信公司财产优先受偿的诉讼请求。

民丰小贷公司不服一审判决，提起上诉。

二审法院认为，根据民丰小贷公司的上诉请求，本案当事人二审争议的焦点问题是：民丰小贷公司对佳德信公司名下的动产是否享有优先受偿权。

根据原审查明，民丰小贷公司与佳德信公司签订案涉借款合同之后，当日签订《担保合同》约定：担保人愿意就借款人偿付主合同项下全部借款本金、利息、罚息、补偿金、违约金、损害赔偿金和实现债权的费用向贷款人提供担保；由抵押人佳德信公司用其公司名下所有资产为本项目贷款提供抵押担保；本合同的担保期间为主合同项下每笔债务履行期届满之日起一年。该合同所附"《抵（质）押物权力清单》"为空白。担保合同之成立生效与抵押权之有效设立并不相同，合同是否成立主要考虑当事人的意思表示是否达成一致。就双方的《担保合同》而言，佳德信公司有明确的提供担保的意思表示，合同并不存在无效之情形，《担保合同》在双方当事人之间已经成立并生效。但上述《担保合同》所附“《抵（质）押物权力清单》”空白，合同关于“用其公司名下所有资产为本项目贷款提供抵押担保”的约定与法律上公司以其全部财产对外承担责任之规定并无不同，系公司对外承担责任的概括性描述，未特定化具体的抵押物。公司名下所有资产十分笼统，既包括不动产也包括动产，双方未就具体不动产办理抵押登记，也没有就设定浮动抵押的动产作出明确约定，因此不动产抵押权和动产浮动抵押权都未能有效设定。民丰小贷公司关于其对佳德信公司名下的动产享有优先受偿权的主张，系基于抵押权有效设立为基础，在抵押权未能有效设立的情况下，其关于优先受偿权的主张不成立。综上，由于案涉抵押权未有效设定，故原审法院认为案涉《担保合同》因约定不明不具备成立的必备条款虽有不当，但不影响本案处理结果。民丰小贷公司上诉主张缺乏依据，不予支持。

法理解读

本案中，佳德信公司用其公司名下所有资产为项目贷款提供抵押担保。至于具体的资产，则未列明。此时涉及该抵押合同是否成立以及抵押权是否有效设立的问题。

对此，实践中存在不同的看法。第一种观点认为，抵押法律关系中抵押财产必须特定化。如果不能达到成立抵押法律关系所要求的抵押财产特定化的法定标准，应当认定抵押合同未成立，抵押权也未有效设立。第二种观点认为，抵押财产不特定，并不导致抵押合同不成立，但是会发生抵押权未有效设立的法律效果。

原《最高人民法院关于适用〈中华人民共和国担保法〉的解释》第56条第1款规定采纳了第二种观点，规定：“抵押合同对被担保的主债权种类、抵押财产没有约定或者约定不明，根据主合同和抵押合同不能补正或者无法推定的，抵押不成立。”本司法解释第53条未对此作出明确的规定，但是提到了担保合同中对担保财产进行概括描述时，该描述能够合理识别担保财产的，应当认定担保成立。也就是说，当事人可以就担保财产进行概括性描述，但必须达到合理识别的标准。如果是约定以所有的动产进行抵押，应当附有财产清单，以达到合理识别的标准，才能够认定达到了抵押物特定化的要求，进而认定动产担保和权利担保有效设立。

回到本案，佳德信公司与民丰小贷公司约定以其名下所有的资产提供担保，属于对担保财产的概括性描述。抵押合同所附《抵（质）押物权力清单》空白，未列明具体资产，应当认定担保财产的概括性描述未达到合理识别的标准。可见，佳德信公司与民丰小贷公司之间关于动产抵押担保的约定，不符合抵押财产特定化的要求，应当认定抵押权未有效设立。民丰小贷公司无法就佳德信公司名下的资产优先受偿。

第五十四条 **动产抵押合同订立后未办理抵押登记，动产抵押权的效力按照下列情形分别处理：**

（一）抵押人转让抵押财产，受让人占有抵押财产后，抵押权人向受让人请求行使抵押权的，人民法院不予支持，但是抵押权人能够举证证明受让人知道或者应当知道已经订立抵押合同的除外；

（二）抵押人将抵押财产出租给他人并移转占有，抵押权人行使抵押权的，租赁关系不受影响，但是抵押权人能够举证证明承租人知道或者应当知道已经订立抵押合同的除外；

（三）抵押人的其他债权人向人民法院申请保全或者执行抵押财产，人民法院已经作出财产保全裁定或者采取执行措施，抵押权人主张对抵押财产优先受偿的，人民法院不予支持；

（四）抵押人破产，抵押权人主张对抵押财产优先受偿的，人民法院不予支持。

【条文要义】

本条司法解释的条旨是确定未办理登记的动产抵押权的效力。

对于动产抵押，《民法典》第403条规定，以动产抵押的，抵押权自抵押合同生效时设立；未经登记，不得对抗善意第三人。按照这一规定，动产抵押的登记，是产生对抗效力的登记，而不是抵押权成立的登记。动产抵押合同生效时间是抵押权成立的时间，但是，动产抵押合同生效时间是抵押合同成立的时间，并不能确定动产抵押权的公示性，因而，尽管抵押权成立并不能对抗善意第三人，还必须在进行抵押权登记以后，才能产生对抗善意第三人的效力。不过，既然动产抵押权是在抵押合同成立时就产生，因而就出现抵押权未经登记，抵押权人也可以实行抵押权的问题。

本条司法解释就是针对这种情况规定的规则。具体问题有以下四点：

1. 动产抵押合同签订后未办理抵押登记，抵押人将抵押财产转让给他人并转移占有，抵押权人主张对该动产优先受偿的，人民法院不予支持。这是因为，未办理抵押登记的动产抵押权不具有对抗善意第三人的效力，抵押财产一旦经过转让，并且转移占有以后，就不再继续为抵押人所占有，甚至丧失了所有权，在这种情况下，抵押权不能对抗善意第三人，如果抵押权人主张对该动产实行抵押权，就不存在抵押财产合法性的客观基础，因此法院不予支持，应当驳回抵押权人行使抵押权的请求。除外的情形是，抵押权人能够举证证明受让人知道或者应当知道已经订立抵押合同的，就能够证明受让人的非善意，因而，抵押权人可以对该已经转移占有的抵押财产主张实现抵押权，法院应当支持这种诉讼请求。这是因为，抵押权人能够举证证明受让人或者承租人具有恶意的，就符合了法律规定的不能对抗善意第三人的效力规则，既然受让人和承租人具有恶意，就不是善意的第三人，因此，抵押权人主张对该财产行使抵押权的，就不受上述规则的限制，应当支持抵押权人的主张，以抵押财产使抵押权人的债权优先受偿。所以，司法解释规定为除外条款。

2. 动产抵押合同签订后未办理抵押登记，抵押人将抵押财产出租给他人，并且已经转移占有，抵押权人主张对该抵押财产行使抵押权的，依照抵押不破租赁原则的要求，该租赁关系不受影响。除外的情形是，抵押权人如果能够举证证明承租人知道或者应当知道已经订立抵押合同的，就可以确定承租人知道或者应当知道租赁的财产是设置了抵押关系的，因而抵押权人行使抵押权，可以对抗租赁关系。

3. 动产抵押合同签订后未办理抵押登记，抵押人的其他债权人向人民法院申请保全或者执行抵押财产，抵押权人主张对抵押财产优先受偿的，也是由于该抵押权没有进行抵押权登记，不产生对抗善意第三人的效力，抵押人的其他债权人对抵押财产申请保全或者执行抵押财产，人民法院已经依申请作出了财产保全裁定或者采取执行措施的，抵押权人的权利就失去了对抗善意第三人的效力，其主张为无理由。所以，人民法院对抵押权人的优先受偿权的主张，当然不予支持，只能以平等债权平均受偿。

4. 动产抵押合同签订后未办理抵押登记，在此期间，抵押人破产，债权人的债权成为破产债权，由于其享有的抵押权没有经过登记，不能产生对抗善意第三人的效力，因而相对于抵押人的其他债权人而言，就不享有优先受偿权，债权人主张对抵押财产优先受偿的，人民法院当然也不予支持，只能作为平等的债权，按照破产债权处理。

【案例解读】

四合城牧业公司等与华融资产公司破产债权确认纠纷案[①]

基本案情

2015年12月22日，华融资产公司与案外人辉山乳业集团、四合城牧

① 审理法院：一审法院为沈阳市中级人民法院，案号：(2018) 辽01民初1522号；二审法院为辽宁省高级人民法院，案号：(2019) 辽民终1722号。

业公司签订《债务转让协议》，三方约定：华融资产公司受让辉山乳业集团对四合城牧业公司2亿元借款债权。同日，华融资产公司与四合城牧业公司签订《还款协议》，约定：华融资产公司成为四合城牧业公司的债权人，债权本金2亿元，华融资产公司给予四合城牧业公司24个月的还款宽限期，宽限期自2015年12月22日至2017年12月21日。

同日，华融资产公司与四合城牧业公司、金星牧业公司、丰源牧业公司分别签订《抵押协议》，约定四合城牧业公司、金星牧业公司、丰源牧业公司以其饲养的全部牛只为华融资产公司对四合城牧业公司享有的债权提供抵押担保。上述协议均办理了公证手续。

2018年9月29日，辉山乳业集团系列企业管理人作出《辉山乳业集团系列企业重整案之四合城牧业公司债权复核结论通知书》，载明：复核结论为管理人确认华融资产公司债权本金为人民币140000000元，利息53834083.33元，其他费用0元，合计193834083.33元，债权性质为无财产担保债权。在通知书中，管理人认为华融资产公司并未办理有效的抵押登记，破产程序中的普通债权人属于不能对抗的善意第三人。

华融资产公司向一审法院起诉请求：一、确认华融资产公司对四合城牧业公司享有的债权性质为有财产担保债权；二、确认《抵押协议》有效，华融资产公司对四合城牧业公司、金星牧业公司、丰源牧业公司提供的抵押物牛只在债权额的范围内享有优先受偿权。

法院判决

一审法院认为，本案系破产债权确认纠纷，双方当事人对债权数额及抵押合同已生效均无异议。因此，本案争议焦点为：1. 华融资产公司对四合城牧业公司、金星牧业公司、丰源牧业公司提供的抵押物牛只是否已办理抵押登记，抵押权是否依法设立；2. 华融资产公司若对四合城牧业公司、金星牧业公司、丰源牧业公司提供的抵押物牛只享有抵押权，能否对抗破产程序中的普通债权人，在债权额为193834083.33元的范围内享有优先受偿权。

1. 关于焦点一：首先，关于公证机关办理牛只抵押物登记的规定。依据《中华人民共和国担保法》第42条和第43条的规定，以企业的设备和其他动产抵押的，办理抵押物登记的部门为财产所在地的工商行政管理部门；以其他财产登记的，可以自愿办理抵押物登记，抵押合同自签订之日起生效，登记部门为抵押人所在地的公证部门。根据《公证机构办理抵押登记办法》第3条规定，上述可自愿在公证部门办理抵押物登记的“其他财产”包括个人、事业单位、社会团体和其他非企业组织所有的机械设备、牲畜等生产资料。因此，本案四合城牧业公司、金星牧业公司、丰源牧业公司作为企业法人，以其牛只进行抵押，不属于公证部门办理“其他财产”抵押登记的范围，抵押登记的部门应为财产所在地的工商行政管理部门。其次，根据案涉三份公证书记载内容，申请人申请办理的系《抵押协议》公证，证明事项为华融资产公司与四合城牧业公司、金星牧业公司、丰源牧业公司于2015年12月22日签订的《抵押协议》，双方签约行为符合《中华人民共和国民法通则》第五十五条的规定，协议内容符合《中华人民共和国担保法》的规定，协议上双方印鉴均属实。华融资产公司主张该公证过程及公证文件内容不同于一般合同公证，且公证书及附件内容符合抵押登记证书的全部要件，因此应属于动产抵押登记。一审法院认为，公证内容应以公证书明确载明的证明事项为准，抵押协议包含的内容不能等同于抵押登记证书应载明的必要事项。因此，华融资产公司关于案涉抵押物已办理公证抵押登记的主张，与法律及事实不符，不予支持。最后，案涉牛只虽未办理抵押登记，但依据《中华人民共和国物权法》第一百八十条、第一百八十八条规定，以生产设备、原材料、半成品、产品抵押的，抵押权自抵押合同生效时设立。华融资产公司与四合城牧业公司、金星牧业公司、丰源牧业公司分别签订的《抵押协议》，系各方真实意思表示，不违反法律法规的禁止性规定，合法有效，因此抵押权自抵押协议生效时设立。

2. 关于焦点二：依据《中华人民共和国物权法》第一百八十八条规定：“以本法第一百八十条第一款第四项、第六项规定的财产或者第五项规定的正在建造的船舶、航空器抵押的，抵押权自抵押合同生效时设立；未经登记，不得对抗善意第三人”。本案中，辉山乳业集团系列企业管理人主张四合城牧业公司、金星牧业公司、丰源牧业公司已进入破产程序，此时四合城牧业公司、金星牧业公司、丰源牧业公司的财产将作为平等清偿所有债务的财产，在华融资产公司享有的抵押权未作登记的情况下，四合城牧业公司、金星牧业公司、丰源牧业公司的全体债权人与抵押权人华融资产公司发生了相争的关系，应当属于物权法上不得对抗的“善意第三人”。一审法院认为，《中华人民共和国物权法》第一百八十八条规定中的“第三人”，应指对同一标的物享有物权之人，不包括与标的物没有物权关系的一般债权人，即未经登记的抵押权人应优先于一般债权人，在第三人享有物权的情况下，涉及能否对抗的问题。依据《中华人民共和国企业破产法》第109条规定，对破产人的特定财产享有担保权的权利人，对该特定财产享有优先受偿的权利。在华融资产公司对涉案牛只抵押权已设立的情况下，其对抵押牛只应享有优先受偿的权利。四合城牧业公司、金星牧业公司、丰源牧业公司的该项抗辩，因法律和事实依据不足，不予支持。另，四合城牧业公司、金星牧业公司、丰源牧业公司抗辩称，在法院认定华融资产公司享有抵押权且对抗破产程序中债权人的情况下，华融资产公司享有抵押权的抵押物数量也发生了变化，应以实际为准，2017年3月30日对抵押物进行重新确认，涉及新增抵押牛只的行为，属华融资产公司与四合城牧业公司、金星牧业公司、丰源牧业公司恶意串通，即使有效，破产管理人也有权予以撤销。一审法院认为，《中华人民共和国担保法》第58条规定：“抵押权因抵押物灭失而消灭。因灭失所得的赔偿金，应当作为抵押财产。”本案中，华融资产公司分别与四合城牧业公司、金星牧业公司、丰源牧业公司签订的《抵押协议》中附有抵押物清单，详细列明了抵押物牛只的种类、编号、数量等信息，且《抵押协议》中约定在抵押物处分、毁损、灭失等情况下，华融资产公司享有抵押物相应价款、赔偿金、保险金的权利。关于2017年3月30日对抵押物的重新确认，四合城牧业公司、金星牧业公司、丰源牧业公司现未有充分证据证明华融资产公司与四合城牧业公司、金星牧业公司、丰源牧业公司存在恶意串通，在原债务已设立抵押担保的情况下，亦不属于受理破产申请前一年对没有财产担保的债务提供财产担保，故对该抗辩理由，一审法院不予支持。

综上，华融资产公司与四合城牧业公司、金星牧业公司、丰源牧业公司分别签订《抵押协议》有效，华融资产公司对上述《抵押协议》中提供的抵押物牛只在债权额范围内享有优先受偿的权利。

四合城牧业公司、金星牧业公司、丰源牧业公司不服一审判决，提起上诉。

二审法院认为，华融资产公司与四合城牧业公司、金星牧业公司、丰源牧业公司签订的《抵押协议》均是各方真实意思表示，不违反法律禁止性规定，合法有效，合同各方应遵照履行。《抵押协议》项下抵押物为牛只，依据《中华人民共和国物权法》第一百八十八条“以本法第一百八十条第一款第四项、第六项规定的财产或者第五项规定的正在建造的船舶、航空器抵押的，抵押权自抵押合同生效时设立；未经登记，不得对抗善意第三人”的规定，华融公司对四合城牧业公司、金星牧业公司、丰源牧业公司所提供的抵押牛只享有抵押权。该抵押权自抵押合同生效时设立，不以登记与否为要件。但因未经登记，该抵押权不得对抗善意第三人。此处对第三人的范围界定应是对同一抵押标的物享有物权关系的人，债务人的一般债权人并不包括在内。因为一般债权人与抵押标的物并无法律上的直接联系，其系信赖债务人的清偿能力而与债务人建立债权债务关系，并非基于对抵押标的物未来价值变现的期待。动产抵押权未办理登记并不因此丧失其优先受偿的性质，否则即意味着无论抵押权是否成立，在法律效力上都与一般债权没有任何实质差异、都将被同等对待，这明显与《物权法》对动产抵押权的立法初衷相违背。故一审认定未经登记的抵押权人应优先于一般债权人是正确的。四合城牧业公司、金星牧业公司、丰源牧业公司有关原审适用法律错误、华融资产公司的动产抵押权不能对抗破产程序中的普通债权人的上诉主张不能成立，不予支持。

华融资产公司与四合城牧业公司、金星牧业公司、丰源牧业公司签订的《抵押协议》中均约定在抵押物处分、毁损、灭失等情况下，华融资产公司享有抵押物相应价款、赔偿金、保险金的权利。根据《中华人民共和国担保法》第五十八条“抵押权因抵押物灭失而消灭。因灭失所得的赔偿金，应当作为抵押财产”的规定，原审依据《抵押协议》确认华融资产公司优先受偿权范围，并无不当。四合城牧业公司、金星牧业公司、丰源牧业公司有关抵押物中的部分牛只被其出卖或另行抵押的抗辩，因与本案不属于同一法律关系，不予审理。其所提原审认定事实不清的上诉主张不能成立，亦不予支持。

综上所述，法院判决驳回上诉，维持原判。

法理解读

本案中，四合城牧业公司、金星牧业公司、丰源牧业公司以其饲养的全部牛只为华融资产公司对四合城牧业公司享有的债权提供抵押担保，但未办理动产抵押登记。现四合城牧业公司破产，涉及华融资产公司所享有的抵押权是否对抗破产程序中的普通债权人的问题。

一般而言，动产抵押采取登记对抗主义。未办理登记，动产抵押权仍然有效设立，但是未经登记，不得对抗善意第三人。关于不得对抗善意第三人的范围，学理上与实务中均存在争议。第一种观点认为，第三人应当指的是对同一标的物享有物权之人，债务人之一般债权人并不包括在内。[①] 第二种观点认为，第三人是指对于动产有权利要求的任何第三人，包括但不限于取得该动产的第三人，该动产的其他担保权人以及依照合同或者其他债的发生原因而得以对该动产主张权益的人。[②] 第三种观点认为，第三人是指不知道也不应当知道物权发生变动的物权关系相对人。[③] 第四种观点认为，第三人是指与抵押物有利害关系的人。未办理登记的抵押权，只

① 王泽鉴：《民法学说与判例研究》（第1册），中国政法大学出版社1998年版，第243页。
② 梁慧星主编：《中国物权法草案建议稿》，社会科学文献出版社2000年版，第615页。
③ 胡康生主编：《中华人民共和国物权法释义》，法律出版社2007年版，第69页。

有债权的效力。[1] 第五种观点认为，第三人主要是指与他人相互争夺物权、已经完成公示的物权取得人，不包括一般债权人、与争议动产无直接交易关系的人、实质上的无权利人以及知道或者应当知道标的物上存在抵押权的人。[2]

本司法解释第54条对此作出了回应，较为完整地列举了不得对抗善意第三人的范围。第一，善意并且取得占有的受让人；第二，善意并且取得占有的出租人；第三，取得财产保全裁定或者采取执行措施裁定的债权人；第四，破产债权人。

回到本案中，华融资产公司所享有的抵押权未办理登记，根据本司法解释第54条的规定，不能对抗破产债权人。也就是说，目前四合城牧业公司破产，华融资产公司不得主张对四合城牧业公司所有的牛只进行优先受偿。

第五十五条　债权人、出质人与监管人订立三方协议，出质人以通过一定数量、品种等概括描述能够确定范围的货物为债务的履行提供担保，当事人有证据证明监管人系受债权人的委托监管并实际控制该货物的，人民法院应当认定质权于监管人实际控制货物之日起设立。监管人违反约定向出质人或者其他人放货、因保管不善导致货物毁损灭失，债权人请求监管人承担违约责任的，人民法院依法予以支持。

在前款规定情形下，当事人有证据证明监管人系受出质人委托监管该货物，或者虽然受债权人委托但是未实际履行监管职责，导致货物仍由出质人实际控制的，人民法院应当认定质

---

① 李国光等：《最高人民法院关于适用〈中华人民共和国担保法〉若干问题的解释理解与适用》，吉林人民出版社2000年版，第226页以下。

② 高圣平、曹明哲、范佳慧：《中国担保法裁判综述与规范解释》（下册），人民法院出版社2019年版，第647页。

权未设立。债权人可以基于质押合同的约定请求出质人承担违约责任，但是不得超过质权有效设立时出质人应当承担的责任范围。监管人未履行监管职责，债权人请求监管人承担责任的，人民法院依法予以支持。

【条文要义】

本条司法解释的条旨是质押财产处于第三方监管时的效力。

质押监管，是指出质人即货主以合法占用的货物向质权人出质，作为质权人向出质人授信融资的担保，监管人即保管人接受质权人的委托，在质押期间按质权人指令对质物进行监管的民事法律关系。

质押监管实际上就是在质押关系中，对质押财产再加上一个监管合同，形成质押合同与监管合同相互交叉的混合合同模式，加强质押财产监管的复杂法律关系。向出借人即贷款人融资，设置质押，须将质押财产转移占有，如果把质押财产寄存在物流企业的仓库中，质权人取得间接占有，凭借物流企业开具并由质权人占有的仓单，质权人就取得了质权。出质人向金融机构即质权人申请贷款融资，并予以放款，该物流企业作为公正的第三方，对出质人的质押财产依照监管合同进行监管，就成立质押监管法律关系。出质质押财产的当事人是出质人，取得质押财产仓单的出借人是质权人，监管质押财产的监管人就是质押监管人。

在质押监管法律关系中，质押合同的当事人仍然是出质人和质权人。质押监管人订立的质押监管合同的当事人，质押监管人是一方，另一方是质权人，是根据质权人作为监管委托人的身份，与监管人成立质押监管合同，代表质权人履行对质押财产的监管职责。因而，当出质人将质押财产交付给监管人时，质押财产就成为质权的标的，被质权人间接占有。监管人应当依照质押监管合同的约定，对质押财产进行监管，接受质权人的指令，处置质押财产。没有质权人的指令，质押监管人不得对质押财产放行。

当质权人行使质权时，质押财产监管人作为质权人的受托人，依照质权人的指令，或者人民法院、仲裁机构的裁决，处置质押财产，实现质权人的质权，满足其债权的请求。

如仓单质押，出质人以物流企业开出的仓单作为质押担保，银行给予融资的授信业务，从担保种类而言，属于权利凭证质押，质押的标的是物权化的仓单，银行对质物的占有方式为占有经过出质人和监管人同时背书过的仓单，仓单的出单人就是监管人。其优点是，标准仓单质押的风险较小，操作简单，银行易接受。缺点是，出质人将货物仓单质押，在质押期间，质押财产就在监管之下，不能销售和使用货物，除非解除质押偿还银行贷款。

不过，本条司法解释规定的质押监管法律关系要求比较严格，需要债权人、出质人与监管人订立三方协议，才能成立质押监管合同关系。依照民法的基本规则，尽管没有订立三方协议，而是出质人与质权人、质权人与监管人或者出质人与监管人分别订立质押合同和监管合同，也成立质押监管关系，而不必拘泥于一定要有三方协议。

本条司法解释规定了前后两款，根据的是质押财产是否在监管人处监管，规定了两种不同的处理质押监管纠纷的规则。

1. 债权人、出质人与监管人订立三方协议，出质人以一定数量、品种等概括性描述能够确定范围的货物为债务的履行提供担保，当事人有证据证明监管人系受债权人的委托监管并实际控制该货物的，当然质押监管法律关系成立，人民法院应当认定质权于监管人占有质押财产之日起设立，发生质押监管法律关系。在这种情况下，如果监管人违反约定向出质人放货、因保管不善导致质押财产毁损灭失等，债权人请求监管人承担违约责任的，人民法院依法应予支持，监管人应当承担违约责任，赔偿债权人的损失。

2. 债权人、出质人与监管人订立三方协议，出质人以一定数量、品种等概括性描述能够确定范围的货物为债务的履行提供担保，当事人有证据证明监管人系受出质人委托监管该货物，或者是虽然受债权人委托但是未实际履行监管职责，其结果是导致质押财产仍由出质人实际控制的，由于出质人未向质权人交付质押财产，质押财产未被质权人占有，因而质权并未成立，所以，人民法院应当认定该质押监管关系不成立，质权也未设立。既然如此，质押监管纠纷就有两种情形：（1）质押监管人不负担质押监管责任。债权人可以基于质押合同的约定，请求质押人承担质押合同的违约责任，但是，质押人承担违约责任的范围，不得超过质权有效设立时质押人应当承担的责任，这是预期利益损失规则的体现。（2）质押财产仍由出质人管领、控制，是因为监管人未履行监管职责，因而监管人有过失，造成了债权人的损失。对此，债权人请求监管人承担违约责任，要求赔偿损失的，人民法院依法应予支持，监管人应当承担违约损害赔偿责任。

【案例解读】

倖旗公司与辽宁储运公司等借款合同纠纷案[①]

基本案情

倖旗公司（甲方、质权人）、大连谷物公司（乙方、出质人）、辽宁储运公司（丙方、监管人）鉴于大连谷物公司同意将其享有所有权的货物质押给倖旗公司，倖旗公司和大连谷物公司同意将质物交由辽宁储运公司监管，辽宁储运公司同意接受倖旗公司的委托并按照倖旗公司的指示监管质押物，三方共同签订《动产质押监管协议》。

同日，倖旗公司、大连谷物公司出具致辽宁储运公司《代出质通知书》载明，根据大连谷物公司（出质人）与倖旗公司（质权人）签署的编号为FQ001的《最高额动产质押合同》，出质人将下列货物（明细表：货物品名：玉米，产地：东北，重量：145400吨，货物是否在库：是）质

---

① 审理法院：一审法院为辽宁省高级人民法院，案号：（2014）辽民二初字第00043号；二审法院为最高人民法院，案号：（2016）最高法民终650号。

押给质权人。现将出质及质物情况通知贵司，请贵司根据出质、质权人与贵司签署的《动产质押监管协议》，对质押货物进行监管，并严格履行贵司在监管协议中的义务。

同日，辽宁储运公司出具致俸旗公司《收到质物通知书》，其中载明，本公司已按照相关协议于2014年6月4日至2014年12月3日接收下表货物并开始履行监管责任。本公司了解，出质人已将下表所列货物（货物明细为：145400吨玉米）质押给贵行，并对质物的真实性、合法性负责。本公司业已收到贵行与出质人共同签发的编号为质押FQ001#的《代出质通知书》，本公司同意接受贵行委托并将按照贵行的指示代为监管质物。本公司确认上述质物（详见下表）已存放于监管场地新港物流公司，上述质物确已在本公司的占有、监管之下。本公司将严格按照编号为质押FQ001的《动产质押监管协议》的约定履行占有、监管责任。《收到质物通知书》为编号为质押FQ001《动产质押监管协议》不可分割的附件。《收到质物通知书》构成对质物、质押生效的确认。

2014年7月5日，大连谷物公司向俸旗公司出具一份《延期还款申请》载明，大连谷物公司分别于2014年5月31日、6月1日、6月5日，与杨某、黄某、崔某、李某签订协议，同意上述四人对大连谷物公司的债权转让给俸旗公司，约定以一个月为期限履行还款义务，并将属于我公司的145400吨玉米仓单质押给俸旗公司，签订编号为：FQ001的《最高额动产质押合同》，同时与俸旗公司及辽宁储运公司签订编号为：质押FQ001的《动产质押监管协议》，质押物由辽宁储运公司进行监管。现由于我公司资金紧张，无法于约定还款期限内偿还上述债务，现申请对上述债务延期还款。大连谷物公司承诺于2014年7月15日向俸旗公司履行全部还款义务。如届时违约，贵公司可直接行使质权，我公司承担贵公司为实现质权而发生的所有费用，并放弃一切抗辩权利。

借款到期后，大连谷物公司仍未还款。俸旗公司诉至法院，请求判令处置质押物所得价款俸旗公司有权优先受偿；辽宁储运公司就大连谷物公司所欠债务在3亿元范围内承担连带赔偿责任。

法院判决

一审法院认为：本案争议焦点问题是《动产质押监管协议》的效力及辽宁储运公司是否应就大连谷物公司所欠债务在3亿元范围内承担连带赔偿责任。

俸旗公司与大连谷物公司、辽宁储运公司签订的《动产质押监管协议》系三方的真实意思表示，并不违反法律、行政法规的强制性规定，故应为有效。辽宁储运公司抗辩认为协议无效、未生效的理由，缺乏法律依据，该院不予采纳。依据《动产质押监管协议》的约定，辽宁储运公司的义务包括对出质人进行监督、对质物进行监控，对出质人对质物的入库、提货等过程进行监督，一旦发现违反本协议约定之行为，辽宁储运公司应及时制止并向俸旗公司报告。质物监控是指对质物的品名、数量等进行查验、核对，及时向俸旗公司报告质物状况。如大连谷物公司交予的货物及实际库存与《代出质通知书》记载不一致，辽宁储运公司不得接收货物并签发《收到货物通知书》，并应立即书面通知俸旗公司、大连谷物公司。辽宁储运公司派驻监管员在监管场地查验、核对、清点质物，获取和记录质物状况数据，对质物进行监控，发现质物不足或其他异常情况及时报告俸旗公司和大连谷物公司，并采取适当合理的措施制止、纠正。监管期间，因各种原因质物发生短少、损毁、变质、灭失等可能影响俸旗公司权益的，辽宁储运公司应当在24小时内通知俸旗公司，并采取适当的应急措施，监管期间，辽宁储运公司应接受俸旗公司对质物及相关单证的查询，接受俸旗公司对质物的检查，并给予必要的协助。可见，辽宁储运公司接受俸旗公司委托作为质物的监管人首先应对质物进行核对和查验，而辽宁储运公司在明知大连谷物公司根本未提供质押物145400吨玉米，更没有转移占有该质押物的情况下，未将该情况及时报告、通知俸旗公司，而仍出具《收到质物通知书》，并在俸旗公司查验质物时，向俸旗公司出具所谓的台账、仓位图等证明该质物存在，明显违反了《动产质押监管协议》约定的义务，故辽宁储运公司应承担相应的违约责任。

辽宁储运公司在《动产质押监管协议》第十二条第一款承诺，辽宁储运公司因以下情形给倖旗公司造成损失的，承担倖旗公司实际损失的赔偿责任，倖旗公司就其实际损失的赔偿款享有优先受偿权，其中：因辽宁储运公司违反本协议第四条第四款（监管期间，因各种原因质物发生短少、损毁、变质、灭失等可能影响甲方权益的情形，丙方应当在 24 小时内通知甲方，并采取适当的应急措施）的约定，未及时通知倖旗公司和大连谷物公司或未采取适当的应急措施的；因辽宁储运公司违反本协议给倖旗公司造成的损失的其他情况。现辽宁储运公司作为监管人明知 145400 吨玉米根本不存在，亦未及时通知倖旗公司，还出具质物存在的相关证据对倖旗公司的查验进行搪塞，辽宁储运公司对此应承担给倖旗公司所造成损失的赔偿责任。但因大连谷物公司系主债务人，辽宁储运公司为监管人，依据公平原则，辽宁储运公司应在大连谷物公司不能偿还倖旗公司债务的范围内承担赔偿责任即应承担的是补充赔偿责任。又因辽宁储运公司所监管的质押物 145400 吨玉米当时作价 3 亿元提供质押担保，所以，辽宁储运公司应在 3 亿元范围内对大连谷物公司不能偿还倖旗公司债务造成的损失承担赔偿责任。对于倖旗公司主张辽宁储运公司承担连带赔偿责任，因缺乏事实及法律依据，故该院对其主张辽宁储运公司承担连带赔偿责任的诉求不予支持。

对于辽宁储运公司关于本案倖旗公司与大连谷物公司之间的质押合同属于权利质押即为仓单质押而非动产质押，其对资料的保管存放均尽到责任，没有违约行为的抗辩。依据倖旗公司与大连谷物公司签订的《最高额动产质押合同》约定，大连谷物公司系以其自有的玉米对借款本息提供质押担保。本案所涉质物是 145400 吨玉米本身，而并非对玉米仓单的质押。故辽宁储运公司关于其对资料保管已尽到责任，没有违约行为的抗辩，缺乏事实及法律依据，该院不予支持。

辽宁储运公司不服一审判决，提起上诉。

二审法院认为，本案争议焦点问题是辽宁储运公司对倖旗公司涉案质权不能设立所造成的损失应否承担赔偿责任，责任性质是什么。

根据《中华人民共和国物权法》第二百一十二条的规定，质权自出质人交付质押财产时设立。本案中，大连谷物公司与倖旗公司签订《最高额动产质押合同》，合同成立并生效，但是大连谷物公司自始没有交付质物145400吨玉米，质权未设立。对因质权未设立给倖旗公司造成的损失，应当根据大连谷物公司、倖旗公司和辽宁储运公司的过错程度，分别承担相应责任。

第一，对大连谷物公司而言。根据《中华人民共和国担保法》第六十三条的规定，大连谷物公司应依法将涉案质押玉米交付倖旗公司。倖旗公司与大连谷物公司签订的《最高额动产质押合同》约定，大连谷物公司自愿以其自有145400吨玉米为涉案债权提供质押担保，大连谷物公司应当按照合同约定于合同签订之日交付质物（包括从物）、相关权利证明及保管所需资料等。倖旗公司、大连谷物公司及辽宁储运公司签订的《动产质押监管协议》第2.1条约定，质物即为质押标的，是倖旗公司和大连谷物公司所签质押合同中约定的由大连谷物公司向倖旗公司提供质押担保并交由辽宁储运公司存储监管的货物。第2.2条约定，大连谷物公司保证质物的品名、规格型号、生产厂家（产地）、数量、质量、包装、件数和标记等与其和倖旗公司的约定以及向辽宁储运公司申报和交付的一致，并对上述全部事实的真实性承担法律责任。根据上述约定，大连谷物公司应交付倖旗公司、辽宁储运公司质押玉米145400吨。大连谷物公司法定代表人刘某文因涉嫌合同诈骗罪被羁押，因其刑事案件于一审期间正在长春市中级人民法院（以下简称长春中院）审理，故一审法院委托长春中院提讯刘某文。其在被讯问中自认大连谷物公司在与倖旗公司签订合同后没有依约提供质押玉米，涉案质物自始不存在的事实。由此，涉案质物实际并未交付，负有交付质物义务的一方大连谷物公司必然对质物自始不存在的事实是明知的。根据《最高人民法院关于适用〈中华人民共和国担保法〉若干问题的解释》第八十六条的规定，债务人或者第三人未按质押合同约定的时间移交质物的，因此给质权人造成损失的，出质人应当根据其过错承担赔偿责任。本案中，大连谷物公司在明知质押玉米没有交付的情况下，依然与俸旗公司一起向辽宁储运公司出具《代出质通知书》，对质押玉米的重量、库存等情况进行确认，主观过错明显。因是否交付质物直接决定质权的设立，没有质物质权一定不能设立，而其实际上并没有交付质物，故其对质物自始不存在而致俸旗公司因质权不能设立所造成的损失，应当承担主要责任。虽然大连谷物公司是涉案质押玉米的出质人，但同时其也是债务人，理应对涉案全部债务承担还款责任，故其作为《最高额动产质押合同》的当事人及《动产质押监管合同》的关联一方所应承担的违约责任与其作为债务人应承担的责任竞合，在此不再赘述。

第二，对俸旗公司而言。首先，涉案《最高额动产质押合同》第6.1条约定，合同项下质押物由大连谷物公司占管，大连谷物公司应于合同签订之日将质物、相关权利证明及保管所需资料交付质权人俸旗公司保管。《动产质押监管协议》开篇约定，俸旗公司与大连谷物公司均同意将质物交由辽宁储运公司监管，辽宁储运公司同意接受俸旗公司的委托并按照俸旗公司的指示监管质物。根据上述合同约定可知，涉案质物是应当首先由大连谷物公司交付俸旗公司，然后再由俸旗公司交由辽宁储运公司监管。在交付辽宁储运公司前，大连谷物公司应按照质押合同的约定将质押监管物交付俸旗公司，由俸旗公司保管。因此，俸旗公司在将质押监管物交付辽宁储运公司监管之前是知道或应当知道涉案质物是否存在的。

其次，根据《中华人民共和国物权法》第二百一十五条规定可知，质权人负有妥善保管质押财产的义务。本案俸旗公司作为质权人，具有审查保管质押财产的义务，应当对债务人大连谷物公司交付的质押财产进行严格审查。但俸旗公司未履行相应义务，而是将该义务通过《动产质押监管合同》全部委托给辽宁储运公司履行。俸旗公司既未对质物实际库存情况进行审查，也不督促辽宁储运公司按照监管合同约定进行审查，即在签订《最高额动产质押合同》当天，向辽宁储运公司出具了盖有其公章及法定代表人名章的《代出质通知书》，该通知书不仅记载了质物名称、产地、重量，而且记载了货物库存情况。该行为一方面表明俸旗公司对质物是否在库是知道或者应当知道的，另一方面也表明其不仅怠于履行其法定质物审查义务，而且对自己债权的实现疏于管理并听任债权不能实现的风险放大。对质物自始不存在致使质权不能设立所造成的损失，俸旗公司本身存在明显过错，也应当承担相应责任。

第三，对辽宁储运公司而言。首先，辽宁储运公司对因质权未设立而给俸旗公司造成损失存在过错。一方面，俸旗公司与大连谷物公司签订《最高额动产质押合同》的时间是2014年6月4日，同日，辽宁储运公司与俸旗公司、大连谷物公司签订《动产质押监管协议》，俸旗公司与大连谷物公司也在当日给辽宁储运公司出具了《代出质通知书》，辽宁储运公司同样在2014年6月4日出具了《收到质物通知书》。涉案质物是玉米145400吨，质物数量巨大，实际查验、核对、清点需耗费大量人力、物力和时间。然而，辽宁储运公司在签订监管协议当天就出具了《收到质物通知书》，确认涉案质物已在其占有和监管之下，时间如此之短，显然没有对质物进行清点审核。另一方面，辽宁储运公司的监管员孙某国在被讯问中自认，其经手过俸旗公司的14万至15万吨玉米质物的监管，监管期间，根据领导授意，在明知仓内没有粮食并且不知储粮仓位具体位置的情况下编造的监管日志和明细分类账目，以证明粮食存在并处于监管之中。对于该证言，辽宁储运公司予以认可。大连谷物公司法定代表人刘某文在被讯问中也陈述，辽宁储运公司对质物145400吨玉米自始不存在是知道的。孙某国、刘某文分属于不同的单位，且孙某国是辽宁储运公司的员工，他们的证言均证明辽宁储运公司知道涉案质物自始不存在的事实。综上，辽宁储运公司对质物145400吨玉米不存在是知道或应当知道的，在此情况下仍提供所谓的监管，其对质权未设立给俸旗公司造成的损失存在明显过错。

其次，辽宁储运公司违反了《动产质押监管协议》中的合同义务。根据《中华人民共和国合同法》第三百六十九条的规定，保管人应当妥善保管保管物。第三百九十九条规定，受托人应当按照委托人的指示处理委托事务。第四百零一条规定，受托人应当按照委托人的要求，报告委托事务的处理情况。涉案《动产质押监管协议》第一条约定，辽宁储运公司对出质人进行监督、对质物进行监控、对出质人对质物的入库、提货等过程进行监督，一旦发现违反本协议约定之行为，辽宁储运公司应及时制止并向倖旗公司报告。质物监控是指对质物的品名、数量等进行查验、核对，及时向倖旗公司报告质物状况。第2.8条约定，如大连谷物公司交予的货物及实际库存与《代出质通知书》记载不一致，辽宁储运公司不得接收货物并签发《收到货物通知书》，并应立即书面通知倖旗公司、大连谷物公司。第4.1条约定，辽宁储运公司派驻监管员在监管场地查验、核对、清点质物，获取和记录质物状况数据；对质物进行监控，发现质物不足或其他异常情况及时报告倖旗公司和大连谷物公司，并要求大连谷物公司采取措施制止、纠正。第4.4条约定，监管期间，因各种原因质物发生短少、毁损、变质、灭失等可能影响倖旗公司权益的情形，辽宁储运公司应当在24小时内通知倖旗公司，并采取适当的应急措施。第4.6条约定，监管期间，辽宁储运公司应接受倖旗公司对质物及相关单证的查询，接受倖旗公司对质物的检查，并给予必要的协助。本案辽宁储运公司作为专业监管人，首先应对涉案质物进行核对和查验，但其无视《动产质押监管协议》的约定，在未经实际审查质物交付情况及实际库存的情况下，于签订监管协议的当日即随意出具《收到质物通知书》，并且未将该情况及时报告、通知倖旗公司。在倖旗公司查验质物时，向倖旗公司出具所谓的台账、仓位图等证明质物存在。辽宁储运公司上述行为明显违反了《动产质押监管协议》约定的义务。由于辽宁储运公司对倖旗公司因质权不能设立所造成的损失存在过错，且这种过错行为违反了《动产质押监管协议》的约定，其对该损失也应当承担相应责任。

综上，由于质押人大连谷物公司、质权人倖旗公司、质物监管人辽宁储运公司对涉案质权不能设立均存在过错，三方均应承担相应的责任，且作为质物交付主体的大连谷物公司为主要责任，该院认为质物监管人辽宁储运公司对涉案质权不能设立给倖旗公司造成的损失应承担的责任份额以不超过30%为宜。

其中，辽宁储运公司承担责任的性质应为违约责任。所谓违约责任，是指合同当事人一方不履行合同义务或履行合同义务不符合约定所应承担的民事责任。《中华人民共和国合同法》第一百零七条规定，当事人一方不履行合同义务或者履行合同义务不符合约定的，应当承担继续履行、采取补救措施或者赔偿损失等违约责任。本案中，《动产质押监管协议》约定，辽宁储运公司应按照倖旗公司要求核对质物权属和品质证明文件，按照《代出质通知书》列明的内容核查大连谷物公司交付的货物及现有的库存，监管期间，因各种原因质物发生短少、毁损、变质、灭失等可能影响倖旗公司权益的情形，应在 24 小时内通知倖旗公司，并采取适当的应急措施。但是，辽宁储运公司未按合同约定履行查验、核对、清点质物的义务及报告义务，造成倖旗公司的质权因质物自始不存在而未能设立，对于因质权未设立而给倖旗公司造成的债权不能实现的损失，应当承担相应责任。这种责任因违反合同约定义务而存在，性质上属于违约责任。

辽宁储运公司承担责任的方式应为补充赔偿责任。在债权债务及担保法律关系中，债务人是终局性义务人，担保人在替代债务人清偿债权后可以向债务人追偿，属于从义务人，二者依法或依约定而产生，都是债权人的直接义务人。相对于债务人与担保人而言，担保物监管人仅是帮助债权人实现债权的辅助人，而不是债权实现的直接义务人，其责任虽具有一定的独立性，但除因自身原因造成监管担保物灭失外，其责任需依附于债务人与担保人的直接责任，如果直接责任因清偿而消灭，由于债权人因获得清偿而不存在损失，则其监管责任也相应消灭。所以其只可能是前述直接义务人后的辅助性补充性义务人。实践中，在以下两种情况中更应如此。一是债权产生在先并已陷入不能清偿风险。由于这种情况中债权不能清偿风险已在先产生，而担保物监管在后出现，债权并不是因信任担保权的保障及担保物监管人的监管而产生，债权不能实现的首要原因是债务人不能清偿债权，与担保物监管人的后续进入并不存在直接因果关系。二是债权人、担保人对质权不能设立存在过错且过错在先。由于这种情况中债权不能实现的首要原因除债务人不能清偿债权外，主要是债权人、担保人的在先过错导致质权没有设立，所以担保物监管人的后续进入对质权实质上已无法设立并不能产生根本性影响。上述两种情况中，担保物监管人的责任都只应是辅助性的、补充性的。

本案中，一方面，涉案原始债权早在 2013 年 5 月、9 月、12 月及 2014 年 5 月已形成，且均已超过约定还款期限而未清偿。即使对于受让上述原始债权的倖旗公司而言，其相当一部分债权的受让也发生在涉案《动产质押监管协议》签订时的 2014 年 6 月 4 日之前。涉案债权不能清偿风险发生在《动产质押监管协议》签订前，辽宁储运公司对涉案质物的监管在后出现，涉案债权并不是因信任大连谷物公司提供的质权保障及辽宁储运公司对质物的监管而产生，其不能实现的首要原因是债务人大连谷物公司不能清偿债权，与辽宁储运公司作为质物监管人的后续进入并不存在直接因果关系。另一方面，涉案倖旗公司质权因质物自始不存在而不能设立，首要原因在于在先的债务人大连谷物公司的虚假出质以及债权人倖旗公司对债务人虚假出质的审查存在过错，辽宁储运公司作为质物监管人的后续加入只是将这种虚假出质状态延续下去，而不是因为辽宁储运公司的监管行为直接造成了虚假出质。因此，辽宁储运公司的责任应当排位在债务人大连谷物公司及相关担保人的直接责任之后，责任方式应认定为补充赔偿责任。倖旗公司债权损失的具体数额在人民法院强制执行债务人大连谷物公司及其他担保人之后方可确定，辽宁储运公司应对人民法院对大连谷物公司及其他担保人强制执行并穷尽一切执行措施后仍不能清偿部分，承担补充赔偿责任。

法理解读

本案中，倖旗公司（质权人）、大连谷物公司（出质人）、辽宁储运公司（监管人）共同签订了《动产质押监管协议》，约定大连谷物公司将其享有所有权的货物质押给倖旗公司，该质物交由辽宁储运公司监管。然而，辽宁储运公司明知大连谷物公司未提供质押物，也未转移占有该质押物的情况下，仍向倖旗公司出具《收到质物通知书》，并在倖旗公司查验质物时，向倖旗公司证明该质物存在。此时涉及该质权是否设立的问题。

关于第三方监管情况下流动质押是否有效设立，存在不同的观点。一种观点认为，流动质押中，质物由出质人与第三方直接占有控制，质权人并未实际占有，故质权未有效设立。另一种观点认为，质权人通过三方监管协议的方式，实际间接占有质物，故质权已经设立。①

《全国法院民商事审判工作会议纪要》第63条总结司法经验，区分不同的情形规定了流动质押的设立，即“在流动质押中，经常由债权人、出质人与监管人订立三方监管协议，此时应当查明监管人究竟是受债权人的委托还是受出质人的委托监管质物，确定质物是否已经交付债权人，从而判断质权是否有效设立。如果监管人系受债权人的委托监管质物，则其是债权人的直接占有人，应当认定完成了质物交付，质权有效设立。监管人违反监管协议约定，违规向出质人放货、因保管不善导致质物毁损灭失，债权人请求监管人承担违约责任的，人民法院依法予以支持。如果监管人系受出质人委托监管质物，表明质物并未交付债权人，应当认定质权未有效设立。尽管监管协议约定监管人系受债权人的委托监管质物，但有证据证明其并未履行监管职责，质物实际上仍由出质人管领控制的，也应当认定质物并未实际交付，质权未有效设立。此时，债权人可以基于质押合同的约定请求质押人承担违约责任，但其范围不得超过质权有效设立时质押人所应当承担的责任。监管人未履行监管职责的，债权人也可以请求监管人承担违约责任。”

本司法解释第55条在前述规定的基础上，作出了进一步的调整，即对于质权是否有效设立这一问题，并不是单纯地按照受债权人的委托或是受出质人的委托监管来认定，而是要从根本上判断是否由债权人实际控制该货物。如果监管人系受债权人的委托监管并实际控制该货物，则自监管人实际控制货物之日起，质权有效设立。此时监管人违反协议约定，导致质物毁损灭失，债权人有权请求监管人承担违约责任。如果监管人系受债

① 最高人民法院民事审判第二庭编著：《全国法院民商事审判工作会议纪要理解与适用》，人民法院出版社2019年版，第374～375页。

权人的委托监管，但并未实际控制该货物；或者监管人受出质人的委托，仍由出质人管领控制货物，质权均未有效设立。此时债权人可以基于质押合同的约定请求质押人承担违约责任，也可以请求未尽到监管职责的监管人承担责任。至于监管人承担责任的范围，实务中存在不同的看法，既有观点认为监管人应当与出质人承担主债务的连带赔偿责任，也有观点认为监管人在出质人无法赔偿损失的范围内承担补充赔偿责任。[①] 对此，本司法解释第55条未作出回答。我们认为，监管人承担责任的基础在于监管协议，其性质上属于委托合同。按照《民法典》关于委托合同的规定，只有当监管人存在过错时，监管人才承担赔偿责任，而违约损害赔偿的范围是完全赔偿。

回到本案中，大连谷物公司未提供质押物，也未转移占有该质押物，属于虚假出质。辽宁储运公司未取得对质押物的占有，应当认定俸旗公司未有效取得质权，无法就该质押物优先受偿。基于此，俸旗公司有权基于质押合同的约定，要求大连谷物公司承担违约责任。大连谷物公司应当承担的违约责任的范围，不得超过质权有效设立时期应当承担的责任范围。与此同时，辽宁储运公司未按照监管协议的约定告知俸旗公司大连谷物公司虚假出质这一事实，反而是隐瞒这一事实，将虚假出质这一状态继续延续下去，属于不履行监管职责的行为。俸旗公司有权请求辽宁储运公司承担责任。至于辽宁储运公司承担责任的范围，应当按照其造成的损失来认定。

第五十六条　买受人在出卖人正常经营活动中通过支付合理对价取得已被设立担保物权的动产，担保物权人请求就该动产优先受偿的，人民法院不予支持，但是有下列情形之一的除外：

（一）购买商品的数量明显超过一般买受人；

（二）购买出卖人的生产设备；

---

① 最高人民法院民事审判第二庭编著：《全国法院民商事审判工作会议纪要理解与适用》，人民法院出版社2019年版，第378页。

（三）订立买卖合同的目的在于担保出卖人或者第三人履行债务；

（四）买受人与出卖人存在直接或者间接的控制关系；

（五）买受人应当查询抵押登记而未查询的其他情形。

前款所称出卖人正常经营活动，是指出卖人的经营活动属于其营业执照明确记载的经营范围，且出卖人持续销售同类商品。前款所称担保物权人，是指已经办理登记的抵押权人、所有权保留买卖的出卖人、融资租赁合同的出租人。

【条文要义】

本条司法解释的条旨是转让抵押财产的正常经营买受人的定义。

本司法解释是对《民法典》第406条抵押人转让抵押财产的效力规定，确定抵押权人的抵押权不得对抗正常经营买受人的原则，即买受人在出卖人正常经营活动中通过支付合理对价取得已经设立担保物权的动产，担保物权人请求就该动产优先受偿的，人民法院不予支持。因此，抵押权人在对动产设置了抵押权后，转让自己的设置了抵押的动产，只要受让人是正常经营买受人，抵押权人就不得对其取得的动产主张行使抵押权。

同时，本条司法解释还规定了不受上述原则限制的特殊情形，即但书中规定的五种情形为除外条款：

1. 购买商品的数量明显超过一般买受人。这是从购买商品的数量上进行的判断，以一般买受人为标准，如果购买的商品的数量明显超过了一般买受人的，应当认为不是正常经营买受人。

2. 购买出卖人的生产设备。对于生产设备，显然不是一般的买受人购买的标的，需要有特别的需要。既然购买的是出卖人的生产设备，就应当认为不是正常经营买受人。

3. 订立买卖合同的目的在于担保出卖人或者第三人履行债务。买卖合同的签订，并非转让买卖商品的所有权，而是以担保出卖人或者第三人的债务履行为目的，当然也不是正常经营买受人。例如，所有权保留，或者买卖某种动产对债权进行担保。

4. 买受人与出卖人存在直接或者间接控制关系。例如，关联公司之间的一方购买另一方的商品，就存在直接的或者间接的控制关系，不是正常经营买受人。

5. 买受人应当查询抵押登记而未查询的其他情形。如果在买卖关系中，存在买受人应当查询抵押登记而未查询的，因其未尽到适当注意义务，当然就不是一般的买受人，因而不是正常经营买受人。

对于本条司法解释规定的出卖人正常经营活动这一概念的定义为，是指出卖人的经营活动属于其营业执照明确记载的经营范围，且出卖人持续销售同类商品。要求是：（1）出卖人的经营活动在其营业执照明确记载的经营范围之内，而不是在其之外；（2）出卖人持续销售同类产品，而不是偶尔为之。符合这两个要求的，就是出卖人的正常经营活动。

本条所说的担保物权人，是指已经办理登记的抵押权人，所有权保留买卖的出卖人，以及融资租赁合同的出租人。这三种人都是本条司法解释规定的担保物权人。

【案例解读】

京顺公司等诉天程公司等金融借款合同纠纷案[①]

基本案情

2013 年 2 月 28 日，双方签订《流动资金借款合同》一份，约定天程公司向农发行吉林市分行贷款 7345 万元。同日，双方签订《浮动抵押合

① 审理法院：一审法院为吉林省吉林市中级人民法院，案号：（2013）吉民中二初字第 52 号；二审法院为最高人民法院，案号：（2014）吉民二终字第 42 号。

同》一份，约定：为担保借款955万元、7345万元，抵押人天程公司以现有和将有的生产设备、原材料、半成品、成品作为抵押物设定浮动抵押。2013年3月12日，抵押人天程公司与抵押权人农发行吉林市分行设定了额度为40000吨玉米的浮动抵押，并办理了抵押登记。现天程公司大口钦库区库存玉米3000吨左右，永吉经济开发区仓库内已无库存玉米。

上述借款合同、抵押合同签订后，农发行吉林市分行发放贷款。截至2013年5月20日，天程公司欠付农发行吉林市分行借款本金金额利息。2013年5月6日，农发行吉林市分行向天程公司发出《解除合同通知书》，决定解除《流动资金借款合同》。天程公司法定代表人杨某文在该份《解除合同通知书》上签署意见，表示同意解除合同。

2012年10月15日，京顺公司与天程公司签订《销售合同》一份，双方约定：京顺公司销售给天程公司玉米6000吨，每吨单价2310元，合同总价款1386万元。合同签订后，京顺公司向天程公司实际交付玉米6387.5吨，总价款14755125元。因天程公司未能给付粮款，2012年12月15日，天程公司向京顺公司出具名为《协议》的承诺书一份，承诺于2012年12月10日前将14755125元粮款全部付清，由于天程公司资金遇到困难无法支付货款，在货款还清之前，天程公司愿将公司资产和粮库抵押给京顺公司。2012年12月17日，天程公司向京顺公司出具《借据》一份，主要内容为：天程公司向京顺公司借款1565万元，天程公司承诺在2013年1月20日前将全部借款还清，如果未能按约定时间还清借款，天程公司愿将公司资产和粮库抵押给京顺公司。2012年12月18日京顺公司通过中国农业银行向天程公司汇款两笔计500万元，性质为借款。2012年12月30日，天程公司向京顺公司还款200万元。2013年1月26日，京顺公司与天程公司签订的《粮食购销合同》约定：京顺公司向天程公司采购玉米15000吨，每吨单价2380元，总价款3570万元；关于结算方式双方约定自合同签订之日需方即向供方支付200万元（其中100万元为定金）货款，供方按照先款后货的原则出库，定金抵最后一笔货款，数量按提货实数结算。另外，双方关于产品质量标准、交货时间等均进行了约定。

2013年3月4日，京顺公司向天程公司汇款240万元，该份付款凭证记载交易用途为借款。2013年3月18日，京顺公司向天程公司汇款200万元，该份付款凭证记载交易用途为粮款。2013年3月13日至2013年4月8日天程公司陆续向京顺公司汇款共计1440万元，其中：2013年3月13日天程公司通过银行向京顺公司还粮款240万元，2013年3月19日天程公司通过银行向京顺公司还粮款400万元，2013年3月20日天程公司通过银行向京顺公司还粮款200万元，2013年3月26日天程公司通过银行向京顺公司汇款200万元（汇款凭证记载为退款），2013年3月27日天程公司通过银行向京顺公司还粮款240万元，2013年4月8日天程公司通过银行向京顺公司还粮款200万元。截至2013年4月8日，天程公司尚欠付京顺公司借款、粮款共计7727729.80元。

涉案6128.08吨玉米，在2013年4月24日前存储于天程公司永吉库区，属天程公司所有。在2013年4月24日至5月3日，由天程公司法定代表人杨某文、京顺公司法定代表人高某先后雇车从天程公司永吉库区运到京顺公司永吉县双河镇黄狼沟库区，现仍存储在京顺公司永吉县双河镇黄狼沟库区。天程公司法定代表人杨某文在2013年5月6日向农发行吉林市分行出具了《情况说明》一份称："天程公司将设定抵押的库存玉米6128.08吨玉米拉给京顺公司，抵顶京顺公司库存应付检查用，检查后再拉回我公司，现在还未运回，也没给我说法，此粮应归吉林市农发行市营业部所有，我欠京顺公司的钱另还。"

农发行吉林市分行诉讼请求为判令农发行吉林市分行对存储于京顺公司的6128.08吨玉米享有优先受偿权。

法院判决

原审法院认为，关于涉案6128.08吨玉米的性质、归属及农发行吉林市分行可否对其行使抵押权问题。《中华人民共和国物权法》第一百八十一条规定："经当事人书面协议，企业、个体工商户、农业生产经营者可以将现有的以及将有的生产设备、原材料、半成品、产品抵押，债务人不履行到期债务或者发生当事人约定的实现抵押权的情形，债权人有权就实现抵押权时的动产优先受偿。”《中华人民共和国物权法》第一百八十九条规定：“企业、个体工商户、农业生产经营者以本法第一百八十一条规定的动产抵押的，应当向抵押人住所地的工商行政管理部门办理登记。抵押权自抵押合同生效时设立；未经登记，不得对抗善意第三人。依照本法第一百八十一条规定抵押的，不得对抗正常经营活动中已支付合理价款并取得抵押财产的买受人。”涉案6128.08吨玉米，在2013年4月24日前存储于天程公司永吉库区，属天程公司所有。在2013年4月24日至5月3日期间转移至京顺公司，现为京顺公司占有。关于京顺公司是基于买卖、还是基于借用法律关系的占有，各方当事人之间存有争议。京顺公司主张其与天程公司之间是买卖法律关系，并向该院举示了2013年1月26日的《粮食购销合同》及2013年3月18日其向天程公司支付粮款（定金）200万元的银行转款凭证，虽然京顺公司所举证据与其主张之间有矛盾及违背常理之处，现6128.08吨玉米已转移至京顺公司占有，农发行吉林市分行和天程公司虽主张京顺公司是基于借用法律关系占有涉案6128.08吨玉米，但均未能提供充分证据佐证其主张，故对京顺公司基于买卖法律关系占有涉案6128.08吨玉米的主张，应予以采信。但京顺公司就涉案6128.08吨玉米已经支付了合理对价的主张，依据其所举证据，不能全部予以支持，理由如下：一、京顺公司关于其在2012年12月18日向天程公司出借现金500万元的主张，因借款数额较大，且缺乏证据相佐证，从京顺公司举证的2012年12月17日《借据》记载的内容看，此份《借据》应与天程公司此前欠付的14755125元粮款有关，且该份《借据》本身不能证明京顺公司实际出借现金500万元的事实存在。二、关于天程公司2012年12月30日的还款200万元，京顺公司虽然主张是个人之间转款、与公司无关，但未能提供证据证明其法定代表人高某个人与天程公司、杨某文之间有其他经济往来，故此200万元汇款应认定为天程公司对京顺公司的还款。三、至2013年4月27日涉案6128.08吨玉米转移占有前，天程公司共欠付京顺公司借款、粮款共计7727729.80元。2013年1月26日《粮食购销合同》记载京顺公司向天程公司采购玉米的单价为每吨2380元，京顺公司就涉案6128.08吨玉米中的3247吨支付了合理对价，应确认归京顺公司所有，依法得对抗农发行吉林市分行对其行使抵押权；对2881.08吨玉米，京顺公司未支付合理对价，不能对抗农发行吉林市分行行使抵押权。

京顺公司、农发行吉林市分行不服原审法院上述民事判决，提出上诉。

二审法院认为：本案二审争议焦点为农发行吉林市分行能否对涉案6128.08吨玉米行使抵押权。《中华人民共和国物权法》第一百八十一条规定："经当事人书面协议，企业、个体工商户、农业生产经营者可以将现有的以及将有的生产设备、原材料、半成品、产品抵押，债务人不履行到期债务或者发生当事人约定的实现抵押权的情形，债权人有权就实现抵押权时的动产优先受偿。"第一百八十九条第一款规定："企业、个体工商户、农业生产经营者以本法第一百八十一条规定的动产抵押的，应当向抵押人住所地的工商行政管理部门办理登记。抵押权自抵押合同生效时设立；未经登记，不得对抗善意第三人。"从本案已查明事实看，天程公司是依法成立的企业，具备设定浮动抵押的主体资格；其与农发行吉林市分行签订了书面的浮动抵押合同；设定抵押的财产为适格的浮动抵押财产；办理了浮动抵押登记，因此，《中华人民共和国物权法》第一百八十一条、第一百八十九条第一款规定的浮动抵押权成立的条件已全部满足，农发行吉林市分行对涉案6128.08吨玉米享有浮动抵押权。

关于农发行吉林市分行能否对涉案6128.08吨玉米行使浮动抵押权问题。京顺公司主张农发行吉林市分行不能对该6128.08吨玉米行使抵押权的法律依据为《中华人民共和国物权法》第一百八十九条第二款规定："依照本法第一百八十一条规定抵押的，不得对抗正常经营活动中已支付合理价款并取得抵押财产的买受人。"可见京顺公司的主张成立须同时满足以下条件：第一，京顺公司与天程公司之间成立买卖合同关系；第二，该买卖属于天程公司的正常经营活动；第三，京顺公司支付了合理价款；

第四，京顺公司已取得该6128.08吨玉米。根据本案已查明事实，天程公司作为粮食购销企业，出卖玉米的行为属于正常经营活动；京顺公司已实际占有该6128.08吨玉米，因此，条件二、条件四已经成就。从当事人的诉辩主张看，农发行吉林市分行和京顺公司对条件一、条件三是否成就，存在较大争议，现分别评判如下：

首先，关于条件一，即京顺公司与天程公司之间是否成立买卖合同关系的问题。京顺公司提供了其与天程公司于2013年1月26日签订的《粮食购销合同》，该合同上双方当事人的签章真实，根据《中华人民共和国合同法》第三十二条规定，“当事人采用合同书形式订立合同的，自双方当事人签字或者盖章时合同成立”，京顺公司与天程公司之间的买卖合同成立。农发行吉林市分行提供的天程公司法定代表人杨某文于2013年5月6日出具的《情况说明》的性质应认定为证人证言，由于杨某文与本案具有利害关系，未出庭作证，且《情况说明》记载的粮食借用关系的内容与双方间的书面合同内容不符，该院对《情况说明》不予采信。因此，条件一已成就。

其次，关于条件三，即京顺公司是否支付了合理价款的问题。京顺公司并未举证证明其与天程公司签订《粮食购销合同》后，实际支付了相应合同价款，但举证证明了天程公司尚欠其部分借款和粮款，主张将天程公司所欠的借款和粮款认定为支付《粮食购销合同》的价款，根据《中华人民共和国合同法》第九十九条规定，“当事人互负到期债务，该债务的标的物种类、品质相同的，任何一方可以将自己的债务与对方的债务抵销，但依照法律规定或者按照合同性质不得抵销的除外”，其主张符合关于抵销权的规定。对于天程公司所欠京顺公司借款和粮款的具体数额，原审法院认定，截至2013年4月8日为7727729.80元，农发行吉林市分行未提出异议，该院对此予以确认。除此之外，京顺公司主张杨某文向高某汇款的200万元不应认定为天程公司还款，京顺公司还出借给天程公司500万元，该700万元亦应认定为支付《粮食购销合同》的价款。对于该200万元，该院经审查认为，高某与杨某文分别为京顺公司和天程公司的法定代表人，原审法院根据从公安机关调取的2012年12月30日中国农业银行取款业务凭证，以及公安机关查明的高某与杨某文之间除涉案天程公司欠付京顺公司粮款、借款外无其他经济往来的事实，认定200万元为天程公司向京顺公司的还款，具有法律依据。对于该500万元，该院经审查认为，京顺公司提供的2012年12月17日借款1565万元的《借据》，在法律性质上应当认定为借款合同。2001年根据《最高人民法院关于民事诉讼证据的若干规定》第五条第二项规定："对合同是否履行发生争议的，由负有履行义务的当事人承担举证责任。"天程公司与杨某文均否认该500万元借款已实际发生，合同履行义务人京顺公司亦未能证明500万元借款已实际交付天程公司，原审法院未将该500万元认定为天程公司对京顺公司的欠款，适用法律正确。因此，原审法院根据《粮食购销合同》约定的玉米单价，通过债务抵销的方式，认定京顺公司对涉案6128.08吨玉米中的3247吨玉米支付了合理对价，适用法律正确，条件三亦部分成就。

综上，该院认为，虽然农发行吉林市分行对6128.08吨玉米享有抵押权，但就其中3247吨玉米抵押权的行使，不得对抗在正常经营活动中已支付合理价款并取得抵押财产的京顺公司。原判决认定事实清楚，适用法律正确，农发行吉林市分行与京顺公司的上诉理由均不能成立，故判决驳回上诉，维持原判。

法理解读

本案中，天程公司就涉案6128.08吨玉米为农发行吉林市分行设定浮动抵押担保后，又将其出卖给京顺公司。此时涉及京顺公司所享有的权利是否可以对抗农发行吉林市分行的浮动抵押权的问题。

关于浮动抵押权的对抗效力，原《物权法》第189条第2款规定："依照本法第一百八十一条规定抵押的，不得对抗正常经营活动中已支付合理价款并取得抵押财产的买受人。"《民法典》第404条继续规定了这一正常经营买受人规则，并将该规则的适用范围扩大至所有的动产抵押。

之所以原《物权法》第189条第2款规定动产浮动抵押不得对抗正常经营活动中的买受人，是因为"生活常识告诉人们，对于从库存中购买物品的购买人而言，要求其在购买之前在登记公示系统中查询购买物品上是否负担有担保权，是对市民社会商业生活的法律嘲弄。依照商业常规交易的物品买卖无须购买人负担查询义务”。[①] 更为关键的是，在浮动抵押中，抵押财产出于持续变动的不特定状态。为了保障抵押人能够维持正常的经营活动，原《物权法》第189条例外地允许其自由处分抵押物。既然抵押人有权自由处分，那么就没有理由要求买受人进行查询核实。[②] 至于《民法典》第404条将正常经营买受人规则扩大适用至所有的动产抵押，则是因为《民法典》第406条修改了以往的规则，允许抵押物自由转让，而不仅限于动产浮动抵押情形下抵押物的自由转让。由此，在所有的动产抵押情形中，依照商业常规交易的买受人都无须对标的物的担保情况进行核实。

可以看到，正常经营买受人规则的设立目的就在于维护担保人和买受人之间的利益平衡。一方面，对于担保人而言，其可以自由处分自己的财产，增强自己的偿债能力；另一方面，对于买受人而言，也减少了其交易成本。那么，债权人的利益又当如何保障呢？

为此，本司法解释第56条提出了“良方”。本司法解释第56条第1款从反面规定了不属于正常经营买受人的情形，一是购买商品的数量明显超过一般买受人的买受人；二是购买出卖人生产设备的买受人；三是订立买卖合同以担保债务的买受人；四是与出卖人存在直接或者间接的控制关系的买受人；五是应当查询抵押登记而未查询登记的买受人；第56条第2款则从正面规定了出卖人正常经营活动的情形，即出卖人的经营活动属于其营业执照明确记载的经营范围，且出卖人持续销售同类商品。通过对正常经营活动中的买受人进行严格的认定，以保障债权人的利益不会因担保人和买受人恶意串通而受损。

回到本案中，天程公司系粮食购销企业，在其营业执照记载的经营范围内长期销售玉米，故天程公司将案涉玉米出卖给京顺公司属于出卖人的

---

① 董学立：《浮动抵押的财产变动与效力限制》，载《法学研究》2010年第1期。

② 纪海龙、张玉涛：《民法典物权编（草案）中的正常经营买受人规则》，载《云南社会科学》2019年第5期。

正常经营活动。京顺公司购买玉米，是为了开展正常的商业交易活动，不属于本司法解释第56条第1款规定的除外情形，应当认定其属于正常经营活动中的买受人。在此基础上，京顺公司支付了合理的对价，并且取得了对案涉玉米的占有，应当认定京顺公司已经取得案涉玉米的所有权，有权对抗农发行吉林市分行的浮动抵押权。

第五十七条　担保人在设立动产浮动抵押并办理抵押登记后又购入或者以融资租赁方式承租新的动产，下列权利人为担保价款债权或者租金的实现而订立担保合同，并在该动产交付后十日内办理登记，主张其权利优先于在先设立的浮动抵押权的，人民法院应予支持：

（一）在该动产上设立抵押权或者保留所有权的出卖人；

（二）为价款支付提供融资而在该动产上设立抵押权的债权人；

（三）以融资租赁方式出租该动产的出租人。

买受人取得动产但未付清价款或者承租人以融资租赁方式占有租赁物但是未付清全部租金，又以标的物为他人设立担保物权，前款所列权利人为担保价款债权或者租金的实现而订立担保合同，并在该动产交付后十日内办理登记，主张其权利优先于买受人为他人设立的担保物权的，人民法院应予支持。

同一动产上存在多个价款优先权的，人民法院应当按照登记的时间先后确定清偿顺序。

【条文要义】

本条司法解释的条旨是动产抵押中间价款超级优先权具体适用规则。

《民法典》第416条规定："动产抵押担保的主债权是抵押物的价款，标的物交付后十日内办理抵押登记的，该抵押权人优先于抵押物买受人的其他担保物权人受偿，但是留置权人除外。"

这一规定的要求是，在动产抵押特别是浮动抵押中，抵押财产在抵押过程中，只要没有被确定，都可以增加或者减少，无须经过任何附加手续。在抵押的动产中，"流入"抵押财产的特定动产将成为抵押财产，"流出"的动产将移出抵押财产。流入抵押财产的特定动产如果是设有担保物权，而流入抵押财产是自动负担浮动抵押权的，就会产生在同一个物上有两个并存的担保物权，因而产生两个担保物权的优先顺序问题。流出抵押财产的特定动产，尽管负担浮动抵押权，但是由于担保的债权没有确定，因而"逃离"了浮动抵押的担保财产。对于后者，本条没有规定，但是从逻辑上，可以推出这个结论。

1. 浮动抵押中的中间价款超级优先权

担保人在设立动产浮动抵押并办理登记后又购入或者以融资租赁方式承租新的动产，为担保价款债权或者租金的实现，下列权利人与担保人以该动产为标的订立担保合同，并在该动产交付后十日内办理登记，主张其权利优先于在先设立的浮动抵押权的，人民法院应予支持。这三种权利人的具体情形是：

（1）在该动产上设立抵押权或者保留所有权的出卖人。流入浮动抵押财产的动产已经设立了抵押权，或者设置了所有权保留，其出卖人就是抵押权人或者所有权保留的担保物权人。在流入浮动抵押财产的动产成为浮动抵押财产的同时，在该动产上就又有了抵押权或者所有权保留的担保物权。因此出现担保物权相互竞合的情形。

（2）为价款支付提供融资而在该动产上设立抵押权的债权人。当一个债权人在为其交付动产的价款支付提供融资而在该动产上设置了抵押权，以保证自己的动产价款时，因而也形成了在流入浮动抵押财产的该动产上又设置融资的抵押权，因此形成了两个担保物权的竞合。

（3）以融资租赁方式出租该动产的出租人。融资租赁方式出租的动产，虽然是以承租的名义出租给承租人的，但是也有成为承租人财产的可能，由于出租人将其租赁物交付给承租人，使其也进入了浮动抵押财产之中。实际上，融资租赁的租赁物的所有权仍然在出租人的手中，尽管其流入浮动抵押财产，出租人是有所有权作为担保的。这也与浮动抵押财产与租赁物的担保物权竞合。

在上述三种情形下，动产抵押担保的主债权是抵押物的价款，即流入的特定动产已经设定的担保物权，担保的是该主债权，其担保的是该抵押物的价款。如果该标的物在交付后10日内办理了担保物权登记，该担保物权就具有了超级优先权，即使其设立时间在后，也享有最优先的顺位。该超级优先权优先顺位对抗的，是原来存在的浮动抵押权人的抵押权，即在具有超级优先权的担保物权的抵押财产，尽管也负担了浮动抵押权，但是由于其享有超级优先权，因而享有该超级优先权的抵押权人，优先于担保物买受人的其他担保物权，包括浮动抵押权，因而能够最优先受偿。

根据以上动产担保中间价款超级优先权的基本规则，进一步解释流入动产抵押权抵押财产范围的动产的范围。具体讨论以下两种情形：

以所有权保留方式购入的动产。以所有权保留方式购入的动产，该动产虽然进入了动产抵押财产的范围，但是，由于所有权作为担保物权仍然保留在出卖人的手中，抵押人尽管占有了抵押财产，但是并没有取得该动产的所有权。因此，以所有权保留方式购入的动产，尽管已经进入了动产抵押财产的范围，由于所有权并未取得，所有权仍然在出卖人手中，因而存在可以对抗浮动抵押权的客观基础，具有可能性，只要具备在十日内进行登记的要件，就可以使以所有权保留方式购入的动产的所有权人享有的担保物权，具有对抗浮动抵押权取得超级优先权的效果。

以融资租赁的方式购入的动产。融资租赁合同的承租人通过融资租赁合同从出租人一方取得的租赁物，是以融资租赁方式购入的动产。按照融资租赁合同的约定，承租人占有租赁物，但并不取得租赁物的所有权，其所有权仍然在出租人一方。尽管融资租赁合同的承租人按照约定交付租金，在全部缴纳租金之后，有可能取得租赁物的所有权，但是，在融资租赁合同存续期间，承租人并不享有所有权。当承租人以其浮动财产设定了浮动抵押权后，融资租赁合同约定的租赁物流入浮动抵押财产范围，就有可能成为浮动抵押财产。但是，融资租赁合同具有担保合同的性质，属于其他具有担保功能的合同，因此，出租人对该租赁物是存在担保物权的，因而也存在发生中间价款超级优先权规则适用的可能。

在上述两种情况下，只要具备了出卖人或者出租人在该动产交付后十日内办理了该动产保留所有权或者融资租赁公示，该动产的所有权保留或者融资租赁就与浮动抵押权形成了两种优先受偿权的对抗，在这种对抗中，取得了对抗浮动抵押权的效力即超级优先权的效力。所有权保留的权利人，或者融资租赁合同的出租人，根据《民法典》第 416 条关于动产抵押中间价款超级优先权的规定，主张其权利优先于浮动抵押权的，人民法院应予支持，所有权保留的担保物权和融资租赁的担保物权优先行使，率先取得优先受偿权，只有在满足了所有权保留和融资租赁的担保物权后，浮动抵押权才可以行使。

2. 其他动产担保中的中间价款超级优先权

买受人取得动产但未付清价款，或者承租人以融资租赁方式占有租赁物但是未付清全部租金，又以标的物为他人设立动产担保物权，也存在适用《民法典》第 416 条规定的中间价款超级优先权的条件。因此，本条司法解释第 2 款规定，在该动产上设立抵押权或者保留所有权的出卖人，为价款支付提供融资而在该动产上设立抵押权的债权人，以融资租赁方式出租该动产的出租人，为担保价款债权或者租金的实现而订立担保合同，并在该动产交付后 10 日内办理登记，主张其权利优先于买受人为他人设立担保物权的，人民法院应予支持。这些都不是在浮动抵押的情形下，而是单纯的动产担保的情形，动产买卖合同以及融资租赁合同订立后，如果买受人在尚未付清价款或者未全部付清租金的情况下，在取得动产后又以该动产为他人设立担保物权，也存在中间价款超级优先权的问题。这就是，在该动产交付 10 日内，前述权利人办理了担保物权的登记，也形成了两种不同的担保物权的竞合，需要确定哪一个担保物权优先。依照《民法典》第416条的规定，办理了担保物权登记的这些权利人的担保物权，其效力就优先于尚未付清价款的买受人设立的担保物权。主张其权利优先于买受人为他人设立的担保物权的，人民法院应予支持。

不过，上述这些规则的前提条件都是买受人对买受的标的物的价款或者承租人对租金没有完全付清。如果买受人、承租人的价款、租金已经付清，就不存在担保价款的担保物权的实现问题了。

3. 同一动产上存在多个价款超级优先权

在同一个动产上存在多个价款超级优先权的，由于都是超级优先权，因而只能按照担保物权的登记时间先后确定清偿顺序。如果没有登记，则根本就不存在超级优先权的问题。

【案例解读】

图成公司等诉李某排除妨碍纠纷案①

基本案情

2012年11月12日，工行邛崃支行与人和酒厂签订《小企业借款合同》和《最高额质押合同》，约定人和酒厂向工行邛崃支行借款，借款担保方式为质押；质押物为存放在人和酒厂内的501、502、503号罐的原酒，并办理了质押登记。质押物由中流公司保管。

2013年3月4日，黄某忠与付某超签订《融资借款协议》。人和酒厂作为担保人进行担保，同日，东连公司与人和酒厂签订担保合同，东连公司同样为黄某忠向付某超借款进行担保，人和酒厂作为抵押人与东连公司签订《反担保（浮动抵押）合同》，人和酒厂以自己的财产作为浮动抵押物。当日，双方办理了动产抵押登记。

---

① 审理法院：一审法院：四川省邛崃市人民法院，案号：（2014）邛崃民初字第664号；二审法院：四川省成都市中级人民法院，案号：（2014）成民终字第4019号。

2013年11月，人和酒厂因要归还工行邛崃支行该笔贷款，即对外出售原酒。2013年11月12日，李某和杨某伦分别与人和酒厂签订《成品酒销售合同》，李某购买了人和酒厂503号罐（388吨）的原酒。杨某伦购买了501、502号罐的原酒。2013年11月14日，李某向人和酒厂一次性支付了全部酒款500万元。杨某伦向人和酒厂支付了800万元的酒款。合计为1300万元，该款作为人和酒厂向工行邛崃支行的贷款予以偿还。2013年11月15日，李某与人和酒厂按照《成品酒销售合同》的约定，签署了《所有权转移现场确认单》，在人和酒厂内完成了所有权交付。

2013年12月2日，图成公司向原审法院提起诉前保全，要求查封人和酒厂价值800万元的原酒。原审法院裁定准许在800万元的范围内对人和酒厂的财产采取保全措施。其间，李某和杨某伦在得知这一情况后分别提出异议。原审法院认为李某和杨某伦的异议成立，解除对存放于人和酒厂内的501、502、503、504、505号罐的原酒的查封。图成公司也未在法律规定的时间内提起诉讼。为此，原审法院执行局采取了解除查封措施。

2014年1月20日，李某与长运公司签订《运输协议》，由该公司负责运输503号罐的原酒。图成公司以501、502、503、504、505号罐的原酒系图成公司的为由进行阻挠。李某产生派班损失12000元。遂原告李某起诉，请求法院判决图成公司立即对原告运输原酒停止妨碍行为，并赔偿损失。

法院判决

一审法院认为，一、人和酒厂能否处置浮动抵押物？根据《中华人民共和国物权法》第一百八十一条规定："经当事人书面协议，企业、个体工商户、农业生产经营者可以将现有的以及将有的生产设备、原材料、半成品、产品抵押，债务人不履行到期债务或者发生当事人约定的实现抵押权的情形，债权人有权就实现抵押权时的动产优先受偿。"人和酒厂与东连公司签订浮动抵押合同，并约定抵押物包括抵押人现有以及用于生产白酒的生产设备、储酒罐、原材料、半成品及白酒产品。根据担保物的浮动性，抵押人用作浮动抵押的担保物可以是现存的财产或者将来的财产，可以是生产设备、原材料，也可以是成品、半成品，并不固定于特定的财产，浮动抵押人在正常经营过程中仍然可以对其自由处分。这种浮动状态，只有当《中华人民共和国物权法》第一百九十六条规定的情形出现时，抵押财产方为特定。根据《中华人民共和国物权法》第一百九十六条的规定，导致抵押财产确定的情形主要存在以下几种：①债务履行期届满，债权未实现；②抵押人被宣告破产或者被撤销；③当事人约定的实现抵押权的情形；④严重影响债权实现的其他情形。目前人和酒厂的浮动抵押物尚未出现《中华人民共和国物权法》第一百九十六条规定的情形，担保物的管理权不发生转移。担保物上设定浮动抵押后，浮动抵押人在抵押财产特定前仍然享有对担保物的自由处置权。在浮动抵押中，抵押人以其全部或部分财产设定浮动抵押，对其正常经营活动并无实质影响，抵押人在正常经营范围内仍就担保物享有自由处分权，继续从事生产经营活动，并可以买卖、转让、清偿等方式处置其财产而不论其是否在抵押物范围之内。因此，人和酒厂可以处置浮动抵押物。就本案而言，人和酒厂可以出售 503 号罐的原酒。

二、李某与人和酒厂签订《成品酒购销合同》是否有效？审理中，图成公司和东连公司认为李某与人和酒厂签订的《成品酒购销合同》无效，但未提供证据证明《成品酒购销合同》符合《中华人民共和国合同法》第五十二条规定的情形。人和酒厂为及时归还工行邛崃支行的贷款，向李某出售原酒。双方签订《成品酒购销合同》是双方真实意思表示，且不违反法律强制性规定，合法有效。图成公司和东连公司认为合同无效的意见原审法院不予采纳。合同签订后，李某已向人和酒厂支付了全部货款，双方于 2013 年 11 月 15 日签署了《所有权转移现场确认单》，对存放于人和酒厂内的 503 号罐的原酒进行了交付。依照《中华人民共和国合同法》第一百三十三条规定："标的物的所有权自标的物交付时起转移，但法律另有规定或者第三人另有约定的除外。"原审法院认定李某与人和酒厂对 503 号罐的原酒已经完成交付，李某享有 503 号罐的原酒的所有权。

三、图成公司阻碍李某运输 503 号罐的原酒是否构成侵权？2014 年 1

月20日，李某与长运公司签订《运输协议》，由该公司负责运输503号罐的原酒。当日下午和21日、22日、23日上午，该公司派车辆进行运输。图成公司却以501、502、503、504、505号罐的原酒系图成公司的为由进行阻挠，李某产生派班损失12000元。在四川省邛崃市人民法院执行局扣押501、502、503号罐时，图成公司派人加以阻挠。图成公司的该行为妨碍了李某正常行使民事权益，并造成了损失。

综上，李某的诉讼请求合法有据，予以支持。

图成公司、东连公司均不服一审判决，提起上诉。

二审法院认为，本案二审的争议焦点为：1. 东连公司与人和酒厂签订的《反担保（浮动抵押）合同》是否有效？2. 人和酒厂能否处置浮动抵押物？3. 李某与人和酒厂签订的《成品酒购销合同》是否真实有效？对于上述争议焦点，该院评述如下：

1. 关于东连公司与人和酒厂所签《反担保（浮动抵押）合同》是否有效的问题。人和酒厂虽主张动产抵押登记是东连公司单方所为，人和酒厂并未设定浮动抵押，但根据人和酒厂2013年3月4日的股东会决议记录所载明的内容，人和酒厂同意以其公司现有及将有的生产白酒的设备、窑池、原材料、半成品及白酒产品为东连公司提供动产抵押反担保并办理抵押登记，且东连公司与人和酒厂所签订的《反担保（浮动抵押）合同》以及动产抵押登记书均加盖了人和酒厂的公章。人和酒厂以公章是由东连公司保管，其不知晓该抵押情况，工行邛崃支行以办理动产抵押登记无人和酒厂的授权为由，主张东连公司与人和酒厂所签浮动抵押合同无效不符合事实。根据《中华人民共和国物权法》第一百八十一条“经当事人书面协议，企业、个体工商户、农业生产经营者可以将现有的以及将有的生产设备、原材料、半成品、产品抵押，债务人不履行到期债务或者发生当事人约定的实现抵押权的情形，债权人有权就实现抵押权时的动产优先受偿”的规定，东连公司与人和酒厂签订的动产浮动抵押合同不违背法律规定，应为合法有效，该院对人和酒厂、工行邛崃支行关于东连公司与人和酒厂所签《反担保（浮动抵押）合同》无效的主张不予支持。

2. 关于人和酒厂在设定了浮动抵押物期间能否处置浮动抵押物，以及李某是否已取得503号罐的原酒所有权的问题。首先，人和酒厂虽与东连公司签订了《反担保（浮动抵押）合同》，但由于动产浮动抵押是不以特定的动产作为担保标的物，在浮动抵押期间，人和酒厂并不丧失对其财产的管理处分之权能，其日常业务经营并不因浮动抵押之设定而受到影响，人和酒厂仍有权对设押财产在日常经营范围内行使所有权的占有、使用、收益、处分四项权能，在经营中偿还债务也是被允许的。根据《中华人民共和国物权法》第一百九十六条规定，“依照本法第一百八十一条规定设定抵押的，抵押财产自下列情形之一发生时确定：（一）债务履行期届满，债权未实现；（二）抵押人被宣告破产或者被撤销；（三）当事人约定的实现抵押权的情形；（四）严重影响债权实现的其他情形”，即只有因担保权的实行、债务人违约、约定事件、企业合并或企业破产等确定事由发生而转换为特定担保，抵押人当时拥有的全部动产才能特定为抵押物，因此，在全部动产特定为抵押物之前，其他担保物权应优先于浮动抵押权。本案中，东连公司主张2013年8月21日其承担担保责任代黄某忠清偿了1022.5万元借款债务后，依据《中华人民共和国物权法》第一百八十一条的规定，从此时起即因代偿债务而对人和酒厂享有追偿权，浮动抵押物的范围由浮动变为固定，凡属于人和酒厂白酒、原酒产品均由浮动抵押状态转化为固定抵押，依法确定为抵押权人东连公司的固定抵押物。同时，取消了抵押人人和酒厂在正常经营活动中对担保物的自由处分权。对此，该院认为，在债务人违约的情况下，抵押权人为了维护自己的利益会行使介入权，以使浮动抵押结晶为固定抵押。抵押权人行使这种介入权的方式主要有两种，一种是抵押权人亲自介入而占有抵押物。在抵押权人介入后，占有抵押人的全部或部分主要财产，则抵押人不再具有进行正常经营的基础，构成浮动抵押的结晶。如果抵押权人虽然行使了介入权，但只是占有抵押人的部分财产且对抵押人的正常生产经营不造成影响的情况下则不构成结晶。而本案中，东连公司并无证据证明2013年8月21日后其对人和酒厂的财产行使了介入权，故东连公司关于对人和酒厂的浮动抵押物范围由浮动变为固定的主张因无事实依据，不予采纳。

其次，东连公司与人和酒厂签订《反担保（浮动抵押）合同》的时间为2013年3月4日，而在此之前的2012年11月12日工行邛崃支行与人和酒厂签订了《小企业借款合同》及《最高额质押合同》，约定了人和酒厂向工行邛崃支行借款1600万元，借款担保方式为质押，质押物为存放在人和酒厂内的501、502、503号罐的原酒，并办理了质押登记，质押物也由工行邛崃支行委托的公司进行保管，即工行邛崃支行的质押权在先。因人和酒厂到期未能履行还款义务，在工行邛崃支行同意的情况下，人和酒厂出售质押物503号罐的原酒用于清偿工行邛崃支行的债务，亦是工行邛崃支行实现其质押权的体现，因此，人和酒厂是有权处置503号罐的原酒的。

3. 关于人和酒厂与李某签订的《成品酒销售合同》是否真实有效的问题。2013年11月12日，人和酒厂为偿还工行邛崃支行的贷款，与李某签订了《成品酒购销合同》。该合同上加盖了人和酒厂的公章并有人和酒厂法定代表人黄某芳的签名。2013年11月15日《所有权转移现场确认单》也有人和酒厂加盖的公章及法定代表人黄某芳的签名。本案中，东连公司虽以人和酒厂的公章系由其公司保管，《成品酒购销合同》《所有权转移现场确认单》中人和酒厂的公章不真实为由，要求对《成品酒购销合同》《所有权转移现场确认单》上人和酒厂的公章的真实性进行鉴定。对于东连公司的该鉴定申请，该院认为：1. 人和酒厂与李某所签《成品酒购销合同》及《所有权转移现场确认单》均有人和酒厂法定代表人黄某芳的签名，东连公司并无证据证明黄某芳的签名不是其本人所签。根据《中华人民共和国民法通则》第四十三条“企业法人对它的法定代表人和其他工作人员的经营活动，承担民事责任”的规定，人和酒厂的法定代表人黄某芳代表人和酒厂与李某签订合同，应视为人和酒厂的行为，相应的法律后果应由人和酒厂承担。2.《成品酒购销合同》签订后，李某已向人和酒厂支付了合同约定的价款，人和酒厂与李某所签购销合同已实际履行，李某支付给人和酒厂的货款，人和酒厂也用于偿还工行邛崃支行的贷款。3. 东连公司称人和酒厂的公章由其保管，但并未明确保管人和酒厂公章的具体时间，且本案中东连公司也未提交相应证据证明《成品酒购销合同》《所有权转移现场确认单》上加盖的人和酒厂的公章是不真实的。综合上述观点，东连公司申请对《成品酒购销合同》及《所有权转移现场确认单》上加盖的人和酒厂公章的真实性进行鉴定的理由不充分，该院对东连公司的该项鉴定申请不予支持。该院对人和酒厂与李某所签订的《成品酒购销合同》的真实性及效力予以确认。

《中华人民共和国物权法》第一百八十九条第二款规定："依照本法第一百八十一条规定抵押的，不得对抗正常经营活动中已支付合理价款并取得抵押财产的买受人。"根据该条规定，浮动抵押权无论是否登记，都不能对抗正常经营活动中已支付合理价款并取得抵押财产的买受人。本案中，人和酒厂与李某签订《成品酒购销合同》后，李某向人和酒厂支付了合理的对价，人和酒厂亦将503号罐的原酒交付李某，财产的所有权已经发生转移，李某已经取得503号罐的原酒的所有权。

综上所述，东连公司、图成公司关于人和酒厂不能处置503号罐的原酒的上诉请求不能成立，该院不予支持。

关于图成公司上诉提出503号罐的原酒是黄某中承诺还给图成公司的酒，应为其所有的主张。对此，该院认为，在人和酒厂于2013年11月12日将503号罐的原酒出售给李某之前，人和酒厂系503号罐的原酒的所有权人，人和酒厂将503号罐的原酒出售给李某，并完成交付后，李某系503号罐的原酒的所有权人。图成公司称人和酒厂将503号罐的原酒已抵偿给其公司，图成公司是503号罐的原酒的所有权人，但本案中图成公司并未提交证据予以证明，故应承担举证不能的法律后果，该院对图成公司的该上诉主张不予支持。

由于李某依法取得了503号罐的原酒的所有权，其对该物有处分的权利，由于李某在运输503号罐的原酒的过程中，图成公司以该罐内的原酒系其所有进行阻挠，确给李某造成了一定的损失，故一审法院根据本案事实及相关证据判决图成公司停止妨碍，并赔偿李某损失12000元并无不当。

法理解读

本案中，人和酒厂为东连公司提供浮动抵押担保后，与李某签订了《成品酒购销合同》，将原酒交付给李某。此时涉及东连公司的浮动抵押权是否可以对抗李某所有权的问题。对此，原《物权法》第189条第2款规定："依照本法第一百八十一条规定抵押的，不得对抗正常经营活动中已支付合理价款并取得抵押财产的买受人。"《民法典》第404条延续了这一规则，继续规定了以动产抵押的，不得对抗正常经营活动中已经支付合理价款并取得抵押财产的买受人。据此，不论浮动抵押是否进行了登记，都不能对抗正常经营活动中已支付合理价款并取得抵押财产的买受人。本案中，人和酒厂与李某签订《成品酒购销合同》后，李某向人和酒厂支付了合理的对价，人和酒厂亦将原酒交付给李某，应当认定东连公司的浮动抵押权无法对抗李某的所有权。

可以看到的是，本案所针对的是在浮动抵押情形下，财产"流出"时对买受人所有权的保护规则。那么财产"流入"时，又当如何保护出卖人的价金债权呢？

对此，原《物权法》未作出规定。《民法典》物权编第416条弥补了这一立法漏洞，规定了购买价金担保权，即当动产抵押担保的主债权是抵押物的价款，标的物交付后十日内办理抵押登记，该抵押权人将优先于抵押物买受人的其他担保物权人受偿。其立法意旨在于："针对交易实践中普遍存在的借款人借款购买货物，同时将该货物抵押给贷款人作为价款的担保的情形，草案赋予了该抵押权优先效力，以保护融资人的权利，促进融资。"[①] 本司法解释第57条进一步规定了担保人在设立动产浮动抵押并办理抵押登记后又购入或者以融资租赁方式承租新的动产，在该动产上设立抵押权或者保留所有权的出卖人、为价款支付提供融资而在该动产上设立抵押权的债权人、以融资租赁方式出租该动产的出租人为了担保价金的

---

① 沈春耀（全国人大宪法和法律委员会副主任委员）："关于《民法典各分编（草案）》的说明——2018年8月27日在第十三届全国人民代表大会常务委员会第五次会议上"。

实现而订立担保合同，并在动产交付后十日内办理登记，其权利将优先于在先设立的浮动抵押权。由此，实现了浮动抵押财产流入时对价金担保债权人的保护，无须担心其债权担保落空。进而，债务人也可以继续展开正常经营，增强自身的偿债能力①；原担保权人的信用期待并未受到不利影响，因为担保人责任财产的增加是因新的信用提供者的介入所致，否则担保人将无法取得新的财产。② 于此之中，需要注意的是，“十天内办理抵押登记”是一个非常关键的时间限制。如果没有这一时间限制，就意味着出卖人可以在任何时点登记直接“插队”到第一顺位，登记就成为权利主张的程序而丧失了公示功能，超级优先权也就沦为一种隐形担保。③

以本案为例，假定人和酒厂为东连公司提供浮动抵押担保并办理登记后，又从李某处购买了原酒。为了担保李某价金债权的实现，人和酒厂就该原酒为李某提供了抵押担保，并在完成交付后十日内办理抵押登记，则李某所享有的抵押权将优于东连公司享有的浮动抵押权。申言之，东连公司有权就浮动抵押结晶时的财产优先受偿。人和酒厂在办理浮动抵押登记后，又从李某处购买原酒，该原酒流入了浮动抵押财产的范围，同样担保东连公司债权的实现。与此同时，人和酒厂从李某处购买原酒时，并未即时支付足额的价款。为了担保李某债权的实现，人和酒厂又以该原酒为李某设定了抵押。此时就涉及针对该原酒，究竟是东连公司优先受偿，还是李某优先受偿。根据《民法典》第 416 条以及本司法解释第 57 条的规定，只要李某在交付原酒后十日内办理抵押登记，其所享有的价金债权优先于东连公司的债权获得实现。

---

① 谢鸿飞：《民法典担保规则的再体系化——以〈民法典各分编（草案）二审稿〉为分析对象》，载《社会科学研究》2019 年第 6 期。

② See Ronald C. C. Cuming, Catherine Walsh and Roderick J. Wood, Personal Property Security Law, 2nd ed., Irwin Law Inc., 2012, p. 419. 转引自高圣平：《民法典动产担保权优先顺位规则的解释论》，载《清华法学》2020 年第 3 期。

③ 龙俊：《民法典中的动产和权利担保体系》，载《法学研究》2020 年第 6 期。

第五十八条 以汇票出质，当事人以背书记载“质押”字样并在汇票上签章，汇票已经交付质权人的，人民法院应当认定质权自汇票交付质权人时设立。

【条文要义】

本条司法解释的条旨是汇票质押的形式要件要求。

汇票质押，是指以汇票设定质权，为债权人实现债权提供担保为目的进行背书，设置质权。它是由背书人通过背书的方法，将汇票转移给质权人，以汇票金额的给付作为对质权人债权实现进行担保的担保物权。背书人在设定质押担保时，必须在汇票的背书中载明“质押”字样，并签名盖章。如果出质人在汇票上未以背书记载“质押”字样，或者虽然以背书记载了“质押”字样而未在票据上签章，甚至出质人未在汇票或粘单上记载“质押”字样而是另行签订质押合同、质押条款的，都不构成汇票质押。因此，汇票质押成立，须在汇票背书记载“质押”字样，同时还须在票据上盖章，还要将汇票交付给质权人。三个要件缺一不可的，汇票质押成立，法院应当认定质权从汇票交付质权人时设立。

由于汇票质押具有这样的特殊要求，因而本条司法解释确定了三个规则：

（1）以汇票出质，如果未以背书记载“质押”字样，即使汇票已经交付质权人占有，质权人仅以汇票已经交付为由主张质权已经设立的，并不符合法律规定的汇票质押的特别要求，因为没有以背书记载“质押”字样，因而汇票质押并未成立的，人民法院对其请求不予支持。

（2）以汇票出质，虽然以背书方式记载了“质押”字样，但是并未在票据上签章，也不符合法律对汇票质押法律关系成立的要求，质权人并未取得汇票的质权。因此，质权人主张质权已经设立的，人民法院不予支持，驳回其诉讼请求。

（3）汇票应当已经交付质权人。将汇票交付质权人的时间，就是汇票质权设立的时间。

【案例解读】

科发公司诉一坤经营部票据返还请求权纠纷案[①]

基本案情

2016年9月29日，海峡城公司开出收款人为中建一局的商业承兑汇票2张，金额各为50万元，后中建一局将该2张商业承兑汇票背书给科发公司。另海峡城公司出具说明2份，载明因与中建一局存在劳务合同关系，故将案涉商业承兑汇票开具给中建一局。中建一局出具证明2份，载明因中建一局与科发公司存在劳务合作关系，将案涉2张承兑汇票背书于科发公司。

科发公司出具情况说明称2017年1月因结算需要使用案涉2张商业承兑汇票，发现票据遗失。2017年3月15日，科发公司因遗失案涉2张商业承兑汇票向南京市秦淮区人民法院申请公示催告，申报人一坤经营部于2017年3月27日持2张商业承兑汇票向法院申报。原来，2016年11月25日，一坤经营部（乙方）与汇特公司（甲方）签订汇票质押合同1份，约定甲方向乙方筹借资金，将自己持有的汇票质押给乙方，质押金额92.8万元；两张汇票质押期2天，质押期结束甲方未将上述汇票赎回，则上述汇票归乙方所有。当日，一坤经营部委托巨飞公司向汇特公司汇款92.8万元，汇特公司将2张汇票交付一坤经营部。

原告科发公司遂向法院提出诉讼请求：确认原告对两张商业承兑汇票享有票据权利，判令被告返还上述商业承兑汇票。

---

① 审理法院：江苏省南京市江宁区人民法院，案号：（2017）苏0115民初4972号。

法院判决

法院认为：案涉票据形式完备，绝对记载事项齐全，为有效票据。相关法律规定：票据的签发、取得和转让，应当遵循诚实信用的原则，具有真实的交易关系和债权债务关系；持票人因重大过失取得不符合本法规定的票据的，也不得享有票据权利；以背书转让的汇票，背书应当连续；持票人以背书的连续，证明其汇票权利；非经背书转让，而以其他合法方式取得汇票的，依法举证，证明其汇票权利；汇票可以设定质押，质押时应当以背书记载“质押”字样；出质人未在汇票、粘单上记载“质押”字样而另行签订质押合同、质押条款的，不构成票据质押。

关于一坤经营部是否享有案涉票据的票据权利的问题，法院认为：1. 一坤经营部取得票据时票据上记载的前手为科发公司，一坤经营部未提交证据证明其以合法方式从汇票前手科发公司处取得汇票，汇特公司在庭审中亦陈述其并非从科发公司处取得该汇票，故一坤经营部与科发公司间、汇特公司与科发公司间不存在真实交易和债权债务关系。2. 本案诉讼发生时，一坤经营部系案涉票据的持票人，其系通过与汇特公司签订质押合同而取得案涉票据。该票据质押未经背书登记，也未在汇票上记载质押字样，虽另行签订了质押合同，但根据法律规定不构成票据质押。综上，一坤经营部在取得案涉 2 张承兑汇票时明知汇特公司并非票据前手亦未了解票据来源，取得票据存在重大过失，一坤经营部非案涉票据合法持有人，不享有票据权利。涉案票据在经出具并交付给中建一局后，背书转让给科发公司，科发公司系票据权利人，一坤经营部应将案涉票据返还科发公司。

法理解读

本案中，为了担保一坤经营部债权的实现，汇特公司将自己持有的汇票质押给一坤经营部。双方签订了质押合同，也完成了交付，但是票据质押未经背书登记，也未在汇票上记载质押字样。此时就涉及汇票质押是否有效设立的问题。

关于汇票质押的设立，《票据法》与原《物权法》原《担保法》存在冲突。原《担保法》第76条规定了以汇票出质的权利质权，须将权利凭证交付质权人。质押合同自权利凭证交付之日起生效。原《最高人民法院关于适用〈中华人民共和国担保法〉若干问题的解释》第98条进一步规定，以汇票出质的，没有背书记载质押字样，不得以票据的出质对抗善意第三人。原《物权法》第224条延续了原《担保法》第76条的内容，规定了汇票质押，须将权利凭证交付给质权人。据此，汇票质押的生效要件是交付，背书仅是对抗要件，即汇票质押经交付设立，未经背书质押，不得对抗善意第三人。与此相反的是，《票据法》第35条第2款规定了汇票质押应当背书记载质押字样。《最高人民法院关于审理票据纠纷案件若干问题的规定》第55条则规定了汇票质押应当签章。进一步规定出质人未在汇票上记载质押字样而另行签订质押合同、质押条款的，不构成票据质押。

因潜在的立法冲突，学术界与实务界对汇票质押的有效设立存在不同的看法。第一种观点认为，依照原《物权法》与原《担保法》的规定，是否背书并不影响票据质押行为的成立。即使未经过背书，票据质权依然有效设立，不过不得对抗善意的第三人。第二种观点认为，应当依照《票据法》的规定，进行背书，否则质权不成立。第三种观点认为，背书质押、交付票据均可以有效设立票据质权。

《民法典》第441条终结了这一立法争议，规定了票据出质时，质权自权利凭证交付质权人时设立；没有权利凭证的，质权自办理出质登记时设立。法律另有规定的，依照其规定。据此，票据质押除了应当完成交付之外，还应当按照《票据法》第35条以及《最高人民法院关于审理票据纠纷案件若干问题的规定》第55条的规定背书记载质押字样并签章。本司法解释第58条在此基础上进一步规定当事人以背书记载“质押”字样并在汇票上签章，汇票已经交付质权人的，质权自汇票交付质权人时设立。

回到本案中，一坤经营部虽然通过签订质押合同的方式取得了案涉票据，但该汇票上未背书记载质押字样，应当认定汇票质权未有效设立，一坤经营部无法享有优先受偿权。如若一坤经营部取得案涉票据时，背书记载了质押字样，并且进行了签章，完成了交付，则质权有效设立，设立的起始时间为交付之日。

第五十九条 **存货人或者仓单持有人在仓单上以背书记载“质押”字样，并经保管人签章，仓单已经交付质权人的，人民法院应当认定质权自仓单交付质权人时设立。没有权利凭证的仓单，依法可以办理出质登记的，仓单质权自办理出质登记时设立。**

出质人既以仓单出质，又以仓储物设立担保，按照公示的先后确定清偿顺序；难以确定先后的，按照债权比例清偿。

保管人为同一货物签发多份仓单，出质人在多份仓单上设立多个质权，按照公示的先后确定清偿顺序；难以确定先后的，按照债权比例受偿。

存在第二款、第三款规定的情形，债权人举证证明其损失系由出质人与保管人的共同行为所致，请求出质人与保管人承担连带赔偿责任的，人民法院应予支持。

【条文要义】

本条司法解释的条旨是仓单质押成立的要件和同一仓储物签发多份仓单出质的效力。

1. 出质的仓单必须符合仓单要件的要求

仓单，是指保管人在收到仓储物时，向存货人出具的表示收到了一定数量的仓储物的法律文书。存货人交付了仓储物，保管人应当向存货人开具由其签名的仓单。仓单的作用是：（1）证明保管人已经收到仓储物，保管人与存货人之间仓储关系客观存在。（2）仓单是有价证券，是记名的物权证券，可以背书转让。（3）是提取仓储物的凭证，存货人或者仓单持有人可以凭仓单提取仓储物。

一个完整的仓单，必须记载《民法典》第909条规定的事项。按照这一规定，仓单除了须有保管人的签字或者盖章之外，还须明确记载以下内容，不能有缺项：（1）存货人的名称或者姓名和住所：因为仓单是记名证券。（2）仓储物的品种、数量、质量、包装、件数和标记：因为仓单可经背书而发生物权转移的效力，必须明确以上事项。（3）仓储物的损耗标准：避免发生纠纷。（4）储存场所：便于被背书人明确仓储物的所在位置。（5）储存期间：便于被背书人及时提取仓储物。（6）仓储费：明确缴纳数额和时间。（7）仓储物已经办理保险的，其保险金额、期间以及保险公司的名称：便于保险费计入成本。（8）填发人、填发地和填发日期：填发人应当签名或者盖章。上述八项事项必须记录完整，缺少其中一项，都会导致仓单无效。

既然仓单无效，再以无效的仓单设置质权，质权当然也不发生效力。因此，当事人以不符合该条规定的仓单出质，质权人主张实现质权的，人民法院应当认定仓单质押无效，不支持其诉讼请求。

对没有权利凭证的仓单，也可以依照法律规定出质。依法可以办理出质登记的，仓单质权自办理出质登记时设立。

按照本条司法解释的规定，仓单质押成立的要件是：（1）存货人或者仓单持有人在仓单上进行质押背书，即在仓单上以背书形式记载质押字样。（2）保管人签章，而不是由其他人签章。（3）仓单已经交付质权人。具备上述三个要件，仓单质押成立，设立了质权，该质权自交付仓单之日起设立。

2. 以仓单出质又以仓储物设立质权的效力

出质人在以仓单设置质权后，仓单成为质押标的，而仓单就是仓单项下的权利标的物，仓单设立质权后，仓单项下的仓储物就成了质押财产。但是，由于仓单与仓储物的分离，因而有可能使仓储物的权利人又以仓储物设置质权。对于这种情况，即出质人以符合法律规定的仓单出质后，又以仓储物为其他债权人设立质押，质权人请求确认仓储物质押无效的，有两种意见：（1）认为人民法院应予支持；（2）认为应当综合考察质权是否有效设立，以及设立先后来确定清偿顺序。本司法解释采取第二种意见，仓单质权和仓储物担保物权同时有效，只是在效力的先后上，按照公示的先后确定清偿顺序，公示在先的，具有优先受偿的效力。如果难以确定两个担保物权公示的先后，则按照债权比例清偿。

3. 同一仓储物签发多份仓单设置多个仓单质押的效力

在仓储关系中，如果出现在同一仓储物上签发了多份仓单，当事人又以多个仓单设置多个仓单质押，究竟应当认为哪个仓单质押有效，本条司法解释的意见是，所有的仓单质押只要符合法律要求的要件，就都有效，只是各个仓单质押的效力是有先后顺序的。所以，最先取得仓单的债权人主张对仓储物优先受偿的，其仓单质押有效，人民法院应予支持最先取得仓单的债权人的请求，对仓储物优先受偿，即时间优先，权利优先；如果所有的仓单质押都有效，又无法认定取得仓单成立质权时间的先后顺序的，则由取得仓单的各债权人按照债权比例平均受偿。

如果存在上述第二种和第三种规定的情形的，债权人举证证明其损失是由出质人与保管人的共同行为造成的，双方的行为具有共同的原因力，造成了同一个损害结果，应当承担连带赔偿责任。因此规定，债权人请求出质人与保管人承担连带赔偿责任的，人民法院应予支持。

【案例解读】

乌鲁木齐铁路局公司诉浦全公司等买卖合同纠纷案[①]

基本案情

2015 年 6 月 26 日，乌鲁木齐银行民升支行与昊融公司签订了《仓单质押合同》，约定：1.1 出质标的为仓单。2.1 担保的主债权为主合同项下

---

① 审理法院：一审法院为乌鲁木齐铁路运输中级法院，案号：（2015）乌中民初字第 37 号；二审法院为新疆维吾尔自治区高级人民法院，案号：（2016）新民终 405 号；再审法院为最高人民法院，案号：（2017）最高法民申 704 号。

的各项债权。2.2 担保范围为主合同项下本金及利息、复利、罚息、违约金、损害赔偿金和实现债权的费用。7.1 下列之一情况出现时，质权人有权依法拍卖、变卖仓单及其项下货物，所得价款用于提前清偿被担保债权及有关费用；出质人不同意提前清偿的，应将所得价款存入质权人指定的保证金账户，未经质权人书面同意不得支取。主债权到期未受清偿时，质权人可以该账户中的价款直接受偿…… (2) 开立信用证、开立银行承兑汇票、开立担保函等业务项下，债务人未按时足额偿还质权人垫付的款项……

2015 年 6 月 26 日、7 月 30 日，乌鲁木齐银行民升支行（甲方）、昊融公司（乙方）、天顺公司（丙方）签订了《仓单质押监管协议》，约定：1.1 乙方向甲方申请授信时，提交丙方开出的以乙方为存货人的仓单为其债务设定仓单质押担保。2.1 乙方将其所有的货物提交丙方保管，丙方据此开具以乙方为存货人的仓单。2.2 乙方与甲方签署《仓单质押合同》，并将其根据前款约定取得的仓单作为质押背书后交给甲方，甲方在仓单上盖章确认后提交丙方确认。3.1 乙方保证对仓单及仓储物享有充分的处分权，不存在任何瑕疵、争议、诉讼（仲裁）或任何未告知甲方的第三人权益情况。3.2 丙方保证经其确认的质押仓单是真实的、有效的、合法的、唯一的。

2015 年 6 月 26 日、7 月 30 日天顺公司和昊融公司共同签字盖章出具了仓单，并签认了《仓单质押监管确认书》及《仓单质押监管确认书》（回执）。2015 年 7 月 6 日昊融公司和乌鲁木齐银行民升支行就仓单项下存货在米东区工商行政管理局办理了《动产抵押登记书》。

乌鲁木齐银行民升支行向法院起诉，请求对质押仓单项下的货物行使优先受偿权。

法院判决

原审法院认为，本案的争议焦点为乌鲁木齐银行民升支行与昊融公司的《仓单质押合同》是否成立且有效，乌鲁木齐银行民升支行对质押仓单项下的货物是否可以行使优先受偿权。

2015 年 6 月 26 日乌鲁木齐银行民升支行与昊融公司签订了《汇票承兑合同》，为了担保该合同项下的债务，同日，乌鲁木齐银行民升支行与昊融公司签订了《仓单质押合同》，根据《中华人民共和国物权法》第二百二十四条规定："以汇票、支票、本票、债券、存款单、仓单、提单出质的，当事人应当订立书面合同。质权自权利凭证交付质权人时设立。"本案中乌鲁木齐银行民升支行与昊融公司订立了书面质押合同，该合同系双方真实意思表示，依法成立。但质权成立且生效的基础是出质人对质物享有所有权。本案中昊融公司自己盖章的仓单是否可以作为其享有仓单项下货物所有权的权利凭证。根据《中华人民共和国合同法》第三百八十七条规定："仓单是提取仓储物的凭证。"通常意义上讲，仓单是保管人收到仓储物后给存货人开具的提取仓储物的凭证。它可以证明存货人交付了仓储物以及保管人已经收到了仓储物的事实，但并不当然地证明存货人即仓储物的所有权人。从本案查明的事实来看，昊融公司并非钢铁生产企业，该批货物系由浦全公司生产，在没有该批货物购货合同、付款凭证等情况下即没有证据证明昊融公司取得该批货物所有权，仅以昊融公司自己盖章出具的仓单不足以认定仓单项下货物归属于昊融公司。《中华人民共和国商业银行法》第三十六条规定："商业银行贷款，借款人应当提供担保。商业银行应当对保证人的偿还能力，抵押物、质物的权属和价值以及实现抵押权、质权的可行性进行严格审查。"乌鲁木齐银行民升支行故银行负有对质物权属的严格审查义务。现乌鲁木齐银行民升支行仅凭昊融公司自己盖章的仓单就认为昊融公司对仓单项下货物享有所有权，显然未尽到严格审查义务。因此在昊融公司对仓单项下货物所有权不明的情况下设定的仓单质押权不能成立。乌鲁木齐银行民升支行请求对仓单项下货物行使优先受偿权的请求不能成立。

乌鲁木齐银行民升支行不服一审判决，提起上诉。

二审法院认为，本案的争议焦点为乌鲁木齐银行民升支行与昊融公司签订的《仓单质押合同》是否成立且有效，乌鲁木齐银行民升支行对质押仓单项下的货物是否享有优先受偿权。

2015年6月26日，乌鲁木齐银行民升支行与昊融公司签订了《汇票承兑合同》，为担保该合同项下债务的履行，同日，双方签订了《仓单质押合同》。《仓单质押合同》是双方真实意思表示，内容未违反法律、法规的禁止性规定，合法有效。《中华人民共和国物权法》第二百二十四条规定："以汇票、支票、本票、债券、存款单、仓单、提单出质的，当事人应当订立书面合同。质权自权利凭证交付质权人时设立。"本案中，乌鲁木齐银行民升支行与昊融公司订立了书面仓单质押合同，权利凭证（仓单）亦已交付乌鲁木齐银行民升支行，故乌鲁木齐银行民升支行享有的质权依法成立。原审判决依据《中华人民共和国物权法》第二百零八条第一款及《中华人民共和国商业银行法》第三十六条的规定，认为无法证实昊融公司已取得质物所有权，乌鲁木齐银行民升支行未对质权的可行性进行严格审查，故对乌鲁木齐银行民升支行与昊融公司之间的仓单质押权的效力不予认定。对此该院认为，首先，根据原审查明的事实，2015年6月10日，乌鲁木齐银行民升支行、昊融公司对第三方监管企业天顺公司共同对质押仓单所记载的货物进行清点。2015年6月11日，天顺公司与浦全公司签订《监管货物场地租赁合同》，约定浦全公司无权对监管区域内的相关货物进行任何处置。2015年6月26日、7月30日，乌鲁木齐银行民升支行、昊融公司、天顺公司签订《仓单质押监管协议》，天顺公司和昊融公司共同签字盖章出具了两份仓单，并签订了《仓单质押监管确认书》（回执）。2015年7月6日昊融公司和乌鲁木齐银行民升支行就仓单项下存货在米东区工商行政管理局办理了《动产抵押登记书》。上述行为或事实符合仓单质押的基本流程，且仓单项下存货的品名及数量清楚明确；其次，根据原审查明的事实，浦全公司与昊融公司属于共同使用一个场地、厂区、同一班人马两块牌子，浦全公司使用昊融公司的地磅及磅单进行钢坯的过磅验收。在浦全公司与天顺公司签订的《监管货物场地租赁合同》中，双方对监管区域内的货物是明确的，并约定浦全公司无权进行任何处置。故目前并没有确凿的证据可以证实仓单质押合同项下货物的所有人即为浦全公司，而非昊融公司。综上，乌鲁木齐银行民升支行与昊融公司之间的《仓单质押合同》的签订及履行符合相关法律规定及仓单质押的基本流程，在没有确切证据证实仓单质押合同项下货物所有权人即为浦全公司的情况下，并基于浦全公司与昊融公司之间如前所述的关联关系，乌鲁木齐银行民升支行依据昊融公司和天顺公司加盖公章出具的仓单认为昊融公司对仓单项下货物享有所有权，并不存在过错。原审判决对此认定有误，该院依法予以纠正。综上，乌鲁木齐银行民升支行与昊融公司于2015年6月26日签订的《仓单质押合同》合法有效，乌鲁木齐银行民升支行对仓单记载的用以质押担保的货物在质押担保范围内享有优先受偿权。

法理解读

本案中，为了担保乌鲁木齐银行民升支行债权的实现，昊融公司与乌鲁木齐银行民升支行订立了书面仓单质押合同，并将仓单交付乌鲁木齐银行民升支行。此时涉及仓单质权是否有效设立的问题。

关于仓单质权的设立，原《担保法》第76条规定，应当将权利凭证交付质权人，质押合同自权利凭证交付之日起生效。原《物权法》第224条将质押合同的生效与质权的有效设立区分开来，规定了仓单质权自权利凭证交付质权人时设立。没有权利凭证的仓单，仓单质权自办理出质登记时设立。《民法典》第441条延续了这一规则，继续规定了仓单质权自权利凭证交付质权人或者办理出质登记时设立。

至于仓单质押是否需要进行背书记载质押字样或者签章，原《担保法》《物权法》及《民法典》物权编均未作出直接的规定。最早涉及背书质押以及盖章的是原《合同法》第387条。原《合同法》专设一章规定了仓储合同，其中第387条规定了仓单是提取仓储物的凭证。存货人或者仓单持有人在仓单上背书并经保管人签字或者盖章，可以转让提取仓储物的权利。《民法典》第910条延续了这一规则，继续规定了存货人或者仓单持有人转让提取仓储物的权利时，须在仓单上背书并经保管人签字或者盖章。然而，仍旧未对仓单质押是否需要背书质押或者签章作出回答。本司法解释第59条第1款补足了这一立法漏洞，明确规定了仓单质押时，必须有背书记载质押的字样以及保管人的签章。在此基础上，有权利凭证的仓单，质权自仓单交付时设立；没有权利凭证的仓单，质权自办理出质登记时设立。

回到本案中，目前已知的事实是乌鲁木齐银行民升支行与昊融公司订立了书面质押合同，并完成了仓单的交付。是否对仓单进行了背书质押以及盖章，尚未可知。如若本案发生在本司法解释施行之后，法院应当对此进行严格的审查。只有案涉仓单满足了背书记载质押字样、保管人签章的形式要件，并且完成了交付时，才能认定仓单质权有效设立，乌鲁木齐银行民升支行对仓单下的权利享有优先受偿权。

需要注意的是，本案还有一个重要的问题需要讨论。昊融公司除了交付仓单之外，还与乌鲁木齐银行民升支行就仓单项下存货办理了动产抵押登记。假定昊融公司并不是与乌鲁木齐银行民升支行就仓单项下存货办理了动产抵押登记，而是与第三人就仓单项下存货办理了动产抵押登记或者设定动产质权时，则涉及乌鲁木齐银行民升支行、第三人的优先受偿顺位问题。仓单质押与仓储物的担保有所不同。仓单质押中的客体是仓单；仓储物担保中的客体是仓储物。这样一来就会发生出质人先后以仓单以及仓储物担保的情形。对此，本司法解释第59条第2款作出了规定，即按照公示的先后确定清偿顺序；难以确定先后的，按照债权比例清偿。以此为依据，乌鲁木齐银行民升支行与第三人的清偿顺序应当按照公示的先后顺序来确定；无法确定先后时，将按照各自的债权比例清偿。

第六十条　在跟单信用证交易中，开证行与开证申请人之间约定以提单作为担保的，人民法院应当依照民法典关于质权的有关规定处理。

在跟单信用证交易中，开证行依据其与开证申请人之间的约定或者跟单信用证的惯例持有提单，开证申请人未按照约定

付款赎单，开证行主张对提单项下货物优先受偿的，人民法院应予支持；开证行主张对提单项下货物享有所有权的，人民法院不予支持。

在跟单信用证交易中，开证行依据其与开证申请人之间的约定或者跟单信用证的惯例，通过转让提单或者提单项下货物取得价款，开证申请人请求返还超出债权部分的，人民法院应予支持。

前三款规定不影响合法持有提单的开证行以提单持有人身份主张运输合同项下的权利。

【条文要义】

本条司法解释的条旨是提单质押的效力规则。

依照《民法典》第441条关于"以汇票、本票、支票、债券、存款单、仓单、提单出质的，质权自权利凭证交付质权人时设立；没有权利凭证的，质权自办理出质登记时设立。法律另有规定的，依照其规定"的规定，以提单出质设立质权的规则是：提单质权自权利凭证交付时设立；没有权利凭证，自办理出质登记时设立。法律另有规定的，依照其规定。

提单是作为承运人和托运人之间处理运输中双方权利和义务的依据。提单虽然在一般情况下不是由双方共同签字的一项合同，但是，就构成合同的主要项目如船名、开航日期、航线、靠港以及其他有关货运项目，为众所周知，有运价和运输条件，承运人也是事先规定的。所以，在托运人或其代理人向承运人定舱时，就被认为合同即告成立，所以，虽然条款内容是由承运人单方拟就，托运人也应当认为双方已认可，即成为运输合同，是日后处理运输中各种问题的依据。

按照提单的一般规则，占有提单就具有货权，就可以取得提单所指示的货品的权属。但是，在以提单设置质权时，质权人取得的不是质押财产的所有权，而是质押财产的担保物权即质权。因此，质权人取得提单，只是取得了质押提单项下的货品的质权，而不能取得质押提单项下的货品的所有权。如果质权人取得质押提单之后，主张自己取得了质押提单项下的所有权，就等于确认了质押合同中流质条款的效力。这是不符合《民法典》关于流质约定无效规定要求的。所以，本条规定，在信用证交易中，开证行根据其与开证申请人之间的约定持有提单，如果开证行以持有提单为由，主张其对提单项下的货物享有所有权的，人民法院当然不予支持，应当予以驳回。但是，开证行如果主张对提单项下的货物优先受偿的，由于质押提单设置的是质权，质权人当然有权主张实现质权，其以提单项下的货物变价优先受偿，实现债权的，人民法院应当予以支持，判决其实现质权，并以提单质权项下的货物优先实现其债权。

本条司法解释规定的规则是：

1. 在跟单信用证交易中，开证行根据其与开证申请人之间的约定持有提单，成立提单质押，人民法院应当依照《民法典》关于质权的有关规定处理。当然，当事人之间如果有担保的意思表示，更能够证明提单质权的成立。在此情形下，持有提单的人就是质权人。质权人对于提单享有质权，当然也涉及提单下的货物，作为担保物。但是，对于提单项下的担保物，质权人只享有质权，而不享有所有权，因此，开证行如果主张提单项下的货物所有权的，相当于主张流质，因而是不成立的。但是，开证行主张对提单项下的货物优先受偿的，就是正当的请求，人民法院应予支持。

2. 在跟单信用证交易中，开证行与开证申请人之间约定，开证申请人未能按照约定付款赎单时，提单项下货物所有权归开证行所有，仍然属于流质条款，也是不成立的。开证行主张对提单项下的货物优先受偿，是有法律依据的，因此，法院予以支持。开证行据此主张对提单项下的货物享有所有权的，人民法院不予支持。

3. 在跟单信用证交易中，开证行依据其与开证申请人之间的约定或者跟单信用证的惯例，通过转让提单或者提单项下货物取得价款，是法律允许的，也是有效的。但是，如果开证行取得的价款超过债权部分，开证申请人请求返还超出债权部分的，人民法院予以支持。

4. 前三款关于提单质权效力的规定，都不影响合法持有提单的开证行以提单持有人身份，主张运输合同项下的权利，即在运输合同项下的提单的货物，受到提单质权的约束。

【案例解读】

建行荔湾支行与蓝粤能源等信用证开证纠纷案[①]

基本案情

2011年12月5日，建行荔湾支行与蓝粤能源签订《贸易融资额度合同》及相关附件，约定自2011年12月22日至2012年11月25日，建行荔湾支行向蓝粤能源提供最高不超过等值5.5亿元的贸易融资额度，其中包括开立承付期限90天（含）以内、额度为等值5.5亿元整的远期信用证。

2012年11月2日，蓝粤能源向建行荔湾支行申请开立贸易融资额度为8592万元的远期信用证。同时为申请开立上述信用证，蓝粤能源向建行荔湾支行出具了《信托收据》和签订了编号为2012荔质185号的《保证金质押合同》。《信托收据》确认自该收据出具之日起，建行荔湾支行即取得上述信用证项下所涉单据和货物的所有权，建行荔湾支行与蓝粤能源之间确立信托法律关系，建行荔湾支行为委托人和受益人，而蓝粤能源则作为上述信托货物的受托人。《保证金质押合同》约定蓝粤能源交纳950万元保证金，后又追加保证金31万元，为上述债务提供质押担保。建行荔湾支行于2012年11月2日为蓝粤能源开出了编号为44016010002089号的跟单信用证，并向蓝粤能源发出《开立信用证通知书》。信用证开立后，蓝粤能源进口了164998吨煤。随后建行荔湾支行对该信用证进行了承兑，

---

① 审理法院：最高人民法院，案号：(2015) 民提字第126号。

并向蓝粤能源放款84867952.27元，用于蓝粤能源偿还建行首尔分行信用证垫付款。至于蓝粤能源进口的164998吨煤炭提货单由蓝粤能源交付给了建行荔湾支行。但因其他纠纷，该批煤炭被广西防城港市港口区人民法院查封。建行荔湾支行就该保全查封已向广西北海海事法院提起了异议，该异议尚在审理中。因该批煤炭被法院查封，建行荔湾支行未能提货变现。

蓝粤能源在款项到期后未能足额清偿欠款，建行荔湾支行向法院起诉，请求就164998吨煤炭优先受偿。

法院判决

广州市中级人民法院认为，建行荔湾支行虽持有164998吨煤炭的货运提单，但建行荔湾支行与蓝粤能源并未就该提单依法定程序设定质押。信托收据及提单的交付即便具有为本案债务进行担保的含义，其效力也仅限于双方当事人之间，不产生对抗第三人的效力。尽管蓝粤能源已将164998吨煤炭的提单交付给了建行荔湾支行，但双方并未约定直接以煤炭抵偿欠款。且该提单是否为清洁提单，建行荔湾支行能否凭该提单提取货物抵偿欠款等事项均未确定。根据查明的事实，因其他债务纠纷，该提单项下的煤炭已被有关法院查封，建行荔湾支行并未实际提取煤炭，其债权并未得到实现。因此，建行荔湾支行不享有质权。

建行荔湾支行不服一审判决，向广东省高级人民法院提起上诉。广东高院二审认为，一审判决认定事实清楚，处理结果并无不当，建行荔湾支行的上诉请求和理由依据不足，驳回上诉，维持原判。

建行荔湾支行不服二审判决，向最高人民法院申请再审。

最高人民法院再审认为，根据《中华人民共和国海商法》（以下简称《海商法》）第71条的规定，提单既是证明运输合同成立的证据，也是承运人保证交付货物的单证。又根据《海商法》第78条第1款的规定，提单持有人享有提单载明的债权请求权，亦即提单是提单持有人请求承运人交付货物的债权请求权凭证，从这一意义上而言，提单是债权凭证。与此同时，在海上货物运输合同中，货物所有权人将货物交付给承运人并由承运人实际占有后，并未丧失所有权。既然货物所有权人对货物仍然享有所有权，其当然可以基于对货物的所有权请求承运人返还货物，此为基于所有权产生的原物返还请求权，属于物权请求权的范畴。提单是据以向承运人提取货物的唯一凭证，自然可以表征基于货物所有权所产生的原物返还请求权。从这一意义上说，提单亦系所有权凭证。由此可见，提单具有债权凭证与所有权凭证的双重属性。根据《最高人民法院关于审理无正本提单交付货物案件适用法律若干问题的规定》第 3 条第 1 款的规定，提单持有人之所以可以要求承运人承担违约责任，是基于提单的债权凭证属性，其系享有提单所载权利的债权人；而提单持有人之所以可以要求承运人承担侵权责任，是基于提单的所有权凭证属性，其系提单项下货物的所有权人或基于所有权所设定的他物权人。显然，该司法解释亦认可了提单具有所有权凭证和债权凭证的双重属性。

本案中，建行荔湾支行持有提单乃不争之事实，但其是否就享有提单项下货物所有权，取决于其与蓝粤能源之间的有关合同如何约定。建行荔湾支行与蓝粤能源于 2011 年 12 月 5 日签订的《贸易融资额度合同》及《关于开立信用证的特别约定》，均没有关于在蓝粤能源不能付款赎单情况下建行荔湾支行对提单项下货物享有所有权的任何约定。而根据《信托收据》的上述记载，建行荔湾支行虽持有提单，但并非当然对提单项下货物享有所有权，只有在建行荔湾支行将提单或提单项下货物交由蓝粤能源处置的情况下，蓝粤能源才让与其提单项下货物的所有权。事实上，建行荔湾支行并未将案涉提单或提单项下货物交由蓝粤能源处置，《信托收据》当然亦不能作为其取得提单项下货物所有权的合同依据。因此，建行荔湾支行关于“提单是所有权凭证，其合法持有提单，就享有提单项下货物所有权”的主张，缺乏事实与法律依据，不予支持。建行荔湾支行还称，其主张提单项下货物所有权的最终目的是以货物的处置价款优先清偿信用证垫款产生的债权，不足的差额部分再由蓝粤能源继续清偿。由此可见，其意在以蓝粤能源让与提单项下货物所有权的形式担保债权的实现。但是：

其一，有关合同没有建行荔湾支行所称的“以其享有所有权的货物处置价款优先清偿信用证垫款，不足的差额部分再由蓝粤能源继续清偿”的具体明确约定，该主张缺乏合同依据；其二，即便有相应的合同约定，我国现行法律没有关于以让与动产所有权担保债权这一担保物权类型的规定，根据物权法关于物权法定原则的规定，不能产生物权效力，何来优先受偿？在没有合同依据又没有法律依据的情况下，如果既认定建行荔湾支行对提单项下货物享有所有权，又认定蓝粤能源承担信用证项下全部款项的偿付义务，将导致双重受偿的后果。

本案中，建行荔湾支行主张其享有提单权利质权。根据《中华人民共和国物权法》（以下简称《物权法》）第224条的规定，设立提单权利质押应当同时具备两个要件：一是双方签订了设立提单权利质押的书面合同；二是满足物权公示要件，将权利凭证即提单交付质权人。建行荔湾支行持有提单，具备了提单权利质押设立的公示要件，故考察其是否享有提单权利质权，关键要考量是否具有合同依据。建行荔湾支行主张蓝粤能源向建行荔湾支行出具的《信托收据》具有质押合同的性质，但就《信托收据》的内容来看，蓝粤能源意在将提单及提单项下货物所有权让与建行荔湾支行，以此作为履行还款义务的担保。《信托收据》所载内容虽然体现了以提单及提单项下货物担保建行荔湾支行债权的意思表示，但该意思表示是以让与提单项下货物所有权来提供担保，明显区别于动产质押或权利质押，不应作为认定设立提单权利质押的合同依据。

但蓝粤能源与建行荔湾支行签订的《关于开立信用证的特别约定》第9条第2款中约定，一旦蓝粤能源违约或发生《贸易融资额度合同》中约定的可能危及建行荔湾支行债权的情形之一的，建行荔湾支行有权行使下述一项或几项权利，其中第四项约定有权“行使担保权利”，第五项约定有权“要求甲方追加保证金或乙方认可的其他担保”。由于第四项和第五项的约定具有不同的功能与法律意义，在第五项约定的“其他担保”指向明确的情况下，第四项约定的“行使担保权利”应是指向第五项约定的担保权利之外的担保。至于第四项约定所称的“行使担保权利”是一种什么性质的担保，综合合同约定以及案件事实，可以认为其指的就是提单权利质押，理由如下：其一，跟单信用证的基本机制和惯例就是开证行持有提单，开证申请人付款赎单，开证申请人不付款，开证行就不放单，可见，开证行持有提单是为了担保其债权的实现。如前所述，开证行对提单项下货物并不享有所有权，如果不认定其对提单或提单项下货物享有担保物权，这将完全背离跟单信用证制度关于付款赎单的交易习惯及基本机制，亦完全背离跟单信用证双方当事人以提单等信用证项下的单据担保开证行债权实现的交易目的。其二，《关于开立信用证的特别约定》第 9 条第 2 款除约定了上述第四项、第五项内容外，还约定了第三项，即一旦蓝粤能源违约或发生《贸易融资额度合同》中约定的可能危及建行荔湾支行债权的情形之一的，建行荔湾支行有权“处分信用证项下单据及/或货物”。该约定表明，建行荔湾支行有权以自己的意思处分提单及/或提单项下货物，处分当然包括设定提单质押。由于这种处分权的事先赋予，建行荔湾支行事后作出将自己所持有的提单设定质权的意思表示完全符合第三项的约定。当然，即便建行荔湾支行事后作出以提单项下货物所有权担保其债权实现的意思表示亦符合第三项的约定，只是以货物所有权担保其债权实现，违反物权法定原则。在建行荔湾支行既主张以提单项下货物所有权担保其债权，又主张提单质权的情况下，应当支持更符合法律规定的主张，认定该项约定所谓的处分为设定提单质权。

综上，建行荔湾支行持有提单，提单可以设立权利质权，有关合同既有设定担保的一般约定，又有以自己的意思处分提单的明确约定，因此应当认定建行荔湾支行享有提单权利质权。根据查明的事实，提单项下货物已被其他法院所查封，且有关法院已依据生效判决采取执行措施。建行荔湾支行可以依据该判决向执行法院请求参加执行分配，其提单质权如果与其他债权人对提单项下货物所可能享有的留置权、动产质权等权利产生冲突的，可在执行分配程序中依法予以解决。

法理解读

本案中，建行荔湾支行为蓝粤能源进口煤炭开立了信用证后，蓝粤能源将其提货单交付给建行荔湾支行。蓝粤能源在付款期限届满后未向建行荔湾支行足额支付垫付款，此时就涉及建行荔湾支行是否对提单项下的货物享有优先受偿权利的问题。也就是说，建行荔湾支行与蓝粤能源是否设立了有效的提单质权。

一般而言，提单质权的设立必须具备两个条件，一是双方达成了设立提单质权的合意；二是质押人将权利凭证交付给质权人。关于跟单信用证下银行的提单质权的设定方式是否必须具有合意，还是当然取得质权，原《担保法》《物权法》以及《民法典》物权编均未作出规定。《最高人民法院关于审理信用证纠纷案件若干问题的规定（讨论稿）》第14条曾规定："开证人根据信用证的规定接受单据并付款后取得了对有关单据质押权，当开证申请人拒绝按照约定付款赎单时，开证人有权按照《中华人民共和国担保法》有关质押的规定径行处理单据或单据项下的货物并就处理所得优先受偿，但当事人之间另有约定的除外。"但正式通过的《最高人民法院关于审理信用证纠纷案件若干问题的规定》中无此条文。本司法解释第60条第2款在前述讨论稿的基础上，明确规定了在跟单信用证交易中，开证行依据其与开证申请人之间的约定或者惯例持有提单，开证申请人未按照约定付款赎单，开证行有权就提单项下货物优先受偿，而无权主张对提单项下的货物享有所有权。这是因为，跟单信用证的运行机制就是开证行持有提单，开证申请人付款赎单。如果开证申请人不付款，开证行就不放单。从这个意义上而言，提单是对开证行债权的担保。当开证行按照与开证申请人的约定或者惯例持有提单时，就取得了对提单项下货物的优先受偿权。

回到本案中，建行荔湾支行为蓝粤能源开展了跟单信用证交易。本案再审法院结合双方所签订的《贸易融资额度合同》和《关于开立信用证的特别约定》，通过合同解释的方法，肯定了双方达成提单质押的合意。在完成了提单交付的基础上，认定建行荔湾支行取得了提单质权，有权就提单项下的货物优先受偿。可见，该裁判明确了跟单信用证交易中提单质权的设立规则，避免了该规则的缺位给国际贸易及司法实践造成的困扰。[①]如若类似的案件再度发生，跟单信用证交易中的开证行就可以本司法解释第60条为规范依据，请求就提单项下的货物优先受偿。

第六十一条　以现有的应收账款出质，应收账款债务人向质权人确认应收账款的真实性后，又以应收账款不存在或者已经消灭为由主张不承担责任的，人民法院不予支持。

以现有的应收账款出质，应收账款债务人未确认应收账款的真实性，质权人以应收账款债务人为被告，请求就应收账款优先受偿，能够举证证明办理出质登记时应收账款真实存在的，人民法院应予支持；质权人不能举证证明办理出质登记时应收账款真实存在，仅以已经办理出质登记为由，请求就应收账款优先受偿的，人民法院不予支持。

以现有的应收账款出质，应收账款债务人已经向应收账款债权人履行了债务，质权人请求应收账款债务人履行债务的，人民法院不予支持，但是应收账款债务人接到质权人要求向其履行的通知后，仍然向应收账款债权人履行的除外。

以基础设施和公用事业项目收益权、提供服务或者劳务产生的债权以及其他将有的应收账款出质，当事人为应收账款设立特定账户，发生法定或者约定的质权实现事由时，质权人请求就该特定账户内的款项优先受偿的，人民法院应予支持；特定账户内的款项不足以清偿债务或者未设立特定账户，质权人

① 刘贵祥、刘敏、高晓力：《跟单信用证下持有提单的开证行享有何种权利?》，载《法制与经济》2016年第2期。

请求折价或者拍卖、变卖项目收益权等将有的应收账款，并以所得的价款优先受偿的，人民法院依法予以支持。

【条文要义】

本条司法解释的条旨是应收账款质押的效力。

以应收账款出质的，质权自办理出质登记时设立。应收账款质权是《民法典》第445条第2款规定的质权，内容是："应收账款出质后，不得转让，但是出质人与质权人协商同意的除外。出质人转让应收账款所得的价款，应当向质权人提前清偿债务或者提存。"

应收账款质权也叫不动产收益权质权，是指以应收账款请求权为标的而设立的质权。应收账款，是指权利人因提供一定的货物、服务或设施而获得的要求义务人付款的权利，但不包括因票据或其他有价证券而产生的付款请求权。

具体的应收账款权利是：(1) 销售产生的债权，包括销售货物，供应水、电、暖，以及知识产权的许可使用等；(2) 出租产生的债权，包括出租动产或不动产；(3) 提供服务产生的债权；(4) 公路、桥梁、隧道、渡口等不动产收费权；(5) 提供贷款或其他信用产生的债权。

设立应收账款质权，须以应收账款出质，当事人应当订立书面合同。质权自信贷征信机构办理出质登记时设立。信贷征信机构，是指中国人民银行的征信中心，该中心具体办理应收账款质押登记。登记由质权人办理，质权人也可以委托他人办理。登记的内容包括质权人和出质人的基本信息、应收账款的描述、登记期限，质权人应将在办理质押登记前与出质人签订的协议作为登记附件提交给登记公示系统。质权人可以与出质人约定将主债权金额等项目作为登记内容。应收账款出质后不得转让，但是经出质人与质权人协商同意的除外。出质人转让应收账款，其所得的变价款应当向质权人提前清偿债务，或者进行提存，实现质权。

针对《民法典》第445条规定的以上内容，本条司法解释对应收账款质权的具体问题作出了规定。

1. 应收账款债务人确认应收账款真实性后又否认其真实性

以现有的应收账款出质，应收账款债务人向质权人确认应收账款的真实性后，当然就成立质权，出质人和债权人是双方当事人。但是，在设立质权时，应收账款债务人已经向质权人确认应收账款的真实性，但是，又以应收账款不存在或者已经消灭为由，主张自己不承担责任的，人民法院不予支持。

2. 应收账款债务人未确认应收账款的真实性

以现有的应收账款出质，如果在设立质权时，应收账款债务人未确认应收账款的真实性，质权人以应收账款债务人为被告，请求就应收账款优先受偿的，举证责任在质权人。质权人能够举证证明办理出质登记时应收账款真实存在的，质权人主张的质权就依法存在，其行使权利的请求就有法律依据，因此，人民法院应予支持；质权人如果不能举证证明办理出质登记时应收账款真实存在，就没有完成举证责任，不能证明质权成立。如果其仅以已经办理了出质登记为由，请求就应收账款优先受偿的，人民法院不予支持。

3. 现有的应收账款质押是否通知债务人的法律效果

应收账款债权人向质权人设置现有的应收账款质权，应当通知应收账款债务人。债务人接到通知后，知道该应收账款已经设置了质押，应当向质权人履行债务。本条司法解释根据这个规则，确定以下两个规则：

（1）以现有的应收账款出质，当事人即质权人或者应收账款债权人未通知应收账款债务人，应收账款债务人向债权人履行债务，质权人请求就债权人所得价款优先受偿的，人民法院不予支持。这是因为，质权人在取得质权时未告知应收账款债务人，自己存在过失，实际上等于自己的应收账款质权并未成立，因此，即使应收账款债务人向债权人履行了债务，债权人受领了该给付，质权人也不能对该给付取得优先受偿权，而只能是普通债权平等受偿，对质权人优先受偿的请求法院不予支持。

（2）应收账款质权设置后，已经通知应收账款债务人的，如果应收账款债务人仍然向债权人履行，导致应收账款消灭，质权人的质权成立，应当受到保护。由于应收账款债务人知道设置质权而仍然向债权人履行清偿义务，为有过失；债权人在设置了应收账款质权后，还接受债务人的履行，也有过失。因而，质权人请求债权人和应收账款债务人承担连带赔偿责任的，人民法院应予支持。

4. 以收益权、收费权设定的质权应当设立应收账款特定账户

以基础设施和公益事业项目的收益权设置质权，如公路桥梁、公路隧道或者公路渡口等不动产收费权出质，以及提供服务或者劳务产生的债权，以及其他将有的应收账款出质，为应收账款质权的收益权、收费权质权，当然可以依法设立。以收益权、收费权设置质权，对于所收费用应当设定特定账户存放所收费用，以便质权人行使质权。因此，收费权质权设立后，是否设立特定账户，就是确定怎样行使收费权质权的主要标准。

（1）当事人为应收账款设定了特定账户，当发生法定或者约定的质权实现事由时，如果质权人请求就该特定账户内的应收账款优先受偿的，是依法行使质权的行为，人民法院应予支持。如果特定账户内的款项不足以清偿债务，质权人有权请求以折价或者拍卖、变卖的价款优先受偿。

（2）当事人没有为收费权质权设定特定账户，就不能以特定账户的应收账款实现质权。但是，由于质权已经成立，质权人享有质权，如果质权人请求拍卖、变卖应收账款以实现质权的，人民法院应予支持，以拍卖、变卖应收账款所得价款优先受偿。

【案例解读】

建行吴山支行诉中铁十五局第二公司等金融借款合同纠纷案[①]

基本案情

中交物产公司因资金需要向建设银行吴山支行提出借款申请，建设银行吴山支行审核时要求中交物产公司提供相应担保，中交物产公司提出以其所有的房屋提供抵押担保、以其所有的应收账款提供质押担保，同时再提供人的保证。为此，中交物产公司向建设银行吴山支行提交房产证及与中铁十五局第二公司于2014年2月11日签订的《购销合同》等材料。建设银行吴山支行按贷款发放流程对上述担保进行审查。2014年9月，建设银行吴山支行就中交物产公司对中铁十五局第二公司上述《购销合同》中的5145万元应收账款进行核实，为此，建设银行吴山支行向中铁十五局第二公司出示由建设银行吴山支行和中交物产公司共同盖章的《应收账款质押通知书》。该通知书上言明：中交物产公司已完成《购销合同》项下的发货义务，对中铁十五局第二公司享有金额为5145万元的应收账款，现中交物产公司将该应收账款质押给建设银行吴山支行，建设银行吴山支行有权要求中铁十五局第二公司履行付款义务。中铁十五局第二公司在通知书的《回执》上盖章，其上载明“我司同意并遵守本质押通知书的全部内容”。2014年9月11日，中交物产公司与建设银行吴山支行签订《应收账款质押合同》（编号为×××）及《应收账款质押/转让登记协议》，约定中交物产公司将其对中铁十五局第二公司的应收账款5145万元出质给建设银行吴山支行；该质押担保范围为贷款合同的本金及利息；担保范围除主债权外，还包括违约金、损失赔偿金、实现债权及担保物权的费用。

① 审理法院：一审法院为杭州市上城区人民法院，案号：（2015）杭上商初字第632号；二审法院为浙江省杭州市中级人民法院，案号：（2017）浙01民终4980号。

次日，建设银行吴山支行在中国人民银行征信中心办理应收账款质押登记手续。

经建设银行吴山支行多次催讨，中交物产公司仍未归还借款本金及利息，其他四被告也未履行其担保责任，遂纠纷成讼。

法院判决

一审法院认为，本案的争议焦点在于建设银行吴山支行能否就中交物产公司对中铁十五局第二公司的5145万元应收账款实现质押权。对此，该院认为，本案5145万元应收账款的质押签订有《应收账款质押合同》，并进行了出质登记，已具备质权的形式要件，但应收账款基础交易（编号为×××的《购销合同》）的真实性决定了应收账款质押权的生效与否。虽然中铁十五局第二公司在建设银行吴山支行向其核实应收账款真实性时做了正面确认，但在庭审时，中交物产公司与中铁十五局第二公司均陈述《购销合同》至今未实际履行，向建设银行吴山支行提供质押的应收账款并未发生过，为办理质押而开具的《购销合同》项下的发票也未入账。而如此大金额的购销业务也缺乏当时业务往来时形成的相关证据。同时法院也查明，在中铁十五局第二公司确认应收账款前，中交物产公司先向其出具了《承诺函》，《承诺函》称“涉案《购销合同》仅是配合我司在银行办理相关业务，与实际购销业务无关，我司承诺：中铁十五局第二公司在此事项中仅是配合我公司办理上述业务，由此产生的一切法律责任由我公司自行承担，与中铁十五局第二公司无关”。从上述事实看，中交物产公司与中铁十五局第二公司合意共同欺骗建设银行吴山支行，使其相信应收账款真实存在意图明显，最终也达到了目的。故该院认为涉案应收账款的基础交易并不真实，应收账款上设立的质押权并未生效，建设银行吴山支行主张对质物实现优先受偿权的诉讼请求，无事实和法律依据，该院不予支持。

宣判后，建设银行吴山支行不服，向二审法院提出上诉。

二审法院认为：《中华人民共和国物权法》第二百二十八条规定，以应收账款出质的，当事人应当订立书面合同，质权自信贷征信机构办理出质登记时设立。根据上述法律规定，应收账款出质应当符合书面要式和登记生效的条件，此外，鉴于应收账款质押是权利质押，该权利是否真实也决定质权是否有效设立。本案中，中交物产公司就其与中铁十五局第二公司签订的编号为×××的《购销合同》项下5145万元应收账款的出质事宜，与建设银行吴山支行签订了《应收账款质押合同》并进行了出质登记，已具备质权设立的形式要件，但中交物产公司、中铁十五局第二公司在一审中均陈述《购销合同》至今未实际履行，向建设银行吴山支行提供质押的应收账款并未发生过，而且在中铁十五局第二公司向建设银行吴山支行确认应收账款前，中交物产公司先向其出具了《承诺函》，《承诺函》称“涉案《购销合同》仅是配合我司在银行办理相关业务，与实际购销业务无关，我司承诺：中铁十五局第二公司在此事项中仅是配合我公司办理上述业务，由此产生的一切法律责任由我公司自行承担，与中铁十五局第二公司无关”。由此可见，涉案应收账款的基础交易并不真实，中交物产公司对中铁十五局第二公司享有的应收账款权利并不实际存在，故本案质权未有效设立，建设银行吴山支行主张对涉案应收账款51450000元享受优先受偿权的诉讼请求，无事实和法律依据，原审法院不予支持正确。至于建设银行吴山支行称即便本案质权未生效，中铁十五局第二公司也应对本案贷款未受清偿的损失承担连带赔偿责任的上诉请求，该院认为，建设银行吴山支行在一审中并未提出该项诉请，此系建设银行吴山支行在二审中增加的诉讼请求，中铁十五局第二公司不同意一并审理，对此双方可另行处理。综上，建设银行吴山支行的上诉理由不能成立，该院对其上诉请求不予支持。据此，依据《中华人民共和国民事诉讼法》第一百七十条第一款第一项之规定，判决驳回上诉，维持原判。

法理解读

本案中，为了担保建设银行吴山支行债权的实现，中交物产公司就其对中铁十五局第二公司的5145万元应收账款设定了质押权，并进行了出质登记。然而，应收账款基础交易的真实性存疑。此时就涉及质权人建设银行吴山支行是否有权向应收账款债务人中铁十五局第二公司主张就应收账款优先受偿的问题。

关于应收账款的真实性是否影响应收账款质押的有效设立，存在不同的看法。第一种观点认为，应收账款本身不存在，应当认定该质权未成立。第二种观点认为，应收账款不存在并不影响质权是否成立。应收账款质押一旦完成登记，质权就有效设立。

之所以出现上述分歧，根源在于原《担保法》《物权法》均未对此作出规定。《民法典》物权编第445条虽规定了以应收账款出质的，质权自办理出质登记时设立，但未对应收账款质押时应收账款的真实性作出限定。唯一与应收账款的真实性有所关联的条文是《民法典》第763条，即"应收账款债权人与债务人虚构应收账款作为转让标的，与保理人订立保理合同的，应收账款债务人不得以应收账款不存在为由对抗保理人，但是保理人明知虚构的除外"。保理合同也是具有担保功能的合同。按照《民法典》第763条的规定，应收账款是否真实并不直接影响保理合同担保功能的发挥。

本司法解释第61条第1款及第2款坚持了《民法典》第763条的立场，规定了应收账款是否真实并不影响应收账款质权的有效性。正确的做法是，根据应收账款债务人是否向质权人确认应收账款的真实性来判断质权是否有效设立。如果应收账款债务人向质权人确认了应收账款的真实性，其不得以应收账款不存在或者已经消灭为由主张不承担责任；如果应收账款债务人未确认应收账款的真实性，质权人只要能够举证证明办理出质登记时应收账款真实存在，就有权针对应收账款优先受偿。之所以以应收账款债务人是否确认应收账款的真实性来判断应收账款质押的有效性，是因为应收账款属于债权，不存在以权利凭证来证明其真实性，而应收账款债务人的确认使得应收账款质权人产生了应收账款客观存在的真实信赖，对该种信赖应当予以保护。[①]

回到本案中，中交物产公司对中铁十五局第二公司享有的应收账款权利并不实际存在。中交物产公司就其对中铁十五局第二公司的应收账款为建设银行吴山支行设定质押权时，应收账款债务人中铁十五局第二公司并未向建设银行吴山支行确认应收账款的真实性，建设银行吴山支行也不能举证证明办理出质登记时应收账款真实存在，无法就该应收账款优先受偿。

第六十二条　债务人不履行到期债务，债权人因同一法律关系留置合法占有的第三人的动产，并主张就该留置财产优先受偿的，人民法院应予支持。第三人以该留置财产并非债务人的财产为由请求返还的，人民法院不予支持。

企业之间留置的动产与债权并非同一法律关系，债务人以该债权不属于企业持续经营中发生的债权为由请求债权人返还留置财产的，人民法院应予支持。

企业之间留置的动产与债权并非同一法律关系，债权人留置第三人的财产，第三人请求债权人返还留置财产的，人民法院应予支持。

【条文要义】

本条司法解释的条旨是留置权的债务人无权请求返还留置权人占有的动产。

留置权是法定担保物权，与意定担保物权如抵押权和质权不同，是法律规定可以留置的债权，债权人依债权占有属于债务人的动产，在债务人

---

① 高圣平、曹明哲、范佳慧：《中国担保法裁判综述与规范解释》（下册），人民法院出版社2019年版，第864页。

未按照约定的期限履行债务时，债权人有权依法留置该财产，以该财产折价或者以拍卖、变卖的价款优先受偿的法定担保物权。

留置权的作用是担保债权实现。其担保作用与其他担保物权相比更单纯，因为抵押权与质权都是当事人主动设定的，除具有债权担保作用外，还具有融通资金的作用；而留置权是被动发生的，仅具有债权担保一项作用，不能起到融通资金的作用。留置权的基本规则是，债务人不履行到期债务，债权人可以留置已经合法占有的债务人的动产，并有权就该动产变价后，优先受偿，实现债权。

既然如此，债务人不履行到期债务，债权人留置合法占有的债务人不享有处分权的动产，就是依法行事，是其行使留置权的合法行为。对此，如果动产的实际权利人请求返还财产的，由于留置权人是依法行使留置权，因此，人民法院对实际权利人的请求不予支持。

1. 关键的问题是，留置权人留置合法占有的动产是第三人的动产。对这种第三人的财产，债务人只享有占有权，不享有所有权包括处分权。如债务人分期付款所有权保留的动产。在这种情况下，留置权人留置的动产，债务人都不享有处分权。留置权人对这些动产行使留置权，都有法律规定的理由，因此，留置权人主张就该留置财产优先受偿的，人民法院应予支持。第三人以该留置财产并非债务人的财产为由请求返还财产的，是没有理由的，因此，人民法院不予支持。

2. 企业之间留置的动产与债权并非同一法律关系，债权人不能予以留置，债权人对其予以留置是没有法律根据的。因此，债务人以该债权不属于企业持续经营中发生的债权为由，请求债权人返还留置财产的，人民法院应予支持。

3. 企业之间留置的动产与债权并非同一法律关系，也不发生法定留置权，因为不符合留置权发生的根据。债权人留置该财产，没有法律根据，因而是违法的。所以，债权人如果留置第三人不具有同一法律关系的财产，第三人请求债权人返还留置财产是有法律根据的，因此，人民法院应予支持。

【案例解读】

长三角公司诉卢某云返还原物纠纷案①

基本案情

捷达轿车登记在原告长三角公司名下，被告卢某云原系长三角公司副总经理，长三角公司2013年9月6日购买该车后即交付卢某云使用。2014年2月21日，长三角公司向卢某云送达《关于卢某云同志旷工和挪/占用公司财产处罚通告》，载明卢某云“连续旷工13日，我公司多次通知拒不去集团物流园报到也不来交易所并挪用和拒还公司小车，其行为违反了我司《员工手册》第三章第十五条关于旷工的规定和第十三章第七十二条第十款挪用公司财物的规定，属于严重的违纪行为，从即日起给予辞退处理”等内容：卢某云对解除劳动关系并无异议，但认为长三角公司解除劳动关系违法，应向其支付拖欠的工资、社保金及经济补偿金，故拒绝向长三角公司返还轿车。

原告长三角公司向江苏省无锡市崇安区人民法院提起诉讼，请求卢某云返还轿车。

法院判决

无锡市崇安区人民法院一审认为，原告长三角公司因被告卢某云担任长三角公司副总经理，将汽车配置给卢某云使用，故卢某云因长三角公司的安排合法占有、使用该车辆。卢某云系基于其与长三角公司的劳动关系合法占有该车辆，又主张基于该劳动关系长三角公司结欠其工资及经济赔偿金，故卢某云依法有权对该车行使留置权。因此，卢某云在长三角公司与其解除劳动关系后，基于长三角公司尚欠其工资及经济补偿金事宜，有权对汽车行使留置权，故对长三角公司要求卢某云返还车辆、支付车辆使

① 《最高人民法院公报》2017年第1期。

用费的主张不予支持。综上，无锡市崇安区人民法院依照《民法通则》第五条之规定，于2014年8月6日作出判决：驳回长三角公司的诉讼请求。

长三角公司不服一审判决，向无锡市中级人民法院提起上诉。

二审法院认为，本案的争议焦点为：被上诉人卢某云是否可以就其劳动债权对上诉人长三角公司的汽车行使留置权。

留置权是平等主体之间实现债权的担保方式；除企业之间留置的以外，债权人留置的动产，应当与债权属于同一法律关系。劳动关系主体双方在履行劳动合同过程中属于管理与被管理的不平等关系。劳动者以用人单位拖欠劳动报酬为由，主张对用人单位供其使用的工具、物品等动产行使留置权，因此类动产不是劳动合同关系的标的物，与劳动债权不属于同一法律关系，故该主张与法律规定相悖。具体理由如下：

1. 基于劳动关系产生的债权不能行使留置权。《物权法》第230条规定“债务人不履行到期债务，债权人可以留置已经合法占有的债务人的动产，并有权就该动产优先受偿”；第231条规定“债权人留置的动产，应当与债权属于同一法律关系，但企业之间留置的除外”。根据法律规定及法律体系的架构，留置权的行使要件之一应为存在平等主体间的债权债务关系。留置权是担保物权之一，规定在我国的《民法通则》《担保法》《物权法》等民法体系中，其调整对象应是平等主体间的民事担保关系，排除因管理行为产生的债权债务对担保法的运用。留置权在性质上是平等主体间实现债权的一种方式，其平等性表现在债权人可通过留置债务人的动产对抗债务人，督促其履行债务，并可通过对留置物进行变价优先受偿来保护债权。而劳动关系一方为用人单位，另一方为劳动者，与一般的民事关系相比，双方在履行劳动合同过程中处于管理和被管理的不平等关系，劳动者不能基于劳动管理关系而对所占有的用人单位的财产适用留置，否则将导致劳动管理秩序的紊乱。我国的劳动法及劳动合同法已经对劳动者的合法权利设置了倾斜性保护条款，劳动者完全可以通过法定的正当途径保护自己的劳动债权，如再使用私力救济方式保护劳动债权，不仅影响劳动生产和管理秩序，还将造成债权债务保护的不公平性。另外，由于留置权具有优先受偿性，不仅优于一般债权人，还优先于享有抵押权、质押权人的其他债权人，而劳资纠纷产生于用人单位与劳动者之间，本质上系经济组织的内部纠纷，从用人单位与劳动者共担经营风险的角度而言，也不应通过行使留置权而优先于外部债权人受偿。

2. 被上诉人卢某云所扣留的轿车，不是双方劳动合同关系的标的物，不符合“同一法律关系”的构成要件。除企业间留置外，留置的动产应与债权属于同一法律关系。这实际上对留置的动产范围作了严格限定。所谓同一法律关系，是指债权人占有动产是基于与其债权发生的同一法律关系，动产与债权发生具有紧密联系性。劳动合同的基本法律关系为劳动者承担向用人单位提供劳动和接受用人单位管理的义务，并有权要求用人单位依约支付劳动报酬。本案中，卢某云被上诉人长三角公司安排在管理岗位，分管行政事务、财务以及人事工作，因此卢某云所扣留的轿车，仅仅是长三角公司为公司高管出行提供的便利，并非双方建立的劳动关系的标的物，长三角公司可以随时收回车辆，也并不影响原有劳动关系的履行，长三角公司是基于所有权而不是基于劳动关系要求卢某云返还车辆，因此卢某云占有轿车与其主张的工资、社保金等劳动债权并非基于同一法律关系。

3. 双方劳动关系已经解除，被上诉人卢某云丧失合法占有轿车的基础。作为上诉人长三角公司高管所享受的便利，卢某云合法占有轿车是有时间限制和条件限制的，在双方劳动关系解除后，卢某云合法占有轿车的条件已不存在，理应向长三角公司返还轿车。

法理解读

本案中，卢某云以长三角公司拖欠其工资为由，将长三角公司购买后交付其使用的轿车留置。此时涉及卢某云是否有权对该车行使留置权的问题。

关于留置权的适用范围，原《民法通则》第89条将其限定为合同的担保方式之一。原《担保法》第84条延续了原《民法通则》的精神，将留置权与抵押权、质权同列于合同担保方式项下，并且将留置权的适用范围限定于保管、运输、承揽等合同。原《物权法》第231条则将留置权与抵押权、质权一并规定于担保物权一编，并将留置权的适用范围扩张至所有类型的债权债务关系。《民法典》第447条沿袭了原《物权法》第231条的规定，同样规定了留置权的适用范围为所有类型的债权债务关系。那么劳动债权关系是否适用于留置权呢？对此，我们认为，劳动关系系产生于用人单位与劳动者之间，而用人单位和劳动者之间的法律关系并不是平等主体之间的财产关系与人身关系，其实质上是管理和被管理的不平等关系。因而，留置权无法适用于劳动关系。更进一步说，劳动关系中的标的物是劳务与劳动报酬，而非用人单位的财产，二者之间始终无法形成牵连关系。也就是说，劳动关系所形成的债权与留置的动产之间不属于同一法律关系，不满足留置权有效设立的构成要件。

回到本案中，长三角公司虽然拖欠了卢某云劳动报酬，但其与卢某云留置的轿车之间，并不属于同一法律关系，故卢某云无权就案涉轿车进行留置。假定卢某云并非是因长三角公司拖欠其劳动报酬而留置轿车，而是因为长三角公司拖欠其修车款而留置轿车时，则其债权与留置的动产之间属于同一法律关系，卢某云有权进行留置。在此基础上，假定长三角公司交付卢某云修理的轿车系第三人所有时，卢某云是否有权对该轿车留置？换言之，债权人留置的客体是否必须为债务人所有的动产？原《担保法》《物权法》以及《民法典》物权编都规定了留置权的客体为债权人已经合法占有的债务人的动产。原《最高人民法院关于适用〈中华人民共和国担保法〉若干问题的解释》第108条更进一步规定了原《担保法》上留置权的客体原则上仅限于债务人的动产。至于对其他人的动产的留置，法律规范尚付阙如。本司法解释第62条第1款补足了这一立法漏洞，规定了债权人因同一法律关系留置合法占有的第三人的动产时，应当认定留置权有效设立。第三人无权以该留置财产并非债务人的财产为由请求返还。据此，如若长三角公司交付卢某云修理的轿车系第三人所有，卢某云仍然有权于长三角公司拒不交付修理款时留置该轿车，第三人也无权请求返还。

四、关于非典型担保

第六十三条 债权人与担保人订立担保合同，约定以法律、行政法规尚未规定可以担保的财产权利设立担保，当事人主张合同无效的，人民法院不予支持。当事人未在法定的登记机构依法进行登记，主张该担保具有物权效力的，人民法院不予支持。

【条文要义】

本条司法解释的条旨是不能登记或者无法定登记机构的担保合同的效力。

《民法典》对抵押权和质权的设置规定了两种方法，一是登记生效主义，二是登记对抗主义。登记对抗主义的抵押权和质权未经登记，不发生对抗善意第三人的效力，但是在当事人之间还是具有抵押和质押效力的，只是当善意的其他债权人也主张对该抵押财产或者质押财产受偿时，抵押权人或者质权人不得优先受偿。问题是，登记生效主义的抵押合同或者质押合同，抵押权或者质权生效，须经登记程序进行公示，因而产生对抗效力，享有优先受偿权。应当登记生效的抵押权或者质权，在合同成立后没有进行登记，因而不产生抵押权或者质权，当然不能获得抵押权和质权的保障。

我国《民法典》虽然没有采纳物权行为理论，但是在实践中越来越倾向于物权行为与债权行为的区分原则，物权行为不成立，但是，已经约定成立的合同债权并非一律无效，而是合同有效。正是基于这种理论基础和司法实践观念，登记生效的抵押权和质权未经登记，虽然不产生抵押权和质权，但是抵押合同和质押合同却是成立的，是有效的，因而就存在抵押权不成立或者质权不成立，但是抵押合同和质押合同有效的情形。具体怎样处理。本条司法解释确定的规则是：

债权人与担保人订立担保合同，约定以法律、行政法规尚未禁止可以担保的财产权利设立担保，该担保不发生物权效力。不发生物权效力，就是不产生抵押权和质权。其要件是：（1）订立了担保合同，意思表示一致，成立担保的合意；（2）约定以法律、行政法规尚未规定可以担保的财产权利设立担保；（3）该种抵押权或者质权须经登记生效；（4）当事人在担保合同生效后，未在法定登记机构办理登记。符合这四个要件的要求，就不发生物权效力，即不产生成立抵押权和质权的后果。但是，这不表示担保合同不发生效力。所以，如果当事人主张该担保合同无效，人民法院不予支持。如果权利人主张以约定的财产权利进行担保，不能说就不具有效力，但是不能对抗善意第三人。如果一方当事人主张违约责任的，应当实事求是地按照过错责任原则确定违约责任。

债权人与担保人订立担保合同，约定以法律、行政法规未规定可以担保的财产权利设立担保，未在法定的登记机构依法进行登记，当事人主张该担保具有物权效力，当然是不成立的，人民法院不予支持。

【案例解读】

吴某与陆某明、何某楠、王某春确认合同无效纠纷案[①]

基本案情

2014年1月3日，何某楠（甲方）、王某春（乙方）、陆某明（丙方、

① 审理法院：一审法院为浙江省杭州市拱墅区人民法院，案号：（2014）杭拱民初字第2061号；二审法院为浙江省杭州市中级人民法院，案号：（2015）浙杭商终字第845号。

担保人）签订《欠款偿还协议》，该协议第二条约定：在乙方归还全部欠款前，丙方自愿以其《民生信托——金马股份定向增发集合资金信托计划信托合同》项下的信托收益提供质押担保，并就甲方的欠款承担连带担保责任，保证期间为自2014年2月28日起二年。该协议第四条约定：质押担保及连带责任保证承担责任的范围：全部欠款、违约金及实现债权的费用（包括诉讼费用、律师费用、执行费用、相应差旅费及其他实现债权的费用）。

陆某明（甲方）与何某楠（乙方）签订《信托权质押协议》，该协议约定：甲方同意将其名下由民生信托发行的关于金马股份的定向增发的信托权质押给乙方，质押价值人民币1800万元；在信托到期日前，乙方不得在未获得甲方书面同意的情况下转让或质押上述信托权收益给除甲方以外的任何第三方。同时，甲方在此期间有权随时以人民币1800万元回购该信托收益权；在到期日时，甲方必须立即办理信托权赎回手续，并将1800万元归还乙方，如该信托权市值低于1800万元，则甲方必须以现金补足差额给乙方等。

吴某与陆某明原系夫妻，吴某于2014年9月向原审法院提起诉讼，要求与陆某明离婚等，原审法院于2014年11月20日作出民事判决，判决：一、准予吴某与陆某明离婚。二、婚生女陆某由陆某明抚养，婚生女陆某菲由吴某抚养，抚养费由吴某、陆某明各自承担。三、夫妻共同财产坐落于杭州市西湖区乾成园××幢××单元××室房归吴某所有，吴某于判决生效之日起二个月内支付陆某明房屋一半价值折价款202500元。四、夫妻共同财产民生信托－金马股份定向增发集合资金信托1000万份额由双方各自拥有500万份额。吴某和陆某明均未上诉，该判决已发生法律效力。

吴某现向法院起诉，请求确认陆某明、何某楠、王某春签订的合同无效。

法院判决

一审法院认为，《中华人民共和国合同法》第九条规定，当事人订立合同，应当具有相应的民事权利能力和民事行为能力。本案中，《信托权质押协议》及《欠款偿还协议》的订立方陆某明、何某楠、王某春均具有民事权利能力和民事行为能力。《中华人民共和国合同法》第四十四条规定，依法成立的合同，自成立时生效。法律、行政法规规定应当办理批准、登记等手续生效的，依照其规定。该法第五十二条规定，有下列情形之一的，合同无效：(一) 一方以欺诈、胁迫的手段订立合同，损害国家利益；(二) 恶意串通，损害国家、集体或者第三人利益；(三) 以合法形式掩盖非法目的；(四) 损害社会公共利益；(五) 违反法律、行政法规的强制性规定。本案中，吴某缺乏证据证明案涉协议或条款存在前述第一至四项的情形。《最高人民法院关于适用〈中华人民共和国合同法〉若干问题的解释（二)》第十四条规定，《中华人民共和国合同法》第五十二条第五项规定的“强制性规定”，是指效力性强制性规定。原告主张《最高人民法院关于贯彻执行〈中华人民共和国民法通则〉若干问题的意见（试行)》第八十九条、《最高人民法院关于适用〈中华人民共和国婚姻法〉若干问题的解释（一)》第十七条规定共有权人擅自处分共有财产应认定无效，夫妻应取得一致意见对共同财产做重要处理决定，故陆某明无权作出处分，案涉协议或条款无效。原审法院认为，合同的效力与合同能否履行、合同相对方是否有权处分并不具有必然关联与一致性，吴某主张的情形并不是认定合同无效的法定情形。吴某还主张，《中华人民共和国物权法》第二百二十三条并未规定信托权可以出质，故陆某明以信托权设定质押是无效的。原审认为，《中华人民共和国物权法》第二百二十三条第七项规定法律、行政法规规定可以出质的其他财产权利可以出质。《中华人民共和国信托法》第四十七条、第四十八条规定受益人不能清偿到期债务的，其信托受益权可以用于清偿债务；信托受益权可以依法转让和继承。且诚如前述，物权行为与债权行为应予区分，合同的效力与合同设定的质押是否有效、能否履行并非同一概念，故对吴某的该主张亦不予采纳。综上，案涉协议或条款并不存在无效的法定情形，吴某的诉讼请求依据不足，不予支持。依照《中华人民共和国合同法》第四十四条、第五十二条，《中华人民共和国民事诉讼法》第六十四条第一款、第一百四十四条之规定，判决：驳回吴某的诉讼请求。案件受理费 80 元，减半收取 40 元，由吴某负担。

上诉人吴某不服原审法院作出的上述民事判决，提起上诉。

二审法院认为：本案争议的焦点是案涉《信托权质押协议》及《欠款偿还协议》第二条、第四条的效力，故应当依照《中华人民共和国合同法》第五十二条之规定，审查案涉协议的效力问题。首先，案涉合同的签订是否存在恶意串通、损害吴某作为财产共有人的利益之情形。吴某上诉认为何某楠并非善意第三人，但根据王某春出具的情况说明，载明通过民生信托购买金马股份定向增发 1000 万元系以陆某明名义认购，并注明陆某明是王某春的代理人，陆某明作为担保人在该份情况说明中也签字确认，这与各方所陈述的当时购买该信托产品的资金来源即系王某春打款至陆某明账户，后由陆某明向民生信托购买案涉信托产品之事实相符，故虽然陆某明、吴某之后对案涉民生信托——金马股份定向增发集合资金信托 1000 万元份额作为夫妻共同财产予以了分割，王某春现对此也表示无异议，但就何某楠来说，应认为当时在签订案涉协议时其有理由相信陆某明仅是信托产品的代持人，即便该信托计划认购确认函是发给陆某明，何某楠也有理由相信陆某明提供质押及保证的行为得到了吴某的同意，吴某认为何某楠并非善意第三人理由不足。本案中，吴某也无证据证明何某楠与王某春、陆某明存在恶意串通之事实。在签订案涉协议时，何某楠、王某春、陆某明均系民事权利能力及民事行为能力人，对自己的行为以及产生的法律后果应当明知。其次，案涉协议是否违反法律强制性规定。根据《中华人民共和国物权法》第二百二十三条第七项“法律、行政法规规定可以出质的其他财产权利”以及《中华人民共和国信托法》第四十七条、第四十八条“受益人不能清偿到期债务的，其信托受益权可以用于清偿债务，但法律、行政法规以及信托文件有限制性规定的除外”“受益人的信托受益权可以依法转让和继承，但信托文件有限制性规定的除外”之规定，集合资金信托计划的收益权属于信托收益权的一种，归属于财产权的范畴，案涉协议或条款并不存在无效的法定情形。综上，原审判决驳回吴某的诉讼请求并无不当。原审法院查明事实清楚，适用法律正确，依照《中华人民共和国民事诉讼法》第一百七十条第一款第一项之规定，法院判决驳回上诉，维持原判。

法理解读

本案争议焦点之一为，何某楠、王某春、陆某明签订《欠款偿还协议》中关于以信托收益提供质押担保的约定是否有效。这实际上是关于当事人约定担保物权的效力。

关于当事人约定的担保物权的效力，实践中存在不同的看法。一种观点认为，当事人之间约定的非典型担保违反了物权法定原则，应当归于无效；另一种观点认为，应当区分非典型担保的合同效力及物权效力。非典型担保的合同不存在适用物权法定原则的问题，因此不存在法定无效情形，应当认定其合同有效。

为了解决这一分歧，《全国法院民商事审判工作会议纪要》第66条及第67条作出了规定。其中，第66条规定了约定担保物权的合同效力，即“当事人订立的具有担保功能的合同，不存在法定无效情形的，应当认定有效。虽然合同约定的权利义务关系不属于物权法规定的典型担保类型，但是其担保功能应予肯定”。据此，对于非典型担保而言，其合同效力应当根据原《民法总则》第153条和原《合同法》第52条的规定来认定。更进一步说，如果是所有权保留、融资租赁、保理等合同，属于有名合同，应当适用合同法的相关规则来认定。有的如差额补足责任等增信措施，符合保证合同特征，适用保证合同的规定来认定是否有效。[①] 第67条

---

① 最高人民法院民事审判第二庭编著：《全国法院民商事审判工作会议纪要理解与适用》，人民法院出版社2019年版，第388页。

规定了约定担保物权的物权效力，即“债权人与担保人订立担保合同，约定以法律、行政法规未禁止抵押或者质押的财产设定以登记作为公示方法的担保，因无法定的登记机构而未能进行登记的，不具有物权效力。当事人请求按照担保合同的约定就该财产折价、变卖或者拍卖所得价款等方式清偿债务的，人民法院依法予以支持，但对其他权利人不具有对抗效力和优先性”。据此，当事人之间约定担保物权，若是未进行登记，不具有优先受偿的效力。不过，这并不意味着在当事人之间不具有任何约束力，当事人仍然有权请求按照担保合同的约定就该财产折价、变卖或者拍卖所得价款等方式清偿债权。

本司法解释第63条整合了上述两条规则，规定了约定担保物权的效力。一方面，就合同效力而言，当事人约定以法律、行政法规尚未规定可以担保的财产权利设立担保，不影响合同的效力；另一方面，就物权效力而言，当事人未在法定的登记机构进行登记，不产生物权效力”。

回到本案中，何某楠、王某春、陆某明约定以信托收益权作为质押的客体。信托关系中，受托人享有受益权。受益权包括两大类权利，一类是自益权，即受益人从信托财产中获得利益的权利，也就是信托收益权；另一类是共益权，即受益人对受托人进行监督的权利。[①] 可见，信托收益权属于法律、行政法规未禁止质押的财产。根据本司法解释第63条的规定，案涉《欠款偿还协议》约定以信托收益权作为质押的客体，属于双方当事人的真实意思表示，不违反法律、行政法规的强制性规定，应当认为案涉协议有效。至于是否能够以信托收益权优先受偿，则需要根据信托质押是否进行登记来进行判断。目前，当事人未就信托质押进行登记，应当认定不产生物权效力，无法就该权利进行优先受偿。

---

① 最高人民法院民事审判第二庭编著：《全国法院民商事审判工作会议纪要理解与适用》，人民法院出版社2019年版，第392页。

第六十四条 **在所有权保留买卖中，出卖人依法有权取回标的物，但是与买受人协商不成，当事人请求参照民事诉讼法“实现担保物权案件”的有关规定，拍卖、变卖标的物的，人民法院应予准许。**

出卖人请求取回标的物，符合民法典第六百四十二条规定的，人民法院应予支持；买受人以抗辩或者反诉的方式主张拍卖、变卖标的物，并在扣除买受人未支付的价款以及必要费用后返还剩余款项的，人民法院应当一并处理。

【条文要义】

本条司法解释的条旨是所有权保留的出卖人有权主张取回买卖标的物。

《民法典》第642条规定的内容是：“当事人约定出卖人保留合同标的物的所有权，在标的物所有权转移前，买受人有下列情形之一，造成出卖人损害的，除当事人另有约定外，出卖人有权取回标的物：（一）未按照约定支付价款，经催告后在合理期限内仍未支付；（二）未按照约定完成特定条件；（三）将标的物出卖、出质或者作出其他不当处分。出卖人可以与买受人协商取回标的物；协商不成的，可以参照适用担保物权的实现程序”。

1. 所有权保留的取回权

所有权保留作为担保物权的一种，最重要的担保价值在于出卖人将分期付款的标的物交付买受人后，自己还保留对标的物的所有权，正是基于该所有权保留，出卖人享有买卖合同标的物的取回权。当出现危及其价款债权的情形时，出卖人行使取回权，追回交付给买受人占有的买卖标的物。

产生取回权的原因是：（1）买受人未按照约定支付价款，经催告后，在合理期限内仍未支付；（2）买受人未按照约定完成特定条件；（3）买受人将标的物出卖、出质或者作出其他不当处分。

实现取回权的方法是：（1）出卖人行使取回权，取回标的物。（2）协商确定，出卖人可以与买受人协商实现取回权的办法。（3）当事人协商不成的，参照适用担保物权的实现程序，如拍卖或者变卖标的物，用价款优先偿还未支付的价金等。（4）取回的标的物价值明显减少的，出卖人有权要求买受人赔偿损失，买受人承担损害赔偿责任。

2. 所有权保留的出卖人实现取回权的方法

本条司法解释的内容是，当事人约定出卖人保留合同财产的所有权，出卖人依据《民法典》的规定起诉，依法有权行使取回权，请求取回财产。依照《民法典》第642条规定，双方当事人可以协商，协商一致的，就可以取回标的物。如果协商不成，可以参照适用民事诉讼法关于“实现担保物权案件”的有关程序规定。

具体的操作是，人民法院应当向出卖人释明，告知其参照担保物权的实现程序主张权利，而不是主张简单地取回标的物，因为所有权保留是担保物权，出卖人保留的所有权也是对出卖标的物价款的担保物权。如果出卖人拒绝采用担保物权的实现程序，主张拍卖、变卖标的物的，法院应予准许。

出卖人行使取回权请求取回标的物，符合《民法典》第642条规定的，就是正当行使权利，人民法院应予支持。在同一案件中，如果买受人以抗辩或者反诉的方式主张拍卖、变卖标的物，并在扣除买受人未支付的价款以及必要费用后返还剩余款项，也是有理由的，因为所有权保留就是担保物权，买卖的标的物就是担保财产，因此，主张实现担保物权完全符合法律规定，因此，人民法院应当一并处理，具体确定是取回标的物或者是将标的物变价实现担保物权。

【案例解读】

安尔特公司诉易达公司定作合同纠纷案①

基本案情

2011年2月21日，安尔特公司与易达公司签订《工业品定作合同》，约定安尔特公司为易达公司定作起重机等。标的物所有权自易达公司付清价款时转移，易达公司未履行支付价款义务的，标的物属于安尔特公司所有。2011年4月8日，易达公司与安尔特公司签署报价单，再次向安尔特公司订购部分起重机辅助设备。2011年4月15日，双方确认安尔特公司的上述价款总额为732750元。后安尔特公司按约将起重机及相应辅助设备交付易达公司，并安装、调试完毕，且于2011年8月6日经江苏省特种设备安全监督检验研究院检验合格。

易达公司向安尔特公司支付价款200000元，余款至今未付。2013年1月5日，安尔特公司诉至法院。要求确认《工业品定作合同》所涉定作设备的所有权归安尔特公司所有；要求从易达公司取回相应设备，同时要求易达公司偿付设备折价损失41500元、取回费用24560元。

诉讼中，经安尔特公司申请，法院委托无锡宝光资产评估有限公司（以下简称宝光公司）对上述起重机使用后的折价损失、搬迁损失进行评估。宝光公司作出锡宝光评鉴字（2012）第7号评估报告，认定上述起重机的折价损失为41500元；作出锡宝光评鉴字（2012）第8号评估报告，认定上述起重机的搬迁损失为108800元。

此外，诉讼中，安尔特公司要求将易达公司已经支付的200000元价款，与易达公司应支付的2011年4月8日报价单所涉设备的价款及易达公司应偿付的折价损失、取回费用一并结算后，确定是否应返还

---

① 审理法院：江苏省无锡高新技术产业开发区人民法院，案号：（2013）新民商初字第0013号。

易达公司价款。安尔特公司同时表示仅要求易达公司偿付取回费用24560元。

法院判决

江苏省无锡高新技术产业开发区人民法院经审理认为：安尔特公司与易达公司签订的《工业品定作合同》系双方当事人真实意思表示，合法、有效。《中华人民共和国合同法》规定，当事人可以在买卖合同中约定买受人未履行支付价款或者其他义务的，标的物的所有权属于出卖人；当事人约定易货交易，转移标的物的所有权的，参照买卖合同的有关规定。现安尔特公司与易达公司签订的《工业品定作合同》虽属承揽合同，但该合同约定的标的物所有权转移条款，即合同标的物的所有权自易达公司付清价款时转移，易达公司未履行支付价款义务的，标的物属于安尔特公司所有，符合法律规定，亦合法、有效。按照上述定作合同约定，易达公司应在涉案起重机验收合格之日起5个月内，即2012年1月6日前付清价款598810元，但易达公司至今仅支付价款20万元。现安尔特公司按约要求确认上述定作合同所涉起重机及相应辅助设备的所有权仍属于其所有，于法有据，该院予以支持。

《最高人民法院关于审理买卖合同纠纷案件适用法律问题的解释》（以下简称《买卖合同解释》）规定，当事人约定所有权保留，在标的物所有权转移前，买受人未按约定支付价款，对出卖人造成损害，出卖人主张取回标的物的，人民法院应予支持；取回的标的物价值显著减少，出卖人要求买受人赔偿损失的，人民法院应予支持。现易达公司未按约付款，且已付价款不足上述定作合同总价款的75%，故安尔特公司要求从易达公司取回上述定作合同所涉的设备，并要求易达公司偿付取回设备的折价损失，于法有据，该院予以支持。但2011年4月8日报价单所涉的辅助设备系易达公司在上述定作合同外另行向安尔特公司订购的辅助设备，不属于上述《工业品定作合同》的补充，故该报价单所涉的设备安尔特公司无权取回。结合宝光公司所作的折价损失评估报告，该院酌定易达公司应赔偿安尔特公司取回设备的折价损失为41500元。

《买卖合同解释》规定，出卖人另行出卖标的物的，出卖所得价款依次扣除取回和保管费用、再交易费用、利息、未清偿的价金后仍有剩余的，应返还原买受人等。安尔特公司要求从易达公司取回上述定作合同所涉设备时，同意将易达公司依照上述定作合同预付的20万元返还给易达公司，但要求易达公司另行向安尔特公司订购起重机辅助设备的价款133940元、易达公司应偿付安尔特公司取回设备的折价损失41500元亦应一并结算，不违反法律规定，该院予以支持。进行上述结算后，安尔特公司应返还易达公司价款24560元。而安尔特公司取回上述定作合同所涉设备时，虽尚未另行出卖，但取回费用作为一项必然发生且可评估的损失，安尔特公司有权在取回设备时要求易达公司一并偿付，并可要求将相应取回费用从安尔特公司应返还易达公司的价款中扣除。而对于安尔特公司有权取回的上述定作合同所涉设备，易达公司有义务亦有权利自行返还。如易达公司自行履行返还义务，则返还费用由易达公司自行负担，且安尔特公司应将剩余价款24560元返还易达公司；如易达公司未自行返还而由安尔特公司取回的，则易达公司须另偿付安尔特公司取回费用损失。结合宝光公司所作的搬迁损失评估报告，安尔特公司主张由其自行取回的费用为24560元，远低于评估报告确认的相应损失，合理合法，该院予以确认。现安尔特公司主张如易达公司不自行返还上述定作合同所涉设备而由其取回的，要求将取回费用24560元与其应返还易达公司的价款24560元折抵两清，符合法律规定，依法应予以支持。

法理解读

本案中，安尔特公司与易达公司约定了所有权保留条款，即安尔特公司为易达公司定作起重机等，标的物所有权自易达公司付清价款时转移。然而，易达公司向安尔特公司支付价款20万元，余款至今未付。此时涉及安尔特公司是否有权取回上述标的物的问题。

关于所有权保留中出卖人的取回权，原《合同法》未作出规定。《最高人民法院关于审理买卖合同纠纷案件适用法律问题的解释》（2011）第35条对此进行了补充，即“当事人约定所有权保留，在标的物所有权转移前，买受人有下列情形之一，对出卖人造成损害，出卖人主张取回标的物的，人民法院应予支持：（一）未按约定支付价款的；（二）未按约定完成特定条件的；（三）将标的物出卖、出质或者作出其他不当处分的。取回的标的物价值显著减少，出卖人要求买受人赔偿损失的，人民法院应予支持”。《民法典》第642条第1款规定吸纳了《最高人民法院关于审理买卖合同纠纷案件适用法律问题的解释》（2011）第35条的司法经验，规定了出卖人享有取回权的情形，即“当事人约定出卖人保留合同标的物的所有权，在标的物所有权转移前，买受人有下列情形之一，造成出卖人损害的，除当事人另有约定外，出卖人有权取回标的物：（一）未按照约定支付价款，经催告后在合理期限内仍未支付；（二）未按照约定完成特定条件；（三）将标的物出卖、出质或者作出其他不当处分”。第642条第2款新增了取回权的程序，即“出卖人可以与买受人协商取回标的物；协商不成的，可以参照适用担保物权的实现程序”。本司法解释第64条在这一规定的基础上，规定了所有权保留买卖中取回权的实现程序。一方面，第64条第1款规定出卖人有权请求参照担保物权的实现程序，拍卖、变卖标的物。另一方面，第64条第2款规定出卖人若是请求取回标的物，买受人主张拍卖、变卖，并扣除买受人未支付的价款及必要费用后返还剩余款项，法院应当一并处理。

回到本案中，易达公司未按照约定支付价款，经过催告后在合理期限内仍未支付，属于《民法典》第642条第1款规定的出卖人安尔特公司享有取回权的情形。安尔特公司有权请求法院支持其诉讼请求，取回案涉的设备，适用的程序可以参照担保物权的实现程序。此外，诉讼中，安尔特公司还要求将易达公司已经支付的价款，与易达公司应偿付的折价损失、取回费用一并结算后，确定是否应返还易达公司价款。对此，法院也应当一并处理。需要注意的是，假定本案中并非安尔特公司提出一并结算，确定其是否应当返还易达公司价款，而是易达公司以返还剩余款项作为抗辩理由或者反诉主张，产生同样的法律效果，法院同样应当一并进行处理，确认是否应当返还款项以及应当返还款项的范围。

第六十五条　在融资租赁合同中，承租人未按照约定支付租金，经催告后在合理期限内仍不支付，出租人请求承租人支付全部剩余租金，并以拍卖、变卖租赁物所得的价款受偿的，人民法院应予支持；当事人请求参照民事诉讼法“实现担保物权案件”的有关规定，以拍卖、变卖租赁物所得价款支付租金的，人民法院应予准许。

出租人请求解除融资租赁合同并收回租赁物，承租人以抗辩或者反诉的方式主张返还租赁物价值超过欠付租金以及其他费用的，人民法院应当一并处理。当事人对租赁物的价值有争议的，应当按照下列规则确定租赁物的价值：

（一）融资租赁合同有约定的，按照其约定；

（二）融资租赁合同未约定或者约定不明的，根据约定的租赁物折旧以及合同到期后租赁物的残值来确定；

（三）根据前两项规定的方法仍然难以确定，或者当事人认为根据前两项规定的方法确定的价值严重偏离租赁物实际价值的，根据当事人的申请委托有资质的机构评估。

【条文要义】

本条司法解释的条旨是融资租赁合同约定期限届满承租人未支付全部价款的处置规则。

《民法典》第735条规定：“融资租赁合同是出租人根据承租人对出卖人、租赁物的选择，向出卖人购买租赁物，提供给承租人使用，承租人支付租金的合同。”融资租赁合同就是融资租赁交易的法律表现形式。

融资租赁合同是由两个合同、三方当事人结合在一起的合同。两个合同，是由融资租赁公司与承租人签订的融资性租赁合同和由融资租赁公司与供应商签订的买卖合同。三方当事人，即出卖人、出租人（即买受人）和承租人。其过程是：（1）由用户（未来的承租人）与供应商协商确定买卖设备（未来的租赁物）的合同条件；（2）用户向融资租赁公司提出融资性租赁申请；（3）融资租赁公司作为出租人与用户（承租人）订立融资性租赁合同；（4）由融资租赁公司（出租人）作为买受人与供应商订立买卖合同；（5）供应商（出卖方）向承租人交货；（6）承租人向出租人交付物件受领证，并支付第一期租金；（7）买受人（出租人）向出卖人支付买卖价金。

融资租赁合同中的两个合同并不是独立存在的，而是在效力上相互交错，主要体现在：买卖合同的出卖人不是向买卖合同的买受人履行现实交付标的物的义务，而是向另一合同即租赁合同中的承租人交付标的物，承租人享有与受领标的物有关的买受人的权利和义务；在出卖人不履行买卖合同义务时，承租人得在一定前提下，向出卖人主张赔偿损失；买卖合同的双方当事人不得随意变更买卖合同中与租赁合同的承租人有关的合同内容。

融资租赁合同的当事人约定租赁期限届满后租赁物归承租人所有的，租赁期限届满后，租赁物应当按照约定归属于承租人。当租赁物的权属归属于承租人时，承租人应当交付全部租金，这是承租人取得租赁物所有权的必要条件。如果融资租赁的当事人约定租赁期限届满后租赁物归承租人所有，承租人支付部分租金后未支付剩余租金，就存在应当解决的问题，本条司法解释对此规定的规则是：

1. 符合上述要求的，承租人未支付全部租金，经催告后在合理期限内仍不支付，出租人请求承租人支付全部剩余租金，并以拍卖、变卖租赁物所得的价款受偿的，是完全有依据的，人民法院应予支持。

2. 当事人请求参照民事诉讼法关于“实现担保物权案件”的有关规

定，要求以拍卖或者变卖租赁物所得价款支付租金的，其理由成立。这时，融资租赁物就是担保财产，在该租赁物之上设置了融资租赁的担保物权。对此，人民法院可以参照适用担保物权的实现程序处理，折价或者拍卖、变卖租赁物，就其价款由出租人优先受偿。

3. 出租人请求解除合同并收回租赁物，承租人以抗辩或者反诉的方式主张返还租赁物价值超过欠付租金以及其他费用的，人民法院应当一并处理。当事人对租赁物的价值有争议的，约定按照以下规则确定租赁物的价值：

（1）融资租赁合同有约定的，按照其约定。既然融资租赁合同有明文规定，就按照约定处理，解除合同，收回租赁物。

（2）融资租赁合同未约定或者约定不明的，根据约定的租赁物折旧以及合同到期后租赁物的残值来确定。确定该价值之后，按照该价值计算。

（3）根据前两项规定的方法仍难以确定，或者当事人认为根据前两项规定的方法确定的价值严重偏离租赁物实际价值的，根据当事人的申请委托有资质的机构评估。这是最好的方法，在采取以上两种方法都无法确定的，最后通过评估的方法，确定租赁物的价值。

【案例解读】

科誉高瞻公司与特诚汽车运输公司、谷某林等融资租赁合同纠纷案①

基本案情

2016年3月2日，特诚汽车运输公司与案外人申马公司签订一份《车辆购销合同》，约定：特诚汽车运输公司向申马公司购买三辆东风清障车。

① 审理法院：一审法院为上海市黄浦区人民法院，案号：（2018）沪0101民初17367号；二审法院为上海金融法院，案号：（2019）沪74民终439号。

2016年8月2日，科誉高瞻公司与特诚汽车运输公司、谷某林签订《融资租赁合同》及其附件《所有权转让协议》《接收证书》，约定：特诚汽车运输公司以售后回租交易方式将上述三辆东风清障车转让给科誉高瞻公司并租回使用，谷某林系共同承租人；车辆购置价款为426000元；租赁期为自起租之日起共18个月，按月支付租金，每期租金23239元。

2016年8月2日，特诚汽车运输公司向科誉高瞻公司出具《款项支付变更申请书》，申请将承租人应支付的95720元与科誉高瞻公司应付的车辆购置价款进行冲抵，由科誉高瞻公司将冲抵后剩余的330280元支付至承租人指定的申马公司账户。同日，科誉高瞻公司向申马公司付款330280元。2016年8月17日，特诚汽车运输公司收到科誉高瞻公司向其出具的《起租通知书》，确认起租日为2016年8月2日，每期租金自2016年9月起每月5日支付，应付租金总额合计418302元。

合同履行过程中，特诚汽车运输公司、谷某林自2017年3月5日起开始拖欠租金。科誉高瞻公司于2017年6月15日收回租赁车辆并于2017年7月6日自行处分车辆，车辆处置变现价值为20万元。

科誉高瞻公司一审诉讼请求确认《融资租赁（售后回租）合同》于2017年6月15日解除；谷某林、特诚汽车运输公司赔偿损失。

法院判决

一审法院认为，本案系融资租赁合同纠纷。科誉高瞻公司与特诚汽车运输公司、谷某林签订的《融资租赁合同》，均系各方当事人的真实意思表示，约定内容没有违反法律和行政法规的强制性规定，故上述合同合法有效，对各方均具有约束力。《融资租赁合同》约定承租人未按期支付任何一笔租金，出租人有权单方解除合同、收回租赁设备。特诚汽车运输公司、谷某林欠付租金后，科誉高瞻公司于2017年6月15日将三辆租赁车辆拖回，以其实际行动表明解除合同的意思表示，并行使合同约定的解除权利，且特诚汽车运输公司、谷某林亦认可《融资租赁合同》于2017年6月15日解除，故对科誉高瞻公司解除《融资租赁合同》的主张予以支持。

根据双方的诉辩意见，本案争议的焦点是科誉高瞻公司自行处置车辆的处置价格是否合理的问题，对此论述如下：

一方面，关于科誉高瞻公司自行处置车辆的合同依据问题。科誉高瞻公司主张其系依据《融资租赁合同》第 11－1 条的约定收回并处置租赁车辆。而《融资租赁合同》系科誉高瞻公司为重复使用而预先拟定，并在签订合同时已打印完毕的条款，故第 11－1 条关于处置租赁物的条款属于格式条款。第 11－1 条约定出租人有权自行"公开或私下处分该租赁车辆"，该条款在形式上条款字体极小，难以辨识，且科誉高瞻公司并未就该格式条款提请合同相对人予以特别注意，在内容上明显属于出租人针对承租人缺乏经营资金这一实际劣势，利用订立合同时的优势地位排除了承租人对处置车辆的参与权、对处置价格的异议权，同时也剥夺了承租人的优先购买权。提供格式条款的当事人在合同条款已经约定了通知对方方式和途径的情况下，又以上述约定免除自己的通知义务，违反法律规定的等价、有偿、公平的基本原则，属于《中华人民共和国合同法》第四十条规定的"排除对方主要权利"的条款内容，应为无效条款，但该条款无效不影响合同其他条款的效力。此外，科誉高瞻公司自行处置车辆并未另行获得承租人的认可，故科誉高瞻公司自行处置车辆的依据并不充分。

另一方面，科誉高瞻公司所主张的车辆价值是否合理。虽然科誉高瞻公司不具有自行处置车辆的权利，但租赁车辆已经实际处置，故亦应当结合合同约定及诉辩双方的意见依法认定租赁车辆的价值是否合理，以进一步认定能否支持科誉高瞻公司的诉讼请求。科誉高瞻公司在庭审中称，收回租赁车辆后，其在未通知承租人的情况下，委托无评估资质的一家汽车销售公司对租赁车辆进行评估，后采用变卖而非公开拍卖的方式以 20 万元的价格将租赁车辆出售给案外人张某某。而庭审中承租人明确不认可科誉高瞻公司处置的车辆价值。《最高人民法院关于审理融资租赁合同纠纷案件适用法律问题的解释》第二十三条第一款规定："诉讼期间承租人与出租人对租赁物的价值有争议的，人民法院可以按照融资租赁合同的约定确定租赁物价值；融资租赁合同未约定或者约定不明的，可以参照融资租赁合同约定的租赁物折旧以及合同到期后租赁物的残值确定租赁物价值。”但本案当事人签署的《融资租赁合同》并未就该司法解释所规定的要素进行约定，故只能根据公平原则认定价值是否合理。相对于承租人而言，科誉高瞻公司作为专门从事融资租赁业务的企业，显然在处置租赁物的资源、能力方面更具优势。特别是科誉高瞻公司收回车辆后已经取得对车辆的控制权，其应当且完全具有能力举证证明车辆处置价格的合理性。但科誉高瞻公司既未提供证据证明其处置车辆的过程，亦未委托有资质的专业评估机构对车辆价值进行评估，依据现有证据不能认定其处置车辆的价款真实体现了车辆当时的市场价格。故难以认定科誉高瞻公司主张的车辆价值具有合理性。

依据《最高人民法院关于审理融资租赁合同纠纷案件适用法律问题的解释》第二十二条的规定，出租人解除融资租赁合同，同时请求收回租赁物并赔偿损失的，损失赔偿范围为承租人全部未付租金及其他费用与收回租赁物价值的差额。由于科誉高瞻公司既不具有自行处置车辆的合同依据，又未能举证证明收回租赁车辆价值是合理的，因此不能认定科誉高瞻公司收回租赁车辆后尚有损失存在，科誉高瞻公司依据现有证据主张赔偿损失及支付口卡查档费的诉讼请求缺乏事实依据，不予支持。

应当特别指出的是，虽然我国法律充分尊重当事人意思自治，但同时法律亦强调民事主体从事民事活动，应当遵循公平原则，合理确定各方的权利和义务。具体到本案，科誉高瞻公司系一家专业的融资租赁公司，其相对于承租人而言不仅具有资金优势，还具有业务管理水平与经验优势。科誉高瞻公司应当完善合同条款，尤其是应当遵循公平原则确定当事人之间的权利和义务，并采取合理的方式提请承租人注意免除或者限制其责任的条款，按照对方的要求，对该条款予以说明。科誉高瞻公司在办理融资租赁业务过程中，应当提高合规意识，尤其是在处置租赁车辆过程中，应当优先选择合法、公开、公平、合理的方式处置租赁车辆，同时应注意保留相应的证据材料。通过完善合同条款、规范具体业务，不仅有利于维护科誉高瞻公司自身合法权利，也有利于促使承租人主动履行还款义务，还可以减少纠纷的发生，希望科誉高瞻公司及时总结经验，减少甚至避免类似纠纷。

科誉高瞻公司不服一审判决，提起上诉。

二审法院认为，本案争议焦点为科誉高瞻公司所主张的因融资租赁合同解除而产生的损失是否具有依据。依据《最高人民法院关于审理融资租赁合同纠纷案件适用法律问题的解释》第二十二条之规定，出租人解除合同后，可主张的损失赔偿范围为承租人全部未付租金及其他费用与收回租赁物价值的差额。科誉高瞻公司主张收回租赁物的价值为20万元，并据此计算损失金额。鉴于融资租赁车辆的处置系由科誉高瞻公司单方完成，且处置金额20万元相较于一年四个月之前的购买价格42.6万元差距较大，故科誉高瞻公司应当举证证明该处置价格的合理性。但科誉高瞻公司仅提供了并无机动车鉴定评估资质的祥业公司出具的《鉴定评估报告》，且根据科誉高瞻公司提供的证据，租赁物的买受人即为祥业公司法定代表人，在此情况下，仅依据上述《鉴定评估报告》显然不能客观反映融资租赁车辆的真实价值。科誉高瞻公司另称，融资租赁车辆已从特诚汽车运输公司名下过户至买受人名下，据此可知承租人知晓并同意融资租赁车辆以20万元的价格进行处置。该院认为，根据本案融资租赁交易模式，特诚汽车运输公司已将融资租赁车辆所有权转移于科誉高瞻公司，特诚汽车运输公司仅为车辆名义所有权人，在此情况下车辆过户至他人名下并不必然代表特诚汽车运输公司同意车辆转让价格，事实上，上海市公安局交通警察总队向该院提供的车辆过户资料中也并无可以证明特诚汽车运输公司认可车辆转让价格的相关材料，故对于科誉高瞻公司该主张，不予采信。故法院裁定驳回上诉，维持原判。

法理解读

本案中，科誉高瞻公司与特诚汽车运输公司、谷某林成立了融资租赁法律关系。科誉高瞻公司是出租人，特诚汽车运输公司、谷某林是共同承租人。因特诚汽车运输公司、谷某林拖欠租金，科誉高瞻公司收回车辆，并自行处分，以20万元的价格出卖给案外人。谷某林、特诚汽车运输公司认为，仅以20万元的价格将车辆出售给该公司法定代表人张某某，车辆评估价格缺乏公平公正。此时就涉及该车辆的价值认定问题。

关于租赁物的价值，《最高人民法院关于审理融资租赁合同纠纷案件适用法律问题的解释》(2014) 第23条规定："诉讼期间承租人与出租人对租赁物的价值有争议的，人民法院可以按照融资租赁合同的约定确定租赁物价值；融资租赁合同未约定或者约定不明的，可以参照融资租赁合同约定的租赁物折旧以及合同到期后租赁物的残值确定租赁物价值。承租人或者出租人认为依前款确定的价值严重偏离租赁物实际价值的，可以请求人民法院委托有资质的机构评估或者拍卖确定。"据此，对租赁物价值的认定，应当有约定的按照约定，无约定的参照折旧情况、残值情况确定租赁物价值。如果按照上述方法确定的价值严重偏离租赁物实际价值，由专门的机构进行评估确定。本司法解释第65条第2款在这一规定的基础上，略微调整了租赁物价值的确定规则。具体而言，当事人对租赁物的价值有争议的，应当按照约定的价值来认定；如果没有约定或者约定不明，根据折旧以及残值情况来确定。如果按照这两种方式都无法确定或者确定的价值严重偏离实际价值，应当由有资质的机构进行评估。

回到本案中，科誉高瞻公司与特诚汽车运输公司、谷某林就车辆的20万元变现价值存在争议。根据本司法解释第65条第2款的规定，双方应当首先按照约定的情况来确认案涉车辆的价值。结合本案事实来看，双方当事人签署的《融资租赁合同》中并未就案涉车辆的价值做出约定，故只能按照折旧以及残值情况来确定车辆的价值。无法确定折旧以及残值情况时，委托评估机构进行评估。然而，科誉高瞻公司在自行处置案涉车辆的过程中，既未能举证证明其处置车辆的价格体现了车辆当时的市场价格，与车辆的折旧以及残值情况相一致，也未委托有鉴定资质的公司对租赁车辆进行鉴定评估，应当认定其以20万元的价格处置案涉车辆，不具有合理性。

第六十六条 同一应收账款同时存在保理、应收账款质押和债权转让，当事人主张参照民法典第七百六十八条的规定确定优先顺序的，人民法院应予支持。

在有追索权的保理中，保理人以应收账款债权人或者应收账款债务人为被告提起诉讼，人民法院应予受理；保理人一并起诉应收账款债权人和应收账款债务人的，人民法院可以受理。

应收账款债权人向保理人返还保理融资款本息或者回购应收账款债权后，请求应收账款债务人向其履行应收账款债务的，人民法院应予支持。

【条文要义】

本条司法解释的条旨是保理、应收账款质押和债权转让竞合的优先顺序及有追索权保理事宜的处理方法。

1. 保理与应收账款质权、债权转让竞合的优先顺序

在同一应收账款上，同时存在保理、应收账款质押和债权转让，构成保理、应收账款质押和债权转让的竞合。对于两个担保物权或者与债权转让竞合时的优先顺序，法律没有规定。司法解释确定，当事人主张参照《民法典》第768条的规定确定优先顺序的，人民法院应予支持。

《民法典》第768条规定的内容是："应收账款债权人就同一应收账款订立多个保理合同，致使多个保理人主张权利的，已经登记的先于未登记的取得应收账款；均已经登记的，按照登记时间的先后顺序取得应收账款；均未登记的，由最先到达应收账款债务人的转让通知中载明的保理人取得应收账款；既未登记也未通知的，按照保理融资款或者服务报酬的比例取得应收账款。"应收账款债权人将同一应收账款重复转让，订立多个保理合同，形成多重保理合同。就同一应收账款重复设置保理合同后，致使多个保理人主张权利的，确定行使保理权利顺序的方法是：(1) 登记在

先权利优先：已经登记的保理权利先于未登记的保理权利受偿。(2) 时间在先权利优先：多重保理合同的保理权利均已登记的，按照登记的先后顺序受偿。(3) 通知在先权利优先：多重保理合同的保理权利均未登记的，由最先到达应收账款债务人的转让通知中载明的保理人优先受偿。(4) 既未登记也未通知的，按照应收账款比例清偿。

保理和应收账款质权的性质相同，在同一个应收账款上设置了保理，同时也设置了应收账款质权，与设置多个保理的后果是相同的，因此，应当参照《民法典》的上述规定确定优先顺序。债权转让也可能与保理竞合，也发生哪个权利的效力在先的问题，规则是：

(1) 登记在先权利优先：即已经登记的保理权利、应收账款质权和债权转让，先于未登记的保理权利、应收账款质权优先受偿；债权转让不用登记，只要其时间在先，也能优先于登记的保理权利和应收账款质押。

(2) 时间在先权利优先：保理合同的保理权利、应收账款质权均已登记的，按照登记的先后顺序受偿，但是债权转让的时间在先，其效力应当优先于登记的保理权利和应收账款质权。

(3) 通知在先权利优先：保理合同的保理权利、应收账款质权和债权转让均未登记的，由最先到达应收账款债务人的转让通知中载明的权利人优先。

(4) 平等债权比例清偿：保理合同的保理权利和应收账款质权既未登记也未通知的，按照应收账款的比例清偿。如果在保理和应收账款职权之前进行债权转让的，则债权转让的效力优先，不存在保理和应收账款质权的问题。

2. 有追索权保理纠纷案件的当事人

在有追索权的保理发生纠纷后，当事人向人民法院起诉的，应当按照下列方法处理：

(1) 保理人以应收账款债权人或者应收账款债务人为被告提起诉讼，人民法院应予受理，应当列应收账款债权人或者应收账款债务人为被告。

(2) 保理人一并起诉应收账款债权人和应收账款债务人的，人民法院可以受理，将应收账款债权人和应收账款债务人列为共同被告。

上述司法解释在规定中，前者是应予受理，后者为可以受理，是有区别的。其区别在于，保理人单独以应收账款债权人或者应收账款债务人为单独被告，法院当然必须受理。由于保理人既可以单独起诉应收账款债权人或者应收账款债务人，也可以一并起诉，当然就是可以受理，不是必须一并受理。

3. 有追索权保理的当事人和超过融资款本息的处理规则

《民法典》第766条规定："当事人约定有追索权保理的，保理人可以向应收账款债权人主张返还保理融资款本息或者回购应收账款债权，也可以向应收账款债务人主张应收账款债权。保理人向应收账款债务人主张应收账款债权，在扣除保理融资款本息和相关费用后有剩余的，剩余部分应当返还给应收账款债权人。"在保理合同中，如果当事人约定为有追索权保理的，保理人享有追索权，可以向应收账款债权人主张返还保理融资款的本息或者回购应收账款债权，也可以向应收账款债务人主张应收账款债权。保理人享有的追索权，就是有权选择向应收账款债权人主张返还保理的融资款，或者主张应收账款债权人回购应收账款债权。行使了追索权，保理人就可以保障自己的合法权益不受损害。如果保理人不行使追索权，可以直接向应收账款债务人主张实现债权。保理人向应收账款债务人主张应收账款债权实现其债权的，在扣除保理融资款的本息和相关费用后有剩余的，剩余部分应当返还给应收账款债权人。

因此，本条司法解释规定：

在有追索权的保理中，保理人有权请求应收账款债权人返还保理融资款或者回购应收账款债权。应收账款债权人向保理人返还了保理融资款本息或者回购了应收账款债权后，取得对应收账款债务人的追偿权或者债权，有权请求应收账款债务人向其履行应收账款债务，应收账款债权人行使上述权利的，人民法院应予支持。

【案例解读】

尤夫公司与江铜公司、祈尊公司等其他合同纠纷案①

基本案情

2017年9月22日，江铜公司与被告祈尊公司签订《国内保理合同》，约定江铜公司向被告祈尊公司提供总计金额为3000万元的不可循环保理融资额度，以受让被告祈尊公司所享有的应收账款债权，合同另约定了违约条款及应收账款反转让事宜。

2017年9月22日，被告祈尊公司向江铜公司提交《应收账款转让申请暨确认书》，将被告祈尊公司与被告尤夫公司于2017年8月11日签署的《购销合同》项下的32619020元应收账款及从属权利和权益转让给江铜公司，应收账款到期日为2018年3月21日，保理预付款金额为3000万元，年利率为11%。同日，江铜公司与被告祈尊公司共同向被告尤夫公司发送《应收账款转让通知书》，通知债权转让事宜，被告尤夫公司表示知晓并同意上述转让。2017年9月22日，江铜公司向被告祈尊公司支付保理预付款3000万元。

后因被告尤夫公司发生违约情形，江铜公司于2018年1月30日向被告祈尊公司、尤夫公司寄发《应收账款反转让通知书》《到期通知书》，通知涉案应收账款提前到期。但被告尤夫公司至今未向江铜公司支付应收账款，被告祈尊公司亦未支付反转让款，江铜公司为维护自身合法权益，遂提起诉讼。江铜公司向一审法院提出诉讼请求判令尤夫公司向江铜公司支付货款人民币、逾期违约金；判令祈尊公司向江铜公司返还保理预付款及利息、滞纳金（以欠付保理预付款3000万元为基数，按年利率24%计算）。

---

① 审理法院：一审法院为上海市浦东新区人民法院，案号：（2018）沪0115民初16373号；二审法院为上海金融法院，案号：（2019）沪74民终622号。

法院判决

一审法院认为，本案争议焦点为祈尊公司与尤夫公司应各自对江铜公司承担何种责任，江铜公司能否要求该两名被告同时履行义务？

对此，法院认为，江铜公司无权要求尤夫公司和祈尊公司同时履行付款义务，理由如下。首先，尤夫公司与祈尊公司系基于不同的法律关系对江铜公司承担付款义务，且上述义务并不指向同一标的。1. 对于尤夫公司，江铜公司行使的是《购销合同》项下出卖人的货款支付请求权。《保理合同》签订后，《应收账款转让通知书》送达时，债权让与即对尤夫公司生效，江铜公司成为新的应收账款债权人，其有权要求尤夫公司支付货款。2. 对于祈尊公司，江铜公司行使的是《保理合同》约定的应收账款“反转让”请求权，即当出现《保理合同》第9.3条约定的情形时，祈尊公司应当无条件回购已转让给江铜公司的应收账款。此时，应收账款债权重新回转至祈尊公司处，作为对价，祈尊公司应向江铜公司支付回购款。

其次，由上述付款义务的性质决定，二者不能并行，江铜公司只能择一行使。1. 江铜公司要求尤夫公司付款的前提是：应收账款债权已确定转让给江铜公司。如债权转让与否尚未确定，尤夫公司向江铜公司所作的清偿行为即失去基础法律关系依据，且可能无法产生消灭《购销合同》项下付款义务的效力，这无疑会损害尤夫公司的利益。此外，这种债权转让的不稳定状态亦不利于交易安全的维护。2. 江铜公司要求祈尊公司付款的前提是：江铜公司确定不再受让应收账款，相应债权回转至祈尊公司，转回的债权可以是全部亦可以是部分。但如江铜公司仍保有应收账款债权，所谓“回购”即无从谈起。故从两种付款请求权的性质上看，二者非但不指向同一标的，而且行使前提恰恰相逆，各请求权所欲满足之法益在客观上并不同一。此与民法理论中的不真正连带之债应具备“多名债务人基于不同的发生原因，对于债权人负以同一给付为标的的数个债务”之要件不符，故江铜公司认为应参考不真正连带之债理论，同时向尤夫公司和祈尊公司行使权利的主张，缺乏依据，一审法院不予采纳。

再次，如江铜公司要求尤夫公司及祈尊公司共同承担还款责任，则应向法院举证证明三方对此曾有明确约定，但江铜公司未能进行举证。《保理合同》第9.5条及定义部分虽然约定：祈尊公司足额支付回购款之日，应收账款反转让方才成立；在此之前，江铜公司仍享有应收账款及其从属的一切权利和权益，并有权合并或分别行使对祈尊公司和尤夫公司的追索权，在任何时候江铜公司是否行使其中一种追索权不影响其行使另一种追索权。但上述约定系在江铜公司与祈尊公司之间达成，对尤夫公司不发生效力，江铜公司不能据此主张，在其行使回购请求权时，尤夫公司亦应同时承担货款支付义务。相应地，由于尤夫公司不应同时承担付款义务，而本案中，江铜公司恰恰要求尤夫公司承担第一位的付款责任，在此情况下，江铜公司无权要求祈尊公司直接支付回购款，而需待尤夫公司的履行状况明确后，就其未履行部分，在祈尊公司按约定应承担的回购款支付义务范围内再行行使回购请求权。

最后，虽然江铜公司对尤夫公司及祈尊公司的付款请求权仅可择一行使，但根据《保理合同》及《应收账款转让通知书》回执的约定，一审法院对该两案均有管辖权，为诉讼便利和效率起见，江铜公司选择一并起诉并无不可。江铜公司在审理中表示：尤夫公司应承担第一位责任，故应认为，其优先选择行使对尤夫公司的货款支付请求权及相关权利。结合《购销合同》《应收账款转让通知书》回执的约定，系争应收账款的到期日应为2018年3月21日，但尤夫公司到期未能付款，故其应向江铜公司支付货款32619020元。关于违约金，《应收账款转让通知书》回执第5条载明：尤夫公司承诺如逾期付款，则江铜公司自逾期之日起，有权就逾期金额按每日万分之七的标准计收逾期违约金。但该条设定的违约金标准过高，江铜公司自愿调整为按年利率24%计算，于法不悖，一审法院予以准许。据此，尤夫公司应向江铜公司支付自2018年3月22日起至货款实际清偿之日止的违约金（以未付货款32619020元为基数，按照年利率24%计算）。祈尊公司与尤夫公司签订的《购销合同》

约定：守约方主张权利发生的律师费等应由违约方承担。现该合同项下的应收账款已转让给江铜公司，江铜公司作为债权受让人，已为本案实际支出律师费35万元，该金额尚属合理，且有合同依据，尤夫公司应予支付。

关于祈尊公司的回购义务，江铜公司虽不能与尤夫公司的付款义务一并主张，但根据《保理合同》第9条的约定，江铜公司仍有权在尤夫公司不支付货款的情况下，要求祈尊公司回购应收账款。且根据前述《保理合同》第9.5条的约定，该回购义务在符合《保理合同》第9.3条约定的触发回购请求权事由时即告成立，只是基于上文所述理由，仅当尤夫公司未向江铜公司支付前述各笔款项时，江铜公司方得向祈尊公司行使该项回购请求权。祈尊公司支付回购款后，相应应收账款债权转回祈尊公司处，其与尤夫公司之间的债权债务关系应通过其他途径予以解决。

尤夫公司不服一审判决，提起上诉。

二审法院认为，本案中祈尊公司及尤夫公司各自应对江铜公司承担何种责任，江铜公司能否在要求尤夫公司依据《购销合同》履行货款支付义务的同时，一并要求祈尊公司依据《保理合同》的约定履行涉案应收账款的回购义务等问题，一审法院认为，江铜公司的上述二种付款请求权，从性质上看二者所指向的标的并不相同，而且行使前提恰恰相逆，故此，各请求权所欲满足之法益在客观上并非同一并不符合民法理论中的不真正连带之债应具备“多名债务人基于不同的发生原因，对于债权人负以同一给付为标的的数个债务”之要件，故对于江铜公司认为可参考“不真正连带之债”理论同时向尤夫公司和祈尊公司行使权利的主张，未予采纳。上述观点，属于理论探讨范畴，一审法院的相关论述，与涉案《购销合同》《保理合同》《应收账款转让通知书》及回执等合同文本的约定内容并不相符，该院对此难以认同。一审法院还认为，虽然江铜公司对尤夫公司及祈尊公司的付款请求权仅可择一行使，但根据涉案《保理合同》及《应收账款转让通知书》回执的相关约定，一审法院对该两案均有管辖权，故为诉讼便利和效率起见，江铜公司选择一并起诉并无不可，一审法院据此合并审理。此系一审法院对于保理合同纠纷中较为特殊的多重合同法律关系并存的理解存在偏差。本案中，根据涉案《保理合同》第9.5条及定义部分明确约定：祈尊公司足额支付回购款之日，应收账款反转让方才成立；在此之前，江铜公司仍享有应收账款及其从属的一切权利和权益，并有权合并或分别行使对祈尊公司和尤夫公司的追索权，在任何时候江铜公司是否行使其中一种追索权不影响其行使另一种追索权。江铜公司依据涉案《购销合同》《保理合同》《应收账款转让通知书》及回执等合同文本而提起本案诉讼，符合合同约定，且并未违反法律法规的规定。

法理解读

本案中，江铜公司受让了祈尊公司对尤夫公司所享有的应收账款债权。这样一来，一方面，江铜公司有权按照《购销合同》的约定，请求尤夫公司支付货款。另一方面，江铜公司有权按照《保理合同》中关于追索权的约定，请求祈尊公司于尤夫公司违约时回购已经转让给江铜公司的应收账款。此时就涉及江铜公司对于尤夫公司及祈尊公司的付款请求权，是否只能择一行使的问题，即有追索权的保理中被告应当如何确定。

关于有追索权的保理中被告应当如何确定，实践中存在两种不同的看法。第一种观点认为，保理人只能择一行使。原因是，两种付款请求权的性质并不相同。对于应收账款债务人而言，保理人行使的付款请求权系基于基础法律关系而为；对于应收账款债权人而言，保理人行使的回购请求权系基于保理法律关系而为。更为重要的是，二者的行使前提恰恰相反。只有在应收账款债务人不及时归还款项时，保理人才能请求应收账款债权人回购。基于此，二者并不能并行，保理人只能择一行使。本案一审法院就是持这种观点。第二种观点认为，保理人与应收账款债权人约定有追索权的保理，本质上就说明了保理人并不承担应收账款不能收回的风险。追索权的制度设计相当于应收账款债权人为债务人的清偿债务能力提供了担保，其功能与放弃先诉抗辩权的一般保证相当。基于此，保理人有权同时请求应收账款债权人和应收账款债务人承担责任，该行为既不违反当事人的约定，也不违反法律法规的强制性规定。本案二审法院就是持这种观点。

针对上述分歧，各地法院积极地作出了回应。比如，天津市高级人民法院于2014年11月19日发布的《关于审理保理合同纠纷案件若干问题的审判委员会纪要（一）》的通知中第5点明确保理商可同时起诉债权人和债务人，或者仅起诉债务人。北京市高级人民法院于2015年3月发布的《关于当前商事审判中需注意的几个法律问题》中第3点明确在公开型、有追索权的保理中，保理商在应收账款到期后不能收回保理融资款的，有权依照保理合同约定选择向应收账款债权人或债务人主张权利。

2020年1月1日正式施行的《民法典》中新增了保理合同一章，其中第766条规定了有追索权保理的规则，即“当事人约定有追索权保理的，保理人可以向应收账款债权人主张返还保理融资款本息或者回购应收账款债权，也可以向应收账款债务人主张应收账款债权。保理人向应收账款债务人主张应收账款债权，在扣除保理融资款本息和相关费用后有剩余的，剩余部分应当返还给应收账款债权人”。该规定虽然明确了有追索权保理情形下保理人的双重请求权，但是未规定诉讼上的当事人的确定问题。本司法解释第66条补足了这一立法漏洞，规定了此种情形下，保理人有权择一行使请求权，以应收账款债权人或者应收账款债务人为被告起诉，也有权一并起诉应收账款债权人和应收账款债务人。

回到本案中，江铜公司与祈尊公司约定的是有追索权的保理。在江铜公司的债权不能获得清偿时，其除有权以债权受让人的身份要求应收账款债务人尤夫公司清偿债务外，还享有向祈尊公司行使追索权的权利。结合本案相关事实，有追索权的保理并不是纯粹的债权让与，而是具有担保功能的债权让与。根据本司法解释第66条第2款的规定，现尤夫公司未及时偿还债务，江铜公司有权同时起诉祈尊公司和尤夫公司。

第六十七条　在所有权保留买卖、融资租赁等合同中，出卖人、出租人的所有权未经登记不得对抗的“善意第三人”的范围及其效力，参照本解释第五十四条的规定处理。

【条文要义】

本条司法解释的条旨是所有权保留买卖、融资租赁合同等具有担保功能的合同的效力。

1. “其他具有担保功能的合同”概念的价值

这一条司法解释来源于《民法典》第388条增加规定的“其他具有担保功能的合同”的概念。

《民法典》第388条在原《物权法》第172条第1款关于“设立担保物权，应当依照本法和其他法律的规定订立担保合同。担保合同是主债权债务合同的从合同。主债权债务合同无效，担保合同无效，但法律另有规定的除外”规定的基础上，新增加了一句话，即“担保合同包括抵押合同、质押合同和其他具有担保功能的合同”。增加的“其他具有担保功能的合同”这个概念，究竟包含了怎样的内容，立法意图是什么，特别值得探讨。

这个条文增加的“其他具有担保功能的合同”，是大大延伸了《民法典》规定的担保物权概念的外延，使意定担保物权不仅限于抵押合同和质押合同产生的抵押权和质押权，还包括了《民法典》合同编规定的所有权保留合同、融资租赁合同、保理合同，更重要的是，也包括法律没有规定的那些具有担保功能的合同，如让与担保，因为让与担保合同是在实践中大量使用的合同，其法律后果是产生让与权利的担保物权。但是，现行法律对此没有规定，即使在原来的司法解释中也没有规定，只是在《全国法院民商事审判工作会议纪要》中规定了让与担保，即第71条：“债务人或者第三人与债权人订立合同，约定将财产形式上转让至债权人名下，债务人到期清偿债务，债权人将该财产返还给债务人或第三人，债务人到期没有清偿债务，债权人可以对财产拍卖、变卖、折价偿还债权的，人民法院应当认定合同有效。合同如果约定债务人到期没有清偿债务，财产归债权人所有的，人民法院应当认定该部分约定无效，但不影响合同其他部分的效力。”

应当看到的是，具有担保功能的合同能够设立担保物权，不能设立担保物权的合同一般不能称为具有担保功能的合同。例如，保证合同不能设立担保物权，而是设立人保的合同，因为其为典型合同，因而不能概括在“其他具有担保功能的合同”概念之中。

在上述对“其他具有担保功能的合同”概念的解释中，最具有重要价值的是让与担保。这等于使长期存在于社会实际经济生活中、又没有法律依据的让与担保具有了法律规定的身份，通过让与担保合同的设立效果，成为有法律依据的让与担保物权。本司法解释依照《民法典》第388条的上述规定，进一步明确规定“未在法定登记机构登记的担保”（第61条）、“融资租赁”（第62条）、“将财产形式上转让至债权人名下的担保”（第65条）、“将股权形式上转让至债权人名下的担保”（第67条）、“保证金”（第68条）等，属于“其他具有担保功能的合同”设立的担保物权。这样，就进一步实现了担保物权的多样化，在物权法定原则的基础上，实现了物权法定缓和规则的功能。

正是基于对《民法典》第388条增加规定“其他具有担保功能的合同”的概念，本条司法解释规定，所有权保留、保理、融资租赁等属于具有担保功能的合同，它们都能够产生意定担保物权。这里要特别强调的是，其他具有担保功能的合同中，应当包括让与担保。在此基础上，进一步解释，这些能够产生意定担保物权的其他具有担保功能的合同成立，又没有经过登记的，就不具有对抗第三人的效力。对于这些具有担保功能的合同产生的担保物权，如何确定善意第三人的范围以及效力，确定参照适用本司法解释第54条规定处理。

2. 其他具有担保功能的合同未经登记的效果

依照本司法解释第54条规定，其他具有担保功能的合同未经登记效果的具体规则是：

（1）所有权保留买卖、融资租赁合同、让与担保合同等在签订后，未办理担保物权登记，担保人将担保财产转让、出租给他人并转移占有，担保物权人主张对该动产优先受偿的，人民法院不予支持，但是担保物权人能够举证证明受让人或者承租人恶意的除外。

（2）所有权保留、融资租赁、让与担保合同签订后，未办理担保物权登记，担保人的其他债权人向人民法院申请保全或者执行担保财产，担保物权人主张对该动产优先受偿的，人民法院不予支持。

（3）所有权保留、融资租赁、让与担保合同签订后，未办理担保物权登记，担保人破产，债权人主张对该担保动产优先受偿的，人民法院不予支持。

上述三个规则中的受让人、承租人、担保人的其他债权人，都是所有权保留、融资租赁、让与担保等法律关系的第三人，他们在取得占有权、承租权等中如果不存在过失，就是善意第三人，未经登记的上述担保物权不能对抗这些善意第三人。

【案例解读】

桑某坤、汇纳建筑装饰公司申请执行人执行异议之诉案①

基本案情

2017 年 8 月 7 日，桑某坤（承租人）与普华汇金租赁公司（出租人）签订融资租赁合同。次日，普华汇金租赁公司将案涉车辆交付桑某坤使用。

① 审理法院：一审法院为山东省青岛市中级人民法院，案号：（2019）鲁 01 民初 1007 号；二审法院为山东省高级人民法院，案号：（2019）鲁民终 2664 号。

2018年7月16日，汇纳建筑装饰公司向济南市市中区人民法院申请诉前保全。济南市市中区人民法院于2018年7月17日作出（2018）鲁0103财保107号民事裁决书：冻结普华汇金租赁公司的银行存款50万元或查封相应价值的财产。2018年9月4日，济南市市中区人民法院查封案涉车辆。

关于汇纳建筑装饰公司与普华汇金租赁公司装饰装修合同纠纷一案，济南仲裁委员会于2018年11月14日作出（2018）济仲裁字第1931号裁决普华汇金租赁公司向汇纳建筑装饰公司支付装修费等。普华汇金租赁公司未按上述生效法律文书履行义务，汇纳建筑装饰公司向一审法院申请执行，查封被执行人普华汇金租赁公司名下艾力绅牌车辆一部。

案外人桑某坤对该裁定不服，提出异议，一审法院裁定中止执行。汇纳建筑装饰公司对该中止裁定不服，提起本诉，请求撤销（2019）鲁01执异258号执行裁定，准予对东风本田艾力绅牌商务车的执行。

法院判决

一审法院认为，本案争议的焦点问题是桑某坤是否对案涉车辆享有足以排除强制执行的民事权益。《最高人民法院关于适用〈中华人民共和国民事诉讼法〉的解释》第三百一十一条规定："案外人或者申请执行人提起执行异议之诉的，案外人应当就其对执行标的享有足以排除强制执行的民事权益承担举证证明责任。"《最高人民法院关于人民法院办理执行异议和复议案件若干问题的规定》第二十四条规定："对案外人提出的排除执行异议，人民法院应当审查下列内容：（一）案外人是否系权利人；（二）该权利的合法性与真实性；（三）该权利能否排除执行。"第二十五条规定："对案外人的异议，人民法院应当按照下列标准判断其是否系权利人：（一）已登记的不动产，按照不动产登记簿判断；未登记的建筑物、构筑物及其附属设施，按照土地使用权登记簿、建设工程规划许可、施工许可等相关证据判断；（二）已登记的机动车、船舶、航空器等特定动产，按照相关管理部门的登记判断；未登记的特定动产和其他动产，按照实际占有情况判断；（三）银行存款和存管在金融机构的有价证券，按照金融机构和登记结算机构登记的账户名称判断；有价证券由具备合法经营资质的托管机构名义持有的，按照该机构登记的实际投资人账户名称判断；（四）股权按照工商行政管理机关的登记和企业信用信息公示系统公示的信息判断；（五）其他财产和权利，有登记的，按照登记机构的登记判断；无登记的，按照合同等证明财产权属或者权利人的证据判断。”机动车、船舶、航空器因其价值一般超过普通动产，其物权变动应当以登记为公示方法，采用登记对抗主义。在特定动产的占有和登记不一致时，执行程序对物权权属的判断首先以物权登记或者相关管理部门的登记为依据。案涉车辆登记在普华汇金租赁公司名下，汇纳建筑装饰公司依照（2018）济仲裁字第1931号裁决向法院申请执行，查封了登记在普华汇金租赁公司名下的案涉车辆，符合执行程序的相关规定。普华汇金租赁公司主张案涉车辆所有权人系桑某坤，证据不足，一审法院不予支持。综上所述，桑某坤对案涉车辆不享有足以排除强制执行的民事权益。

桑某坤不服一审判决，提起上诉。

二审法院认为，本案二审的争议焦点为：一审判决认定桑某坤对案涉车辆不享有足以排除强制执行的民事权益是否正确。本案系执行异议之诉案件，桑某坤作为执行案外人，应当承担举证证明其对案涉车辆享有足以排除强制执行的民事权益的责任。本案中，虽然桑某坤按照案涉融资租赁合同约定向普华汇金租赁公司支付了相关费用，但案涉车辆仍登记在普华汇金租赁公司名下，汇纳建筑装饰公司申请查封案涉车辆，符合执行程序规定。一审法院根据查明的事实，依照《最高人民法院关于人民法院办理执行异议和复议案件若干问题的规定》第二十四条、第二十五条规定，认定桑某坤对案涉车辆不享有足以排除强制执行的民事权益，并无不当。

法理解读

本案中，桑某坤（承租人）与普华汇金租赁公司（出租人）就案涉车辆达成了融资租赁法律关系，且该车辆已经登记在普华汇金租赁公司名下。然而，普华汇金租赁公司与汇纳建筑装饰公司之间有装饰装修合同纠纷。因普华汇金租赁公司据不支付装修费，汇纳建筑装饰公司持法院生效判决，申请强制执行。执行期间，查封了车辆一部。此时就涉及桑某坤作为承租人，是否可以对抗申请执行人汇纳建筑装饰公司的问题。对此，我们认为，动产物权变动采登记对抗主义。目前，案涉车辆已经登记在普华汇金租赁公司名下，故法院有权查封。

假定本案中，案涉车辆尚未登记在普华汇金租赁公司名下，而是一直由桑某坤个人占有、使用。汇纳建筑装饰公司作为桑某坤的债权人向法院申请执行时，普华汇金租赁公司可否以自己是出租人，享有实际上的所有权为由对抗汇纳建筑装饰公司？这实际关涉的是融资租赁合同中出租人的所有权能否对抗第三人的问题。如果能够对抗第三人，对抗的范围以及效力又如何？

原《合同法》只规定了融资租赁法律关系中，出租人享有所有权，承租人对物进行占有、使用，并向出租人支付租金等。由于融资租赁的标的物未办理登记，常常会出现承租人未经出租人同意处分融资租赁标的物的问题。为了平衡出租人与第三人之间的利益，《最高人民法院关于审理融资租赁合同纠纷案件适用法律问题的解释》（2014）第9条曾规定："承租人或者租赁物的实际使用人，未经出租人同意转让租赁物或者在租赁物上设立其他物权，第三人依据物权法第一百零六条的规定取得租赁物的所有权或者其他物权，出租人主张第三人物权权利不成立的，人民法院不予支持，但有下列情形之一的除外：（一）出租人已在租赁物的显著位置作出标识，第三人在与承租人交易时知道或者应当知道该物为租赁物的；（二）出租人授权承租人将租赁物抵押给出租人并在登记机关依法办理抵押权登记的；（三）第三人与承租人交易时，未按照法律、行政法规、行业或者地区主管部门的规定在相应机构进行融资租赁交易查询的；（四）出租人有证据证明第三人知道或者应当知道交易标的物为租赁物的其他情形。"据此，如果出租人已经在租赁物的显著位置作出标识或者已经办理了抵押权登记时，出租人享有的所有权就可以对抗第三人。

《民法典》第745条规定修改了原《合同法》的内容，规定了融资租赁也适用登记对抗主义，即“出租人对租赁物享有的所有权，未经登记，不得对抗善意第三人”。在此基础上，本司法解释第67条规定了不得对抗善意第三人的范围及其效力；《最高人民法院关于审理融资租赁合同纠纷案件适用法律问题的解释》（2020）第9条也已经删除。结合上述规定，可以看到，融资租赁合同中出租人的所有权如果经过登记，可以对抗任何人；如果未经登记，不得对抗善意第三人，具体包括善意的受让人、善意且占有标的的出租人、申请保全或者执行的债权人、破产债权人。

那么，回到本案所设想的情境中，汇纳建筑装饰公司作为普华汇金租赁公司的债权人向法院申请执行时，属于申请执行的债权人。普华汇金租赁公司由于未将车辆登记在自己名下，无法以自己享有实际上的所有权为由对抗申请执行的汇纳建筑装饰公司。

第六十八条　债务人或者第三人与债权人约定将财产形式上转移至债权人名下，债务人不履行到期债务，债权人有权对财产折价或者以拍卖、变卖该财产所得价款偿还债务的，人民法院应当认定该约定有效。当事人已经完成财产权利变动的公示，债务人不履行到期债务，债权人请求参照民法典关于担保物权的有关规定就该财产优先受偿的，人民法院应予支持。

债务人或者第三人与债权人约定将财产形式上转移至债权人名下，债务人不履行到期债务，财产归债权人所有的，人民法院应当认定该约定无效，但是不影响当事人有关提供担保的意思表示的效力。当事人已经完成财产权利变动的公示，债务人不履行到期债务，债权人请求对该财产享有所有权的，人民法院不予支持；债权人请求参照民法典关于担保物权的规定对财产折价或者以拍卖、变卖该财产所得的价款优先受偿的，人

民法院应予支持；债务人履行债务后请求返还财产，或者请求对财产折价或者以拍卖、变卖所得的价款清偿债务的，人民法院应予支持。

债务人与债权人约定将财产转移至债权人名下，在一定期间后再由债务人或者其指定的第三人以交易本金加上溢价款回购，债务人到期不履行回购义务，财产归债权人所有的，人民法院应当参照第二款规定处理。回购对象自始不存在的，人民法院应当依照民法典第一百四十六条第二款的规定，按照其实际构成的法律关系处理。

【条文要义】

本条司法解释的条旨是让与担保规则。

本条司法解释规定的是让与担保，第 67 条规定的是股权让与担保的特别规则。这两个条文规定的都是非典型担保物权的让与担保，是我国法律文件中第一次规定让与担保制度。

1. 让与担保的概念和特征

让与担保是指债务人或者第三人为担保债权人的债权，将担保标的物的所有权等权利转移于债权人，于债务清偿后，担保标的的物权应返还于债务人或者第三人，于债务不履行时，债权人得就该标的的物权优先受偿的担保物权。在让与担保中，提供担保权利的一方当事人为设定人，接受让与担保权利的债权人为担保权人，设定让与担保的财产为担保物。

我国现行法律没有规定让与担保制度，但是在实践中应用让与担保作为债权保障的较多。根据这种实际情况，《全国法院民商事审判工作会议纪要》第 71 条承认让与担保，规定：“债务人或者第三人与债权人订立合同，约定将财产形式上转让至债权人名下，债务人到期清偿债务，债权人将该财产返还给债务人或第三人，债务人到期没有清偿债务，债权人可以对财产拍卖、变卖、折价偿还债权的，人民法院应当认定合同有效。合同如果约定债务人到期没有清偿债务，财产归债权人所有的，人民法院应当认定该部分约定无效，但不影响合同其他部分的效力。当事人根据上述合同约定，已经完成财产权利变动的公示方式转让至债权人名下，债务人到期没有清偿债务，债权人请求确认财产归其所有的，人民法院不予支持，但债权人请求参照法律关于担保物权的规定对财产拍卖、变卖、折价优先偿还其债权的，人民法院依法予以支持。债务人因到期没有清偿债务，请求对该财产拍卖、变卖、折价偿还所欠债权人合同项下债务的，人民法院亦应依法予以支持”。

让与担保具有以下法律特征：(1) 让与担保是转移担保标的物的权利的担保物权。(2) 让与担保是在债权人与债务人之间的债权债务关系的基础上成立的担保物权。(3) 让与担保是保障债权实现的担保物权。(4) 让与担保是在债务履行完毕之时须返还财产权利的担保物权。

2. 让与担保的设定

(1) 可以设定让与担保的标的物。让与担保的标的物的范围包括一切可以依法转让的动产和不动产。不具有可转让性的动产或不动产不能作为让与担保标的物。可以设定让与担保的财产：①设定人的动产、不动产；②设定人的用益物权；③设定人依法拥有的汇票、支票、本票、债券、存款单、仓单、提单；④依法可以转让的股票，依法可以转让的知识产权中的财产权利；⑤计算机软件的财产权等。集合动产也可以作为让与担保的担保物。

(2) 让与担保的设定方法。设定让与担保应当采用法律行为的方式，通过订立让与担保合同，确定让与担保的法律关系。债权人依照法律行为取得让与担保权，就应当与让与担保标的物或者权利的所有人、权利人订立书面让与担保合同，确立债权人与设定人之间让与担保的权利和义务。

让与担保的设定人应是债务人或者第三人。债务人或者第三人应当以其所有的动产或者不动产以及其他财产权利为限，设定让与担保。对于不属于自己的财产或者财产权利，不能设定让与担保。

让与担保的设定人应当转移担保标的物的物权给债权人，否则不发生让与担保的效力。

（3）让与担保以转移担保物的所有权等物权为担保手段，让与担保合同成立生效后，应当将担保物的所有权或者其他权利的变动进行公示。按照《民法典》第208条规定，设定让与担保的标的物是动产的，应当以交付为所有权转移的标志。设定让与担保的标的物为不动产的，应当以登记为物权变动的标志。具体要求如下：①以动产为担保标的物设定让与担保的，应以占有改定的方式移转财产所有权。②以不动产为担保标的物设定让与担保的，担保权人和设定人应就标的物所有权的转移进行登记，让与担保自担保物的所有权转移登记之时起发生效力。③以权利设定让与担保的，应依照各种权利的转让方式完成权利的让与。

3. 让与担保的效力

（1）让与担保所担保的债权范围和标的范围。让与担保所担保的债权范围，应当参照《民法典》第389条关于担保物权担保范围的一般规定，原始债权及其利息、与原始债权相关的损害赔偿请求权、担保权人行使担保物所有权的费用，都发生效力，都在担保的范围之内。让与担保的效力及于担保物以及担保物的从物和孳息以及其他利益。

（2）担保物的利用和保管。在让与担保期间，担保物的利用应当依照让与担保当事人的意思表示确定，有约定的依照约定办理；没有约定的，准许设定人利用，利用不需要支付费用。对担保物的保管，由双方当事人约定。没有约定的，按照担保物由谁占有予以确定：由设定人占有的，设定人负有保管责任；由担保权人占有的，担保权人负有保管责任。违反保管义务造成担保物损害的，应当向对方承担赔偿责任。设定人损害的，损害赔偿的范围以所担保的债权为限；担保权人损害的，赔偿范围以物的损失为准。

（3）设定人的返还请求权。当债务人的债务已届清偿期，债务人已经清偿债务时，让与担保的作用已经完成，没有继续存在的必要，担保权人应当将担保物的所有权及其他权利返还设定人。

（4）让与担保与第三人和担保权人以及设定人的债权人的关系是：①让与担保与第三人的关系是，在债权的清偿期届至前，让与担保的标的物系由担保权人处分时，担保权人在法律上因系所有权人，所以无论标的物是动产或者不动产，第三人是善意或者恶意，第三人均取得所有权。②让与担保与担保权人的债权人的关系是，担保权人的债权人对标的物请求强制执行时，因该标的物在法律上系担保物，债权人无法对第三人提出强制执行的异议之诉，故对其诉求无法支持。③让与担保与设定人的债权人的关系是，设定人的债权人对担保物请求强制执行的，如果是不动产，由于登记上的所有人为担保权人，因而设定人的债权人对该不动产不得申请强制执行。如果担保物是动产，且为设定人占有时，设定人的债权人可以申请强制执行。这时，担保权人为法律上的所有人，可以基于所有权而提出第三人异议之诉。

4. 让与担保的实行和消灭

（1）让与担保的实行。债务人在被担保的债务已届清偿期而没有清偿债务时，担保权人可以行使让与担保权，以取得标的物的交换价值而实现其债权。具体的实行方式有两种：①变价担保物取偿。②折价取得担保物。无论采用上述两种方式中的哪一种，担保权人在实行让与担保权时，均负有清算义务。

（2）让与担保的消灭。让与担保因下列情形而消灭。①让与担保因被担保的债权消灭而消灭。②让与担保因担保物所有权等权利的消灭而消灭。③让与担保因让与担保权的实行而消灭。

5. 本条司法解释规定的适用规则

在说明了让与担保的一般规则之后，再来看本条司法解释规定的财产权让与担保的规则。

（1）对典型让与担保的处理规则

本条司法解释第 1 款中的第一句话，实际上是对财产让与担保对概念的界定。这就是，财产让与担保是指“债务人或者第三人与债权人约定将财产形式上转移至债权人名下，债务人不履行到期债务，债权人有权对财产折价或者以拍卖、变卖该财产所得价款偿还债务的”担保方式。符合这一要求的，就是让与担保，债权人享有让与担保权。这种权利是担保物权，担保的财产，就是在形式上转移至债权人名下的财产。对此，虽然没有法律的明确规定，但是依照《民法典》第388条规定，认定其为其他具有担保功能的合同产生的担保物权，人民法院应当认定该约定有效，产生让与担保的担保物权。

让与担保物权设立的标志，就是当事人对转让的财产权利已经完成物权变动登记的公示。当事人已经完成财产权利变动的公示的，债务人不履行到期债务，债权人请求参照《民法典》关于担保物权的有关规定就该财产优先受偿的，就是行使让与担保物权，人民法院应予支持。

（2）约定让与担保的担保财产权利转移的处理规则

让与担保存在的一种情形是，债务人或者第三人与债权人约定将财产形式上转移至债权人名下，债务人不履行到期债务，财产归债权人所有。在以往法律、司法解释对让与担保都没有作出规定的情况下，当事人约定让与担保，签订让与担保合同，都存在不规范的情形。其中，在让与担保中约定财产权实质转移，即财产归债权人所有的，是比较常见的。对此，以往的裁判有时就认定为这种让与担保无效。这是受原《物权法》《担保法》规定的影响所致。

依照《民法典》流押、流质条款无效并不影响担保合同的效力，因此，本条司法解释规定，对于这种情形，人民法院应当认定该约定无效，但是不影响当事人有关提供担保的意思表示的效力。当事人已经完成财产权利变动的公示的，债务人不履行到期债务，债权人请求对该财产享有所有权，当然不具有法律的效力，因此，人民法院不予支持。反之，当事人请求参照《民法典》关于担保物权的规定，对该财产折价或者以拍卖、变卖财产所得的价款优先受偿的，这是权利人依法行使担保物权，人民法院应予支持。

对债务人而言，在让与担保成立后，债务人已经实际上履行了债务后请求让与担保权利人返还财产，或者直接请求对让与担保的财产折价或者以拍卖、变卖所得价款清偿债务的，都是有法律依据的，符合让与担保的规则。前者是直接清偿债务，完成给付后，当然有权返还财产。后者没有履行债务，而是直接以让与担保的财产变价款清偿债务，是依照约定处置设置让与担保的财产，清偿债务，都是依法行使权利、履行义务的行为，人民法院应予支持。

（3）让与担保合同约定财产回购的

在让与担保的实践中，也存在让与担保财产回购的情形。这种约定也不影响让与担保的效力。债务人与债权人约定将财产转移至债权人名下，在一定期间后再由债务人或者其指定的第三人以交易本金加上溢价款回购。其中，也可能约定所谓的“流押”条款，即当事人约定，债务人到期不履行回购义务，财产归债权人所有。对此，与让与担保约定流押条款是一样的。因此，本条司法解释规定，人民法院应当参照第二款规定处理，只是流押条款无效，让与担保仍然有效。

如果在让与担保的约定中约定回购条款，但是回购对象自始不存在的，就是虚假的或者隐藏的民事法律行为。对此，本条司法解释第 3 款规定，人民法院应当依照《民法典》第 146 条第 2 款的规定，按照实际构成的法律关系处理，即被隐藏的行为是什么性质的行为，就按照被隐藏的行为的法律规定适用法律。

【案例解读】

闽成公司、西钢公司民间借贷纠纷案[①]

基本案情

2014 年 6 月 20 日，双方签订《协议书》，约定：西钢公司向刘某平借款本息合计 723606136.82 元（股权比例计算说明见附件一）。由于西钢公

① 审理法院：一审法院为黑龙江省高级人民法院，案号：（2017）黑民初 154 号；二审法院为最高人民法院，案号：（2019）最高法民终 133 号。

司无力偿还，西钢公司同意将其持有翠宏山公司64%股权转让给刘某平，签订该协议目的是以股权转让的形式来保证刘某平债权的实现，当投入翠宏山公司的借款本息723606136.82元、投入龙郡公司490753923.74元及西钢公司借款1亿元全部还清时，刘某平应将受让翠宏山公司的股权份额全部转回……利息按原借款合同约定的税后年息18%计算，按月支付。该协议附件一显示，截至2014年6月20日欠款本金467840547.78元。

2014年6月14日，西钢公司与刘某平签订《股权转让协议》，西钢公司将其持有翠宏山公司64%股权转让给刘某平，并办理了工商变更登记手续。同日，西钢公司出具《集团借款明细表》，西钢公司、灯塔公司共同出具《西钢集团灯塔矿业有限公司借款明细表》，西钢公司、翠宏山公司共同出具《翠宏山公司借款明细表》。

2015年8月13日，刘某平与西钢公司签订一份《补充协议书》，约定：双方2014年6月20日签订股权转让协议，西钢公司将持有翠宏山公司64%股权按对价原则阶段性转让给刘某平，以保证刘某平债权的安全和实现。经协商，达成补充协议如下：截至2015年6月20日，西钢公司向刘某平借款本息合计849232648.54元，若还款期限超过6个月，按年税后利率18%付息。刘某平将龙郡公司债权未清偿部分转入翠宏山公司64%股权中，在翠宏山公司股权变卖所得价款中清偿。

上述案涉系列《借款合同》《协议书》《补充协议书》的签订一方主体为刘某平，但刘某平认可本案借款的实际权利人均为闽成公司。

由于西钢公司到期未还款，闽成公司向法院起诉其还款，并要求就翠宏山公司64%股权优先受偿。

法院判决

一审法院认为，本案《借款合同》均约定以翠宏山公司64%股权提供担保，2014年6月20日《协议书》及2015年8月13日《补充协议书》亦约定以股权转让的形式保证刘某平债权的实现，刘某平没有实质持有该部分股权的意愿。据此可以确认，双方签订该合同的真实目的并非真正实现股权转让，而是对案涉债务提供担保。但根据物权法定及物权公示的原则，其不具有物权效力，亦不具有对抗第三人的效力。同时，因西钢公司与刘某平之间没有真实转让翠宏山公司64%股权的意思，案涉翠宏山公司64%股权的实际权利人仍为西钢公司。因黑龙江省伊春市中级人民法院已于2018年6月11日受理了西钢公司的重整申请，如闽成公司以翠宏山公司64%股权优先受偿，视为对个别债权人的债务清偿，违反《企业破产法》第十六条关于“人民法院受理破产申请后，债务人对个别债权人的债务清偿无效”的规定，故闽成公司关于以翠宏山公司64%股权优先受偿的诉讼主张，一审法院不予支持。

西钢公司、闽成公司不服一审判决，提起上诉。

二审法院认为，西钢公司与刘某平签订的《协议书》约定，“双方签订的股权转让协议的目的是以股权转让的形式保证乙方债权的实现，督促甲方按本协议的约定偿还乙方的借款……甲方应积极筹措资金偿还乙方借款，每偿还一笔借款，按还款数额相应核减乙方的持股比例……全部还清时，乙方应将受让的翠宏山公司的股权份额全部转回甲方或甲方指定的公司，并配合甲方办理工商变更登记手续”。《补充协议书》再次明确，该股权转让是为了“保证乙方债权的安全和实现”，且双方确认“乙方也没有实质持有翠宏山矿业公司股权的意愿”。可见，双方签订股权转让协议的目的是以股权转让形式保证刘某平债权的实现，担保西钢公司按协议约定偿还借款。上述《协议书》《补充协议书》约定将西钢公司名下翠宏山公司64%股权变更至刘某平名下，与前述以龙郡公司100%股权提供担保为同一性质的担保，并非真正的股权转让，而是将翠宏山公司64%股权作为对刘某平债权实现的非典型担保，即让与担保。对此，各方不持异议。如前所述，有关让与担保的约定内容真实、自愿、合法，不具有合同无效情形，应为有效合同。一审判决认定，双方于2014年6月20日签订《协议书》、2015年8月13日签订《补充协议书》的真实目的并非真正实现股权转让，而是对案涉债务提供担保，符合本案当事人在相关系列合同中作出的连贯的、一致的真实意思表示，该院予以确认。西钢公司主张，上述

《协议书》《补充协议书》系本案各方通谋虚伪意思表示，依据《民法总则》第一百四十六条规定和《企业破产法》相关规定，应属无效。对西钢公司提出的该项诉请，不予支持。

二审法院认为，与认定以龙郡公司100%股权设立让与担保的约定有效同理，亦应认定以翠宏山公司64%股权设立的让与担保约定有效。《民法总则》第一百四十六条规定，行为人与相对人以虚假的意思表示实施的民事法律行为无效。以虚假的意思表示隐藏的民事法律行为的效力，依照有关法律规定处理。是否为“以虚假的意思表示实施的民事法律行为”，应当结合当事人在主合同即借款合同和从合同即让与担保合同中作出的真实意思表示，统筹作出判断。约定将债务人或第三人股权转让给债权人的合同目的是设立担保，翠宏山公司64%股权转让至闽成公司代持股人刘某平名下是为西钢公司向闽成公司的巨额借款提供担保，而非设立股权转让民事关系。对此，债权人、债务人明知。从这一角度看，债权人、债务人的真实意思是以向债权人转让翠宏山公司股权的形式为债权实现提供担保，“显现的”是转让股权，“隐藏的”是为借款提供担保而非股权转让，均为让与担保既有法律特征的有机组成部分，均是债权人、债务人的真实意思，该意思表示不存在不真实或不一致的瑕疵，也未违反法律、行政法规的效力性强制性规定。

西钢公司上诉主张，以翠宏山公司股权设定的让与担保违反物权法定及物权公示原则，违反法律禁止流押流质的规定。该院认为，首先，根据物权和债权区分原则，物权法定原则并不能否定上述合同的效力，即使股权让与担保不具有物权效力，股权让与担保合同也不必然无效。其次，让与担保虽非《物权法》等法律规定的有名担保，但属在法理及司法实践中得到广泛确认的非典型担保。《物权法》第一百八十六条规定，抵押权人在债务履行期届满前，不得与抵押人约定债务人不履行到期债务时抵押财产归债权人所有；第二百一十一条规定，质权人在债务履行期届满前，不得与出质人约定债务人不履行到期债务时质押财产归债权人所有。前述《物权法》禁止流押、禁止流质之规定，旨在避免债权人乘债务人之危而滥用其优势地位，压低担保物价值，谋取不当利益。如约定担保权人负有清算义务，当债务人不履行债务时，担保权人并非当然取得担保物所有权时，并不存在流押、流质的问题。本案中，西钢公司与刘某平2015年8月13日签订的《补充协议书》约定，如西钢公司不能还清债务，“乙方有权对外出售翠宏山公司股权，出售价格以评估价格为基础下浮不超过10%；出售股权比例变现的额度，不得超过未清偿借款本息”。可见，西钢公司与刘某平就以翠宏山公司64%股权设定的让与担保，股权出售价格应以“评估价格为基础下浮不超过10%”的清算方式变现。上述约定不违反禁止流质流押的法律规定，应当认定上述约定有效。

闽成公司上诉主张，让与担保是已为《最高人民法院关于审理民间借贷案件适用法律若干问题的规定》所认可的非典型担保，设定担保的目的在于债权人就担保标的物优先受偿。案涉翠宏山公司64%股权已在工商部门变更登记至刘某平名下，具有物权公示作用及对抗第三人效力，能够限制该股权转让或其他处分。故，闽成公司就翠宏山公司64%股权具有排除第三人的优先物权效力。西钢公司主张，依据物权法定原则，只有法律明确规定的物权种类，才具有法律认可和保护的物权效力，让与担保并非法律明确规定的物权种类，仅具有债权效力，不具有与法定物权同样的物权效力，不能对抗第三人，无法取得优先于其他债权人的受偿权；从合同内容看，本案就以该股权设定让与担保的《协议书》《补充协议书》均未约定刘某平享有优先受偿权。该院认为，闽成公司与西钢公司上述主张，实质争议焦点在于：以翠宏山公司64%股权设定的让与担保是否具有物权效力，让与担保权人是否可因此取得就该股权价值优先受偿的权利。《最高人民法院关于进一步加强金融审判工作的若干意见》第三条规定，依法认定新类型担保的法律效力，拓宽中小微企业的融资担保方式。除符合合同法第五十二条规定的合同无效情形外，应当依法认定新类型担保合同有效；符合物权法有关担保物权规定的，还应当依法认定其物权效力。对于前述股权让与担保是否具有物权效力，应以是否已按照物权公示原则进行公示，作为核心判断标准。本案讼争让与担保中，担保标的物为翠宏山公司64%股权。《公司法》第三十二条第三款规定，公司应当将股东的姓名或者名称向公司登记机关登记；登记事项发生变更的，应当办理变更登记。未经登记或者变更登记的，不得对抗第三人。可见，公司登记机关变更登记为公司股权变更的公示方式。《物权法》第二百零八条第一款、第二百二十六条第一款及第二百二十九条规定，在股权质押中，质权人可就已办理出质登记的股权优先受偿。举轻以明重，在已将作为担保财产的股权变更登记到担保权人名下的股权让与担保中，担保权人形式上已经是作为担保标的物的股份的持有者，其就作为担保的股权享有优先受偿的权利，更应受到保护，原则上具有对抗第三人的物权效力。这也正是股权让与担保的核心价值所在。本案中，西钢公司与刘某平于2014年6月就签订《协议书》以翠宏山公司64%股权设定让与担保，债权人闽成公司代持股人刘某平和债务人西钢公司协调配合已依约办妥公司股东变更登记，形式上刘某平成为该股权的受让人。因此，刘某平依约享有的担保物权优于一般债权，具有对抗西钢公司其他一般债权人的物权效力。闽成公司主张，刘某平享有就翠宏山公司64%股权优先受偿的权利，该院予以支持。西钢公司以让与担保非法定物权，以合同当事人未约定刘某平有优先受偿权为由，否定其优先受偿主张，该院不予支持。一审判决认定该让与担保不具有物权效力和对抗第三人的效力有误，该院予以纠正。

闽成公司主张，一审判决以《企业破产法》第十六条有关禁止个别清偿之规定为由不予支持其就翠宏山公司64%的股权优先受偿，属适用法律错误，应根据《企业破产法》第一百零九条规定认定其享有优先受偿的权利。西钢公司主张，只有《物权法》《担保法》规定的法定担保物权人，才可依《企业破产法》第一百零九条规定在破产程序中享有优先受偿权；如判定刘某平享有对翠宏山公司64%股权的优先受偿权，将损害其他债权人利益，对西钢公司等四十家公司破产重整造成不利影响。该院认为，认定刘某平对讼争股权享有优先受偿权，不构成《企业破产法》第十六条规定所指的个别清偿行为。《企业破产法》第十六条之所以规定人民法院受理破产申请后的个别清偿行为无效，一是因为此种个别清偿行为减少破产财产总额；二是因为此类个别清偿行为违反公平清偿原则。在当事人以股权设定让与担保并办理相应股权变更登记，且让与担保人进入破产程序时，认定让与担保权人就已设定让与担保的股权享有优先受偿权利，是让与担保法律制度的既有功能，是设立让与担保合同的目的。

本案中，翠宏山公司64%股权已经变更登记至刘某平名下，刘某平就该股权享有优先受偿权利。根据在案证据，尽管案涉一系列借款合同、抹账协议、以翠宏山公司股权设定让与担保的协议及补充协议均以刘某平名义与西钢公司等签订，但银行转账记录等相关证据显示，除关某吉与卢某国提供的借款外，其他借款均由闽成公司或其关联公司（铭祺公司、闽龙公司）账户汇出，关某吉、卢某国先后将其债权转让给刘某平，刘某平本人亦承认真正的权利人为闽成公司，其名下翠宏山公司的股份只是为闽成公司代持。鉴此，在闽成公司与西钢公司之间存在真实的债权债务关系、闽成公司与刘某平之间对于股权代持关系并无争议的情况下，闽成公司主张就翠宏山公司64%股权优先受偿，应予支持。

本案二审中，各方当事人确认，经刘某平同意，案涉翠宏山公司64%股权已为西钢公司对案外人民生银行大连分行金融借款设定股权质押。民生银行大连分行诉西钢公司、百佳公司、刘某平、达州公司、翠宏山公司金融借款合同纠纷案，2017年10月17日，辽宁省高级人民法院作出（2017）辽民初44号一审民事判决，该判决现已发生法律效力。民生银行大连分行对刘某平持有的翠宏山公司64%股权在债权本金5亿元及相应利息、逾期利息、复利和实现债权费用范围内就质押财产享有优先受偿权。该院认为，闽成公司对翠宏山公司64%股权享有优先受偿权。基于本案各方确认并经刘某平同意，将为担保闽成公司债权已设立让与担保的股权又出质给西钢公司债权银行，民生银行大连分行对翠宏山公司64%股权应优先于刘某平（闽成公司）受偿。

法理解读

本案争议焦点为闽成公司是否有权就案涉股权优先受偿。这实际上就是股权让与担保的效力问题。

让与担保是新类型的担保方式，原《担保法》《物权法》都未对此作出明确规定，导致司法实践中产生了诸多争议。《最高人民法院关于审理民间借贷案件适用法律若干问题的规定》第23条关于“当事人以订立买卖合同作为民间借贷合同的担保，借款到期后借款人不能还款，出借人请求履行买卖合同的，人民法院应当按照民间借贷法律关系审理。当事人根据法庭审理情况变更诉讼请求的，人民法院应当准许。按照民间借贷法律关系审理作出的判决生效后，借款人不履行生效判决确定的金钱债务，出借人可以申请拍卖买卖合同标的物，以偿还债务。就拍卖所得的价款与应偿还借款本息之间的差额，借款人或者出借人有权主张返还或者补偿”的规定，首次间接认可了让与担保效力。《全国法院民商事审判工作会议纪要》第71条总结司法经验，规定了让与担保的认定及效力规则，即“债务人或者第三人与债权人订立合同，约定将财产形式上转让至债权人名下，债务人到期清偿债务，债权人将该财产返还给债务人或第三人，债务人到期没有清偿债务，债权人可以对财产拍卖、变卖、折价偿还债权的，人民法院应当认定合同有效。合同如果约定债务人到期没有清偿债务，财产归债权人所有的，人民法院应当认定该部分约定无效，但不影响合同其他部分的效力。当事人根据上述合同约定，已经完成财产权利变动的公示方式转让至债权人名下，债务人到期没有清偿债务，债权人请求确认财产归其所有的，人民法院不予支持，但债权人请求参照法律关于担保物权的规定对财产拍卖、变卖、折价优先偿还其债权的，人民法院依法予以支持。债务人因到期没有清偿债务，请求对该财产拍卖、变卖、折价偿还所欠债权人合同项下债务的，人民法院亦应依法予以支持”。制定《民法典》时，让与担保仍未实现成文化。不过，《民法典》第388条通过“其他具有担保功能的合同”的概念，将让与担保也容纳进来。不过，关于让与担保的效力规则，法律规范尚付阙如。本司法解释第68条率先走出一步，规定了让与担保的法律效力。

股权让与担保作为让与担保的一种，也应当适用该规定。不过，在适用该规则之前，首先要确定是否是股权让与担保。

关于股权让与担保的认定，主要是与股权转让相区分。股权让与担保与股权转让具有形式上的相似性，一方面，都需要签订转让股权的合同；另一方面，都需要办理工商登记变更手续。不过，二者在目的上是截然相反的。股权让与担保的目的是担保债权的实现，为债务的履行提供担保；股权转让的目的是转让股东资格，不具有担保债权实现的意思表示。因此，认定究竟是股权转让还是股权让与担保，不能仅看合同的名称，而是应该探究当事人的真实意思表示。具体到本案中，应当认定西钢公司与刘某平之间成立股权让与担保法律关系，而非股权转让法律关系。第一，存在被担保的主债权主债务关系。自2013年起，西钢公司与刘某平多次签订《借款合同》。2014年6月14日，西钢公司与刘某平签订《股权转让协议》时，西钢公司还出具了《集团借款明细表》。这足以说明，西钢公司与刘某平进行股权转让，是为了担保借款债务。第二，存在回购条款。如果是股权转让，双方的协议中一般不会出现回购条款。然而，西钢公司与刘某平签订的《协议书》中明确约定了回购条款，即“甲方应积极筹措资金偿还乙方借款，每偿还一笔借款，按还款数额相应核减乙方的持股比例……全部还清时，乙方应将受让的翠宏山公司的股权份额全部转回甲方或甲方指定的公司，并配合甲方办理工商变更登记手续”。第三，股东不享有，也不行使股东权利。一般而言，股权转让完成后，受让方取得了股东资格，享有股东权利，承担股东义务。股权让与担保则与之相反。本案中，刘某平虽然经过工商变更登记手续，成为股东，但其实际上并不享有对应的股东权利，不参与公司的经营管理等。因此，应当认定刘某平是名义股东，而非真实股东。总的来说，通过这三个方面的考量可以看出，双方签订股权转让协议的目的是以股权转让形式担保西钢公司按协议约定偿还借款。西钢公司名下翠宏山公司64%股权变更至刘某平名下，并非股权转让，而是将翠宏山公司64%股权作为对刘某平债权实现的非典型担保，即让与担保。

关于股权让与担保的效力，本司法解释本条作出了规定。首先，股权让与担保合同不存在其他无效事由时，合同有效。其次，股权让与担保合同中约定的“丧失回购权或者财产归债权人所有”的约定无效，不过不影响担保的意思表示的效力。最后，债务人不履行到期债务，债权人有权请求就该财产优先受偿。具体到本案中，刘某平与西钢公司签订的关于股权让与担保的协议，属于双方的真实意思表示，不违背法律法规的强制性规定，也未违背公序良俗，应当认定股权让与担保协议有效。现股权已经转移至刘某平名下，债权人闽成公司有权就该股权、变卖的价款优先受偿。

第六十九条　股东以将其股权转移至债权人名下的方式为债务履行提供担保，公司或者公司的债权人以股东未履行或者未全面履行出资义务、抽逃出资等为由，请求作为名义股东的债权人与股东承担连带责任的，人民法院不予支持。

【条文要义】

本条司法解释的条旨是股权让与担保中名义股东的责任规则。

股权让与担保也是让与担保，其基本规则与财产权的让与担保是一样的。本条司法解释规定股权让与担保，主要规定的是让与担保的债权人不承担未履行出资义务、抽逃资金，与股东承担连带责任。

为担保债权实现，债务人将自己的股权让与债权人，并进行股权过户，当债权实现时，债权人将股权返还债务人；债务人不能履行债务或者符合约定的实现担保物权的情形时，通过折价、变卖、拍卖方式处置股权，债权人就其变价款优先受偿的，构成股权让与担保。

构成股权让与担保，债权人虽然是经过登记的股权人，但只是名义股权人，并非真正的股权人，因而，让与担保债权人的真实身份相当于持股人，并不得行使股东权利，也不承担股东义务，当然另有约定的除外。正因为如此，债权人作为名义股东，也就是股东以将其股权转移至债权人名下的方式为债务履行提供担保，公司或者公司的债权人以股东未履行或者未全面履行出资义务、抽逃出资等为由，请求作为名义股东的债权人与股东承担连带责任的，由于债权人只是名义股东，不承担股东义务，也不享有股东权利，因此，人民法院不予支持。

这些责任，仍然由债务人即实质的股权人承担。

【案例解读】

新投公司、金石财富公司合同纠纷上诉案[①]

基本案情

2011年8月8日，新投公司与山东金石公司签订《增资协议》，约定：新投公司向山东金石公司现金增资6000万元，取得山东金石公司2000万的股份，增资完成后，新投公司持有山东金石公司股份总数的4.327%。同日，新投公司又与金石财富公司（持山东金石公司31500万股，持股比例为68.152%）签订《补充协议》，约定山东金石公司在2014年12月31日前不能完成首次公开发行股票并上市工作时，金石财富公司承诺在新投公司以书面形式正式提出股份转让要求的20个工作日内，收购新投公司所持山东金石公司的股份。上述协议签订当日，新投公司支付了投资款。

因山东金石公司未能在2014年12月31日前完成首次公开发行股票并

---

① 审理法院：一审法院为新疆维吾尔自治区高级人民法院，案号：（2016）新民初81号；二审法院为最高人民法院，案号：（2018）最高法民终54号。

上市，2015年8月5日，新投公司向金石财富公司发函商请金石财富公司受让新投公司持有的山东金石公司的全部股份。2016年1月13日，新投公司与金石财富公司共同签订《备忘录》约定，金石财富公司回购新投公司持有的山东金石公司的全部股份，回购价款=新投公司初始投资额（6000万元）+［新投公司初始投资额（6000万元）×15%÷12个月×实际投资月数］，截至2015年12月31日，金石财富公司回购新投公司持有的山东金石公司全部股份的价款在7000万元至9825万元，最终以金石财富公司的资产价值确定股权的转让金额。回购价款的第一支付方式为金石财富公司收购山东金石公司持有的新疆金石公司资产后，金石财富公司以前述收购资产支付回购价款；新投公司接受该支付方式的价款以所涉资产经双方共同委托新疆国资委备案的评估机构的评估价为准。若回购价款第一支付方式款项不足或无法支付回购价款，由双方另行协商不足或无法支付价款的支付方式。

另外，2015年8月12日，山东金石公司与海峡公司就山东金石公司代理海峡公司加工稀释沥青料并销售产品事宜达成协议，共同签订《海峡委托金石代理加工协议》（以下简称《加工协议》）。2015年8月19日，海峡公司与叶某某、朱某琦签订《股权转让协议》约定，叶某某、朱某琦分别将个人持有的金石财富公司的99.47%（叶某某）、0.53%（朱某琦）股权全部无偿转让给海峡公司，作为《加工协议》业务合作的风险担保，该股权转让仅为《加工协议》业务风险担保，不作其他用途。待《加工协议》执行完毕后三十天内，海峡公司无条件将叶某某、朱某琦股权全部退还，并无条件配合叶某某、朱某琦办理股权退还转让手续。2017年1月16日，海峡公司与叶某某、朱某琦签订《股权转让协议》约定，双方在2016年12月28日共同签署并执行相关协议文件中明确金石财富公司和海峡公司已清算完全部债权债务关系，《加工协议》已终止执行，海峡公司同意按照协议文件的要求，将作为风险抵押的金石财富公司的股权无偿退还给叶某某、朱某琦，并协助办理相关的股权退回转让手续。2017年1月24日，金石财富公司在工商行政管理机构进行股权变更信息登记。

新投公司向一审法院起诉请求判令金石财富公司支付股权回购款，叶某某、海峡公司对金石财富公司不能清偿的债务向其承担连带责任。

法院判决

一审法院认为，关于叶某某、海峡公司是否应当承担连带责任的问题。民事案件的审理必须依赖于具体的民事法律关系的构成，在法律事实的基础上依法认定、裁判。债权人在主张民事权利时，当其与多个民事主体有民事关系的，其不应将所有关联的民事主体均作为本案被告纳入诉讼，应对合同相对人加以严格界定。《中华人民共和国公司法》第三条第一款规定："公司是企业法人，有独立的法人财产，享有法人财产权。公司以其全部财产对公司的债务承担责任。"第二十条第三款规定："公司股东滥用公司法人独立地位和股东有限责任，逃避债务，严重损害公司债权人利益的，应当对公司债务承担连带责任。"根据本案查明的事实，为保证海峡公司与山东金石公司签订的《加工协议》顺利履约，叶某某、朱某琦将二人持有的金石财富公司的全部股份转让给海峡公司，在《加工协议》履行终结后，海峡公司又将其持有金石财富公司的全部股份退还给叶某某、朱某琦。双方就金石财富公司的股权相互转让的目的实质为《加工协议》提供股权担保，并不作其他用途，转让均经过股东会决议，符合公司法的相关规定。在金石财富公司对外举债之后，金石财富公司内部股权的流转过程中，虽然叶某某、朱某琦与海峡公司相互转让股权行为均为无偿，但交易性质为股权转让，双方均未接受或侵占金石财富公司的任何资产，金石财富公司的变化仅为公司股东发生了改变，其公司资产数量本身并未发生变化，也未损害金石财富公司的对外偿债能力。新投公司举示的金石财富公司被人民法院强制执行的裁定书并不能证明叶某某、海峡公司滥用公司法人独立地位和股东有限责任，侵吞公司资产，逃避债务，严重损害其债权人利益。因此，无论是叶某某还是海峡公司作为金石财富公司的股东，金石财富公司的独立法人地位均没有取消，金石财富公司理应依法独立承担法人的财产责任。叶某某与金石财富公司系股东与公司的关系，其作为股东不应就公司的债务向债权人承担民事责任，而海峡公司作为曾经进入金石财富公司的股东也不应当因入股而对公司的债权人承担责任。综上，根据上述法律规定和查明的事实，新投公司向金石财富公司主张合同之债时，同时向金石财富公司的股东叶某某及曾经入股的海峡公司主张连带责任既无事实依据，亦无法律依据，依法不予支持。

新投公司不服一审判决，提起上诉。

二审法院认为，本案二审焦点为：叶某某、海峡公司对金石财富公司不能清偿的债务是否应当在出资不实的范围内向新投公司承担连带赔偿责任。

二审中，新投公司提供了金石财富公司的股东会决议、公司章程、股权转让协议等证明材料，欲证明金石财富公司自成立至今，公司股东叶某某、朱某琦及受让股权后的股东海峡公司，一直未缴足其认缴公司注册资本，故金石财富公司股东叶某某和海峡公司应在其未缴足注册资本的本息范围内对金石财富公司不能清偿的债务向新投公司承担连带赔偿责任，金石财富公司、叶某某的委托诉讼代理人在庭审中亦认可叶某某出资不实的事实。根据《最高人民法院关于适用〈中华人民共和国公司法〉若干问题的规定（三)》第十三条第二款的规定：“公司债权人请求未履行或者未全面履行出资义务的股东在未出资本息范围内对公司债务不能清偿的部分承担补充赔偿责任的，人民法院应予支持；未履行或者未全面履行出资义务的股东已经承担上述责任，其他债权人提出相同请求的，人民法院不予支持。”叶某某与朱某琦于2011年4月设立金石财富公司，公司注册资金为人民币3.8亿元，其中叶某某认缴出资3.78亿元，其在公司设立时仅出资0.99亿元，其应在2016年2月15日出资2.79亿元，但其一直未履行2.79亿元的出资义务。因此，叶某某作为金石财富公司的股东，应在其出资不实的范围内对公司债务不能清偿的部分承担补充赔偿责任。一审判决以公司人格否认制度来论证叶某某不应承担责任，适用法律错误，予以纠正。

为保证海峡公司与山东金石公司签订的《加工协议》顺利履约，叶某某、朱某琦将二人持有的金石财富公司的全部股份转让给海峡公司，在《加工协议》履行终结后，海峡公司又将其持有金石财富公司的全部股份退还给叶某某、朱某琦。双方明确约定，金石财富公司股权相互转让的目的实质为《加工协议》提供股权担保，并不作其他用途，且转让已经过股东会决议，符合公司法的相关规定。新投公司以海峡公司作为曾经受让金石财富公司的股份而成为该公司股东为由，认为海峡公司应承担股东出资不实的补充赔偿责任的上诉理由，没有事实和法律依据，不能成立。

法理解读

本案中，山东金石公司未能完成首次公开发行股票，金石财富公司应当按照《补充协议》的约定支付新投公司股权回购款。根据《最高人民法院关于适用〈中华人民共和国公司法〉若干问题的规定（三）》第十三条第二款的规定："公司债权人请求未履行或者未全面履行出资义务的股东在未出资本息范围内对公司债务不能清偿的部分承担补充赔偿责任的，人民法院应予支持；未履行或者未全面履行出资义务的股东已经承担上述责任，其他债权人提出相同请求的，人民法院不予支持。"叶某某、朱某琦作为金石财富公司的股东，应当在其出资不实的范围内对金石财富公司债务不能清偿的部分承担补充赔偿责任。然而，叶某某、朱某琦为了担保海峡公司债权的实现，已经分别将个人持有的金石财富公司的股权全部无偿转让给海峡公司。此时就涉及海峡公司是否需要对金石财富公司债务不能清偿的部分，与叶某某、朱某琦承担连带责任的问题。

关于股权让与担保中的名义股东是否需要对公司债权人与股东承担连带责任的问题，实践中存在不同的看法。第一种观点认为，股权让与担保中的担保权人作为名义股东，不应当承担责任。主要理由是，股权让与担保中的受让人，其法律地位是债权人，而且其本身并未抽逃出资。第二种观点认为，股权让与担保中的担保权人虽然是名义股东，但是其不得对抗第三人。理由是，担保权人已经完成了股东变更登记，工商机关登记记载的信息具有公示力和公信力，不得对抗第三人。①

本司法解释本条规定坚持了第二种观点，认定股权让与担保中的受让人，其法律地位是名义股东，不具有真正意义上的股东身份，其实质上是债权人。因此，股权让与担保中的受让人，不需要与股东承担连带责任。

回到本案中，海峡公司虽然从叶某某、朱某琦名下受让了金石财富公司的股权，但是其受让股权的目的在于担保债权的实现。因此，股权虽然办理了变更登记，但是海峡公司并不具有真实的股东身份，而是名义股东。真实的股东还是叶某某、朱某琦。叶某某、朱某琦出资不实，需要对金石财富公司债务不能清偿的部分承担补充赔偿责任，海峡公司不需要与叶某某、朱某琦承担连带责任。

需要注意的是，这一规则不仅在诉讼中应当得到适用，执行中也不例外，即债权人无权申请将股权让与担保中的名义股东列为被执行人。

第七十条　债务人或者第三人为担保债务的履行，设立专门的保证金账户并由债权人实际控制，或者将其资金存入债权人设立的保证金账户，债权人主张就账户内的款项优先受偿的，人民法院应予支持。当事人以保证金账户内的款项浮动为由，主张实际控制该账户的债权人对账户内的款项不享有优先受偿权的，人民法院不予支持。

在银行账户下设立的保证金分户，参照前款规定处理。

当事人约定的保证金并非为担保债务的履行设立，或者不符合前两款规定的情形，债权人主张就保证金优先受偿的，人

① 高圣平、曹明哲：《股权让与担保效力的解释论——基于裁判的分析与展开》，载《人民司法》2018 年第 28 期。

民法院不予支持，但是不影响当事人依照法律的规定或者按照当事人的约定主张权利。

【条文要义】

本条司法解释的条旨是保证金的法律适用规则。

保证金，是指为担保债权实现而存入银行等金融机构作为债务履行保障的存款。

对保证金，以往法律并没有进行过规范，但是在实践中普遍应用，如备用金类型的保证金、预付款类型的保证金、租赁保证金、装修保证金、定金类型的保证金、保有返还请求权的保证金、无双倍返还效力的保证金等。本条司法解释规定保证金的规则具有重要价值。

依笔者所见，对于保证金的担保物权性质，仍然是依据《民法典》第388条规定的“其他具有担保功能的合同”的概念，约定保证金的合同，就是能够产生作为担保物权的保证金的其他具有担保功能的合同，依据这种合同产生的保证金权利，就是保证金担保物权，即以债权人能够控制的保证金作为担保债权实现的财产，享有担保物权，性质为意定担保物权。

依据这样的法理，本条司法解释确认：

1. 债务人或者第三人为担保债务履行，专门设立保证金账户，并且由债权人控制，或者将资金存入债权人设立的保证金账户，将其金钱以保证金账户等形式特定化后，再将保证金账户移交给债权人占有作为债权担保的，成立保证金担保物权。债务人不履行债务时，债权人主张就该账户内的款项优先受偿的，人民法院应予支持。这是因为，保证金存入特户、保证金账户等，并将该账户移交给债权人占有，作为债权担保，就成立了保证金担保物权，近似于质权，甚至比质权的效力还优越，能够充分保障债权实现。因此，债权人占有保证金特户或者账户，就实际控制了保证金这笔财产，将其作为担保并享有担保物权，是完全成立的。债权人以此保证金请求优先受偿，理所当然。当事人以保证金账户内的款项浮动为由，主张实际控制该账户的债权人对账户内的款项，不享有优先受偿权的，没有法律依据，因而法院不予支持。

2. 在银行账户下设立的保证金分户，也会发生类似的情形。本条司法解释规定，在银行账户下设立的保证金分户，也成立保证金担保物权，对此，应当参照前款的规定处理。

3. 当事人约定的保证金并不是为担保债务的履行设立，或者不符合前两款的规定，不能成立担保物权，债权人主张就保证金优先受偿的，债权人不享有该保证金担保物权。债权人主张就保证金优先受偿的，人民法院不予支持。即使如此，虽然没有成立保证金担保物权，但是就债务人的财产主张债权人依据约定的权利，则是没有问题的。

【案例解读】

张某锋与兴业银行等执行异议之诉上诉案[①]

基本案情

原告兴业银行与第三人广信公司就广信公司的“惠州世贸中心”项目，分别于2004年12月21日、2005年4月15日签订两份《商品楼宇按揭（抵押）贷款合作协议书》，合同约定按揭贷款额度最高限额分别为5000万元、2000万元；在购房者（借款人）按揭贷款本息尚未还清之前，广信公司保证将原告账户的存款不低于当期该项目按揭贷款余额的15%作为保证金等条款。2004年12月22日至2005年6月16日，兴业银行给“惠州世贸中心”购房者发放了按揭贷款，贷款期限10年。2007年9月18日，兴业银行（甲方）与广信公司（乙方）签订兴银深罗保金字

① 审理法院：一审法院为广东省惠州市中级人民法院，案号：(2010) 惠中法民二初字第14号；二审法院为广东省高级人民法院，案号：2012) 粤高法民二终字第12号。

（2005）第0001号《保证金协议》，约定：本协议项下“保证金”是指乙方存入甲方专门账户，由甲方占有，特定作为主合同项下还款担保的货币资金，性质为动产质押；保证金用于担保主合同（即上述两份《商品楼宇按揭（抵押）贷款合作协议书》）项下债务的及时清偿；保证金应占主合同项下债务人在甲方融资金额的15%；本协议签订后当日，乙方必须将保证金6041912.89元存入在甲方开立的保证金账户，户名：兴银深罗（按揭）（2004）第0001号惠州广信物业发展有司，账号：33××99；乙方不可撤销地授权，甲方有权随时扣划保证金代为偿还或支付主合同项下债务等条款。

惠州中院2008年9月23日（2008）惠中法民一初字第48号民事判决书，判决广信公司向张某锋偿还借款本金847万元，并支付相应利息及违约金。该判决生效后，张某锋向惠州中院申请执行。惠州中院于2009年11月10日作出（2008）惠中法执字第441－9号民事裁定书，并向兴业银行发出（2008）惠中法执字第441－11号《协助扣划存款通知书》，将广信公司在兴业银行开立的上述按揭保证金账户33××99中的存款190万元扣划至惠州中院账户。为此，兴业银行提出执行异议。惠州中院于2010年2月3日作出（2009）惠中法执异字第68号执行裁定书，认定兴业银行与广信公司签订的《保证金协议》有效，但兴业银行并未以自己的名义设立专门账户，广信公司不可能将保证金存入兴业银行的专门账户，而是存在自己的银行账户，兴业银行并没有占有质物，存款仍由广信公司占有，质权并没有设立，兴业银行对存款并不享有优先受偿权。故裁定驳回兴业银行的执行异议。兴业银行遂于2010年2月24日向惠州中院提起执行异议之诉。2010年3月9日，惠州中院作出（2008）惠中法执字第441－19号民事裁定，将上述扣划的广信公司存款190万元交付给张某锋抵偿等额债务。

原告兴业银行认为，《保证金协议》真实有效。原告完成了对保证金账户的特定化程序并占有该账户资金，原告的质权业已设立。《商品楼宇按揭（抵押）贷款合作协议书》未履行完毕，惠州市中级人民法院的执行措施导致原告对逾期债务无法优先受偿。因此请求法院：确认原告对账户资金（现已被划回作为执行款）享有优先受偿权；本案诉讼费用由被告负担。

法院判决

一审法院认为，兴业银行与广信公司分别于2004年12月21日、2005年4月15日、2007年9月18日签订的两份《商品楼宇按揭（抵押）贷款合作协议书》《保证金协议》，是双方当事人的真实意思表示，内容没有违反法律、行政法规的强制性规定，是合法有效的合同。金钱作为一般等价物，其占有的转移即所有权的转移。基于金钱的这一特性，实践中出现将确定的金钱封存于某个特定的账户，再用其进行质押的情形。将确定的金钱封存于某个特定的账户，就完成了金钱的特定化，从而使金钱能够成为动产质押的标的。兴业银行与广信公司签订的《保证金协议》约定广信公司向原告提供保证金账户资金质押。保证金账户资金质押作为动产质押的一种形式，其特征除了债务人或第三人将其金钱以特户、封金、保证金等形式特定化后，还应体现在债权人对账户的控制和账户资金的专款专用。广信公司依《保证金协议》的约定在原告处开立了户名为“兴银深罗（按揭）（2004）第0001号广信公司”、账号为33×××99的保证金账户；兴业银行提供保证金账户对账单及相关凭证、按揭逾期户由保证金户代扣清单，证明了保证金账户资金专款专用。根据《最高人民法院关于适用〈中华人民共和国担保法〉若干问题的解释》第八十五条“债务人或者第三人将其金钱以特户、封金、保证金等形式特定化后，移交债权人占有作为债权的担保，债务人不履行债务时，债权人可以以该金钱优先受偿”的规定，兴业银行提出对保证金账户资金190万元（已被划回作为执行款交付给张某锋）享有优先权的主张成立。

张某锋不服一审判决，提起上诉。

二审法院认为，本案二审争议焦点为兴业银行是否对账户内的资金享有优先受偿权。

关于兴业银行是否对账户内的资金享有优先受偿权的问题。兴业银行与广信公司于2004年12月21日签订兴银深罗（按揭合作）贷字（2004）第0001号《商品楼宇按揭（抵押）贷款合作协议书》、于2005年4月15日签订兴银深罗（按揭合作）贷字（2005）第0001号《商品楼宇按揭（抵押）贷款合作协议书》。在贷款合作协议中，双方约定，兴业银行为广信公司所销售的“惠州世贸中心”楼宇的购房者提供按揭贷款，广信公司为该贷款提供担保及回购保证。双方于2007年9月18日签订兴银深罗保金字（2005）第0001号《保证金协议》。在保证金协议中，双方约定，广信公司为兴业银行的融资服务提供保证金作为还（付）款担保，设立保证金户名为“兴银深罗（按揭）（2004）第0001号广信公司”，账号为“33×××99”，保证金性质为动产质押。上述合同均是双方当事人的真实意思表示，内容没有违反法律、行政法规的强制性规定，是合法有效的合同。在履行保证金协议时，广信公司依约在兴业银行处开立了户名为“兴银深罗（按揭）（2004）第0001号广信公司”、账号为33×××99的账户。该账户在名称上的设置为“信贷机构名称＋保证金存管协议编号＋客户名称”：“兴银深罗”为“信贷机构名称”，“（按揭）（2004）第0001号”为“保证金存管协议编号”，“广信公司”为“客户名称”。因其有特定前缀“信贷机构名称＋保证金存管协议编号”，所以区别于只有单一“客户名称”的一般银行账户。“兴银深罗（按揭）（2004）第0001号”的特定前缀起到对外公示的标识作用，使该账户符合保证金账户的一般表现形式。按揭还款台账、保证金账户历史查询及交易凭证显示，33×××99账户自设立后，在使用过程中共出帐24笔，均由兴业银行直接扣划，用途均为偿还逾期按揭欠款。上述账户的使用区别于一般结算账户，符合《人民币银行结算账户管理办法》第13条关于专门账户是指“设立专用账户，并严格执行专项管理和支付的账户”的规定。因兴业银行实际控制和使用该账户，可认定为实现了对该账户的“占有”。

另，33×××99账户设立后，因转账凭证上所书收款人户名与账号不一致，转账款曾被当作“待付退汇及托收款”处理，待相关方出具证明后方可入账的事实证明：33×××99账户对应的户名确为“兴银深罗（按揭）（2004）第0001号广信公司”。

综上所述，33×××99账户是经保证金合同设立的特户；其户名是“信贷机构名称+保证金存管协议编号+客户名称”，区别于只有客户名称的一般账户，是专用账户；上述账户由兴业银行实际控制使用，可认定为由兴业银行占有；账户内的款项专用于归还逾期按揭欠款，做到了专项管理和支付。因此，33×××99账户为保证金账户，兴业银行对该账户内的资金享有优先受偿权。

法理解读

本案中，兴业银行与广信公司签订《保证金协议》，约定广信公司将保证金存入兴业银行的专业账户作为动产质押，担保债务的履行。此时就涉及兴业银行可否就保证金账户资金进行优先受偿的问题。

关于保证金账户资金的质押，实践中往往存在两种类型，一是房地产按揭贷款保证金质押。另一种是企业经营风险保证金质押。保证金账户资金的质押中，质押的客体是金钱，具有浮动性。为了规范实践中出现的保证金账户资金质押是否有效设立的问题，原《最高人民法院关于适用〈中华人民共和国担保法〉若干问题的解释》第85条规定：“债务人或者第三人将其金钱以特户、封金、保证金等形式特定化后，移交债权人占有作为债权的担保，债务人不履行债务时，债权人可以以该金钱优先受偿。”据此，构成保证金账户资金质押，必须符合金钱特定化以及债权人占有的条件。本司法解释第70条规定在这一基础上作出了细化，规定了两种保证金账户资金质押的类型。第一种是债务人或者第三人设立专门的保证金账户并由债权人实际控制；第二种是债务人或者第三人将其资金存入债权人设立的保证金账户。如果是在银行账户下设立的保证金分户，也需要判断是否由债权人占有，而不能单纯地以账户的名义人来认定。对于债权人而言，其实际控制和使用账户时，即可认定为占有。

结合本案来看，广信公司依照《保证金协议》的约定，在兴业银行开立了专门的保证金账户。该保证金账户名称有特定的前缀，即“兴银深罗

（按揭）（2004）第0001号"，使其区别于一般的银行账户。而且，该保证金账户内的资金在使用过程中，均由兴业银行直接扣划，足以说明兴业银行对该保证金账户取得了实际的控制和使用权。也就是说，兴业银行取得了对该账户的实际占有。根据本司法解释第70条第1款以及第2款的规定，应当认定该保证金账户资金质押已经有效设立，兴业银行对保证金账户内的资金享有优先受偿权。

五、附　则

第七十一条　本解释自2021年1月1日起施行。

【条文要义】

本条司法解释的条旨是规定本司法解释的时间效力。

对于本司法解释的时间效力问题，本条司法解释规定的内容是：

1. 本解释自2021年1月1日起，与《民法典》的施行之日同时施行。因而，在2021年1月1日《民法典》生效后，该有关《民法典》规定的担保司法解释同时生效，共同施行。

2. 《民法典》施行以后发生的担保行为，无论是抵押、质押、留置、所有权保留、保理、融资租赁，还是让与担保、保证金等担保行为，都一律适用《民法典》和本司法解释。

3. 法律适用时间效力的关键问题是，《民法典》施行以前发生的担保行为，应当怎样适用《民法典》和本司法解释。依照《最高人民法院关于适用〈中华人民共和国民法典〉时间效力的若干规定》的规定，基本规则是：（1）《民法典》施行后的担保法律事实引起的民事纠纷案件，适用《民法典》和本司法解释的规定。（2）《民法典》施行前的担保法律事实引起的民事纠纷案件，适用当时的法律、司法解释的规定，但是法律、司法解释另有规定的除外。（3）《民法典》施行前的担保法律事实持续至《民法典》施行后，该法律事实引起的民事纠纷案件，适用《民法典》和本司法解释的规定，但是法律、司法解释另有规定的除外。这样，就明确了《民法典》施行以前发生的担保行为适用法律的基本规则。

【案例解读】

方城农行与金某抵押担保借款合同纠纷上诉案①

基本案情

1999年7月23日，金某以其所有的房屋及土地使用权作抵押，与方城农行签订了抵押担保借款合同，约定：借款金额为12万元，借款期限自1999年7月23日起至2000年1月23日止，月息为4.608‰。方城农行分别取得了城镇国有土地使用权抵押许可证和房屋他项权证。借款到期后，金某自2001年8月27日至2006年12月12日向方城农行归还本金95000元和利息49344.2元，利息付至2005年2月18日。金某未归还剩余借款本金及利息，方城农行于2010年3月31日向法院提起诉讼，请求法院判令：1. 金某偿还借款本金2万元及利息；2. 方城农行对金某设定的抵押物享有优先受偿权。

法院判决

河南省南阳市方城县人民法院经审理认为：双方签订的抵押担保借款合同有效，房产及土地均进行了抵押登记。金某对欠方城农行借款25000元及利息未归还予以认可，但金某辩称方城农行起诉已超过了法律规定的诉讼时效期间。经查，金某最后一次付息时间为2006年12月12日，利息付至2005年2月18日，方城农行起诉日期为2010年3月31日。方城农行提供的2008年3月31日还款凭证，金某不认可，该证据不能证实该5096.6元本息系金某所归还。方城农行的起诉超过了法律规定的二年的诉讼时效期间，其诉讼请求不予支持。法院判决：驳回原告方城农行的诉讼

① 审理法院：一审法院为河南省南阳市方城县人民法院，案号：（2010）方民商初字第106号；二审法院为南阳市中级人民法院，案号：（2011）南民商终字第146号。

请求。

方城农行不服该判决，提起上诉。

南阳市中级人民法院经审理认为：本案抵押行为发生在1999年7月，在物权法施行之前，应当适用担保法及其司法解释的规定。金某最后一次付息时间为2006年12月12日，方城农行于2010年3月31日向法院提起诉讼，本案债权诉讼时效期间虽然已经届满，但是方城农行在债权诉讼时效结束后二年内行使担保物权，根据《最高人民法院关于适用〈中华人民共和国担保法〉若干问题的解释》第12条之规定，该权利依法应受法律保护，方城农行有权依法以抵押物折价或者以拍卖、变卖该抵押物的价款优先受偿。关于本案利息，应当按照双方抵押担保借款合同所约定的月息4.608‰，自2005年2月19日计算至2008年12月12日主债务诉讼时效届满之日止。二审法院据此判决：1. 撤销原判；2. 方城农行有权就借款本金2万元及利息（按借款合同约定月息4.608‰，自2005年2月19日计算至2008年12月12日）依法以本案抵押物折价或者以拍卖、变卖该抵押物的价款优先受偿。

法理解读

1995年10月1日，原《担保法》施行；2000年12月13日，原《最高人民法院关于适用〈中华人民共和国担保法〉若干问题的解释》开始施行；2007年10月1日，原《物权法》开始施行。原《最高人民法院关于适用〈中华人民共和国担保法〉若干问题的解释》第12条规定："当事人约定的或者登记部门要求登记的担保期间，对担保物权的存续不具有法律约束力。担保物权所担保的债权的诉讼时效结束后，担保权人在诉讼时效结束后的二年内行使担保物权的，人民法院应当予以支持。"据此，担保权人在诉讼时效结束后的两年内行使担保物权，仍然受到法律的保护。原《物权法》第202条则作出了相反的规定，即抵押权存续期间，抵押权人应当在主债权诉讼时效期间行使抵押权；未行使的，人民法院不予保护。据此，抵押权人未在主债权诉讼时效期间内就抵押财产优先受偿，将不再受到法律的保护。可以看到，《最高人民法院关于适用〈中华人民共和国担保法〉的解释》与《物权法》规则具有冲突。当涉及到抵押权存续期间的问题时，适用何种法律，将直接影响到担保物权人的实体权益。

本案中，金某于1999年7月以其所有的房屋及土地使用权为方城农行的债权作抵押。2008年12月12日，主债权诉讼时效期间届满。方城农行于2010年3月向法院起诉，请求法院判令就抵押物优先受偿。此时就涉及到了法律适用问题，即本案应当适用《担保法》及《最高人民法院关于适用〈中华人民共和国担保法〉的解释》的规定，还是应当适用《物权法》的规定。本案一审法院适用了《物权法》，判决驳回了原告的诉讼请求；二审法院则按照抵押行为的发生时间，适用了《担保法》及《最高人民法院关于适用〈中华人民共和国担保法〉的解释》的规定，支持了原告方城农行的诉讼请求。事实上，按照溯及力的一般规则，新法施行前的法律事实引起的民事纠纷案件，应当适用当时的法律、司法解释的规定。依据此法理，二审法院的判决是正确的，即本案发生在《物权法》施行之前，应当适用《担保法》及《最高人民法院关于适用〈中华人民共和国担保法〉的解释》的规定，支持方城农行就抵押物优先受偿。

假定本案发生在2021年1月1日之后，根据《担保法解释》第71条的规定，此时《担保法解释》已经施行，本案就应当适用《担保法解释》的有关规则，而不能寻求《最高人民法院关于适用〈中华人民共和国担保法〉的解释》的规定进行裁判。具体而言，《担保法解释》第44条改变了《最高人民法院关于适用〈中华人民共和国担保法〉的解释》第12条的规则，规定主债权诉讼时效期间届满，抵押权人主张行使抵押权的，法院不予支持。据此，方城农行无权就抵押物优先受偿。

图书在版编目（CIP）数据

《最高人民法院关于适用〈中华人民共和国民法典〉有关担保制度的解释》案例解读／杨立新等编著．—北京：中国法制出版社，2021.3

（民法典司法解释案例解读丛书）

ISBN 978－7－5216－1705－4

Ⅰ.①最… Ⅱ.①杨… Ⅲ.①担保法－法律解释－中国 Ⅳ.①D923.25

中国版本图书馆 CIP 数据核字（2021）第 046111 号

策划编辑　谢雯

责任编辑　谢雯　白天园　王紫晶　孙静　　封面设计　杨泽江

《最高人民法院关于适用〈中华人民共和国民法典〉有关担保制度的解释》案例解读

《ZUIGAO RENMIN FAYUAN GUANYU SHIYONG〈ZHONGHUA RENMIN GONGHEGUO MINFADIAN〉YOUGUAN DANBAO ZHIDU DE JIESHI》ANLI JIEDU

编著/杨立新等

经销/新华书店

印刷/三河市国英印务有限公司

开本/730 毫米×1030 毫米　16 开　　印张/ 34　字数/ 421 千

版次/2021 年 3 月第 1 版　　2021 年 3 月第 1 次印刷

中国法制出版社出版

书号 ISBN 978－7－5216－1705－4　　定价：118.00 元

北京西单横二条 2 号

邮政编码 100031　　传真：010－66031119

网址：http：//www.zgfzs.com　　**编辑部电话：010－66071862**

市场营销部电话：010－66033393　　**邮购部电话：010－66033288**

（如有印装质量问题，请与本社印务部联系调换。电话：010－66032926）